»Ich glaube an Dich, absolut, und dass Du Dein Bestes nie aufgeben oder verbiegen wirst, was Du auch tust im Leben. Und dass wir uns nie ganz verlieren werden, denn wir sind und bleiben vom gleichen Geblüt, so ist es, howgh.« – Carl Zuckmayer und die Schauspielerin Annemarie Seidel waren Anfang der 1920er Jahre ein Liebespaar. Nach der Trennung verband beide weiterhin eine tiefe und herzliche Freundschaft. Der vorliegende Briefwechsel, der die Jahre von 1922 – kurz nach der Trennung – bis 1958 umfasst, ist das bewegende Dokument dieser Freundschaft. Und zugleich ist er ein großes zeitgeschichtliches Dokument, das aufschlussreiche, sehr persönliche Einblicke in die Wirren und Katastrophen des 20. Jahrhunderts bietet – vom Berliner Theaterleben der Weimarer Republik über die schwierige Situation des amerikanischen Exils bis hin zur Geschichte Peter Suhrkamps und des S. Fischer Verlages im nationalsozialistischen Deutschland und während der unmittelbaren Nachkriegszeit.

Carl Zuckmayer wurde am 27. Dezember 1896 in Nackenheim am Rhein geboren. »Der fröhliche Weinberg« brachte ihm 1925 den Durchbruch und den renommierten Kleist-Preis. 1933 verhängten die Nationalsozialisten ein Aufführungsverbot über ihn. Zuckmayer zog sich daraufhin nach Henndorf bei Salzburg zurück. 1938 floh er weiter in die Schweiz, ein Jahr später in die USA. 1958 kehrte er in die Schweiz zurück. Am 18. Januar 1977 ist er bei Visp (Wallis) gestorben.

Annemarie Seidel (1895–1959) war in der Weimarer Republik eine vielbeachtete Schauspielerin. Von 1935 bis 1959 war Annemarie Seidel mit Peter Suhrkamp verheiratet.

Gunther Nickel ist Lektor des Deutschen Literaturfonds e.V. in Darmstadt und Privatdozent für Neuere Deutsche Literaturgeschichte an der Johannes Gutenberg-Universität Mainz.

Unsere Adresse im Internet: www.fischerverlage.de

Carl Zuckmayer
Annemarie Seidel
Briefwechsel

Herausgegeben von
Gunther Nickel

Carl Zuckmayer
(1896 - 1977)
Annemarie Seidel
(1895 - 1959)

Fischer Taschenbuch Verlag

Veröffentlicht im Fischer Taschenbuch Verlag,
einem Unternehmen der S. Fischer Verlag GmbH,
Frankfurt am Main, Juli 2008

Lizenzausgabe mit freundlicher Genehmigung
des Wallstein Verlags, Göttingen

Druck und Bindung: Druckerei C. H. Beck, Nördlingen
Printed in Germany
ISBN 978-3-596-17056-2

Carl Zuckmayer
Annemarie Seidel
Briefwechsel

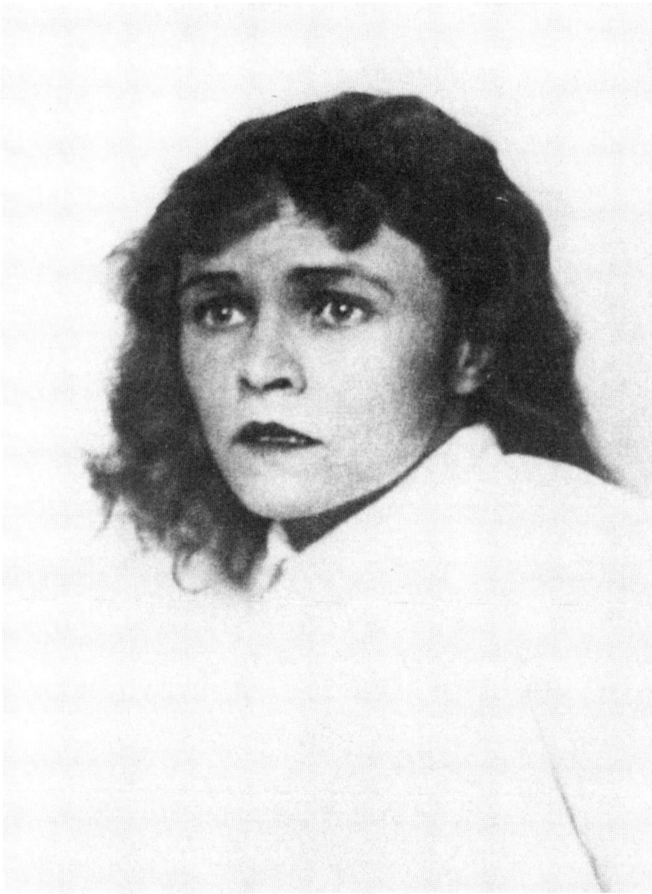

Auf den vorangehenden Seiten: Carl Zuckmayer, um 1920,
Photographie von Javo von Tucholka und
Annemarie Seidel, um 1920

Einleitung

Carl Zuckmayer stand mit zahlreichen namhaften Schriftstellern, Schauspielern und Regisseuren in Verbindung, mit Bertolt Brecht, Ernst Jünger, Günter Grass und Tankred Dorst, mit Carl Jacob Burckhardt, Friedrich Dürrenmatt und Max Frisch, mit Heinz Hilpert, Emil Jannings, Werner Krauß und Gustaf Gründgens – eine Liste die sich leicht um viele bekannte Namen verlängern ließe. Sein schönster Briefwechsel ist jedoch der mit einer Schauspielerin, deren Namen man in biographischen Theaterlexika vergeblich sucht: mit Annemarie Seidel. Er gewinnt diesen Stellenwert nicht allein dadurch, daß er manchen aufschlußreichen Blick auf das Kulturleben der zwanziger, dreißiger und vierziger Jahre gestattet. Was ihn so unvergleichlich macht, ist vor allem der hinreißende Humor, mit dem beide Briefpartner selbst nebensächlichen Ereignissen eine oft umwerfende Komik abzugewinnen verstanden. Obwohl in dieser Korrespondenz eine tiefe gegenseitige Zuneigung zum Ausdruck kommt, handelt es sich nicht um Liebesbriefe. Sie setzt vielmehr erst ein, nachdem sich Annemarie Seidel von Zuckmayer getrennt hatte. Wer aber war Annemarie Seidel? Wann und bei welcher Gelegenheit hat Zuckmayer sie kennengelernt?

Die Geschichte seiner ersten Begegnung mit »Mirl« – so nannten sie ihre Freunde – hat Zuckmayer in seiner Autobiographie erzählt. Sie beginnt beinahe wie ein Märchen. »Es war«, berichtet er über den Tag seines Umzugs von Heidelberg nach Berlin, »ein kalter, garstiger Wintermorgen, als ich zum ersten Mal, meinen Koffer selbst schleppend, den Anhalter Bahnhof verließ.«[1] Zu diesem Ortswechsel hatte sich Zuckmayer entschlossen, nachdem sein Drama *Kreuzweg* von Leopold Jessner, dem Intendanten des Staatlichen Schauspielhauses in Berlin, zur Uraufführung angenommen worden

1 Zuckmayer, *Als wär's ein Stück von mir*, S. 373.

war. Er immatrikulierte sich am 2. November 1920 an der Philosophischen Fakultät der Friedrich-Wilhelms-Universität, der heutigen Humboldt-Universität. Aber das geschah nur pro forma; anders als noch in Heidelberg hat Zuckmayer in Berlin keine universitären Veranstaltungen besucht.[2] Die mit einer Einschreibung verbundenen Formalitäten erledigte er auch erst einige Tage nach seinem Eintreffen in der Reichshauptstadt, denn Jessner hatte ihm mitteilen lassen, er möchte sich unverzüglich zu ihm begeben. »Ich eilte«, berichtete Zuckmayer, »immer noch mit meinem Koffer und zwischendurch hastig in einer Stehbierhalle ein paar Würstchen und einen Kognak frühstückend, zum Theater, dem alten Schinkelbau am Gendarmenmarkt, den ich durch den Bühneneingang wie die Sakristei einer Kathedrale betrat.«[3] Schnell fand er sich im Zuschauerraum ein. Aber bis es zur Unterredung mit Jessner kam, verging geraume Zeit. Zuckmayer lief zwar »immer wieder hinter dem Intendanten her, der in seinem sonderbar wiegenden Elefantenschritt auf- und abging«,[4] aber Jessner – mitten in den Proben zu Shakespeares *König Richard III.* – hatte jedesmal, wenn er sich bemerkbar machen wollte, einen neuen Einfall. Schließlich, so erinnerte sich Zuckmayer,

> gelang es mir, ihn anzusprechen. Er begrüßte mich wie den Vertreter einer ausländischen Großmacht und stellte mich, da er sich meinen Namen nicht merken konnte, all seinen Leuten in respektvollem Ton als ›Unser Autor‹ vor, so daß ich mir schon fast einbildete, Richard den Dritten geschrieben zu haben.
>
> Eine junge Schauspielerin, die im schwarzen Samtkostüm eines Prinzen berückend aussah, mit einer schimmernden

2 Humboldt-Universität Berlin, Studentenakte Carl Zuckmayer.

3 Zuckmayer, *Als wär's ein Stück von mir*, S. 374.

4 Ebd., S. 375.

blonden Haarsträhne über der klaren Stirn, winkte er heran [...]

Das war Annemarie Seidel [...].[5]

Schon bald entwickelte sich zwischen ihr und Zuckmayer eine leidenschaftliche Liebesbeziehung. Häufig besuchte das Paar Mirls Schwester, die Schriftstellerin Ina Seidel, die mit ihrem Mann Heinrich Wolfgang in Eberswalde lebte. Umgekehrt war auch Ina Seidel häufiger Gast in Berlin.[6] 1922 schmiedete sie mit Zuckmayer sogar den Plan, den Roman *Zanoni* von Edward George Bulwer Lytton zum Drehbuch für einen Stummfilm umzuarbeiten. Aber dieser Plan zerschlug sich.[7]

Es mag sein, daß bei ihren Begegnungen auch über Zuckmayers Heimatstadt Mainz gesprochen wurde,[8] die von Ina Seidel in ihrem Roman *Das Wunschkind* derart anschaulich beschrieben worden ist, als habe sie längere Zeit in dieser Stadt gelebt. Auf jeden Fall hinterließ Zuckmayer bei ihr einen nachhaltigen Eindruck, sonst hätte sie ihn in diesem Buch kaum als Anführer einer Schülerbande auftreten lassen.[9]

Als sich Mirl und Zuckmayer kennenlernten, war Ina Seidel jedoch noch nicht Autorin eines Romans, der eine Millionen-

5 Ebd., S. 376.
6 Vgl. Seidel 1970, S. 314.
7 Vgl. Nickel/Weiß 1996, S. 63-65.
8 Die Mutmaßung bei Hübel 1990, S. 91.
9 »Er«, heißt es dort über das »Wunschkind« Christoph, »wechselt offiziell zu der Bande des Schinderhannes über, deren Anhänger alle in die St.-Christophs-Pfarrschule gingen, deren glorreicher Anführer Zuckmayer Carl [...] war« (Seidel 1985, S. 407). Diese Referenz an Zuckmayer war mehr als nur ein Spaß unter Freunden. Ihre inhaltliche Funktion besteht darin, nicht nur der Komplexität der historischen Realität gerecht zu werden, von der dieser Roman handelt, sondern die Aufmerksamkeit auch auf die politischen Verhältnisse der Zeit zu lenken, in der er entstand. Zweifellos lag im Erscheinungsjahr des Buches die aktuelle Bedeutung der Konflikte, die sein Thema sind, hier vor allem die Spannungen im Verhältnis zwischen Deutschland und Frankreich, ohnehin auf der

auflage erzielen sollte. 1921 stellte Carl von Ossietzky sie in einem Bericht der *Berliner Volks-Zeitung* über einen Vortragsabend noch als »eine Schwester der bekannten Schauspielerin Annemarie Seidel« vor.[10] Und auch Zuckmayer war noch nicht der erfolgreiche Autor des *Fröhlichen Weinbergs*, des *Schinderhannes* und des *Hauptmanns von Köpenick*. Außer einigen Gedichtveröffentlichungen und einem Namen, der nach Siegfried Jacobsohns Urteil »nicht zur Berühmtheit geschaffen ist«,[11] hatte er kaum mehr als Talent vorzuweisen.

Mirl konnte dagegen schon auf eine erfolgreiche Bühnenkarriere zurückblicken, die 1913 in München ihren Anfang genommen hatte. »Auf einem Spaziergang im Englischen Garten«, so schildert Ina Seidel in ihrem *Lebensbericht*,

> beschwor sie mich, unsere Mutter dahin zu beeinflussen, daß sie eine Ausbildung zur Schauspielerin beginnen dürfe. Da ich überzeugt war, daß ihre vielseitige Begabung ein Ziel und ein Zentrum bekommen müßte, gelang es mir, auch Mama davon zu überzeugen, wenn auch noch die Bestätigung durch einen Familienrat nötig wurde.[12]

Mirls Lehrer wurde der Schauspieler und Regisseur Albert Steinrück, der 1912 am Münchener Residenz-Theater mit der Inszenierung von Carl Sternheims *Die Kassette* einen handfesten Theaterskandal provoziert hatte. Im Hause Seidel war man zwar alles andere als revolutionär gestimmt, besaß aber Kunstverstand genug, um Steinrücks Können richtig zu be-

Hand. Doch als sei dies nicht genug, gab die Autorin, indem sie Zuckmayer dem Personal des Romans hinzufügte und dadurch Historie und Gegenwart durchmischte, den Fingerzeig, das *Wunschkind* handele nicht nur von einem historischen Geschehen, sondern habe auch einen Gegenwartsbezug. Vgl. dazu auch die konzise Analyse in Hey'l 1994, S. 84-96.

10 Carl von Ossietzky, *Die Künstlerfamilie Seidel*, zitiert nach: Bertram/Maack/Schottes 1994, S. 429.

11 *Die Weltbühne*, Jg. 16, 1920, Nr. 53, S. 765.

12 Seidel 1970, S. 244.

urteilen. Dabei kam zweifellos zum Tragen, daß schon Mirls Onkel Heinrich Seidel nicht nur ein exzellenter Ingenieur war (er baute z.B. den Anhalter Bahnhof in Berlin), sondern auch ein erfolgreicher, vor allem durch seinen 1882 erschienenen Roman *Leberecht Hühnchen* bekannter Schriftsteller. Auf ihre Weise eiferten ihm sowohl Mirls neun Jahre ältere Schwester Ina als auch ihr Bruder Willy nach, der ebenfalls eine Reihe von Romanen veröffentlicht hat.

Die Entscheidung für Steinrück sollte sich als richtig erweisen, denn 1915 engagierte der Regisseur Otto Falckenberg Mirl an die Münchner Kammerspiele. Für Falckenberg sei sie, so charakterisierte es der Dramaturg Wolfgang Petzet, eine »typische Entdeckung« gewesen: »Sie war wie eine auf den Brettern der Augustenstraße zauberhaft erwachsene Blume, ganz Natur, unvermögend, aus bloßer Technik zu spielen, ja nur ein Gefühl, technisch zu stützen.«[13] Sie hatte Falckenberg allerdings nicht etwa, wie man bei der Lektüre dieser Charakterisierung annehmen könnte, als gefühlvolles Gretchen oder somnambules Käthchen überzeugt, sondern durch die Darstellung einer von allen Furien gehetzten Elektra.[14]

Bei der Kritik stieß Falckenbergs Wahl nach Mirls ersten Auftritten auf Beifall, der aber nicht ungeteilt war: »Schminke half ihr nicht, Technik half ihr nicht, wo beide hätten helfen können, versagte sie. Sie war eine künstlerisch noble Dilettantin.« Dieses Urteil galt zwar der Berufskollegin Sybille Binder, doch Hermann Sinsheimer, der es fällte, kam sofort auch auf Mirl zu sprechen und erklärte:

> Das gleiche läßt sich von ihrer Vorgängerin an den Kammerspielen sagen: *Annemarie Seidel*, deren morbide Echtheit und Schwerflüssigkeit sie zu einer erregenden Darstellerin von Strindberg-, Wedekind- und Shakespearerollen machte. In dieser geborenen Münchnerin mit norddeut-

13 Falckenberg 1944, S. 292.
14 Vgl. ebd., S. 433 und Petzet 1973, S. 113.

schen Eltern war der Geist von Schwabing fast vollkommen verkörpert. Sie glich nicht selten einer auf die Bühne gestellten Lotte-Pritzel-Puppe: sie stilisierte nicht selbst, sondern war von der Natur stilisiert.[15]

Immerhin verstand sie es, als Tochter des Obersten in Strindbergs *Gespenstersonate*[16] »angenehm und mit Empfindsamkeit zu sterben«.[17] Und als Wendla Bergmann in Wedekinds *Frühlings Erwachen*[18] riß sie den Theaterkritiker Kurt Eisner, der wenige Jahre später als bayerischer Ministerpräsident und Opfer eines politisch motivierten Attentats bekannter geworden ist, zu einer kritischen Ovation hin:

Das geheimnisvolle Wesen aus dem Hyazinthensaal der ›Gespenstersonate‹ gab dem Kind, in dem das Weib beklommen drängt, alle zarte Holdseligkeit und Unschuld. Man kann nicht feiner das gefährlich Backfischhafte, Nekkische, Süßliche vermeiden; sie war eine singende Ballade, ein beklommenes Frühlingslied [...].[19]

Offensichtlich sahen die Kritiker durch Annemarie Seidel auf der Bühne ihre Männerphantasien verkörpert. Doch damit war es Ende 1919 fürs erste vorbei. Nachdem sie über vier Jahre in zahlreichen großen Rollen zu sehen gewesen war,[20] kündigte Mirl an den Münchner Kammerspielen und zog ohne ein neues Engagement nach Berlin.

Dort stand sie erst im Herbst 1920 wieder auf einer Bühne. Ihre erste große Rolle war die Christa bei der Uraufführung von Zuckmayers *Kreuzweg* am 10. Dezember 1920. Dieser

15 Sinsheimer 1953, S. 192.
16 Premiere am 1. Mai 1915, Regie: Otto Falckenberg.
17 Richard Elchinger in den *Münchner Neuesten Nachrichten* vom 3. Mai 1915.
18 Premiere am 5. September 1915.
19 *Münchner Post* vom 8. September 1915.
20 So spielte sie die Rosa in August Strindbergs Einakter *Erste Warnung* (Premiere am 23. Oktober 1915, Regie: Paul Marx), die Pippa in Gerhart Hauptmanns *Und Pippa tanzt* (Premiere am

Annemarie Seidel, 1915

Theaterabend begann mit ihrer Deklamation auf einer fast kulissenfreien Bühne:

Wo – wo – die Stimme rief – und zog und zieht –
Nacht ist wie Sand um meinen Fuß gestreut.
Neumond um meine Stirn. Der Wald entflieht
Das Dunkel flieht – die Straße – wohin – wohin –

Im Parkett saß die Berliner Kritikergarde und war am Ende zwar nicht vom Stück, wohl aber von der Leistung der neuengagierten Schauspielerin angetan. So hieß es in der Besprechung von Emil Faktor: »Wie poesiehaft das Spiel der Annemarie Seidel, deren Körper auch nichts anderes als von der Existenz eines zarten, reinen Mädchens wußte.«[21] Abgeklärter äußerte sich Alfred Kerr: »Außer Unda und Katsch keine bewertbare Schauspielleistung [...]. Wobei die Schauspielerin Annemarie Seidel dennoch Eignes an mädelhaft Innerlichem [...] hindurchahnen ließ.«[22] Kerrs Gegenspieler Herbert Ihering dagegen schwelgte: »Annemarie Seidel hatte für die Christa eine Intensität der Monotonie, die ergriff.«[23] Diese Kritiken schickte Annemarie Seidel ihrer Mutter, wobei sie vor allem auf Iherings Besprechung (»das Wichtigste«) hinwies, denn er habe auch »über das Stück gerecht u. schön u. richtig« geschrieben. Sie kam aber nicht umhin festzustellen,

28. Januar 1916, Regie: Paul Marx), die Luise in Schillers *Kabale und Liebe* (Premiere am 22. April 1916, Regie: Erich Ziegel), die Rosalinde in Shakespeares *Wie es Euch gefällt* (Premiere am 21. Januar 1917, Regie: Otto Falckenberg), die Anna in Hanns Johsts *Der Einsame* (Premiere am 30. März 1918, Regie: Otto Falckenberg), die Rebekkle Palmer in Hermann Essigs *Die Glückskuh* (Premiere am 8. Juni 1918, Regie: Otto Falckenberg), die Hauptrolle in Strindbergs *Schwanenweiß* (Premiere am 21. Dezember 1918, Regie: Otto Falckenberg) und die Violaine in Claudels *Verkündigung* (Premiere am 12. November 1919, Regie: Otto Falckenberg).

21 *Berliner Börsen-Courier* vom 11. Dezember 1920.

22 *Berliner Tageblatt* vom 11. Dezember 1920, Abend-Ausgabe.

23 *Der Tag* (Berlin), 12. Dezember 1920.

Kreuzweg sei beim Publikum durchgefallen, »weil es die Leute nicht verstanden haben, es ist wohl auch kein Theaterstück aber eine wirkliche und wunderschöne Dichtung.«[24]

Mirl hatte bei Publikum und Kritik auch weiterhin Erfolg. Zuckmayer, mit dem sie nun zusammenlebte, schlug sich dagegen mehr schlecht als recht durch. Während sie auf der Bühne stand, saß er oft in einer Bierkneipe gegenüber dem Staatstheater und wartete auf sie.[25] An einem dieser Abende entstand sein Gedicht *Cognac im Frühling*, das er als »Huldigung an Mirl«[26] auf einen feuchten Bierdeckel notiert hatte:

Ich bin im braunen Cognac-See ertrunken.
Sechs Monde schwimmt mein Leichnam wie ein Fisch,
Mit weißem Bauch noch unverwest und frisch,
Ein Freund der bittren Angostura-Unken.

Ich ward geländet, bin ins Grab gesunken,
Im Wurzelreich ein trunkner Frühlingsgast,
Mein Hügel grünt im Schatten der Spelunken,
Aus meinem Herzen wächst der Seidelbast.

Du roter Strom Burgunds, aus allen Poren
Sproßt mir der wilde Rebstock ohne Rast,
Das Senfkorn keimt versteckt in meinen Ohren,
Aus meinem Herzen wächst der Seidelbast.

24 Deutsches Literaturarchiv (im folgenden: DLA), Nachlaß Ina Seidel.
25 Vgl. Zuckmayer, *Als wär's ein Stück von mir*, S. 387.
26 Vgl. ebd., S. 441. Ebenfalls als »Huldigung an Mirl« hatte Walter Hasenclever 1918 sechs Gedichte in der expressionistischen Zeitschrift *Das junge Deutschland* veröffentlicht (vgl. Breuer/Witte 1994, S. 223-228). Daß es sich bei der Adressatin von diesen Gedichten mit großer Wahrscheinlichkeit um Annemarie Seidel handelt (eine Frage, die von den Bearbeitern der Hasenclever-Werkausgabe nicht erörtert wird), läßt ein Brief vermuten, den Kurt Wolff im November 1919 an Hasenclever richtete (vgl. Zeller/Otten 1966, S. 259).

Der Augen Blau ist längst zu Anemonen,
Der Haare Schwarz zu Büffelgras verblaßt,
In meinem Magen mag der Maulwurf wohnen,
Aus meinem Herzen wächst der Seidelbast.

Tief aus der Erde schallt betrunknes Lallen
Der Würmer, die an meinem Leib gepraßt,
All meine Knochen sind zu Staub zerfallen,
Aus meinem Herzen wächst der Seidelbast.[27]

Manchem wird Mirl wie eine der »femmes fragiles« aus der Décadence-Literatur des fin de siècle erschienen sein, denn schon in ihrer Jugend war sie häufig krank. Sie rauchte viel und lebte nun in einer Stadt, deren staubige Luft ihrer Gesundheit alles andere als zuträglich war. Nach einer im Winter 1920/21 ausgebrochenen Bronchitis verordnete ein Arzt ihr dringend einen längeren Aufenthalt am Meer. Zuckmayer verkaufte ein paar Erbstücke seiner Großmutter und finanzierte dadurch einen gemeinsamen Erholungsurlaub im Fischerdorf Nidden an der Ostsee, den sie im Frühjahr 1921 antraten. »Nie wurde«, schrieb Zuckmayer rückblickend, »eine Erbschaft rascher und sinnvoller verlebt.«[28] Erst nach einigen Wochen – Mirl war wieder gesund geworden – kehrten beide nach Berlin zurück. Sie wollten heiraten. Mirl erwartete ein Kind. Doch nach einem Sturz während einer Aufführung von Shakespeares *Sturm*[29] verlor sie es.[30] »Sie war krank und elend«, erinnert sich Zuckmayer in seiner Autobiographie. Er besorgte Fahrkarten nach München. »Dort«, meinte er, »würde es besser sein.«[31] Im September 1921, rechtzeitig zu Beginn der neuen Spielzeit, waren sie wieder zurück in Berlin. Ihren

27 Zitiert nach: Zuckmayer, *Abschied und Wiederkehr*, S. 23.
28 Zuckmayer, *Als wär's ein Stück von mir*, S. 394.
29 Premiere am 18. Februar 1921, Regie: Ludwig Berger.
30 Vgl. Zuckmayer, *Als wär's ein Stück von mir*, S. 396.
31 Ebd.

nächsten großen Auftritt hatte Mirl in der weiblichen Hauptrolle von Ferdinand Raimunds *Die gefesselte Phantasie*.[32]

Im Frühjahr 1922 erkrankte sie erneut, diesmal an einer schweren Lungen- und Rippenfellentzündung. Der niederländische Millionär und Musikforscher Anthony van Hoboken, ein Verehrer Mirls seit ihrer Zeit an den Münchner Kammerspielen, war zufällig

> zu einem kurzen Aufenthalt nach Berlin gekommen und wollte ihr einen Besuch abstatten. Durch die Intendanz des Staatstheaters erfuhr er, daß sie krank sei, und ihre Adresse. Als er an jenem Vormittag mit einem Blumenstrauß dorthin kam, sah er sofort, wie es um sie stand. In einer halben Stunde hatte er den größten Facharzt an ihrem Krankenbett. Der erklärte, daß sie auf der Stelle in ein Spital müsse. [...] In völliger Selbstlosigkeit, noch ohne sich darüber klar zu sein, daß er sie liebte, übernahm er die notwendige Prozedur.
>
> Ein Krankenwagen brachte sie in die beste und teuerste Klinik Berlins. Es ist kein Zweifel, daß er damit ihr Leben gerettet hat. [...]
>
> Sie durfte keinen Besuch haben, die Behandlung der Rippenfellentzündung durch Punktierung strengte sie furchtbar an, tagelang war sie in Lebensgefahr. Auch hatte man eine ›feuchte Stelle‹ in den Lungen entdeckt, ich wußte, was das bedeutet: Nur eine lange, gründliche Pflege, vollständige Ruhe, Wechsel des Klimas, ein Aufenthalt in Davos oder im Süden konnte sie, nach damaligen Begriffen, von der Tuberkulose retten. Das alles konnte ich ihr nicht bieten und sie selbst nicht erschwingen. Es war zu Ende.[33]

Den Sommer 1922 verbrachte Mirl mit Hoboken in Italien. Dort besserte sich ihr Gesundheitszustand rasch. Zu Beginn der Spielzeit 1922/23 stand sie als Prinzessin in Büchners

32 Premiere am 8. Oktober 1921, Regie: Karl Etlinger.
33 Zuckmayer, *Als wär's ein Stück von mir*, S. 408 f.

Leonce und Lena und als Käthchen in Kleists *Das Käthchen von Heilbronn* schon wieder auf der Bühne. In beiden Rollen trat sie Anfang September bei einer Gastspielreise in Kiel auf.[34] Zuckmayer begann dort zur gleichen Zeit als Dramaturg am Städtischen Theater. Als sie sich in Kiel wiedersahen, hatte sich Mirl schon dazu entschlossen, Anthony van Hoboken zu heiraten. Die Hochzeit fand am 7. Dezember 1922 in München statt. Ihren Beruf gab Mirl nun auf.

Ihre Ehe war offenbar glücklich, und in materieller Hinsicht fehlte es ihr an nichts. Während in Deutschland die Inflation das Vermögen des Bürgertums bis auf ein Nichts zusammenschmelzen ließ, konnte sie in der Direktion der Münchner Kammerspiele »still ein Kuvert auf den Tisch leg[en]: ›Für Renovierung von Bühne und Zuschauerraum und einen neuen Samtvorhang.‹«[35]

Zu Beginn der dreißiger Jahre war sie schließlich das bloße Dasein als Ehefrau müde und wollte wieder zurück ans Theater. Zuckmayer versuchte zunächst vergeblich, seine Beziehungen für sie zu nutzen. Er setzte dann aber durch, daß sie 1931 noch einmal auf der Bühne stehen und bei der von Heinz Hilpert inszenierten Uraufführung des *Hauptmanns von Köpenick* die Rolle des kranken Mädchens übernehmen konnte.

Die Proben begannen im Februar. »Es ist schrecklich«, schrieb sie ihrer Mutter, »wieder Theater zu spielen obwohl

34 »Heute Sonnabend, 6 Uhr«, so meldeten die *Kieler Neuesten Nachrichten* am 3. September 1922, »geht im Stadttheater als Volksfestvorstellung das große historische Ritterschauspiel ›Das Käthchen von Heilbronn oder Die Feuerprobe‹ mit Annemarie Seidel von der Staatsoper [!] Berlin als Käthchen und Hans Mühlhofer vom gleichen Theater als Wetter vom Strahl in Szene.« Zwei Tage später meldeten die *Kieler Neuesten Nachrichten*: »Im Schauspielhaus gehen um 7½ Uhr das Lustspiel von Georg Büchner ›Leonce und Lena‹ mit Annemarie Seidel vom Staatstheater Berlin als Lena und ›Der Engländer‹, eine dramatische Phantasie von J.M.R. Lenz, in Szene.«

35 Petzet 1973, S. 174.

ich es herrlich finde.«[36] Sie war, gestand sie fünf Tage nach der Premiere,

> froh, in einer kleinen und verantwortungslosen Rolle begonnen zu haben, da ich mich sehr unsicher und so ganz ohne Training fühle. Die Scene ist übrigens dichterisch sehr schön [...]. Wir feierten die Premiere in kleinem Kreise (Remarque, Eva Mosse, Elsa Wagner, Albrecht Joseph, Zuckmayers, Hobokens und Mutter Zuckmayer) bei Horcher mit silbernen Leuchtern und einer mit Veilchen überstreuten Tafel.[37]

Die Absicht, ihren Beruf weiter auszuüben, konnte sie nicht verwirklichen. Finanzielle Schwierigkeiten sollte ihr dies keine bereiten. Anthony van Hoboken, von dem sie sich 1932 scheiden ließ, war generös und überließ ihr u.a. ein Haus in Kampen auf Sylt, das er 1929 für sie hatte bauen lassen und das zu ihrem Refugium wurde.

Ihren späteren Ehemann Peter Suhrkamp hat sie vermutlich Anfang der dreißiger Jahre kennengelernt. Er hatte 1929 seinen Beruf als Lehrer an der Freien Schulgemeinde in Wikkersdorf aufgegeben und war nach Berlin gezogen, wo er zunächst Filmkritiken für das *Berliner Tageblatt* schrieb und dann als Literaturredakteur des im Ullstein-Verlag erscheinenden Monatsmagazins *Uhu* arbeitete. 1932 wurde er Redakteur der renommierten Zeitschrift *Die Neue Rundschau*, die bei S. Fischer herauskam. Dort berief man ihn nach der »Machtergreifung« Hitlers in den Verlagsvorstand.

Um eine zwangsweise »Arisierung« zu verhindern, verlegte Gottfried Bermann Fischer Ende 1936 einen Teil des Unternehmens nach Wien, den anderen erwarb Suhrkamp auf Drängen der Autoren und Verlagsmitarbeiter.[38] Ein Jahr

36 Brief vom 23. Februar 1931 (DLA, Nachlaß Seidel).
37 Brief an Emmy Seidel vom 10. März 1931 (ebd.).
38 Zu Suhrkamps Biographie und seiner Arbeit als Verleger vgl. Voit 1975, Unseld/Ritzerfeld 1991, Grathoff 1991.

zuvor, am 12. September 1935, hatten Suhrkamp und Mirl geheiratet. Trauzeugen waren der Dichter und Lektor Oskar Loerke und die Schauspielerin Elsa Wagner. Für Suhrkamp war es die dritte Ehe.

Zuckmayer nahm an der Hochzeitsfeier nicht teil. Erst im November 1935 war er für vierzehn Tage in Berlin und berichtete nach der Rückkehr in sein Domizil in Henndorf bei Salzburg seinem Freund Albrecht Joseph:

> Ich lege Dir hier aber einen Brief der Mirl[39] bei, bitte schikke ihn zurück, der ganz besonders schön und famos ist. Überhaupt ist die Mirl seit ihrer neuen Ehe in einem grossartigen Zustand. Seit vierzehn Jahren!! sah ich sie nicht so aufgeschlossen, lebendig, unverbohrt, unmystisch, daseinswach und geisteshell. Ihr ganzer spiritueller und vitaler Charme ist wiedergekehrt. Auch der Gatte hat eine merkwürdige Metamorphose durchgemacht, – oder haben wir ihn früher falsch gesehen? – nichts von Mufflertum und Brödelei, – nichts vom faustischen Hilfslehrer und visionären Deichgräber. Klug, humorvoll, herzlich und mit allen möglichen Energien geladen. –[40]

Gottfried Bermann Fischer hatte von Mirl in anderer Hinsicht einen weniger guten Eindruck:

> Leider war auch sie von der antisemitischen Welle nicht unberührt geblieben. Ich erwähne das nur, um zu zeigen, wie wir selbst im intimsten Freundeskreis vor den Auswirkungen der Judenhetze nicht bewahrt blieben. Als meine Frau und ich einen Abend bei Suhrkamps, den Neuvermählten, verbrachten und das Gespräch auf die Lage der Juden in Deutschland kam, äußerte sie ganz naiv und ohne das geringste Gefühl für die Konstellation: »Den Juden ist es bisher in Deutschland so gut ergangen, jetzt kann es ihnen ruhig auch mal schlecht gehen.« Wieder diese Distanzie-

39 Dieser Brief ist verschollen.
40 Brief vom 25. November 1935 (DLA, Nachlaß Carl Zuckmayer).

rung, dieses gedankenlose Abwenden von Menschen, mit denen sie doch eng verbunden lebte. Wie das Gift wirkte! Suhrkamp selbst war dagegen gefeit.[41]

Sofern man dieser 1967 veröffentlichten Erinnerung Glauben schenken darf, hat sich Mirl politisch zwar nicht derart exponiert wie ihre Schwester Ina, die 1933 eine von Gottfried Benn formulierte Loyalitätserklärung für Hitler unterschrieb und 1939 aus Anlaß von Hitlers fünfzigstem Geburtstag einen Huldigungsartikel verfaßte,[42] war aber, wenn auch auf naivere Weise, nicht weniger opportunistisch. Zuckmayer hat sich allerdings über Bermann Fischers Darstellung, auf die ihn Siegfried Unseld kurz vor Auslieferung des Buches aufmerksam machte, empört. Er hielt sie für vollkommen unglaubwürdig.[43]

41 Bermann Fischer 1967, S. 108.

42 Darin heißt es u.a.: »Wir [...] waren längst Eltern der gegenwärtigen Jugend Deutschlands geworden, ehe wir ahnen durften, daß unter Tausenden der Eine war, über dessen Haupte die kosmischen Ströme deutschen Schicksals sich sammelten. [...] Erst als wir uns nach den gewaltigen Erschütterungen und Umwälzungen als auferstehendes Volk so wie niemals zuvor in deutscher Geschichte auf den lebendigen Pol in unserer Mitte bezogen fanden [...], da begriffen wir ehrfürchtig, was uns geschehen war. Dort, wo wir als Deutsche stehen, als Väter und Mütter der Jugend und der Zukunft des Reiches, da fühlen wir heute unser Streben und unsere Arbeit dankbar und demütig aufgehen im Werk des einen Auserwählten der Generation – im Werk Adolf Hitlers.« (zitiert nach Ferber 1979, S. 307).

43 Zuckmayer kommentierte Bermann Fischers Vorwürfe in einem Brief an Siegfried Unseld vom 16. September 1967: »Lieber Herr Unseld, | seien Sie bedankt für Ihren Brief mit der alarmierenden Nachricht über das Mirl-Zitat des Dr. GBF. Ich machte mir schon Gedanken, was er so alles über Peter vorbringen werde, – aber darauf war ich nicht gefasst! | Ich habe sofort ein langes Brieftelegramm und einen Eilbrief an ihn losgelassen, aber ich fürchte sehr, – selbst wenn er meinen (sehr scharfen, im Namen aller Mirl-Freunde vorgebrachten) Protest befolgen wollte, – dass es zu spät ist, denn ich habe auch gehört, dass das Buch

Im Dezember 1935 bedeutete das Verbot von Zuckmayers Roman *Salwàre oder Die Magdalena von Bozen* das vorläufige Ende seiner Geschäftsbeziehungen zum S. Fischer Verlag, die erst im Jahr zuvor begonnen hatten. Doch der private Kontakt zu Mirl und Peter Suhrkamp brach auch in den folgenden Jahren nicht ab. Erst 1940 wurde es ungewiß, ob man jemals wieder etwas voneinander hören würde.

Während sich Zuckmayer nach seiner Flucht vor den Nationalsozialisten in die USA eine neue Existenz als Farmer aufbaute, versuchte Suhrkamp in Deutschland, die Tradition des Verlags fortzusetzen – soweit das möglich war. Bei den Machthabern im NS-Staat, besonders bei den für die »Überwachung des gesamten geistigen und weltanschaulichen Schrifttums« zuständigen Mitarbeitern im Amt Rosenberg, brachte ihn das zunehmend in Mißkredit. Im Herbst 1943 schleuste die Gestapo einen Spitzel in den Verlag ein. Er schlug, so schilderte es Manfred Hausmann, Suhrkamp vor,

> den Verlag als eine Verbindungsstelle zwischen einem (in Wirklichkeit nicht existierenden) Kreis von Persönlichkeiten im Reich und dem [...] in der Schweiz lebenden ehemaligen Reichskanzler Dr. Wirth zu benutzen mit dem Ziel, Hitler zu stürzen und Wirth zu seinem Nachfolger zu machen. Natürlich ging Suhrkamp nicht darauf ein. Er hielt

unmittelbar vor der Auslieferung steht. Es wird dann nichts anderes übrig bleiben, als gegen eine solche Behauptung öffentlich Stellung zu nehmen, so ungern ich sowas tue. Aber das kann man auf der Mirl nicht sitzen lassen. Auch wer ihre Schwächen und Absonderlichkeiten in ihren späteren Jahren genau kannte, weiss bestimmt, dass von ›Antisemitismus‹ bei ihr nie die Rede gewesen sein kann. Dazu war sie viel zu gescheit« (zitiert nach einer Kopie in der Stadt- und Universitätsbibliothek Frankfurt am Main, Nachlaß Hanns W. Eppelsheimer, Signatur I 154.16). Zuckmayer hat sich über Bermann Fischers Behauptung, die sich unverändert auch in der Taschenbuchausgabe seiner Autobiographie findet (Frankfurt am Main, Hamburg 1971, S. 91 f.), schließlich doch nicht öffentlich geäußert.

> den Mann für einen Phantasten und nahm den Vorschlag nicht ernst.[44]

Suhrkamp zeigte den vermeintlichen Regimegegner aber auch nicht an. Deshalb wurde er am 13. April 1944 wegen Hoch- und Landesverrats verhaftet und im Mecklenburger Konzentrationslager Ravensbrück interniert. Unermüdlich, aber vergebens, versuchte Mirl in den nächsten Wochen, seine Haftentlassung zu erwirken. Am 14. Juli verlegte man Suhrkamp ins Berliner Untersuchungsgefängnis Alt-Moabit. Resigniert schrieb Mirl, die mit Hilfe u.a. des Lektors Hermann Kasack ihre Bemühungen um seine Freilassung fortsetzte, an ihre Schwester Ina:

> Untersuchungshaft im früheren Sinn gibt es nicht mehr. Du solltest Dich einmal mit juristischen rechtlichen etc. Neuerrungenschaften bekannt machen. Oder vielleicht besser nicht. [...] Ich mußte öfters an die letzte Grenze meiner Kräfte gehen.[45]

Am 26. September wurde Suhrkamp von Moabit ins Berliner Gestapogefängnis in der Lehrter Straße verlegt. Mirl, die man über solche Aufenthaltswechsel ihres Mannes nicht informierte, war oft der Verzweiflung nahe. »Ich darf mich«, schrieb sie am 20. Januar 1945 ihrer Schwester, »dem Erbarmen für ihn garnicht hingeben, sonst töte ich mich selbst.« Fünf Tage später wurde Suhrkamp ins Konzentrationslager Sachsenhausen deportiert. Dort erkrankte er an einer doppelseitigen Lungen- und Rippenfellentzündung. Mitten im Winter, als die Krankheit ihren Höhepunkt erreicht hatte, wurde er aus der Haft entlassen; man war davon überzeugt, daß er nicht überleben werde, und verzichtete deshalb auf seine »Liquidierung«. Henry Goverts berichtete einige Wochen später Hermann Hesse:

44 Zitiert nach Unseld/Ritzerfeld 1991, S. 104.
45 Brief vom 1. Oktober 1944 (DLA, Nachlaß Seidel).

> Am 9. Februar 1945 erschien Suhrkamp morgens um 4 Uhr in Potsdam und klingelte an Kasacks Haustür. Frau Kasack öffnete und prallte beim Anblick eines totenkopfähnlichen Gesichtes zurück [...]. Kasack erschrak ebenfalls ob dieser ausgemergelten Gestalt. [...] Die Ärzte glaubten nicht, daß sie diesen bis aufs äußerste geschwächten Körper würden durchbringen können, zumal aller Lebenswille erloschen schien. Aber es gelang [...].[46]

Wenige Monate nach Kriegsende hatte sich Suhrkamp bereits soweit erholt, daß er an die Wiederaufnahme seiner Verlagsgeschäfte dachte. Am 2. August 1945 schrieb er zum ersten Mal wieder an Zuckmayer:

> Lieber Carl Zuckmayer –
> ob Lissi sich noch erinnert, daß ich am Morgen des 14. März 1938, nach dem Überfall auf Österreich, im Verlagsbüro zu ihr sagte:[47] »Das ist der Anfang vom Ende«? – Damals habe ich alles gewußt, was jetzt ist; den ganzen Weg bis hierher und diese zertrümmerte Welt, in der wir jetzt stehen. Aber ich habe damals nicht gewußt, daß es zu erleben so furchtbar sein würde. Jetzt stehen wir – Mirl und ich – zwischen dem Wunder, daß wir da sind, leben, und die Sonne auf uns scheint und herzverschüttender Not und Elends- und Schwächeohnmachten mittendrin. Wir haben alles verloren. Leben in Potsdam, Behlertstr. 5, in einem Zimmer. Der Verlag fängt Berlin W35, Wogoschstr. 13, wenn das gestattet wird, neu wieder an. – Ich war seit April 44 im Gefängnis und im Konzentrationslager; es ging um Kopf und Kragen. Du kannst Dir vorstellen, was da die

46 Brief vom 1. Mai 1945, zitiert nach Unseld/Ritzerfeld 1991, S. 108.

47 Während Zuckmayer von Wien in die Schweiz floh, wartete seine Frau mit Tochter Winnetou bei Mirl und Peter Suhrkamp in Berlin auf seinen Anruf aus Zürich (vgl. Zuckmayer, *Als wär's ein Stück von mir*, S. 99).

Mirl getragen hat. Sie war ganz groß. Aber jetzt ist sie manchmal ganz am Ende. Sie fragt oft und wartet, ob das Carlchen nicht kommt. [...]

Laß bald hören – und schreibe vor allem bald.

Sei umarmt; grüße Lissi und Winnetou und die Große!

Von Deinem

Peter Suhrkamp[48]

Am 10. August 1945 schrieb auch Mirl erstmals wieder an das »Carlchen«. Auf beide Briefe, die Zuckmayer am 28. September erreichten, reagierte er postwendend. Als seine Antworten in Berlin eintrafen, jubelte Mirl: »Von Zuck«, schrieb sie ihrer Schwester, »habe ich einen Brief aus U.S.A. erhalten, der mich dermassen freute dass ich beinah heulte.«[49]

Die Versorgungslage in Deutschland war erbärmlich. Die emigrierten Freunde halfen mit dem Nötigsten: »Mir schickt«, berichtete Mirl ihrer Schwester im Januar 1946, »das Carlchen manchmal was, Peter bekommt von Bermann Fischer, auch Brecht schickte ein Paket.«[50] Drei Monate später zeichnete sich bereits ab, daß man sich wiedersehen würde: »Zuck kommt«, heißt es in einem Brief von Mirl an Ina Seidel, »Mitte Juli auf ein Jahr her, als eine Theaterbehörde.« Und sie fügte hinzu: »Da wird man wieder ein bischen Spass haben.«[51] Es dauerte jedoch noch vier Monate länger, bis Zuckmayer im November 1946 als ziviler Mitarbeiter der Armee der Vereinigten Staaten nach Berlin fliegen konnte.

Dann war es endlich soweit: »Blaß, mager, in einem armseligen Mantel«[52] empfing Mirl ihn an der U-Bahn-Station: »Lange konnten wir nicht sprechen, während wir durch die stille Seitenstraße zu ihrer Wohnung gingen.«[53]

48 DLA, Nachlaß Carl Zuckmayer.

49 Brief vom 11. November 1945 (DLA, Nachlaß Seidel).

50 Brief vom 21. Januar 1946 (ebd.).

51 Brief vom 24. Mai 1946 (ebd.).

52 Zuckmayer, *Als wär's ein Stück von mir*, S. 639.

53 Ebd.

Zuckmayer blieb nur für kurze Zeit in Berlin, denn er mußte sich einen Eindruck von der Lage der Theater in allen größeren Städten Süddeutschlands verschaffen und Empfehlungen für den kulturellen Wiederaufbau formulieren. Erst Anfang Januar meldete er sich wieder bei Mirl, die darüber ihrer Schwester schrieb:

> Vom Carlchen bekam ich eben ein Telegramm von 46 Worten aus dem Allgäu,[54] er ist nächste Woche wieder hier. »Des Teufels General«, übrigens wirklich ein tolles Stück, hat in Zürich einen grossen Erfolg gehabt. Er ist in grossartiger Verfassung. Ich habe eigentlich noch nie einen Menschen erlebt, der durch alles, auch durch äusserst Schweres, in einer so unlädierten, ständig zunehmenden Form (hier meine ich nicht die amerikanische Fülligkeit) gegangen ist, als ein absolut gebender Mensch. Und ein mit allen Sinnen aufnehmender, was mindestens so selten ist. –
>
> Er kommt bald her aber bleibt nur kurz, sein Job erfordert grosse Beweglichkeit. Wie freue ich mich darauf die Kehle wieder etwas zu netzen.[55]

Im März 1947 mußte Zuckmayer in die USA zurückkehren. Bevor er abreiste, besuchte er nochmals Mirl in Berlin. Über dieses Treffen schrieb Peter Suhrkamp am 3. März 1947 an Brigitte Bermann Fischer:

> Freitag abend saß R. Reece[56] bei mir. [...] Mir tat es gut, mit jemandem über S. Fischer sprechen zu können. Bei Mirl im anderen Zimmer saß indessen Zuck, der am Abend aus Wien zurückgekommen war, nur noch für ein paar Tage. Er ist zurückgerufen. Darüber sind wir so erschrocken und traurig wie er. Seine offene schenkende Herzlichkeit wirkt hier geradezu erschütternd und hinreißend. Wie ein Frühlingssturm! Er bringt jeden zum Lachen und Weinen in

54 Dieses Telegramm ist verschollen.
55 Brief vom 2. Januar 1947 (DLA, Nachlaß Seidel).
56 Der Verleger der Albatros-Bücherei.

einem. Wenn nur viele solche kämen, meint man, dann würde hier noch etwas werden. Und wie werden wir den einzigen Zuck vermissen![57]

In die Vereinigten Staaten kehrte Zuckmayer nur für kurze Zeit zurück. Schon bald war er wieder in Europa. Die Verbindung zu Mirl und Peter Suhrkamp war nun so eng wie nie zuvor, nicht zuletzt deshalb, weil Suhrkamp sein Verleger in Deutschland wurde.

An den Verlagsgeschäften nahm Mirl regen Anteil: Sie prüfte Manuskripte und lektorierte sie, so den Gedichtband *Welten* von Gertrud Kolmar,[58] der 1947 bei Suhrkamp herauskam. »Ich bin«, äußerte sie einmal gegenüber ihrer Freundin Margarete Franck-Severin, »eine ganz gute Schülerin von P[eter] geworden.«[59] Wie schon in den dreißiger Jahren schrieb sie hin und wieder auch selbst und veröffentlichte – stets unter ihrem Geburtsnamen – den einen oder anderen Text, meist in verlagseigenen Publikationen.[60] Daneben übersetzte sie englischsprachige Titel ins Deutsche.[61]

57 Zitiert nach: Bermann Fischer 1967, S. 292 f.

58 Dies berichtet Annemarie Seidel in einem Brief an ihre Schwester Ina vom 10. Dezember 1946 (DLA, Nachlaß Seidel).

59 Brief vom April 1949, Staatsbibliothek zu Berlin, Nachlaß Margarete Franck-Severin.

60 Folgende Veröffentlichungen konnten ermittelt werden: *Die Ohnmächtigen* [Gedicht], in: *Die Neue Rundschau*, Jg. 54, 1943, H. 4, S. 254; *Bildnis von Novalis*, in: *Die Neue Rundschau*, Jg. 55, 1944, H. 1, S. 41; *Mama und die Blumen*, in: Peter Suhrkamp (Hrsg.), *Taschenbuch für junge Menschen*, Berlin 1946 (Ausgabetag: 15. Dezember 1947), S. 317-320; *Der Gärtner und die Katze*, in: *Merkur*, Jg. 1, 1947, H. 6, S. 876-887; *Penzoldt und die Insel* im *Morgenblatt für Freunde der Literatur* vom 14. Juni 1952; *Aufzeichnungen der Madame Avantgarde*, in: *Akzente*, Jg. 1, 1954, H. 5, S. 390-406.

61 Folgende Übersetzungen konnten ermittelt werden: Richard Hughes, *Ein Sturmwind auf Jamaica*, Frankfurt am Main 1950; Thomas Stearns Eliot, *Die alte Tupfentapfenschecken*, in: Thomas Stearns Eliot, *Old Possums Katzenbuch*, Englisch und

Die Ursachen dafür, daß sie ihre literarische Arbeit schließlich einstellte, waren wohl in erster Linie starke Depressionen und eine sich zunehmend verschlimmernde Alkoholsucht. Welch bedrückende Szenen sich durch ihre Krankheit ergaben, zeigt der Verlauf eines Abends im Jahre 1952, an dem Mirl und Peter Suhrkamp Gast bei Gretel und Theodor W. Adorno waren. Monika Plessner, die Ehefrau des Soziologen Helmuth Plessner, hat ihn in ihrem Erinnerungsbuch *Die Argonauten auf Long Island* geschildert:

> Peter Suhrkamp trank wenig in bedächtigen Schlucken, während seine zierliche Frau hastig ein Glas nach dem anderen leerte. Das zerquälte kleine Gesicht rötete sich. [...]
>
> Die Runde belebte sich langsam. Dann und wann machte Gretel eine besonnene Bemerkung; und die zarte Trinkerin mir gegenüber sagte, heiser und laut, irgend etwas Unverständliches, das offenbar nur an Adorno gerichtet war. Je öfter sie zum Reden ansetzte, desto stiller wurde Peter Suhrkamp. Er sah abgespannt aus. Zwischen ihm und der jungen Frau entstand, zuerst kaum merklich, Gereiztheit, die sich aber rapide verschärfte. Sie sahen aneinander vorbei, als stünde eine gläserne Wand zwischen ihnen, die in der Mitte einen Sprung hatte. Gretel, bemüht, uns von den beiden abzulenken, zog Helmuth in ein Gespräch, dem ich nur mit halbem Ohr zuhörte. Ich beobachtete Adorno, der, horchend, auf ein Klirren zu warten schien. Und da war es. Frau Suhrkamp sprang auf vom Tisch. Ihr Glas fiel um. Sie stürzte zum Fenster, preßte das Gesicht gegen die Scheibe, hielt sich am Griff fest mit hochgehobenen Händen und weinte fassungslos. Im selben Augenblick sprang Adorno mit einem einzigen Satz zum Flügel und hieb auf die Tasten ein, daß sie dröhnten und wimmerten. Was für eine Musik!

Deutsch, Berlin, Frankfurt am Main [1952], S. 14 f. (dieser Band enthält auf S. 74-76 auch eine Übersetzung von Zuckmayer: *Pus: Der Theaterkritiker*); [zusammen mit Friedrich Podszus] Truman Capote, *Die Grasharfe*, Berlin, Frankfurt am Main 1952.

> Gestaltete Anarchie, kein Chaos. Töne in Fesseln. Gesetz, das sich selbst beklagt. So stelle ich mir »Dr. Fausti Weheklag« vor.
>
> Es war dunkel im Raum, unheimlich. Selbst Gretel war offenbar so betroffen, daß sie vergaß, das Licht einzuschalten. Nur die roten, grünen, gelben Reklamelichter draußen blinkten stumm an und aus, an und aus ...
>
> Angst und Mitleid befielen mich. Ich weiß nicht, was stärker war – bis die Hausfrau sich als erste faßte. Sie stand auf, schob ihren Stuhl geräuschvoll unter den Tisch, ging zum Flügel und ergriff den Deckel, als wolle sie ihn zuklappen. Adorno sah ruhig zu ihr auf, spielte noch ein paar Takte – nein, keine Takte – und endete dann, als habe nun alles seine Ordnung, mit einem Kirchenschluß. Ohne sich um uns zu kümmern, nahm er seinen Platz wieder ein. Peter Suhrkamp war hinter seine Frau getreten und verdeckte die von Schluchzen geschüttelte Gestalt. Da läutete es.[62]

Der sich durch dieses Läuten ankündigende Gast war der Judaist Gershom Scholem. Bei seinem Eintreten fand Adorno Fassung und Sprache wieder; der Abend zog sich dann noch lange hin.

Vorfälle wie dieser dürften kein Einzelfall gewesen sein, was für Suhrkamp aber kein Grund war, sich von Mirl zu trennen. Es war vielmehr sie, die 1954 beschloß, von Frankfurt nach München zu ziehen, wo sich Friedrich Podszus (der bis 1956 Lektor bei Suhrkamp war) und Margarete Franck-Severin um Mirl kümmerten, die zunehmend auf Hilfe angewiesen war. Schließlich beschloß das Ehepaar Suhrkamp, der räumlichen Distanzierung die Scheidung folgen zu lassen. Doch am 31. März 1959, zwei Tage vor dem anberaumten Gerichtstermin, starb Peter Suhrkamp. Mirl überlebte ihn nur um wenige Monate.

62 Plessner 1995, S. 50-52.

37 Jahre waren vergangen, seit Zuckmayer mit Ina Seidel über den geplanten Stummfilm *Zanoni* korrespondiert hatte, als er am 6. September 1959, fünf Wochen nach dem Tod ihrer Schwester, wieder Kontakt mit ihr aufnahm:

Liebe, verehrte Frau Ina Seidel!
Durch einen Zeitungsausschnitt, den Bekannte mir zuschickten, erfuhr ich – erschüttert und tief betroffen – vom Tode der Mirl. Niemand hatte mir eine andere Benachrichtigung geschickt, ich hatte keine Gelegenheit, Blumen auf ihr Grab zu legen. Gewiss, ich war lange nicht bei ihr, hätte sie nach Peter Suhrkamps Tod besuchen sollen, statt zu warten, bis ich ohnehin wieder nach München komme. Aber das, dieses »Zu spät«, habe ich mit mir selbst abzumachen, oder mit Mirl in der Ewigkeit, nicht mit Andern.

Was geht mir nicht alles durch den Sinn, und durchs Herz. Es lässt sich nicht aussprechen. Sie wissen es.

Lassen Sie mich Ihnen, liebe Ina, innig die Hand drücken.
Ihr Carl Zuckmayer

Ina Seidel antwortete am 20. September 1959:

Lieber Carl Zuckmeyer,
ich danke Ihnen für Ihren Brief – gerade Ihre Stimme, herübertönend aus einer Zeit, in der Mirl auf einer Höhe ihres Lebens stand, die bei der dann beginnenden Wanderung *so* niemals wieder erreicht wurde, hat mir sehr wohlgetan. Daß Ihnen keine Anzeige zuging, lag daran, daß diese traurige Botschaft von drei Seiten verschickt wurde, und daß Mirls nächste Freunde – Friedrich Podszus und Margarete Franck-Severin – vielleicht annahmen, ich würde Sie benachrichtigen, während ich dasselbe von ihnen dachte.

Mirl lag seit dem 24. Juni mit einem Schenkelhalsbruch, den sie sich innerhalb ihrer Wohnung zugezogen hatte, in einem Münchner Krankenhaus. Ihr Allgemeinbefinden war – wie Sie wohl wissen – schon seit Jahren immer weniger befriedigend durch zunehmende Kreislaufstörungen. Suhrkamps Tod hatte sie trotz der von ihr freiwillig vollzogenen Trennung sehr schwer getroffen – das hat ihren Lebenswillen wohl endgültig gebrochen. So war sie den Komplikationen, die durch das lange Liegen eintraten, nicht mehr gewachsen – die Heilung des Bruches vollzog sich normal, aber sie wurde immer schwächer. Mitte August bekam sie eine Lungenentzündung, von deren Nachwirkungen sie sich nicht mehr erholte. In den späten Abendstunden des 30. August ist sie hinübergegangen – in Bewußtlosigkeit. Ich war mit Margarete Franck bei ihr bis zuletzt. Am 3. September haben wir sie auf dem Münchner Nordfriedhof zur Ruhe gebracht, nicht weit vom Grabe unseres Bruders Willy.

Es ist noch zu früh, um in dem Gefühl, daß dieser Tod eine Erlösung von dem zunehmenden Siechtum der letzten Jahre bedeutet hat, Trost zu finden. Obgleich sie sich in den letzten Jahren immer tiefer auf sich selbst zurückgezogen hatte und ihr eigentliches Leben nur noch mit diesen beiden aufopfernd sie umsorgenden Freunden teilte, war sie doch für mich immer eine der stärksten Realitäten meines Lebens. Es dauert lange, bis sich diese Realität auf einer anderen Ebene neu herausbildet. –

Ich hatte während dieser letzten Krankheit zuweilen das Bedürfnis, Sie zu benachrichtigen, wie es um sie stand. Aber da ich bis in die letzten Tage hinein immer von neuem gehofft habe, sie würde auch diese Krise wie manche andere ihres Lebens überstehen, unterblieb es leider. Es war geplant, sie Anfang September mit einem Sanitätsauto in ein Sanatorium am Genfer See zu bringen. Podszus hatte alles schon vorbereitet und wir suchten uns gegenseitig in dem Glauben zu bestärken, daß sie dort noch einmal in jeder Beziehung gesund werden könnte. In der letzten Augustwoche mußte das aufgegeben werden, und an dem Tag, der der Reisetag werden sollte, haben wir sie begraben müssen. –

Ich danke Ihnen für Ihren Brief und würde Sie so gern einmal wiedersehen – vielleicht kommt es noch einmal dazu. Verzeihen Sie die Maschinenschrift – daß mir das

Schreiben mit der Hand seit längerer Zeit schon schwer fällt, hängt mit meiner zunehmenden körperlichen Behinderung zusammen – die Schreibmaschine ist eine Art von Prothese für mich, die mir doch noch ermöglicht zu arbeiten und Briefe zu schreiben.

Sehr herzlich grüßt Sie
Ihre
Ina Seidel

Am 2. April 1960 wandte sich Ina Seidel noch einmal an Zuckmayer:

Lieber Carl Zuckmayer,
ich habe in den letzten Wochen die Briefe, die Mirl durch mehr als ein halbes Jahrhundert geschrieben hat – soweit ich sie aufbewahrt hatte, und das waren sehr viele! – durchgesehen und geordnet. Dabei fand ich einen verschlossenen Umschlag mit Mirls Namen, den sie mir einmal anvertraut haben muß, er enthielt einige Briefe von Ihnen, nach den Stempeln aus den Jahren 1922-24. Mirl ist nie wieder darauf zurückgekommen, und da ich bisher die Briefe von Mirl, bei denen dies lag, nie wieder ausgepackt hatte, war es mir vollständig entfallen. Teilen Sie mir doch bitte mit, ob ich Ihnen diese drei oder vier Briefe – soviel ich zu erkennen glaubte aus Schweden, Kiel und Italien – schicken oder ob ich sie vernichten soll. Wenn ich bis Ende des Monats nichts von Ihnen höre, werde ich sie verbrennen in der Annahme, daß das in Ihrem Sinne wäre. [...]

Durch das Lesen ihrer Briefe ist mir Mirl in einer Weise »auferstanden«, daß ich sie fast gegenwärtiger fühle als in den letzten schweren Jahren, in denen sie nur noch am Leben litt. Das Gespräch zwischen uns ist wieder in Gang gekommen und kann nicht wieder abreißen.

Mit herzlichen Grüßen
Ihre
Ina Seidel

Auf Zuckmayers Wunsch hin hat Ina Seidel diese Briefe nicht vernichtet. Sie befinden sich heute in seinem Nachlaß im Deutschen Literaturarchiv Marbach, ebenso die Originale sämtlicher anderer Briefe, die der nachfolgenden Edition zugrunde liegen.

Editorische Notiz

Bei der Textwiedergabe wurden Orthographie, Zeichensetzung und Stileigentümlichkeiten gewahrt, Schreibversehen stillschweigend korrigiert. Textergänzungen des Bearbeiters für offensichtlich vergessene Wörter oder Ausfälle durch Textverlust sind in spitze Klammern gesetzt. Bei Dokumenten, die mit einer Schreibmaschine ohne Umlaute geschrieben wurden, sind die Umlaute nach deutscher Rechtschreibung vereinheitlicht worden. Unterstreichungen, Sperrungen oder sonstige Hervorhebungen wurden kursiviert wiedergegeben. Trotz intensiver Bemühungen konnten die Inhaber der Urheberrechte an den Briefen von Annemarie Seidel nicht ermittelt werden. Der Herausgeber bittet sie, sich mit ihm in Verbindung zu setzen.

Dank

für ihre Hilfe an Luise Dirscherl (München), die nicht nur des Alphabets wegen an erster Stelle zu nennen ist, Ulrich Fröschle (Dresden), Maria Guttenbrunner (Wien), Dorit Krusche (Berlin), Viktor Otto (Berlin), Helene Ritzerfeld † und Ulrike Weiß (Marbach), für die Erlaubnis zum Zitieren aus unveröffentlichten Briefen im Kommentar an Alexander Dreihann (für Alexander Lernet-Holenia), Kaspar Königshof (für Herbert Ihering), Ulla Penzoldt (für Ernst Penzoldt), Ursula Seidel-Ferber (für Ina Seidel), den Suhrkamp Verlag (für Peter Suhrkamp), Prof. Dr. Alf Tolle (für Heinz Hilpert).

Carl Zuckmayer

Farewell

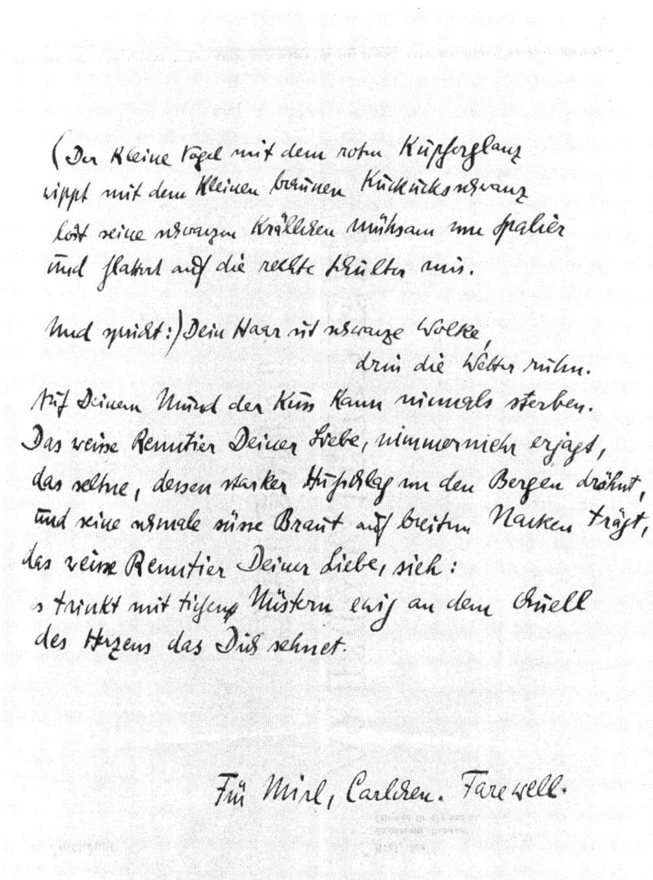
(Der kleine Vogel mit dem roten Kupferglanz
wippt mit dem kleinen braunen Kuckucksschwanz
löst seine schwarzen Krällchen mühsam vom Spalier
und flattert auf die rechte Schulter mir.

Und spricht:) Dein Haar ist schwarze Wolke,
drin die Wetter ruhn.
Auf Deinem Mund der Kuss kann niemals sterben.
Das reine Renntier Deiner Liebe, nimmermehr erjagt,
das seltne, dessen starker Hufschlag in den Bergen dröhnt,
und seine schmale süsse Braut auf breitem Nacken trägt,
das reine Renntier Deiner Liebe, sieh:
s trinkt mit tiefen Nüstern ewig an dem Quell
des Herzens das Dich sehnet.

Für Mirl, Carlchen. Farewell.

Dieses bislang unveröffentlichte Gedicht entstand wahrscheinlich im Juli 1922, einige Monate nach Annemarie Seidels Trennung von Zuckmayer. Das Original befindet sich in Privatbesitz.

Briefwechsel

1 Carl Zuckmayer an Annemarie Seidel

Vereinigte Städtische Theater zu Kiel
Der Intendant: C.Z.

Bjoerkaasen, (Ofoten), 10. August 1922

Lieber Mirl,
wie geht es Dir denn? Schreib doch mal ein paar Zeilen. Jeder Seemann und Westläufer bekommt manchmal von seinem Mädchen in der fernen Heimat einen Gruss. Das kann ich wohl auch verlangen.

Es ist hier so unerhört schön, zu beschreiben geht das nicht mehr. Es ist unglaublich, sagenhaft. Ich habe noch nie eine ähnlich schöne und merkwürdige Zeit erlebt.

Ich möchte eine Zeit lang in Kristiania leben. Es reizt mich momentan mehr als jede andre Stadt, (auch mehr als Paris). Nicht ausgeschlossen, dass ich durch hier angeknüpfte Beziehungen fürs Frühjahr eine Art Stellung in Kr. bekommen kann. Dieses Land liebe ich, und die Menschen, und ihre Art zu leben, liegt mir sehr. Ich möchte Norwegen zu meiner »Wahlheimat« machen. Meine neuen Freunde leben noch weiter nördlich als wir hier sind.

Auf jeden Fall, auch wenn ich nicht nach Kristiania komme, bin ich für nächsten Sommer dort eingeladen. Überhaupt: ich habe die unschätzbarsten Beziehungen hier gewonnen. Ich war mit einer geologischen Expedition 4 Tage im inneren Hochgebirge des Skjomengletschergebiets, – das war das Tollste was Du Dir vorstellen kannst! Karl May + Raoul Amundsen x Liljefors + Mount Everest. Urwald, und unwegsames Felsengelände, Hochflächen mit Moor, völlig einsam, und Granitwände, Schneefelder und Wasserfälle, die wir auf kleinen, zähen Gebirgspferdchen, die sonst das Gepäck und Gerät trugen, überquerten. Das war manchmal so phantastisch, wie Geisire, – donnernd, und ganze Wolken von Wasserstaub in der Sonne, durch die wir durchritten, von Stein zu Stein. Nachts im Zelt. Mit viel Corned-Beef und Whisky. Unsere Pferdeführer Berglappen, – halbwilde, braune Kerle. Die gingen nackt durch die Wasserfälle! Rentiere sahen wir aus nächster Nähe, und Viehzeug aller Art: grosse Raubvögel, und alle möglichen Wald- und Gebirgstiere. Dein Kollege, der Bär, der in der Nacht vorher im Skjomental ein Schaf geholt hatte, zeigte sich uns leider nicht. Dass die ganze Sache kein Touristenunternehmen, sondern eine Art Forschungsreise war, (zur Nachprüfung neugefundener Erzadern), und auf Kosten der norwegischen Regierung ging, erhöhte den Reiz! Der Leiter, ein junger Dozent aus Kristiania, norwegischer Staatsgeologe, der in Tibet, Himalaya u. Grönland gereist ist, hat mich sehr ins Herz geschlossen, und wir machten in den Bergen dicke Freundschaft. Er erklärte mich durchaus himalayafähig, (– ich hielt einen Gewaltmarsch am letzten Tag, vor aufziehenden Gewitterstürmen, *20* Stunden mit ganz kurzem Rasten, ohne jede Art von Weg, am besten von Allen aus). Er wird in absehbarer Zeit eine neue geol. Expedition durch Island machen, und hofft auf die Leitung einer skandinavischen Forschungsreise ins Centralasien. Vielleicht, wenn Du Dich etwas gebessert hast, nehme ich dann Dich einmal mit! Für beide Fälle versprach er fest und *ganz ernst*, mich mitzunehmen, in irgendeiner Eigenschaft. Er hat mir viel zoologische und botanische Dinge hier oben beigebracht. Wir Beide schlugen auch Zelt auf und machten Feuer u.s.w., während der »Bergmeester« Rasmussen und der deutsche Geologe immer gleich über die Wissenschaft herfielen, und tranken viele Becher Toddy miteinander.

Anschliessend, nach einer Ausruhnacht u. Bad in der Villa hier, war ich drei Tage auf Hungers Jagdhütte, mit H. und einer jungen nordländischen Frau, die das einfachste u. schönste Sportkostüm trug das ich jemals sah! (Diese Frau müsste Deine Freundin sein! Sowas gibts bei uns nicht! Sie heisst sogar *Hjördis*! Ist das nicht herrlich? Und ist dunkelhaarig, mit ganz hellen Augen. Gute Rasse.) Wir fingen Forellen, Lachse, – schossen Enten und Schneehühner. Ein grosser Bergsee, in den ein Foss (Wasserfall) stürzt. Daran liegt die Hütte, mitten im einsamen Wald. Es war herrlich. (Gearbeitet habe ich natürlich hier keinen Strich, aber viel, viel, viel erlebt, und jeg kan nü litt snakke norsk, soviel wie zur Verständigung und zum Lesen nötig.)

Gestern ein ganz reizender u. amüsanter Tag in Narvik: der alte Hunger liess da bei einem Freund, schwedischer Kaptein, der grade vor Anker lag, an Bord dessen *grossen Amerikadampfers* »Liljewacht«, ein kleines Fest arrangieren, im Schiffsaloon, – der ist wie ein Tanzsaal so gross, – mit exquisitem Souper und vielen vielen Alkoholicis, und einer kleinen Jazzband und den hübschsten Narviker Damen, auch Ausländische. (Ich galt da als »tyskere Künstler«, Deutsch-Italiener u.s.w. und merkte leider, dass die norwegischen Männer noch mehr »jaloux« sind als die Deutschen, was aber mir kein Kind und keine Flaute macht.) Wir tranken unter andren Herrlichkeiten auch Pommery, und feierten bis 5 Uhr früh. Dann im offnen Motorboot bei Sturmwetter durch den Ofotenfjord nach Hause. Die Sturzwellen klatschten ernüchternd über Bord, wir kamen klatschnass hier an, und sehr froh. Es ist ein gesundes Leben! Ich bin kupferrot verbrannt, und fühle mich durch den vielen Sport so wohl wie noch selten! Morgen machen wir eine Tour ins Rona-Gebiet, 2 Tage, – dann noch ein paar stille Tage allein auf der Hütte, dann grosse Abschieds-Cour in Narvik! – Leb wohl, schreib mir einmal!

Ich bin nur noch bis 20.8. hier. Also hat ⟨es⟩, nach Erhalt dieses Briefes, keinen Zweck mehr, hierher zu schreiben. Lieber nach *Kiel, Düsterbrookweg 46*, wohin ich auch genaue Nachricht über Deine Ankunft in Kiel erbitte, weil ich Dich abholen will.

C.

2 *Carl Zuckmayer an Annemarie Seidel*

Kiel, 25. September 1922

Mein lieber Mirl,
ich habe mich sehr mit Deinem Briefchen gefreut. Dass ich Dein Nicht-Schreiben verstehe und richtig verstehe, weisst Du. Ich habe auch aus diesem Gefühl Dir bisher nicht geschrieben, denn Du gehst Deinen Weg und sollst Deine Ruhe haben. Darum auch kein Wort mehr über all diese Dinge. Ich glaube an Dich, absolut, und dass Du Dein Bestes nie aufgeben oder verbiegen wirst, was Du auch tust im Leben. Und dass wir uns nie ganz verlieren werden, denn wir sind und bleiben vom gleichen Geblüt, so ist es, howgh.

Seit Du weg bist, arbeite ich! Und zwar zum ersten Mal wieder *ganz*, und sehr glücklich. Ich führe ein ruhiges Leben, im Theater bin ich selten, esse in einem Matrosenkeller schlecht und recht, sitze die Abende in meinem sehr reizenden Quartier und schaffe, dass sich die Wände biegen.

Eine grosse Ruhe hat mich ergriffen. Es ist gut, wenn einmal *alles* sich auflöst, wenn auch in einem Strom von Schmerzen. Aber dann kommt der Bruch aus dem Leben und die verzehrenden Zweifel.

Ich bin allein, zum ersten Mal wieder ganz allein, und fühle mich, was Schicksal, Zukunft und femmes angeht, wie 16: vor einer völligen Urwildnis, in die noch kein Büffelpfad gebrochen ist.

Vielleicht werde ich bald mit aller Gewalt hineinstampfen. Wer weiss.

Wenn Du willst, dass ich Dir mein Stück schicke, das reif und voll im Saft steht, so schreib mir bei *längerem* Wechsel Deine Adresse. Ich möchte es gern! (Ich bin mir so klar, dass ich wirklich Gutes erst nach Dreissig schaffe. Aber ich bin mir auch wieder ohne Druck bewusst, *dass* ich ⟨es⟩ schaffe, und mein Letztes dabei hergeben kann.)

Ich gehe zweimal die Woche in die Berlitz School: English, – und bin im Ruder-Club, zwecks Bewegung. Wenn Du in die grosse Welt kommst, denke an mich, – ich rechne darauf, dass Du mir später einmal viel nützest. Denn lang sitze ich auch nicht mehr im Matrosenkeller.

Die herzlichsten Grüsse!

Dein CZ+++

3 *Carl Zuckmayer an Annemarie Seidel*

⟨Levanto, 20. August 1924⟩

Lieber Mirl!

Die Brandung der See rauscht Tag und Nacht ungeheuer, es sind frühe herbstliche Winde in diesem Jahr, die das ligurische Meer aufwühlen. Weisse Kämme auf gläsernen Bergen und dunklen rollenden Wäldern, bis weit hinaus, wo Dunst überm violetten Bogen schwimmt und in dem Dunst schwimmen blaue Algen und Quallen und darüber eisige weisse Fetzen und darüber der Himmel warm und blau, blau, blau über blau, traumblau, traumzauberblau. Mir sind die südlichen Landschaften im Charakter ganz neu, und obwohl ich mich persönlich in norwegischen Felsfjorden oder im Hochgebirg mehr zu Haus fühle, tut mir der Süden mit seiner grossen Heiterkeit und lösenden Harmonie jedes Bildes und jeder Bewegung jetzt sehr wohl. Wie diese Bucht von Levanto von zwei trotz steiler Klippe sanften Hügeln gesäumt und die Ränder der ferneren Berge, dunkel ineinandergetaucht, mit den Schluchten und Wänden talwärts verschwimmend, vom Himmel beschlossen sind, – wie Dörfer da eingebettet liegen, eine Kirche, winzig, die Masse eines Hügelrückens erfüllt, – wie Leute herumlungern, Obst fressen, sich räkeln, sich kratzen, aufstehen und aus leichtem Kreuz hinschlendern, – abends in einer Vinonerokneipe Besoffne schreien als wollten sie einander die Gedärme rollen, und sich dann kullernd vor Lachen in die Arme fallen, – der Wein hier auf niedren Bäumchen wächst oder guirlandenhaft von Maulbeer- zu Maulbeerstaude, die Erdkräuter sehr üppig und überall Oleander blühn

Annemarie Seidel, 1920

und Schlingpflanzen wuchern, – grace à Dieu, es gibt noch verschwenderische Kräfte in der Welt, es strotzt noch von Verschwendung, es wird nicht gespart, es wird immer fest hingehaut was da ist und geht nicht verloren dabei, es gibt mehr Samen als Tod, mehr Saft als Dürre, mehr Frass als Hunger. Diese Tatsachen habe ich auch daheim nicht vergessen, aber es ist gut, einmal wieder aus Deutschland herauszuriechen, um sie seinem Gefühl zu bestätigen. Ich kann mir denken, dass Dir jetzt Deutschland und das Heimatliche eines Vorarlbergdorfs nach allem Erlebten sehr wohl tut. Mich hat Venedig, das ich unter besonders glücklichen Umständen anlief, berauscht und begeistert, – der Gardasee sommerlich eingelullt, – Verona stark und kriegerisch erregt, – in Genua fuhr ich an den grossen Überseedampfern herum und dachte an kommende Ausfahrten. Eigentlich wollte ich Genua – Hamburg über Marseille Sardinien Spanien Westfrankreich Kanal per Schiff fahren. Aber die Umstände haben diesen Plan für dies Jahr vereitelt. Mein Gott, letztes Jahr um diese Zeit war der Gedanke, auch nur einen Tag über die deutsche Grenze zu kommen, ein Traum und ein Märchen. Eine ausländische Briefmarke wog drei Mittagessen und einen halben Anzug auf. Teufel Teufel! Es war eine böse Zeit. Damals als ich Deine letzte Karte bekam, – es mag im September ein Jahr sein, – sie war von einer der Inseln deren wirkliche Existenz man im allgemeinen bezweifelt, – gings mir so dreckig und auch persönlich so wenig zufriedenstellend, dass ich lieber garnicht mehr schrieb. Was soll man schreiben, wenn man mit gefletschten Zähnen und geballten Fäusten marschiert. Im Grund war ich sehr zuversichtlich bei alledem, aber sehr ruhelos und wütig. Es brannte mir unter den Nägeln, aus dem jahrelangen Stückwerk, der herumflatternden »Begabung« und den Fetzen Himmel und Hölle die man speit und kaut, herauszukommen, aus der Brandung zu steigen, die Glieder zu recken, den Mund aufzutun und »im ganzen Satz zu reden«, wies in der Schule heisst. Keine »fragmentarische Natur« mehr, sondern einfach eine »Natur« zu sein, die etwas hervorbringt, etwas

Rundes, Ganzes, wie jede noch so kleine Natur. Ich sagte laut: still jetzt, denn ich bin da, seit heute, und habe etwas zu sagen. Warf alles hinter mich, liess alles liegen, wandte mich von dem mit Trümmern bedeckten Schlachtfeld zweier Jahre ab und fing neu an. Es gelang. Im letzten Spätherbst schrieb ich meine ersten Sachen, die vielleicht leben und atmen. Seitdem geht es vorwärts. Seitdem ist auch in meinem Privatleben neuer Stand gewonnen. Ich bin seitdem wie Jemand, der ein gut Stück hinter sich hat und weiss dass er anfängt: viel frischer, viel freier, viel kräftiger als in den Jahren vorher, wo Jugend gleich Bewusstlosigkeit und Proportionslosigkeit war. (Oder wollte ich Direktionslosigkeit sagen. Ich gebrauche noch immer solche Fremdwörter in meinem Privatsinn.)

Mirl, ich kann mir überhaupt nicht vorstellen, wieso Du es mit mir länger als 14 Tage ausgehalten hast! Wenn ich an diese Zeit denke, sehe ich mich in einer so vollkommenen hilflosen Wirbelei von Dummheit, Blindheit und Verwirrung. Und sehe mich jedenfalls noch durch rosige Brillen. Vielleicht, – Gott gebe es, – hat die Zeit in Deiner Erinnerung an mich das Schlimmste gelöscht. Das Tölpelhafteste, Kindischste. Vielleicht bleibt nur das, was Du wohl in mir gern hattest, und was auf die Zukunft mehr als auf die Gegenwart deutete. Aber ich kann mich selbst nicht mehr begreifen, wenn ich denke, wie verbohrt und verbiestert ich damals war, wie wenig fest im Leben, wie wenig auf meinen an sich nicht wackligen Füssen stehend. Liebster Mirl, was Du mir gegeben hast und was Du für mein ganzes Leben bedeutest, so viel bekommt selten ein junger Mensch von einer Frau geschenkt. Das sind Dinge, Mirl, die ich nie aus dem Sinn verliere und die mich nie aufhören lassen, Dich im Herzen zu tragen als unverlierbaren Freund. Auch für den Schluss, und dafür vielleicht am meisten (!!) auch für alles, was mir damals Schmerz machte, bin ich Dir unendlich dankbar. Ich bin durch Dich erst zu mir selbst gekommen. Ich habe nur Gutes, nur Förderndes, nur Wachstum, nur Kräfte, nichts Lähmendes und nichts Zersetzendes von Dir bekommen. Und glaube, ich hab Dir wenig genug dagegen gegeben. Aber wir leben noch weiter, und vielleicht werde ich Dir noch einmal und im ruhigen Laufe der Zeit mit einer tiefen bleibenden Freundschaft geben können was ich mit meiner ungebändigten eigensüchtigen selbstberauschten Liebe nicht konnte. Du lieber guter Mirl, ich sehe Dein Gesicht so unverändert stark vor mir, als lägen keine zwei Jahre zwischen heute und unsrer letzten Begegnung. Du hast sehr viel erlebt in dieser Zeit, ich weiss nichts davon, – ich habe sehr viel erlebt in dieser Zeit und sehr viel in mir hat sich gewandelt. Das Letzte ist unwandelbar. Ich freue mich aus ganzer Seele Dich wiederzusehn! Wir werden uns viel zu erzählen haben. Ich kann Dir im Brief nur grobe Umrisse der letzten zwei Jahre sagen. Kiel, das mir zunächst als Verbannung erschien, wurde wundervoll: ein sehr reiches, lebendiges Jahr. Einige Menschen fanden sich, die ich gern hatte, und einige, die mich amüsierten. Viel Saufen, heiteres Saufen, viel wirkliche gesellige Gemeinschaft, viel Ereignisse, viel Tollheit, Herumtoberei, manche Verliebtheit, manche Wüstheit, einige Liebe. Ein Jugendjahr gradezu. Meer in der Nähe, starke weisse Winde, grosse flächenhafte Landschaft, Bäume schwankend vorm Himmel, bewegte Ebenen, Kanäle, schwerer brauner Abend. Meine Arbeit blieb Stückwerk. Fragmente. Vorarbeit. Etwas gute Prosa, schlechte Gedichte, noch zerrissene Dramenstücke (langsam dämmert der Tag, fügt sichs klar in klar). Im übrigen hatte ich plötzlich Spass am Theater bekommen, inszenierte Stücke (in der Kreuzwegzeit hatte sich meine Phantasie anderswo verschlagen, – jetzt habe ich sie nicht etwa ins Theater verschüttet, aber *auch* fürs Theater freigemacht). Ich sagte mir, wenn man Blut für ein Drama hat muss man auch in irgendeinem Tropfen ⟨Blut⟩ fürs Theater haben. Es ist eine Elastizitätsprüfung, weiter nichts. Eine Durchgangsstation. Und es macht mir Spass, der ungeheure Krach mit dem die Sache verbunden war. Die ganze Provinzbude wackelte. Zum Schluss, im Frühjahr, machte ich eine Komödie des alten Terenz, Der Eunuch, die in einem Puff spielt, in heutiges, meiniges Deutsch und inszenierte sie. Nach einer öffentlichen

Generalprobe mit Skandal wurde sie polizeilich verboten, wegen Unsittlichkeit und Verspottung nationaler Güter. Ich wurde fristlos entlassen, nachdem vorher Elwenspoeks Herrlichkeit schon verkracht war, es gab entzückende Krachs und einen Prozess, in dem ich nachher etwas Geld gewann. Damals sass ich auf der Strasse. Noch dazu mit einer Frau, aus Kieler Marineoffiziersfamilie, die mich gern heiraten wollte, und heut ist es lange her. Davon ein andermal. Drei Monate schlug ich mich herum, dann engagierte mich das Münchner Schauspielhaus. Den Herbst lebte ich in München, die Geldverhältnisse waren trostlos: die Gage reichte für drei Tage knapp in der Woche, da sie immer zu spät und bereits entwertet ausgezahlt wurde. Beruflich war es auch trostlos, indem das Schauspielhaus ein Saustall und ich von vornherein keine Wirkungsmöglichkeit hatte. Andrerseits keine Zeit zu eigner Arbeit. Es gab wochenlang zu hungern. In der allerersten Zeit, August, war ich noch öfters in der Brennessel u.s.w. gewesen, – aber ein unsagbarer Ekel vor der Stagnation und Dumpfheit dieser Athmosphäre trieb mich weg. Es war vielleicht sehr unrecht gegen Puma, aber ich konnte sie und ihre ganze rettungslos verkommene Sippschaft nicht mehr ertragen. Der ganze Bohèmehumor, den man gewaltsam machte, den man wohl auch gewaltsam mitmacht, stand mir zum Hals heraus. Ich habe sie dann alle überhaupt nicht mehr gesehen. In mir ging grade in der Zeit eine starke Sammlung und Wandlung vor. Ich brauchte freie Luft. War mit wenig Menschen zusammen, fast nur mit Pamela Wedekind die ein sehr liebes und harmloses Mädchen ist, und mit Erich Engel (⟨an⟩ dessen Inszenierung von »Scherz Satire Ironie« Du Dich vielleicht noch erinnerst, ein famoser Kerl, mit dem ich mich sehr befreundet habe.) Mitte November war mirs zu dumm, ich provozierte einen Krach am Münchner Schauspielhaus, liess mich zum 1. Januar kündigen und zog mit dem Rest meiner Gage zu Bekannten nach Tegernsee. Dort schrieb ich, im ersten Schnee, späten Föhn, ersten Hartfrost, wildem wachem Sturmwetter zwischen Herbst und Winter, in einem

Zug ein Stück, das meine erste Leistung ist, wie ich heut noch glaube.

Es wäre eine herrliche Rolle für Dich drin, wenn Du je wieder Theater spieltest! Eine Rolle die eigentlich nur Du spielen kannst. Aber – – (wer weiss. Vielleicht spielst Du sie im Herbst? Sonst spielt sie die Bergner). – Es kommt im Oktober im Deutschen Theater zur Uraufführung, von Engel inszeniert, (gleichzeitig in Frankfurt München Leipzig Nürnberg). Es spielen Kortner Forster Deutsch Müthel und andere junge gute Leute die Du nicht mehr kennst, – *Gerda Müller* und (Deine Rolle!!) Bergner. Das Stück spielt im wilden Westen und heisst »Kiktahan oder Die Hinterwäldler«. – Ausserdem gelangen mir in dieser Zeit die ersten guten Gedichte (eines davon lege ich bei), sie erscheinen im Herbst im Druck, – Lieder von Farbe und Leuchtkraft, Gedichte mit Aroma und Figur. Weihnachten fuhr ich heim, Anfang Januar mit meinem letzten Geld nach Berlin, wo ich mit Engel zusammen am Deutschen Theater engagiert wurde und bis Ende Mai ein knappes Auskommen hatte, ab 1. September aber eine wirklich gute Bezahlung (auf ein Jahr; länger bleibe ich kaum beim Theater und sicher nicht in Berlin). Gegen Frühjahr schrieb ich viel Prosa, einige gelungene Novellen blieben davon, dann, Mai Juni, einen Roman, »Sitting Bulls Ende«. (Der letzte Sioux. Ein Buch bei aller Indianerei sehr ernst, ein Todeskampf in der Natur.) Jetzt bin ich an ganz neuen Sachen, fern dem wilden Westen. Grosse, klare Gestalten tauchen vor mir auf, gewinnen Atem und Bewegung. Männer, Frauen, starke unverbrauchte Menschen von Rasse und Blut, Natur und Adel. Dieses wird über die letzten Zuckungen der Krämpfe und Wirrsale hinaus kommen. Es ist eine grosse mächtige Aufgabe, heute zu schreiben. [Der Schluß des Briefes ist verschollen.]

Ina Seidel, 1921

Annemarie Seidel, Anfang der 1920er Jahre

4 Carl Zuckmayer an Annemarie Seidel

⟨Teneriffa⟩, 28. April 1930

Liebe Mirl!

Die Reise ist grossartig. Famos war es an Bord, wo sich allerdings mit dem Kapitän und dem ersten Offizier eine Saufkumpanei entwickelte, die bis Walfischbai zur völligen Zerrüttung geführt hätte. So kamen wir gut durch die rollende Biscaya und verliessen in Las Palmas recht verkatert und nach mächtigen Abschiedwhiskys das Schiff. Las Palmas ist eine dreckige Lausestadt mit einem scheusslichen Engländer-Hotel. Aber Teneriffa, wohin wir sofort auf einem kleinen spanischen Dampfer übersiedelten, ist das schönste Eiland das ich bis jetzt sah, – insula fortunata, – wuchernd in Pflanzengeschlinge, dampfende Gärten und knisternde Bananenwälder und eine heidnische Brandung, weisse Schaumlawinen auf einem Strand aus schwarzem Basalt. Prachtvolles Baden, aber Schwimmen ausgeschlossen, ich versuchte es einmal, wäre beinah ersoffen, so rollt Einen die Brandung, und der Rückstrom reisst nach aussen.

Unmittelbar aus dem Atlantic und dem südlichen Pflanzengewucher hebt sich das Hochgebirg: der Pic, 3800 Meter hoch, eine ungeheure Wüstenei aus gelbem Gestein, Lava, Kratern, Eis und Felsen. Die Besteigung dauerte 2 Tage, 15 Stunden im Sattel, 6 Stunden Kletterei, von Meeresspiegelhöhe auf beinah 4000 m, – der Atem ging schwer, aber es war das Tollste was ich gesehen habe: der siebente Eingang zur Hölle, die Landschaft des Inferno. Und dann zurück durch blühende Wälder. Nun fahren wir übermorgen nach einer Passüberschreitung von Santa Cruz nach Barcelona, von da nach Marseille. Solltest Du diesen Brief noch rechtzeitig kriegen und mir für Marseille einen Tip geben wollen, – (denn Ihr wart wohl gerade dort), – ich wohne

Hotel du Louvre et de la Paix,
3 rue Noailles.

Am 7. Mai werde ich dort sein, bis 10. bleiben, dann über Toulon – Cannes – Nizza – Genua – Bozen – Meran – Innsbruck – *Henndorf*. Am *28. Mai* komme ich nach Berlin, hoffe Dich noch dort zu treffen.

Sei gegrüsst
Dein Carlchen
Toon erwarte ich bestimmt wie besprochen in Henndorf.

5 *Carl Zuckmayer an Annemarie Seidel*

⟨Henndorf⟩, 18. Mai 1930

Liebe Mirl!
Ich bin wieder in Henndorf gelandet, wo ich mich wohler fühle als sonst irgendwo in der Welt, – die Reise war grossartig und zum Teil sehr aufregend, aber hier regt mich nichts Äusseres auf oder an und es fällt mir unendlich viel ein und ich bin mitten in der Arbeit.

Am 29. Mai komme ich nach Berlin. Bitte schreib mir ein Wort, ob ich Dich dort noch treffe, und ob Du am 29. Mai abends mit mir in die Première von ›Caesar‹ in der Volksbühne gehen willst, in die ich Martins wegen hinein muss. Zu zweit lässt sich das sicher ganz lustig an, vielleicht ist es sogar schön, an das Stück kann ich mich kaum mehr erinnern.

Ich muss in diesen Tagen dann mit Martin den Fröhlichen Weinberg besetzen, und fahre spätestens am dritten Juni wieder hierher. Mit Toons Besuch in Henndorf rechne ich unbedingt. Der Humpen ist gefüllt.

Sei gegrüsst! Dein Carlchen

6 *Carl Zuckmayer an Annemarie Seidel*

Henndorf, 18. Mai 1930

Liebste Mirl,
warum waren wir nicht zusammen in Marseille? Ich weiss nicht, ob es für Dich so voller Zauberei und Bannung war wie

für mich, – ich muss jetzt immer dran denken und will bald wieder hin. Hast Du Martique sur les Etangs de Berre gesehen? Wir fuhren auch durch die Provence, die von Windbäumen rauschte, nach Aix, der alten Römer- und Königsstadt, Sitz der lästerlichen Höfe der rois Jehan und Dagobert. Dort ist die Taufkapelle der Kathedrale ein heidnischer Jupitertempel, die nackten Götter stehen mit wilden Armstümpfen unterm Kreuz. Mittags um zwölf begann der Vin rosé de Provence ein vielstimmiges Grillenzirpen in dem heimlichen Resonanzboden zwischen Haarwurzeln und Hirn anzuheben. Gegen Abend dröhnten die schweren Klöppelschläge der dunkelblütigen Bordeauxs, gongten und negertrommelten die mannshohen Cognacflaschen in goldbraunem Nebel. Nachts nahm ich Urlaub vom leise knurrenden Jobs, quatschte in der Puffstrasse hinterm Hotel de Ville stundenlang mit negroiden Tunesierinnen, die gerade so schlecht französisch sprachen wie ich. Es war wie im Weltkrieg, nur noch schöner. Bei Tag guckte ich in der Altstadt lange den Kindern zu, die auf selbstgemachten Rollschlitten aus alten Gemüsekisten und Korkrädern über Salatabfälle und Fischköpfe in den Steinrinnen rodeln. Ich muss da einmal aufgewachsen sein, zwischen den Kramläden und milchigen Wäschebrunnen, im Ruch der frischgebackenen Ölkuchen und salzig tropfenden Meertiere. In einer der kleinen Querstrassen, deren bröckelige Häuserwand von dunklen Holzbalken gestützt wird. Unter den Holzbalken wucherte der Schwamm, an der feuchten Decke überm Bett die Salpeterblüten. Mein Grossvater war ein Abfallsammler, der nachts mit langem Greifstab unter pfeifenden Ratten, scheu flüchtenden Katzen in den Müllhaufen stocherte. Meine Mutter verkaufte Muscheln, die sie mit grellem Singsang ausrief. Nachts war sie nie zu Hause. Mit zehn Jahren brach ich beim Spielen das Bein, ich kam in den Kindersaal der Charité de la Conception. Dort lag ich lange in weissem Zeug, sah durch ein Fensterkreuz Meer und Himmel wolkig auf und nieder schweben. Abends tuteten die Schiffe, und das Fenster war von schwarzem Russ verschneit. Das rechte Bein musste etwas verkürzt werden, ein leichtes Hinken blieb zurück. Später wurde etwas aus mir, ein grosser Politiker oder ein General. Marseille habe ich nie mehr wiedergesehen. Aber jetzt kannte ich jeden Fleck und jeden Laut in den Gassen. Vor allem die Kinder, und ihre Spiele in den Hausfluren mit bunten glatten Bohnen.

Der Mühlbach rauscht vorm Fenster, ich muss dazu singen wie ein Hund zum Klavierspiel. Es regnet, das ganze Holz riecht nach nassen Moosen. Ich bin glücklich und voller Wünsche, und möchte nie mehr aufhören zu schreiben. In Bozen, zwischen den Weinhängen und unter den lichten Lauben und Kirchenbögen, fiel mir der Stoff zu einem neuen Stück ein. Vielleicht schreib ich das jetzt. Aber der Bach erfüllt das Ohr mit langen Zeilen und sprudelnden Bildertropen. Ich habe jetzt jahrelang nach schönen Plänen gebaut, nun pfeife ich auf die Ökonomie. Ich will mich austoben und es ist mir gleich, ob das Dach schwerer wird als die Eckstreben. Vielleicht schreibe ich nocheinmal ein Buch wie die Bibel, in dem alles drinsteht, was es in der Welt und über und unter ihr gibt. Das wär doch noch was!

Sei gegrüsst
Dein Carlchen

7 Carl Zuckmayer an Annemarie Seidel

Henndorf, 27. Mai 1930

Liebe Mirl!
Besten Dank für Deinen Brief, ich war eigentlich entschlossen, zu Toscanini zu kommen, auf die Gefahr hin, dass es doch keinen Platz mehr gibt, – aber der Tod hat diese Absicht vereitelt, indem er sich jählings meiner Schwiegermutter, Claire Liesenberg, 58 Jahre alt, ehemalige Burgschauspielerin, bemächtigte und ihr, wörtlich, langsam die Gurgel zudrückte. Vorgestern abend ist das passiert, und da in Wien dergleichen gründlich und umständlich vorbereitet werden muss, findet

die Bestattung erst am Donnerstag statt. Ich komme also erst Freitag, und meine Einladung zur Caesarpremière ist somit hinfällig. Hoffentlich treffe ich Dich Freitag noch an! Ich bleibe dann bis etwa Dienstag in Berlin.

Liccies Mutter ist unter höchst ungewöhnlichen Umständen gestorben. Sie hat sich nämlich buchstäblich und ohne Übertreibung! tot gesoffen. Im letzten Jahr hatten wir sie drei Monate nach Berlin eingeladen, sie war in der Zeit, in der ich grösstenteils noch in Henndorf lebte, nämlich September bis Dezember, dort. Als sie dann nach Wien zurückkam, konnte sie es nicht mehr aushalten, was ich verstehen kann. Sie stellte, über die laufende monatliche Unterstützung hinaus, untragbare Geldforderungen an mich und wollte mich zwingen, ihr in Berlin eine Etage einzurichten und sie dort standesgemäss zu unterhalten. Da sie genau wusste, dass ich das freiwillig nie tun würde, beschloss sie, sich körperlich zu ruinieren, und trat in eine grosszügig angelegte alkoholische Demonstration ein. In lichten Momenten erklärte sie: Dem will'ichs zeigen! Ich mach mich so krank, bis er mich in ein Sanatorium stecken muss, dann kann er blechen! Beinah wäre es ihr auch gelungen, nur hat sie einen kleinen Schritt übers Ziel getan, was sich allerdings nicht voraussehen liess. Tatsächlich hatte ihr Verhalten mit Absicht und Vorsatz nichts mehr zu tun, sondern es war eine leidenschaftliche, rastlose und dumpfe Selbstzerstörung in sechs Monaten, von einer Radikalität und Konsequenz, die etwas Grossartiges hat und die ein gewöhnlicher Mensch nicht aufbringt. Ab Weihnachten verliess sie ihre Wohnung nicht mehr, lag fast immer im Bett, rauchte fünfzig bis hundert Zigaretten am Tag, ass fast nichts und trank täglich einen Liter ungemischten Rum. Wenn sie Geld bekam, liess sie sich Champagner und Cognac kommen, sonst trank sie den grässlichsten Fuselrum. Sie versoff alles Geld, versetzte alles was sie hatte und machte für alles übrige Schulden. Sie schrieb uns nie, und bedrohte ihre Aufwärterin, die allein Bescheid wusste, für den Fall einer Benachrichtigung mit dem Tod. Diese grässliche Fuseltrinkerei führte zu einer

Art von Alkoholvergiftung, wie sie sonst in klein- oder grossbürgerlichen Kreisen, bei »besseren Leuten« nicht vorkommt, höchstens im sogenannten Lumpenproletariat. Rachenschleimhäute und Magen waren zum Schluss völlig verbrannt und bluteten. In der letzten Zeit delirierte sie. Ich soll dabei eine grosse Rolle gespielt haben. »Der Sadist mit den grünen Augen«, soll sie immer geschrieen haben. »Den hätte ich haben müssen, wie ich noch jung war! Mit dem wär ich Polka getanzt! Meine Tochter ist eine Gans!« Solche und ähnliche Reden wurden uns treulich überliefert. Letzten Montag fiel sie in Krämpfe. Man telegraphierte uns, Liccie fuhr hin, fand sie im Delirium. Sie erkannte sie nicht mehr ein einziges Mal. Sie schrie, tobte, hatte blutigen Schaum vorm Mund. Man brachte sie ins Spital, eine Lungenentzündung kam hinzu, sie fieberte, deklamierte ununterbrochen Rollen. Eine ganze Nacht spielte sie Medea. Wenn man sie anrief, antwortete sie wie auf Stichworte mit Sätzen ehemaliger Rollen, in denen Liccie als Kind sie hat auftreten sehen. Dabei immer Blut vorm Mund. In ihrer Wohnung sah es gespenstisch aus. Sie hatte lange Zeit das Bett auch zum Nötigsten nicht mehr verlassen. Dabei höchst merkwürdige Anfälle: alles was man gebraucht hätte, Papiere, auch Wäsche und alles Notwendige, hatte sie versteckt oder verbrannt. Um das Bett herum Batterien ausgetrunkner Flaschen. Berge von Cigarettenasche.

Die Ärzte proklamierten vor acht Tagen ihren Tod: es könne nur noch Stunden dauern. Aber das Herz hörte nicht auf. Obwohl der Leib schon abstarb. In den letzten Tagen wurde sie still, immer die Augen weit offen, riesenhaft vergrösserte Pupillen und lichtblaue Iris. Sie lächelte immer, die Hände spielten. Gesicht und Finger waren schon wächsern, die Haut schien zu phosphoreszieren. Manchmal formte der Mund noch Laute, aber man verstand sie nicht mehr. Sie schien dann sehr glückliche Gespräche oder Selbstgespräche zu führen. Am Sonntag abend blieb das Herz plötzlich stehen, ohne sonstige Veränderung. –

Verzeih, aber ich konnte Dir dieses enorme Sterben nicht vorenthalten. Es ist wert, dass man es sich genau vorstellt. –

Liccie ist ziemlich geschmissen, weniger aus Trauer, aber sie hat mit dem Tod noch nicht aus der Nähe zu tun gehabt.

Am Donnerstag folgt das Rüpelspiel: wiener Bestattung, mit Burgtheater-Deputation.

Freitag bin ich in Berlin und rufe an.

Herzlichen Gruss!

Dein Carlchen

8 Carl Zuckmayer an Annemarie Seidel

Henndorf, 28. Juni 1930

Liebe Mirl!

Also diesmal komme ich bestimmt, habe mir soeben einen Platz im Nachtzug bestellt für Samstag 11. Juli, werde also Sonntag den 12. morgens da sein und Dienstag den 14. wieder fahren, diesmal nur zum Anlächeln, Verbeugen, Augenniederschlagen und sämtlichen ausführlichen Zeremonien der zwischen uns gegenseitig mit vollendeter Grazie geübten chinesischen Höflichkeit. Dienstags will ich Hagenbecks in Hamburg besuchen und einen kleinen Schlief durch Sankt Pauli machen, das im Hochsommer schöner ist als im Winter, wo auch die Mädchens teurer sind, weil sie so viel für Kohlen verbrauchen, denn wer mag in einem kalten Zimmer! Von Hamburg Mittwochs nach Henndorf zurück, denn ich bin dann schon 14 Tage weg, das kann ich nicht länger aushalten.

Es ist unglaublich schön dies Jahr, ich schreibe sehr viel Prosa, mein »Roman« ist fertig, aber er ist in Wirklichkeit eine grosse Novelle geworden, 120 Schreibmaschinenseiten (= etwa 100 Buchseiten). Aber auf diese gedrängte Weise viel schönes, eigentlich kein Roman, sondern eine richtige Erzählung. Ich bringe sie Dir mit. Nun mache ich eine Reihe Novellen, momentan, – eine ist fertig und sehr merkwürdig geworden, unheimlich und für meine Verhältnisse sehr fremdartig. Auch habe ich einen politischen Aufsatz geschrieben anlässlich unserer »Rheinlandbefreiung«, allerdings in einem etwas andren Sinn, als man jetzt gern zu hören wünscht. Der wird auch demnächst erscheinen, ich schicke ihn Dir dann oder bringe ihn mit. Rückkehrend von Berlin – Sylt mache ich mich sofort an mein neues Stück.

Das Gedicht, das ich beilege, schrieb ich gestern zwischen Tag und Dunkel; erkenne daran, dass ich wieder Gedichte mache, die gesegneten Umstände meines Innern. Man muss sich dabei denken, dass ein Kind im Wald in ein Gewitter kommt. Aber wenn Einem das erwachsen passiert, ist es genau so. Ich bin Ende nächster Woche in Berlin, Stephan 3292, für den Fall dass Du zufällig doch da wärest. Von Herzen

Dein Carlchen

Ende August – Anfang September komme ich dann wieder mal auf ein paar Tage Urlaub nach Berlin. Im Oktober will ich nach Frankreich.

9 Carl Zuckmayer an Annemarie Seidel

Henndorf, Oktober 1930

Liebste Mirl!

Es regnet so schön. Es gibt hier so einen weichen, völlig gleichmässigen feinsträhligen Herbstregen, der seidig rauscht und knistert, besonders nachts. Im Sommer klatscht oder prasselt der Regen, oder wenn er leicht ist, plätschert es doch in den hohen Grashalmen. Jetzt im kurzen Oktobergras ist der Regenton seidig, das habe ich in diesen Tagen erst gemerkt. Und hinterm Regensilber gilbt und bräunelt das Laub am Bach. Im Ofen knallt Feuerholz.

Und ick sitze da und esse Klops, vielmehr sehne mich nach Berlin! Die Schönheit und die Stille des Landlebens hat eine widerlich zähe dickflüssige Konsistenz, manchmal kommt man sich vor, wie von einem schweren klebrigen Riesenharztropfen überglockt, der sich allmählich ganz zusammenzieht, kalt wird, erstarrt. Für künftige Generationen als Bernsteinklümpchen zu bewundern, in dessen Mitte man das letzte Exemplar einer ausgestorbenen Tiergattung zwar etwas zusammengesperrt, aber sonst ganz lebensecht erkennen kann (die letzte Fett-Ammer? oder Speckrobbe? oder der letzte Percheron?) Draussen singen die Regenchöre das dritte Diluvium ein. Erdbeben und Verkehrsunfälle unterstehen direkt dem Ressort des lieben Gottes. Unruhige Zeiten entwickeln gediegne Charaktere. Was also kann schon passieren. Die Politik ist mir schnuppe. Lass die Ratten getrost aus ihren Löchern kommen. Was sie auffressen, müssen sie auch wieder verdauen, und das gibt schönen fetten Dung. Ausserdem gibt es einiges Unauffressbare auf der Erde: so kann man z.B. Notenpapier fressen, auch beschriebenes, aber keine Musik. Würde auch zu sehr blähen.

Ich sehne mich nach Berlin, aber ich werde noch pflichthalber bis Anfang November hier hocken. Erstens bis meine jungen Hunde mutterfrei und abgestillt sind, denn die Mutter will ich wieder mit nach Berlin nehmen, damit sie meine Gäste mit ihren nassen Dreckpfoten anspringt. Zweitens bis ich mein neues Stück fertig habe, das bestimmt das schönste meiner bisherigen und bisjetzigen Schriebe wird. (Reinhardt Max, dem ich draus vorlas, sagte, so schön war nichts mehr seit ›Dantons Tod‹. Wolle Gott dass er recht hat! Ich habe jeden Abstand verloren und bin abwechselnd verzweifelt und begeistert. Max wird übrigens das Stück inszenieren, worauf ich mich sehr freue, und zwar noch im Dezember. Aber das muss noch ganz geheim bleiben, da ich eine dumme Verpflichtung habe, die ich erst lösen muss, – und sicher lösen werde, denn für mein Stück werde ich sogar zum Taktiker, zum Intriganten, wenns sein muss zum Meineidbauer.)

Am meisten freue ich mich drauf, wenn Du das Stück lesen wirst, denn ich glaube, Du wirst einen Mordsspass dran haben, aus den Mitteln der realistischsten berliner Wirklichkeit, der berlinischsten Trockenheit, wächst ein Zauberstück, ein phantastisches Märchen, in dem Rock und Hosen ihre

Schicksale haben wie die Leute die sie tragen, – die berühmte »Köpenickiade« wird keine Posse sondern fast Magie, und zum Schluss wird Einer durch ungewohnt gute Behandlung und ungewohnten Portwein am Vormittag völlig »be-nebelt« und dieser Nebel wird Wirklichkeit und löst alles Wirkliche in sich auf. So ungefähr.

Ja dieser Sommer war für mich aussen ganz ereignislos, innen voller Ereignisse und Unruhen. Ausser einer sehr hübschen Neuaufführung des ›Fröhlichen Weinberg‹ und der Geburt junger Hunde habe ich nichts Nennenswertes erlebt. Im Juli war ich verrückt, teils angespannt zum Platzen vor Arbeitswillen, teils manisch depressiv wie ein klinischer »Fall«. Als ich Kampen absagte, wohin mich alle Wünsche zogen, war ich wirklich übergeschnappt. Hatte plötzlich den Stoff meines neuen Stückes und einen Happen Theatergier geschluckt, spürte, dass ich dem nicht auskomme, und wollte, wollte, wollte vorher noch rasch meinen Roman fertig bringen, rechnete nach Tagen, nach Stunden! (fixe Idee, aber nicht dagegen aufzukommen), – fuhr über Nacht angstgejagt nach Henndorf – und erkannte dort innerhalb einer völlig destruktiven Woche, dass ich den Roman gänzlich verpatzt, völlig falsch angepackt hatte, ihn weglegen und in einem halben Jahr noch einmal ganz neu anfangen muss! Sowas frisst Nerven, mit Überlegenheit und Ruhe lässt sich halt diesen Dingen nicht beikommen. Roman-Schreiben, das weiss ich jetzt, muss *gelernt* werden wie eine völlig neue Disziplin, und Lernen braucht Zeit und Prügel. Novellen und Gedichte – erst recht Stücke – sind ganz was Anderes. Jetzt *habe ichs gelernt*! und wenn ich wieder rangehe, kann ichs.

Übrigens wird die dichterische Arbeit in jedem Bezirk für mich immer schwerer. Das heisst, mit wachsendem Können entsteht bei mir keinerlei Routine, sondern die eigne Forderung, die Zielsetzung, das Wissen um einen unerreichbaren Grad der Vollkommenheit, die Sucht dieser Vollkommenheit sich anzunähern, wächst im Quadrat, wie im Vielfachen zum Wachstum des Könnens und des Wesens. Zum Beispiel mit meinem Stück ist es jetzt so, dass ich von jeder Szene zunächst eine so ideale Vorstellung, auch formal, habe, – dass mir nachher jedes wirklich geschriebene Wort, alles Gestalt werdende, enttäuschend, plump, schwer, armselig erscheint und ich erst eine grässliche Unlust überwinden muss, bis die richtige Lust am Schaffen und am Material sich wieder einstellt. Ich sehe den Zwischenraum zwischen Vollkommenem und Erreichbarem so gross, dass er mich zeitweise erschlägt. Trotzdem glückt dann plötzlich wieder alles. Aber ich folgere daraus, dass ich sehr bald mal »aussetzen« muss, vielleicht schon nach diesem Stück, vielleicht nach einem nächsten, jedenfalls in absehbarer Zeit mal für eine Spanne das Maul halten, ein paar grosse Reisen machen, etwas ganz Anderes tun, nach einer ganz andren Richtung als bisher arbeiten. Ich habe zum Beispiel mal dem Jobs histologische Bücher abgenommen, von denen sie behauptete, man könne sie nicht verstehen (Zellenlehre) und mich plötzlich mit grösster Befriedigung so hineingefressen, dass meine ganze Schreiberei lange Zeit stockte und stand, und habe mir von Serjoscha Feitelberg, den ich Dir im Winter präsentieren werde, die physikalische Mathematik und ihre Anwendung auf Psychologie und Hormonensystem erklären lassen. Wenn die berliner Season mit meinem Stück etc. vorbei ist, werde ich sicher reisen, vielleicht auch einen der regelmässig einlaufenden Anträge aus Hollywood annehmen und »Dollars machen«, oder als Berichter der Voss (wie einmal besprochen) nach Indien gehn. Auf alle Fälle wird im Winter auf Teufel komm raus englisch gebüffelt. Ich habe in meinem Freund Schiebelhuth, der jetzt fünf Wochen hier war, einen herrlichen Englisch-Lehrer gefunden, weil er nämlich die Sprache aus ihren Wurzeln und bis in die Yankee-Konversation oder ins Liebesleben beherrscht und ausserdem darmstädtisch spricht, die einzige Form in der ich englisch bis jetzt verstehen kann. –

Nun noch eine dringliche Anfrage: ich habe sieben junge Hunde, (Bildnis der Eltern, von Evchen Mosse gemacht, lege ich bei.) Den jüngsten, kleinsten, sehr hübsches Weibchen, weiss mit dunkelbraunem Ohren- und Popofleck, habe ich Mirl getauft. Bist Du einverstanden? Und willst Du diese Mirl vielleicht für Deine Berliner Wohnung mitgebracht haben? (nicht als Bettvorleger, sondern lebendig)? Sie ist noch frei, – die andren verschenke ich alle hier, in zwei Jahren werden die Spaniels in Henndorf wie die Feldmäuse wimmeln. Mirl ist das zarteste, aber lebhafteste und erfinderischste der Jungen.

Sei gegrüsst
Dein Carlchen

10 Carl Zuckmayer an Annemarie Seidel

Henndorf, 28. Oktober 1930

Liebste Mirl!
Lass Dir sofort von Deiner Buchhandlung den chinesischen Roman ›Kin Ping Meh oder Die abenteuerliche Geschichte des Herrn Hsin Meh und seiner sechs Frauen‹ schicken, vor kurzem im Inselverlag erschienen. Das ist nämlich das amüsanteste, kurzweiligste, reizvollste Buch, das mir seit ganz langer Zeit in die Finger gekommen ist, der entzückendste erotische Roman, den man sich denken kann, und so dichterisch, wie nur die schönsten chinesischen Farbenblätter. Und ein Buch, bei dem man richtig lachen kann, das gibts so selten, und einige Male auch zum Heulen. Wunderbar! Toll und weise, so hinreissend weise, bezaubernd gescheit, zum Verlieben raffiniert, und dabei ganz klar, einfach, fast kindlich erzählt, mit kleinen Nutzanwendungen und Verschen für den Leser, die mit viel Humor den unmoralischsten Handlungen der Hauptpersonen entgegengesetzt sind.

Dank für Dein Telegramm. Ich führe das Landleben nicht mehr aus Lust sondern aus Muss, das verschönt es wieder. Meinem Stück bekommt es jedenfalls glänzend, ich arbeite täglich sechs bis acht Stunden, und möchte das Stück nicht vor der letzten Reife den unberechenbaren Einflüssen der Ankunft in Berlin aussetzen. Aber wie gesagt, im Gefühl ernster

Anthony van Hoboken, um 1932

Pflichterfüllung fühle ich mich recht wohl hier, und amüsiere mich aufs beste mit meinem Hauptmann und meinen Hunden.

Viele herzliche Grüsse! und lies wirklich Kin Ping Meh!
Dein

Carlchen

Das Hündchen Mirl habe ich nun der Eva Mosse für ihre heidelberger Schwester versprochen.

11 *Carl Zuckmayer an Annemarie Seidel*

⟨Berlin⟩, 5. März 1931

Gott grüsse Dich, Mirl!
Dein Carlchen

12 *Carl Zuckmayer an Annemarie Seidel*

Henndorf, 24. September 1931

Liebste Mirl!
Ich erhielt Dein ganz besonders missratenes Gedicht von der Menschenfresserin und kann nur sagen, es steht tief unter Deinem dichterischen Niveau. Zu erklären ist es durch Volltrunkenheit, nein eher durch schweren Kater oder durch Entziehungserscheinungen. Zu entschuldigen ist es nicht.

Ich schicke Dir hier eine Rede von Gottfried Benn, (den ich zwar nicht, wie einige literarische Flachköpfe und Wiederkäuer, für den »grössten Lyriker der Gegenwart« halte, aber immerhin für eine beachtliche Erscheinung), und falls Du sie nicht schon gelesen hast, schau mal rein. Ihre an sich nicht ungewöhnlichen oder sonderlich aufregenden Gedankengänge weisen doch zu etwas lichtvolleren Gestaden, als denen einer kleinlichen Durchschnittsideologie, deren muffigen Einflüssen Du leider allzu zugänglich geworden bist.

Es ist saukalt und es fällt ein übles Gemisch von Schneebrei und Schmutzwasser vom Himmel. Ich sitze grimmig und voller Verachtung hier herum und verabscheue jede Zeile, die ich je geschrieben habe.

Nächste Woche fahren wir zu Toon aufs Oktoberfest. Vielleicht wirds dann besser. Was Deine Karrière anlangt, so würde ich Dir empfehlen, Anschluss an die Gruppe junger Schauspieler zu suchen und vielleicht in einem Avantgardestück über die Bekämpfung schmutziger Fingernägel eine tragende Rolle zu bekommen.

Sei herzlichst gegrüsst von Deinem Dich liebenden
Carlchen

13 Carl Zuckmayer an Annemarie Seidel

Henndorf, 14. Oktober 1931

Liebste Mirl,
hoffentlich hast Du mir meinen letzten Brief nicht übel genommen, ich gebe zu dass er rüde und hässlich war. Aber damals war zehn Tage Regen und Schneewasser und unten im Haus sass meine geschlossene Familie samt Eltern und erfüllte mich mit Ekel und mir stockte die Arbeit und das Blut. Und dann kam plötzlich der herrlichste Herbst den ich je erlebt habe und durch die frühe Kälte war das Laub so wahnsinnig gefärbt wie sonst nie und das ganze blaue strahlende überhelle Wetter hatte eine fast hysterische Gewalt, sowas Schreiendes und Süchtiges und sowas von dauerndem Aussersichsein, das ansteckte und toll machte und ich lebte jetzt fast drei Wochen wie ein Verrückter mit Herzklopfen, so sehr dass ich nachts wach wurde und glaubte, es sind Kanonen abgefeuert worden, weil das Herz so laut knallte und schlug.

Auf dem Oktoberfest war es auch herrlich und dann habe ich mich in Tegernsee mit dem geliebten Olaf Gulbransson so sternhagelvoll gesoffen dass man uns bis zum Sonnenaufgang nicht mehr trennen konnte, weil wir schreiend ineinander verbissen waren, und bei Tag schrieb ich zum ersten Mal seit vielen Jahren ununterbrochen Gedichte, das alles hält noch an wenn auch heute die Blätter vorm Fenster tanzen und der kühle Westwind weht, aber ich habe Fieber und stinke wie Therese von Konnersreuth. Ganz grosse Liebe!!

Toon war bezaubernd, in allerbester Form, auch er mit Herbstfarben beflaggt und entschlossen, das alles zu komponieren. Er legte mir nah, wenn ich nach Berlin käme, die letzten Flaschen Deines 20er lieserer Niederberg auszutrinken, da er am Hinübergehen sei. Ich vermute aber, Du wirst das schon, allein oder mit anderen, besorgt haben.

Ich komme am 1. November mit Jobs auf acht Tage nach Berlin, dann vier Tage Wien, wo ich einen Vortrag zu absolvieren habe und bei Toon logieren werde, dann wieder Henndorf, allein, um das Stück zu schreiben.

Ich habe in letzter Zeit vier grosse Briefe geschrieben an Regisseure und Direktoren, ob sie nichts für Dich hätten, und bis jetzt hat nur Einer geantwortet, die Not der Zeit sei so gross und er habe soviele hungernde Anwärterinnen – – Vom Standpunkt des Drinstehens, Dabeiseins, Weitermachens wäre es vielleicht doch vernünftiger gewesen, die blöde Miss in ›Kat‹ zu spielen. Vom Standpunkt der richtigen Haltung aus war es besser so. – Wenn ich selbst in Berlin bin wird sich vielleicht was schaffen lassen. Nur bitte ich Dich, fall nicht aus lauter Gier zu Spielen auf Schmockereien herein, ich fürchte wirklich von Zeit zu Zeit Dich plötzlich als Avantgardistin auf den Barrikaden einer kommunistischen Arbeiterbühne zu sehen. Aber verzeih, dass ich solche Befürchtungen habe, sie sind sicher ganz dumm.

Nun lege ich Dir noch zwei Gedichte bei von den vielen die ich in den letzten vierzehn Tagen gemacht habe.

Und grüsse und küsse Dich, Dein
Carlchen

14 Carl Zuckmayer an Annemarie Seidel

Henndorf, 19. Oktober 1931

Geliebteste Mirl,
ich danke Dir für Deinen Brief und beeile mich Dir zu antworten. Meine Anspielungen betr. Kommunismus sind auch nicht so gemeint und nicht so ernst zu nehmen, und mein Trauma in der Beziehung habe ich nicht so sehr von meinem sel. Schwiegervater als von einigen Dichterkollegen. Vor allem Brecht. Mit dem war ich einmal befreundet und habe ihn, das heisst das Dichterische an ihm, schrecklich geliebt. Vielleicht auch überschätzt, ich weiss nicht. Persönlich war es immer etwas Hassliebe, und das ist ja sehr anziehend. Dann sah ich ihn alles was ich an ihm liebte und geradezu mit einer Art blutsverwandter Eifersucht liebte, also richtig liebte, Stück für Stück kaputt machen und verlieren, im Glauben, damit in die Region wahrhafter Grösse, in die Polarzone des Überzeitlichen zu wachsen. Und ich weiss, dass es gerade für sehr gegenteilig veranlagte Menschen, für Menschen voller Vielfalt, Überschuss, diffuser Phantasie, ungeheuer verlockend ist, sich von dieser gradlinigen und anscheinend so robusten, unbedenklich direkten Strömung, die noch dazu momentan sogar historisch »recht hat«, und daher leicht mit einem wahrhaften Kraft- oder Kräftestrom auch geistiger Art verwechselt wird, – einbetten, strebepfeilern, eisenbetonieren und rückenstärken zu lassen. Die Leute, die das tun, verlieren rettungslos ihr Gesicht.

Aber verzeihe mir bitte, dass ich manchmal töricht genug war zu glauben, Du seist nach dieser Richtung hin etwas zu sehr angeregt. Manche Gespräche, die wir führten, erweckten vorübergehend diesen Anschein. Das kommt daher, dass es für Dich eine Neuheit, für mich seit dem Kriegsjahr 1917 eine Selbstverständlichkeit war, sich ganz genau und überfeuilletonistisch über Gestalt und Ablauf und Voraussetzung und Weitergang der rein quantitativ und biologisch mächtigsten und bestimmendsten Bewegung unserer Epoche orientiert zu halten. Ich hatte ja, lange vor meinem Schwiegervater und alledem, meine ehrlichen kommunistischen Kinderschuhe an, war richtiggehender Funktionär mit 22½ Jahren in Frankfurt am Main, in einer Zeit in der das recht gefährlich und daher auch ganz schön war, und das lag für mich noch so sehr mit Krieg zusammen, dass ich eigentlich nie darüber spreche, wie man ja auch kaum dazu aufgelegt ist, Kriegserlebnisse zu erzählen, soweit sie sich nicht aufs Saufen oder dergleichen beschränken.

Bei Dir setzte einfach der Prozess gründlicher Orientierung vor nicht langer Zeit mit ziemlicher Heftigkeit ein und äusserte sich daher manchmal fast feurig und offensiv. Daher mein Missverständnis und ich bitte nochmals es mir zu vergessen und ich werde mir auch keine unpassenden und unangebrachten Witze mehr erlauben.

Nun kriegst Du wirklich endlich meine Novellen, nachdem sie ganz fertig sind, und sie sind meine beste Prosa und überhaupt mein Bestes geworden. Eine hat das Evchen bekommen für den Uhu, obwohl sie zu schade dafür ist, sie heisst ›Eine Weihnachtsgeschichte‹, die andre schönere heisst ›Liebesgeschichte‹ und hat als Motto einen Satz von Lessing, den ich rein als Satzgebilde so schön finde, ganz abgesehen von dem Sinn, auf den er sich bezieht: »Wissen Sie aber auch, was die Liebe sie lehrte, dem Rittmeister zu sein?« (Bezieht sich auf einen Rittmeister der skandalisiert wurde und abdanken musste weil er eine Hur geheiratet hatte. Steht in einem Brief Lessings.)

Am 1.11. in Berlin! Sei gegrüsst
von Deinem Carlchen

15 Carl Zuckmayer an Annemarie Seidel

⟨Henndorf⟩, 12. Dezember 1931

Liebste Mirl!
Eine Verstimmung mit den schwarzen Strohhüten hat es nicht im direkten Sinn gegeben, wohl aber war mein Aufenthalt bei Toon diesmal nicht so wohl gelungen, wie es hätte sein sollen. Herr Direktor Berr hatte mich sowie einige andere, mehr oder weniger zufällig oder absichtlich Anwesende, um seiner Première höheren Glanz zu verleihen, der Presse denunziert, und es stand in allen Zeitungen, dass ich da sei, Interviews usw., obwohl ich doch beruflich garnichts damit zu tun hatte, und dadurch wurde ich in einen Rummel hineingezogen, der nicht sehr angenehm war. Zum Beispiel gleich am ersten Abend nach der Première musste ich mit zu einem Empfang beim Deutschen Gesandten, wo »tout Paris« anwesend war, von Aslan bis Lothar, von Schneiderhahn hoch oben bis tief hinab zum Siegfried oder Emil Geyer, von der edlen hochwüchsigen Wohlgemut bis zu den jungen Talenten Wessely etc, und sogar bis zu den süssen Matschackerln und Pantscherln das ganze Défilé danubischer Hochblüte. Dann war ein Abend bei Gerhart Hauptmann, der sich aufs charmanteste besoff und wo ich solche alten, schadhaften, aber von ihrem Ewigkeitswert durchdrungenen Closettbürsten wie Werfel und seine Gattin Alma Mahler etc. kennen lernte.

Ich konnte mich wie gesagt diesen Einladungen etc. nicht entziehen, wenigstens nicht allen: abgesagt habe ich Festessen bei Trebitsch, Salten, Werfel und im PEN-Club, das sind also Beleidigte genug, denn in Wien ist man noch beleidigt! Und dann kam hinzu, dass die Janningse mich hauptsächlich als ihren, sehnlich erwarteten Besuch auffassten und als ihren unverbrüchlichen Besitz und Freudenquell. Überhaupt ist es ja für mich manchmal das Erschwerende an solchen Situationen, dass zu Viele in mir einen Quell und Springborn, ja einen Jungbrunnen und Maitrunk erblicken, und wehe meiner, wenn sie dann mal nicht auf ihre Kosten kommen. Mit der

Familie Jannings war die Technik der Verabredung sehr schwierig, und noch dazu wollten ihre verschiedenen Glieder abwechselnd mit mir allein sein, sodass mein Besuch für Toon diesmal nicht so erfreulich wurde, wie ich es von Herzen gewünscht hätte. Aber ich hoffe, er hat es richtig verstanden. Näheres erzähle ich Dir mündlich, es entbehrt nicht der Komik. Übrigens ist ja auch Toon nicht der allerleichteste und schmiegsamste Zeitgenosse und manchmal ein recht verwöhntes und leicht gekränktes Kind, aber wem sage ich das. Alles in allem war er jedoch reizend und liebenswert wie immer und wie gesagt, von einer Verstimmung unter den Strohhüten kann keine Rede sein.

Brechts Johanna finde ich auch in der Erinnerung, die ganz genau und gründlich ist, nachdem ich jetzt einige Wochen immer wieder dran gedacht habe, ganz rückhalts- und einschränkungslos gross. Man kann hier wirklich mal wieder von etwas begeistert und tief beeindruckt sein. Es ist eine grosse Dichtung eigner und neuer Art. Ich finde den Schlussakt auch grossartig, bezeichnend ist, dass auch mir davon am stärksten die Bitten der Tiere, die nur Futter kriegen, wenn sie nützlich sind, ums Gefressenwerden, haften geblieben sind. Mir haben nur die paar Goethisierenden Verse darin: das Unerträgliche – das Nichtmehrmögliche – etc. etc., missfallen, nicht wegen der »Blasphemie«, sondern weil bei dieser Sprachkraft eine literarische Ironie ganz überflüssig ist. Vielleicht liesse sich doch überhaupt denken, dass ein andersgearteter, deshalb nicht weniger harter und klarer, Schlussakt das Ganze noch mehr steigern und schliessen würde. Denn dieser Akt ist doch der einzige, von dem man nach dem Lesen nicht den Eindruck hat, als hätte man ihn schon gespielt gesehen, – wenigstens ich nicht. Das Stück wird übrigens bestimmt gespielt, entweder von Aufricht oder von Martin in der Volksbühne, den ich in Wien ungeheuer dazu aufputschte. Da es sehr möglich ist, dass er die Volksbühne fürs nächste Jahr schon verlässt, nicht um zum Burgtheater zu gehen sondern für eine andre Sache, – scheint er stark anzubeissen und überhaupt seinem Abgang gern den Glorienschein der Radikalität und der kühnen Tat geben zu wollen. Ich hatte wenigstens diesen Eindruck. Leider soll die Hauptrolle, angeblich auf des Dichters eigensten Wunsch, mit Kortner besetzt werden. Kortner verbreitet wenigstens, dass er feste Abmachungen mit Brecht habe und dass Brecht das Stück, wo es auch sei, nicht ohne ihn herausbringen wolle. Nun beweist das ja noch nichts, aber ich fände es sehr schade, ich hatte mir den Mauler ganz anders gedacht, auch nicht jüdisch und lange nicht so bewusst wie Kortner sowas spielt. –

Ich übe fleissig auf der Ziehharmonika und kann schon ganz schön spielen. Wir sind tief eingeschneit, man muss sich seinen Weg zum Dorf durch mächtigen Neuschnee stapfen, und morgen werde ichs mit den Skiern versuchen, obwohl der Schnee noch feucht und flockig ist und es immer noch mehr draufschneibt. Vorm Fenster habe ich Futterhäuschen für die Wintervögel, und es gibt da morgens ganze Schwärme von Meisen, Baumläufern, Finken und Hänflingen und dicken Ammern.

Meine Arbeit geht langsam vorwärts. Ich suche im Grund nach etwas anderem, viel grossartigerem was ich noch nicht packen kann. –

Am 19. bin ich wiedermal in Berlin, bleibe bis 23. Wir sehen uns bestimmt.

Tausend Grüsse

Carlchen

Übrigens, seit ich erfahren habe, dass Brechts kommunistische Freunde das Stück als »*ideologisch falsch*« ablehnen, bin ich noch mehr begeistert und weiss, wieso es mir so gut gefällt!

16 Carl Zuckmayer an Annemarie Seidel

Henndorf, 9. Juni 1933

Goldhäuptige!
Sonnenumsträhntes windumsaustes kühnes Bronzegesicht! Verzeih mein langes Schweigen, – ich bin so in der Schaff! Es fleckt, – aber erst seit drei Wochen. Und gerade in der Zeit kamen die Segelflottillen, Schwalbenzüge, Möwenflüge Deiner schönen Briefe, drei an der Zahl, die nach Salzwind und Heide riechen.

An meiner geschwollenen Ausdrucksweise wirst Du schon gemerkt haben, dass ich momentan keine Briefe schreiben kann. Ich schreib ein Stück, (den ›Schelm‹, Du kennst ja den Inhalt), in dem zum ersten Mal seit langer Zeit (ich meine innerhalb meiner Produktion) die handelnden Personen wieder sprechen statt mehr oder weniger undeutlich zu stammeln oder zu brabbeln. In dem die Sprache wirklich der Ausdruck des inneren Geschehens ist, und das nicht nur sein Arom und seinen Hautreiz, wie die Dialektstücke, sondern seinen Bau, seine Melodie, seine Stimmführung, seinen Kontrapunkt, ganz aus der Sprache empfängt. In dem das eigentlich Dramatische, das die Handlung nach einem heimlichen, unsichtbaren Schöpfungsplan treibt, ganz aufs Wort gestellt ist.

Daher bin ich zu privaten Äusserungen ziemlich unfähig, ausser einem gewissen Blödeln, das ich mit Joseph oder Winnetou treibe, und auf dessen schriftlichen Niederschlag Du wohl keinen Wert legen wirst.

Aber ich lege Dir ein paar Verse aus dem Stück bei, (dessen Hauptteile in einer sehr merkwürdigen Prosa, wie ich sie etwa seinerzeit in den ›Wiedertäufern‹ erstrebte, aber nicht hatte, geschrieben ist).

Ich hoffe im Juni noch fertig zu werden!!

Was das Salettl anlangt, es könnte mich schon sehr reizen, – (aber wenn, dann ohne Jobs, mal ganz allein). Aber ich kann mich jetzt aus vielen Gründen nicht festlegen drauf, erstens arbeite ich gerade jetzt und vielleicht auch noch Juli sehr intensiv und habe auch grösste Ruhe hier, – also wenn ich mal Henndorfs lange Wellen unterbrechen will, hätte ich mehr Lust nach Unruhe, Herumreisen, paar Tage ans Meer, und dann möglichst in Städte, – zweitens ist es unabsehbar, wie das mit der Sperre zwischen Deutschland und Österreich wird. Vorläufig könnte ich z.B. nicht auf längere Zeit nach Deutschland, da ich dann als Reichsdeutscher mit deutschem Pass nur gegen Zahlung von 1000,– Mark wieder hierher dürfte! Ich bekäme die Erlaubnis ohne diese Zahlung nur zu einer kurzen und genau befristeten Geschäftsreise, deren beruflichen Zweck ich nachweisen müsste, dann könnte ich einen Vermerk haben für hin und wieder zurück innerhalb einer bestimmten Zeit! Wie lang das so geht, weiss niemand, – wir sind ja jetzt hier, – wer hätte das je gedacht!, – fast im »feindlichen Ausland«!

Wenn mein Stück fertig ist, muss ich auf alle Fälle mal nach Berlin, das wird beruflich für 8 Tage gehen, – dann könnte ich einen Flugzeugtrip nach Sylt machen.

Aber für einen bestimmten Monat festmachen und mieten kann ich jetzt nicht.

Werde gleich bei meinen Bekannten die Trommel schlagen. Würdest Du eventuell die Dorsch mit einer Freundin nehmen? Und ist es nur im August oder schon im Juli vermietbar? Sie schrieb neulich, dass sie nach Dalmatien ans Meer wollte, aber nun wieder davon abgekommen ist. –

Meine Eltern waren da, sind seit gestern fort, – Joseph träumt noch hier herum und träumt wohl viel von dem sachlich nüchternen Büro, dem vieltastigen Telephonapparat und dem mit Verabredungen und Konferenzdaten bekritzelten Kalender eines Produktionsleiters und Generaldirektors. Da jeder Pubertätstraum sich einmal erfüllt, wird ers auch einmal dazu bringen, obwohl er vor 1914 auch schon Jude war.

Übrigens soll der Vater Jannings wieder nach Amerika, und plant, ihn als ganz persönlichen Wrighter und Chef des Propagandabüros mitzunehmen. Ich weiss aber nicht, ob ich ihm das wünschen soll.

Ich habe tatsächlich zwei Monate gebraucht, bis ich die innere Ruhe, den festen Standpunkt hatte, um wieder richtig arbeiten zu können. Erst musste ich mal wieder in Jahrtausenden, Jahrmillionen, geologischen Umschichtungen, Völkerwanderungen, Lautverschiebungen, Lichtjahren denken lernen. Ich habe in der Zeit einige wichtige biologische Werke verarbeitet. Hast Du mal Dacqué gelesen? und Bergmann? und Jung? (vielleicht der interessanteste, der aus der psychoanalytischen Schule hervorgegangen ist.) –

Ich muss aufhören, es regnet so schön, et les Dieux ont soif!

Sei umarmt
von Deinem Carlchen

17 Carl Zuckmayer an Annemarie Seidel

Henndorf, 13. Juli 1934

Liebste Mirl!
Wochen sind vergangen, viele Blumen verblüht im Garten und neue aufgegangen, der Rittersporn steht jetzt hoch da und vorm Haus vorne eine Prachtreihe weisser Kirschenlilien, die vor Gewittern betäubend riechen, ein paar Zwergdahlien sind auf, und schon fängt der Phlox an. Das Entlein ist durchgekommen, mächtig gewachsen, es scheisst jetzt schon eine Art Kuhfladen und man kann es abends nicht mehr auf dem Tisch herumgehen lassen, zumal es schon so gross ist, dass es mühelos in die Weingläser langen und sich betrinken kann. Seine Stimme mutiert schon, und ich behaupte, es wird ein Bass-Schwan. Eine Glucke sitzt derweil in gespenstischer Ungerührtheit auf sieben Enteneiern aus bester janningsscher Prachtedelrassenriesenspeckentenzucht, (keine Nichtarier dabei), und nächste Woche kriechen sie aus.

Morgens – früh – der Garten – allein – der Roman, der wächst in Höhe, Breite, Tiefe und Detail, – verhältnismässig rasch vorwärtskommt und doch 4-6 Monate zur Vollendung brauchen wird, – denn es steht allerhand drin, es ist eine Geschichte von der Gefährdung des Menschen, und von himmlisch irdischen, erlösten und verworfenen und erlösenden Frauen, und zum Schluss werden sogar Gott wohlgefällige Tränen geweint. Auch kann man ja nicht immer gleich viel hinschreiben und braucht Atempausen. Aber einen guten Nachmittag lang oder Abend hätt ich Dir jetzt schon vorzulesen. –

Gegen Mittag oder Abend der See – auf den Spazierwegen muss ich mit Albrecht, der jetzt mit verbissener Wut und voll ingrimmiger Erbitterung, aber auch mit ingenieurhafter Intensität ein leichtes charmantes Lustspiel zusammenzuschweissen versucht, ununterbrochen seine Übergänge und Auf- und Abtritte regulieren, – aber am See ist eine ungeheure Sommerstille, brütend und bebrütet.

»Nur manchmal recket mit gespaltnem Schopf
Der Haubensteissfuss seinen Satanskopf!«, –

wie es in einem Knabengedicht von mir heisst, das den Titel trägt ›Du stille See‹, und in dem auch der Vers vorkommt:

»Rohrdommel brüllt, so wie ein Ochse tut,
Und zitternd lauscht des Teichrohrsängers Brut!«

Ja, und letzte Woche, – nachdem die Röhmiade mich doch ziemlich aufgeregt hat, weniger wegen der Sache selbst, als weil ich mir alle einzelnen Szenen so entsetzlich genau und gut vorstellen kann, – ging ein Rasen und Toben des Telephons los, und der Telegraph spielte, und unser Postmeister verstümmelte jeden Text, trotzdem kamen einige Filmangebote an mich ran, Monat Juli scheint dies Jahr eine Konstellation dafür und für goldne Eier zu haben, was so erfreulich ist in einem Augenblick, in dem meine Verlagszahlungen aus Berlin aufzufliegen scheinen, infolge neuer Wendungen dort. –

Also ich machte zunächst für eine österreichische Firma eine Filmbearbeitung eines beiläufigen karlmayhaften Stoffes, gegen eine Menge Schillinge, aber ich habe scheusslich geschuftet, neben dem Roman her, sogar nachts, das Ding wurde richtig gut und sehr lang und ich hab den Leuten gleich alle Dialoge geschrieben, gestern abend abgeliefert.

Und übermorgen fahr ich nach England. Grosses Filmangebot, äusserst angenehm, – ich muss zunächst nur 10-14 Tage hin, – alle Vorbesprechungen erledigen, kann dann einige Wochen hier sein und im Herbst wieder ein paar Wochen rüber, – und verdiene so viel, dass – ohne Berlin und Ullstein – ein Jahr Henndorf gesichert sein wird, – auch ganz unabhängig vom Roman und Stücken. Natürlich freue ich mich furchtbar auf eine Woche London und ein Country Weekend undsoweiter, – Yvonne und Babita sind Beide verständigt und werden sich abwechselnd wie schöne Guirlanden um meinen Hals und als Trauben in meinen Mund hängen. –

Also ich fahre übermorgen und werde so etwa um den 25.-28. Juli zurück kommen. Habe schon tickett und Pounds.

Ich hoffe, Du kommst erst wieder her, wenn ich zurück bin, – dann aber gründlich!!

Der Rabe – lockt mich sehr, – (er könnte auch erst herkommen, wenn ich *bestimmt* wieder da bin. Jobs geht, so lang ich weg bin, ein wenig auf die Wanderschaft zu Freunden.) –

Ich habe ein Bedenken mit dem Raben: ob er nicht junge Vögel frisst, auch junge Enten, Nester beraubt und meine Käfigvögel bedroht? Oder tut das ein civilisierter Rabe nicht mehr? Bitte – erkundige Dich mal vorsichtig darnach! Es wäre so schön, – einen Raben halten zu können!

Tausend Grüsse, auf Wiedersehn! Dein

Carlchen

Adresse: London, The Mayfair Hotel, Berkeley Square.

18 Carl Zuckmayer an Annemarie Seidel

Henndorf, 12. Oktober 1934

Darling! Deary! Mon prince!

Du glaubst doch nicht im Ernst, ich wäre in London womöglich gewesen ohne Dich heimzusuchen, mit Dir auszugehen, zu essen trinken saufen quatschen und Dir in treuer Kindesliebe anzuhängen? Du weisst, dass ich viel zu genussüchtig bin, um mir solches entgehen zu lassen. Jedoch, mit Genuss wars nichts, die Bergner-Elizabeth kniete mir hier drei Wochen auf der Brust, wie ein schrecklicher Alp, sie setzte mir den Daumen aufs Auge und hätte um ein Haar fertig gebracht, was den Nazis in 14 Jahren der Volksaufklärung nicht gelungen ist: mich zum Antisemiten zu erziehen. Jedoch, es ist vorbei, und ich bin längst wieder judenhörig (Objekt Albrecht Joseph). Das Manuskript wurde – da das kleine penetrante Reff wie gesagt drei Wochen hier in Salzburg kleben blieb, hier vollständig fertig, unter ihrer strengen Aufsicht und ohne Gnade für alles, was besser gewesen wäre, – und ich musste überhaupt nicht mehr nach London, dh. ich durfte nicht mehr hin, sie vereitelte das, weil wir sehr viele Meinungsverschiedenheiten bezüglich des Films hatten und sie wohl fürchtete, dass ich dort gemeinsame Sache mit einigen der Engländer usw. machen würde, die auch manches anders wollten als sie. Sie entrang mir hier ein »fertiges«, dh. von mir gezeichnetes und von ihr approbiertes Manuskript, man zahlte mich aus und ich hatte – grosses Aufatmen – mit der Sache nichts mehr zu tun. Jedoch nach London kam ich eben auch nicht mehr, denn man hatte nun keinen Anlass mehr, mir noch eine Reise und einen Aufenthalt dort zu bezahlen. Und auf eigne Kosten ist es mir natürlich zu teuer. – So wurde also nichts aus London, und stattdessen kamen plötzlich neue Verhandlungen mit dem Burgtheater wegen ›Schelm‹, ich musste vor circa 10 Tagen nach Wien, wo ich die Verhandlungen wegen Besetzung usw. selbst führte, und heute bin ich nur auf Urlaub und Besuch zwei Tage hier – in dem bezaubernden henndorfer Oktober von dem ich dies Jahr nichts haben werde, – und am Montag muss ich zur ersten Stellprobe in Wien sein. Da Röbbeling, der Direktor, selbst Regie führt, was aus äusseren Gründen ganz gut ist, muss ich dabei bleiben und werde die nächste Zeit im *Hotel Imperial, Wien*, unterstehen. In circa drei Wochen werden wir Première haben. Es ist ein aufregender Gedanke. Wenns dann vorbei ist, werde ich in die Stille des henndorfer Spätherbstes und Vorwinters zurück tauchen und auf den ersten Schneefall warten. Von London hatte ich schon wieder ein Filmangebot, aber da die Bergner fürs Erste unsre Notdurft gedeckt hat, nehme ich nichts an bis der Roman fertig ist. – Neulich war ich von Wien aus ein paar Tage in Ungarn. Mit Werner Krauss, der nichts zu tun hatte und seinen schönen neuen von Göring gestifteten Mercedes ausprobieren wollte. Wir fuhren zuerst nach Budapest, das ich nicht kannte, – eine tolle Stadt, – befrassen und besoffen uns dort zwei Tage und liessen uns, wie einstmals Gotenkönige, in einem luxuriösen Bad von Mongolenmädchen bedienen. Dann fuhren wir weiter und hatten einen Abend, an einem der heissen Tage, wo man noch die ganze Nacht im Freien sitzen konnte, in einer kleinen Stadt inmitten von riesigen Landgütern, wo ich zum ersten Mal wirkliche echte Zigeuner spielen hörte. Das war was anderes wie beim Herrn Kasznar in Salzburg im Mirabellgarten! Auf der Rückfahrt stiessen wir, karlmayhaft auf kühner Fährte, in die Tschechei vor und sahen Pressburg, – eine der schönsten alten Städte im Osten. Das Ghetto dort ist fast merkwürdiger und mindestens noch echter als das in Prag.

Joseph ist auch seit einigen Wochen in Wien. Sein Auszug aus unsrem Haus gestaltete sich zu einer erhebenden Feierlichkeit. Er wurde schwarz eingefärbt um ihn auf das neue Berufsleben vorzubereiten, denn er ist Neger geworden. (Das ist der Fachausdruck für jene Filmautoren nichtarischer Abkunft, die für deutsche Filme inoffiziell, schwarz, ohne Namensnennung, und gegen das halbe Honorar eines klingenden Nordnamensnenners, die Manuskripte und Drehbücher machen. In Wien gibt es schon eine ganze Negerkolonie. Und dorthin entsandte reinrassige Mitglieder der höchsten Kammern und Würden aus Berlin arbeiten einträchtiglich mit den verachteten, aber als unentbehrlich angesehenen Negern zusammen.) Der Joseph Albrecht ist infolgedessen von unsympathischer wilder Geschäftigkeit, rast dauernd zu Besprechungen und schreit Taxichauffeure an. Vielleicht ist er, als Neger, mehr denn einst als Schlattenschammes, auf der ersten

Sprosse zum Generaldirektor angelangt. Lernet ist auch in Wien, er arbeitet viel und ist dementsprechend missmutig und nett. Wir gehen oft abends ins Kino, sitzen dann beim Pilsner und überzeugen uns gegenseitig von der Unabwendbarkeit des kommenden Krieges. Unsre Neutralität haben wir für alle Fälle schon beim Völkerbund angemeldet. –

Während ich fort war, bekam Winnetou eine schwere Diphteritis, musste vom armen Jobs um drei Uhr nachts – mit fast 41 Fieber – nach Salzburg ins Spital gefahren werden, und war sehr ernstlich krank, es kam noch Angina auf beiden Mandeln dazu. Gestern übernachtete ich noch bei ihr in der Klinik drinnen, und heut haben wir sie wieder heraus gebracht, da die Gefahr Gottseidank vorbei ist, aber sie ist ganz schwach, spricht mit einem dünnen und hohen Stimmchen und muss hier noch eine Zeitlang liegen.

Jobs ist schon im Garten und setzt Zwiebeln fürs Frühjahr, mistet und häufelt und schneidet und bettet den müde geblühten, aber noch sehr farbigen Garten zur winterlichen Ruhe. Die Luft ist schon ganz weiss und kalt, überm See kreuzen die letzten Zugvogelschwärme. Wirst Du im nächsten Frühjahr wieder bei uns die ersten Kohlrabi und Erdbeeren essen?

Bitte schreib mir mal ins Imperial nach Wien.

Und lass es Dir wohlergehen und grüsse Korn den Gerechten und alle gentlemen und Outcasts von mir.

Alles herzliche Dein

Carlchen

Die Rehe stehen schon im Winterpelz und befinden sich in der herbstlichen Eichelmast. Die Flick ist läufig und wird unter Verschluss gehalten. Nichtsdestoweniger haben Flock und Lexl dauernd Streitigkeiten darüber, wer, wenn sie überhaupt dürften, zuerst dürfte. Sie können sich garnicht mehr ausstehen. – Die beiden Meerschweinchen kamen auf dramatische Art ums Leben, indem sich ein Steinmarder hier – wohl im Mäuerchen – eingenistet hat und beide kurz nacheinander überfiel, beim einen Überfall wurde er überrascht, weggejagt, der Oberst schoss sogar mit der Pistole nach ihm ohne ihn zu treffen, aber dem Meerschweinchen hatte er schon die Augen aus dem Kopf gerissen, sodass man es schleunigst totschlagen musste. An die Enten scheint er sich bei Tag nicht zu trauen, und nachts sind sie im festen Stall. Der Dompfaff ist in der Mauser, aber bei gutem Appetit.

19 Carl Zuckmayer an Annemarie Seidel

⟨Salzburg⟩, 24. November 1934

Liebste Mirl!
Ich sitze in Salzburg im Café Bazar, das jetzt menschenleer und verschlafen ist, und warte die Ankunft des Jobs aus Wien ab. Keine Stunde wäre besser geeignet – und keine bot sich vorher – um Dir endlich – und auch gleich zum Geburtstag – zu schreiben. Ja, Du trittst am 28., sei es nur ausgesprochen, in Dein -zigstes Lebensjahr. Du wirst diesen Tag im traditionellen Nebel und vielleicht auch Dusel begehen, vielleicht mischst Du Dir vormittags eine halbe Flasche Pommery mit Guiness Stout, und tust einen recht kleinen Schuss Old Plymouth Gin dazu. – Bist Du übrigens mal zufällig am »Strand«, ungefähr schräg vis à vis von Simpson's, – bei Hennekey's eingefallen, – einer irischen Schnaps- und Bierkneipe im Victorianischen Stil? Der Irish Whiskey, der zum Unterschied von allen anderen Whiskys mit e vor dem y geschrieben wird, schmeckt pur eigentlich wie ein sogenannter »gepflegter Korn« in Westfalen und ist als apéritif vor einer kräftigen Mahlzeit sehr zu empfehlen. Die Engländer und echten Iren trinken ihn ja mit gewöhnlichem, nicht sprudelndem, Wasser, das möglichst lauwarm und abgestanden sein muss, vermischt. Aber das sind so Finessen der Tradition, deren wir ja doch nicht teilhaftig sind. Drum hält mans lieber mit den parvenühaften Amerikanern und trinkt reinen Whisky eiskalt. – Aber hast Du mal Kensington oder Worthington Bier aus Holzkrügen getrunken? Ein ganz bitteres schales Zeug, – doch herrlich bei Katern! – Gehe einmal mittags dicht

beim Leicester Square, gleich neben dem Leicester Square Kino, und beim französischen *Lokal Perroquet einmündend*, in die kleine Seitenstrasse, – dort ist an der Ecke ein Restaurant »Lord Belgrave«. Es ist herrlich, und wirklich *englisch*. Unten eine Art Stehsaufkneipe, wo immer Betrunkene sind, – im ersten Stock eine säuberliche sehr bürgerliche Essstube, – und Du musst Dir unten beim neben der Theke stehenden Koch Dein Steak in rohem Zustand selbst aussuchen, Du kriegst dort ganz herrliche *hohe* Steaks, prachtvoll gebraten. Dazu empfehlenswert gebratene Mushrooms. Hinterher ein Stück Cheddar Cheese mit Sellery. Getränk: erst einen Schluck Gin, dann ein (sehr alkoholreiches) *Bass* on draught. – Portwein (vintages) bei Ye old Chessar Cheese in Fleetstreet, das kennst Du ja. Grüße den Cellarman von mir, er kennt mich unter »Charley«. Weisst Du, dass es bei Scotts (New Coventry Street) ausgezeichnete Moselweine gibt? Allerdings nicht sehr billig, lass Dich dort einladen. Voriges Jahr war dort ein 29er Josephshöfer mein Trost bei Anfällen von Heimweh. *Fein* Essen bei Berkeley Grill (netter als Savoy), – und Blue Train, – mittags Monseigneurs oder (herrliche Tomato Coctails!) Guachelino! Film- und Theatervolk luncht bei Yve (sprich Eiwi), ganz lustig, nahe beim Cambridge Circus, – »Joseph« und »Abrahamson« kennst Du sicher, – und nett ist (italienisches Restaurant) Quo Vadis (ich glaub in der Dean-Street, jedenfalls in der Soho-Ecke). Ein origineller österreichischer Wirt befindet sich im Tour d'Eiffel, Charlott Street, manchmal hat er für deutsch sprechende Gäste echten Slivovitz. Schmitt in der Charlott Street ist eine Enttäuschung, auch Apenrodt, – *schlechte* deutsche Küche, dann lieber in England schlechte englische. Ganz ordentlich ist Pagani in der Grd. Portland Street. Und einen sehr guten Kaffee gibts in einer kleinen Stube gleich neben Queen's Hall. Das fällt mir gerade so ein. Ach, ich sehe, höre, rieche und schmecke London – es war eine schöne und melancholische Zeit, die ich da hatte. Es wird schlimm werden, wenn Du wirklich den Winter dort bleibst. Man kommt furchtbar ins Saufen. Ich schicke Dir zu diesem Zweck meinen Freund John Heygate, der wirklich *netter* ist, viel netter und klüger, als sein Buch über Berger. Er kann Dich auch mit Harold Nicolson zusammenbringen, und, wenn Du ganz *harte* Säufer brauchst, mit Dyck Windham und Fred Mayor. Aber das sind furchtbare, unerbittliche Kumpane.

Gerade hab ich der Yvonne Deine Adresse geschrieben, sie soll Dich mal einladen. Deutsch kann sie nicht. Aber sie versteht ein wenig. Sie ist sehr süss und lieb, und wirklich ein charmanter Mensch, keine gewöhnliche Engländerin, und doch sehr englisch. Sie ist eine Tochter von Lord Marling, der einer der letzten grossen Diplomaten der Eduardian Periode war, ihre Mutter soll die schönste Frau der Welt gewesen sein, sie war Irin und katholisch, auch Yvonne ist katholisch, und das macht sehr viel aus. Verheiratet ist sie in einer etwas komischen und zu jung geschlossenen Ehe, (wie man das bei jungen Leuten in England viel findet, sofern sie nicht völlig verkorxt und komplexbesessen oder asexuell sind), – und sie hat ein jetzt an die 2 Jahr altes Baby, von dem sie beschränkten Gebrauch macht. Aber sie hat eine ganz reizende und sehr merkwürdige unkonventionelle studioartige Parterrewohnung und eine ebenso reizvolle und nette Lebensart, zwischen guter Kinderstube und Bohèmetum, durchaus gepflegt und ohne jede Penetranz. Ihr Mann, auch sehr jung, auch Diplomatensohn, »Taffy« Rodd, ist vor allem Flieger und gondelt mit einer eignen Sportmaschine über Meeren und Kontinenten herum. Er hat mir mal erzählt, dass ihm am Leben ein Scheissdreck liege und dass er ewig bedaure, zu jung für den Weltkrieg gewesen zu sein. Ich sah ihn fast nie, er war immer verreist, verdient Geld als Kaufmann. Du wirst bei Yvonne immer ganz nette jüngere Engländer der gleichen oder ähnlichen Art, zwischen Gesellschaft, Kunst, Sport und Spleen schwankend, und manchmal hochkultivierte alte Herrn der früheren Ära, treffen. Aber auch allerlei Lords, Barons und Baronets, wenn Du willst. Sie selbst ist wirklich wert, dass man sie mehr als oberflächlich kennt. Aber ich weiss nicht, ob das bei Euch zustande kommen wird. Ihr Tick ist: Theaterspielen, und sie möchte gern wirklich zum Theater. Tatsächlich ist sie nicht unbegabt. – Abends und richtig frisiert kann sie manchmal herrlich aussehen, – bei Tag oft ganz dürftig, was alles ein grosser Reiz ist. Sie ist – nach Absolvierung einer amoureusen Zeit – eine gute und liebe Freundin für mich geworden.

Jetzt hab ich Edschs Telefonnummer nicht mit! Ich schreib sie Dir morgen – mit noch ein paar Adressen – von Henndorf aus. –

Ja, Mirol, Wien war diesmal herrlich für mich. Mein Theaterhunger fand reiche, fette, wohlgewürzte Nahrung. Und der ›Schelm‹ fand eine würdige, weihevolle Geburtsstunde. Ich war ein paar Wochen allein dort und habe, diesmal mit mehr Glück und Verstand als beim ›Schinderhannes‹, aber auch ohne Verliebtheit, selbst Regie geführt, (gezeichnet hat Röbbeling), – die Aufführung war infolgedessen regiemässig ganz ohne Besonderheit, aber die einheitliche Linie und die Melodie des *Stückes* kam halt wirklich heraus. Es war für eine Uraufführung das Richtige. Vollständig deutliche und nicht ohne Zauber und Leuchtkraft gegebene Darstellung des Stückes, so wie mans lesen oder vorlesen kann. Mehr ein Aufsagen der Dichtung als selbständiges Theater. Aber ein paar wundervolle Schauspielerleistungen: Balser als Kaiser war einfach grossartig, und der alte Reimers als Scharfrichter so schön, einfach und echt, wie er nie in seinem Leben gewesen sein soll. Seine 74 Jahre machten sich selbständig und spielten ganz herrlich. Die Wagener als Kaiserin: Niemand kann die Kaiserin unterkriegen. Sie ist eine Erfolgsrolle à tout prix. Und die Wagener war noch nichteinmal schlecht. Sah sogar wunderschön aus. Richtige Theaterzeit, mit allen Aufregungen, Krachs, Eruptionen, versauter Generalprobe und einfach phantastischem Erfolg am Ende. So, wie man in Wien »Erfolg haben« kann, wenn man ihn hat, das gibts ja garnirgends anders, und das habe ich nun zum ersten Mal mitgemacht, – und bin dann halt nach 10 Tagen geflohen. Jetzt schon 8 Tage allein in Henndorf bei tollem Wetter, – und wieder im *Roman*. Ich hoffe, im Januar damit fertig zu werden, und Du sollst ihn als Ganzes lesen. – Unsre Toten: Ringelnatz ist nun auch dahin, in Armut und im Vorstadtspital. Wer hätte das anders erwartet. Drei grosse Schluck für ihn. Der alte Sami Fischer ging ihm voraus. Mögen die Huris des Paradieses ihn lieblich umfächeln. Über Wreedes letzten Weg bin ich mit allen Details orientiert, der Rechtsanwalt Berger, der die Leiche identifiziert hat, besuchte mich in Wien und konnte, beim Essen, nicht aufhören mit der Wiederholung subtiler Einzelheiten. Er hat diesmal das unzuverlässige Gift verschmäht und sich auf dem Brückenranft der Pichelsdorfer Brücke (Spandauer Heerstrasse) in die Schläfe geschossen (Browning 6,35) – sodass er dann ins Wasser fiel. Im Smoking, nach einer Gesellschaft. Sämtliche Papiere, Uhr, Pass usw., hatte er im Auto gelassen, und vorher in einer Kneipe an der Heerstrasse einen sauber kalligraphierten aber völlig irren Brief an einen Freund nach Wien geschrieben. Von Hanna hat er sich nicht verabschiedet. – Mirl, sei gegrüsst, ich habe nun meinen fünften doppelten Slivovitz! Heil Du!! Heil Dir!

Dein ewiges Carlchen

20 *Carl Zuckmayer an Annemarie Seidel*

Henndorf, 25. November 1934

Liebste Mirl,
ich habe von Edsch nur eine Telefonnummer, und es ist möglich, dass es die Nummer einer Filmkompagnie ist, bei der er im Juli als Dolmetsch für Deutsch-Englischen Verkehr tätig war. Vermutlich – falls er nicht mehr dort arbeitet – kennt man ihn aber dort. Sonst gibt es dort einen Herrn Schach, einen Herrn Grune und einen Herrn Goldschmidt, die vielleicht seine Adresse wissen, – oder Kortner weiss sie, dessen jetzige Adresse ich aber nicht weiss. Er (Kortner) wohnte im Sommer im Grosvenor house (Hotel). Die Telefonnummer,

die in meinem Buch bei Edsch steht, lautet: Madervale 6673. Da finde ich auch: *Jessner*, Bayswater 2538. Vielleicht hast Du Sehnsucht nach dem Alten. Ferner finde ich unter K: Korn, Primrose 2315. Das wirst Du aber selbst wissen.

Graf Mongelas ist immer äusserst gefällig, kennt Gott und die Welt und kann Einen zu allen möglichen Leuten und Veranstaltungen mitnehmen. Seine Adresse: W.C.2., 24 Bedfordstreet, Templebar 5508 (Telefon). Grüss ihn von mir, den alten unappetitlichen Conte. –

Ein *sehr netter*, umgänglicher und versierter Mann, der gesellschaftlich auf der Höhe ist und gern einen hebt, viele Leute (und beste Leute) kennt, – Halb-Deutscher, aber kein Nazi, – ist

Mr. Marc *Neven-DuMont*,
Präsident des »Anglo German Club«
S.W.1, 8 Carlton Gardens
(nah der deutschen Gesandtschaft)
Whi 3033 (Whi = Whitehall)

Er wird sich freuen, von mir zu hören. Ich lege ein Kärtchen an ihn bei, vielleicht schickst Dus ihm hin.

Wenn Du Jemanden brauchst, der eventuell Gänge für Dich macht, die Dir unangenehm sind, Dir in Geldgeschäften oder dergl. raten kann, – (aber gib ihm kein Bargeld in die Hand!) –: dann wende Dich an

Dettmar Walther
S.W.1., 55 Jermyn Street, Bury Court.
Regent 7101

Er ist *Agent* und hat auch schon für mich gearbeitet, ist zu Dienstleistungen jeder Art, auch den niedrigsten, verpflichtet.

Nun nenne ich Dir noch eine alte Nudel und Toppsau, ein wenig hochstaplerisch und manchmal nervenreisserisch, aber manchmal auch sehr komisch, mit *Vorsicht* zu geniessen, aber unter Umständen amüsant, auch durch ihren Umgang:

Gräfin Mary Bernstorff, Grosvenor 1970

Sie wird bös auf mich sein, weil ich sie im Sommer versetzt habe, aber sie wollte mich zu einem Rennen schleppen mit lauter Leuten, deren Millionen sie genau ziffernmässig anführen konnte, (sie ist angeblich immer gerade daran, einige dieser Millionen zu heiraten), und sie *schwärmt* für ein bischen Sadismus. Ausserdem ist sie Bildhauerin und Malerin, noch nichteinmal ganz schlecht, und man darf sich *nie* mit ihr in ein ernsthaftes Gespräch einlassen. Wenn sie besoffen ist, wird sie ordinär, (sie ist eine Tochter des altpreussischen Generals Ilse von Ilsenburg), – und dann ist sie urkomisch, besonders unter feinen Leuten. Sie ist eine Meisterin im Arrangieren von Coctail-Parties, zu denen tatsächlich erstaunliche Leute kommen. Glauben darf man ihr *unter keinen Umständen* irgend ein Wort, das sie sagt.

Genug für heut!

1000 Grüsse von Jobs, Michi, Winnetou, (die heut zum Geburtstag Skier bekam) – den Hunden, Rehen, Enten und dem »Gimpel«.

Immer Dein Carlchen

21 Carl Zuckmayer an Annemarie Seidel

Henndorf, 7. Januar 1935

Liebste Mirl,
beiliegende Karte war noch nach London adressiert, aber ich habe sie garnicht mehr abgeschickt da ich mir dachte dass Du nach M. kommst. Ich war inzwischen drei Tage in Wien, wo ich ein Zusammentreffen und rauschendes Wiedersehensfest mit unsrem alten Hilpert Heinz beging, der etwas überarbeitet und von Alkohol aufgeschwemmt, sonst aber in grossartiger Form war.

Über die mutmassliche Entwicklung der kulturellen Belange im Jahr 1935 wusste er so wenig wie wir. Es ist auch nicht nötig dass wir so was wissen.

Bitte schick mir die Adresse Deiner Mutter. Ich glaube mich zu erinnern dass sie nicht mehr in der Elisabethstrasse wohnt, weiss aber nicht, wo sonst.

Erinnerung an „Frühstück" auf dem Tisch!
Schaefer Ast: Erstes Frühstück
Liebste Mirl! Das Weihnachtsfest
lief reibungslos ab, recht verfressen,
ziemlich feucht in jeder Beziehung,
mit einer gewissen henndorferischen
Mischung von Komik mit einer gewissen
Feierlichkeit.

Postkarte von Carl Zuckmayer an Annemarie Seidel, 7.1.1935

Jetzt bleibe ich viele Wochen lang hier, wir haben Schnee, und heut nacht hat es fest gefroren.

Komme bald! In Herzlichkeit Dein

Carlchen

[Anlage:]

Erinnerung an »Puttiputt« auf dem Tisch!

Liebste Mirl! Das Weihnachtsfest lief reibungslos ab, recht verfressen, ziemlich feucht in jeder Beziehung, mit einer spezifisch henndorferischen Mischung von Komik mit einer gewissen Feierlichkeit.

Jobs hatte mit unsren und 12 Bauernkindern ein wirklich wunderschönes Weihnachtsspiel einstudiert. Sie bekam von mir den seit langemsehnlichst gewünschten Bernhardiner, namens Barry, ein Riesenkalb mit kindischem Gesichtsausdruck, 8 Monate alt. Meine Spaniels bilden einen geschlossenen Clan gegen ihn, tolerieren ihn aber ohne Feindschaft aufs nobelste. – Dank für Dein Buch! Eben lese ich von Willys Tod.

Mene Mene tekel uphansim! Ich würde gern Deiner Mutter schreiben, weiss aber die Adresse der neuen Wohnung nicht. Ob Du wohl hingefahren bist? Dann werden wir uns wohl bald sehen – –

Nazda 1935!

Dein Carlchen

22 *Carl Zuckmayer an Annemarie Seidel*

Henndorf, 12. Februar 1935

Liebste Mirl!

Also in München bist Du! Da ich auf meinen letzten Brief – kurz nach Willys Tod – keine Antwort bekam, auch die Adresse Deiner Mutter nicht wusste, hatte ich keine Ahnung wo Du steckst.

Ich hätte Dir viel zu berichten, – das Wesentliche spar ich fürs Mündliche auf. Vor ungefähr drei Wochen wurde ich plötzlich von einem Film-Magnaten, der dort ein Haus hat, zu einer Besprechung nach *Florenz* eingeladen. Da er mir einen hohen Reisescheck sandte, fuhr ich mit Jobs hin. Wir fuhren bei 20° Kälte ab – am Tag vorher hatte ich noch eine grosse Skitour gemacht – und kamen in einer lauen Frühlingsnacht in F. an. Am andern Morgen sah ich zum ersten Mal in meinem Leben die Farbe Blau in ihrer wirklichen Gestalt. Diese Woche in Florenz war für mich das Gewinnen einer neuen Weltküste: bisher hab ich von Italien nichts geahnt, jetzt bin ich italienverliebt, vernarrt, verzückt! Man kann ja vermutlich nur dort, wo sie gewachsen ist, diese Malerei kapieren – die Einem sonst fern bleibt – und diese gottentbrannte Leidenschaft die Malen heisst – heissen konnte, musste. –

Wir wohnten in einem ganz herrlichen Palazzo aus dem 14. Jahrh. auf einem Hügel über der Stadt, hatten einen traumhaften Blick und reizende, wirklich gutstilige Gastgeber. Es gab prima zu essen und zu trinken, ohne dass man »suchen« musste, und jeden Morgen hatten wir das Auto zu Streifzügen zur Verfügung. Am Tag, da wir nach Assisi wollten, fiel Nebel ein und kalter Regen, so dass wir unter allerlei lustigen aventüren nordwärts davon schwammen. Ich habe dort in Florenz einen grossen Filmabschluss gemacht, der mich finanziell wieder sicherstellt, – (denn ich war ziemlich pleite. Ein Erfolg am Burgtheater und in Zürich macht den Kohl nicht fett.) Und die Entwicklung im Land der Griechen, das ich mit der Seele suche, scheint mir höchst bedenklich. Nicht die Spur verlasse ich mich auf die Hoffnung, dort Bucherfolge zu haben oder gar sonst zu Wort zu kommen. Misstrauisch und endgültig ausgekühlt, Haupt und Oberkörper wiegend wie ein Eisbär auf der Treibscholle, beobachte ich fernher dieses brauende Nibelheim – und spähe in andern Gewässern nach fetten Robben um damit meine Jungen zu füttern. –

So muss ich nun in den nächsten Tagen nach harter Arbeit nach *London*. Du kommst wohl nicht mehr hin? Ich reise vielleicht schon Sonntag. Bleibe bis längstens 15. März, – (das ist mein letzter Zahlungstermin). Dann komme ich hierher zurück, (Dich *bald* im März hier erwartend!) und mache meinen Roman fertig, den ich – des Films wegen – kurz vor Vollendung unterbrechen musste, – zwar ungern – aber es ist wichtiger dann unabhängig und mit genug Geld für 1935 versehen zu sein. Wahrlich – ich verlasse mich auf keinen noch so gut ausschauenden S. Fischer-Vertrag! Zu viel hört man singen von »rosigen Bergen« …! Schade – aus dem Skischnee weg zu müssen. Aber die londoner Austern sind auch nicht übel. Sei gegrüsst

von Deinem Carlchen

Ab 15. März sind wir bestimmt alle wieder da!

Jobs bleibt vorläufig noch hier, geht wohl bald nach Wien. Post bitte hierher adressieren!

23 *Carl Zuckmayer an Annemarie Seidel*

Henndorf, 22. April 1935

Geliebtes Wesen – heute nacht habe ich geträumt – so begannen die morgendlichen Monologe der Dohle im Jahre 1921 – aber ich hab heut nacht wirklich geträumt, Du seist mit Toon (!) hier angekommen, in einem merkwürdig flach gebauten Auto, und Ihr hattet Beide sehr sonderbare und excentrische Autokappen aus Leder in Form von indischen Pagoden auf den Köpfen. Ich empfing Euch völlig nackt, indem ich mich auf der Landstrasse in Schwimmbewegungen dem Auto bäuchlings entgegenschnellte, um Euch einen Spass zu machen. Ihr hattet mir zwei Schlangen mitgebracht, die Du mit taschenspielerhaften und gleichzeitig etwas obszönen Gesten aus dem Busen zogst. Als alte erfahrene Traumhexe und ehemals gelernte Wienerin wirst Du mühelos aus diesem Traum erkennen, wie sehr sich mein Unterbewusstsein mit Dir beschäftigt, und Du musst doch bald nach Henndorf kommen, damit kein Trauma draus wird.

Inzwischen haben wir eine ganz grosse Freude erlebt: meine Eltern konnten – zum ersten Mal nach zwei Jahren – herkommen. Ich hatte mit ausgesprochen nichtarischer Frechheit ein Gesuch an den Reichsinnenminister nach Berlin gerichtet und einen Privatbrief an Herrn von Papen geschrieben und geheischt dass man die unglücklichen Däxe zur Erstkommunion der Winnetou, welche am nächsten Sonntag mit allen gebührenden Zeremonien stattfinden wird, und zur Erholung herkommen lässt: es wurde tatsächlich bewilligt und sie bekamen sperrefreie Einreise für unbegrenzte Dauer, werden den ganzen Mai bleiben. Am Karfreitag liefen sie ein – Du kannst Dir nicht vorstellen wie selig sie sind, noch dazu haben wir herrliches Osterwetter. Sie sitzen im Garten herum als wären sie schon aus diesem Jammertal erlöst und ins Paradies eingegangen.

Das obere Blockhauszimmerchen ist für Dich frei, falls Du Dich verpflichtest, länger als meine Eltern morgens zu schlafen, die um acht oder halb neun aufstehen, und beim nächtlichen Hinaufwanken die Schuhe auszuziehen. Im Ernst: es war im Sinn meiner Eltern sehr gut, dass wir die ersten Tage und Wochen ganz allein mit ihnen sind, auch Joseph ist nämlich noch längere Zeit in Wien, – aber wenn Du etwa Mitte Mai kommst, so glaube um Gotteswillen nicht, dass Du als Fremdkörper wirken könnest: bei so langem Hiersein meiner Eltern gibts das garnicht und sie würden sich wirklich freuen wenn Du kämest. –

Ich war neulich ein paar Tage in Wien, wollte mit Albrecht an einem Film arbeiten und sollte zum Zahnarzt gehen, aber es wurde eine ganz enorme Sauferei, die im Stil früherer, heroischer Zeiten, Tage und Nächte und wieder Nächte und Tage durchging, es war das reine Frühlingsfest und ich kam, ohne was gearbeitet zu haben, aber ausgesprochen erholt, hierher zurück.

Im Juni werde ich wohl mal wieder nach London müssen, aber vorläufig bin ich »filmfrei« und schreibe nach Herzenslust und fürs eigne Pläsier. Es ist ein schönes Gefühl, dass das

Dichten jetzt wieder Luxus und brotlose Kunst geworden ist.

Wir haben noch circa dreissig Flaschen von einem ganz spritzigen Wein, ich hoffe, die letzten fünfzehn wirst Du vergurgeln.

Grüss mir die Hanna sehr herzlich – ich habe ihr als das Ereignis eintrat das so lange zu erwarten stand – garnicht geschrieben, weil ich wirklich nichts zusammenbrachte, sie wird das nicht falsch aufgefasst haben hoffe ich. Versichere sie unsrer besten und freundschaftlichsten Gefühle.

Mirl, es gäbe soviel zu erzählen! O komme doch!

Dein Carlchen

Beiliegend ein Brief für Amsterdam, mein Freund Arntzenius ist ein furchtbar netter Mensch, holländisch gemildert durch malayische Deszendenz. Seine Frau ist die Tänzerin Yvonne Georgi. (Das ist aber *nicht meine* Yvonne!)

Ich habe im Augenblick die Privatadresse von Arntzenius nicht, er ist – durch väterliche Erbschaft – Besitzer der Zeitung ›Telegraaf‹ und schreibt dort Theaterberichte, sodass Post ihn immer über die Redaktion Telegraaf erreicht. Schreib ihm dann dazu, wo er Dich anrufen kann.

Unsre Käthe zieht mit Liedtke auf den Dörfern herum und spielt einen Schwank! Was für Zeiten – – !

24 *Annemarie Seidel an Carl Zuckmayer*

Kampen, 4. Mai 1938

Liebstes Carlchen, –

heute erreichte mich hier Dein Brief. Ich bin seit 3 Wochen hier, seit 14 Tagen allein im Hause, auch ohne Bedienung, und habe mich unerwarteter Weise so daran berauscht daß ich nicht mehr wegfinde. Ich suche den Fundus in mir zu stärken, der möglicherweise einmal als einziger Besitz verbleibt – dann nämlich wenn einmal das Leben sein nacktes dämonisches Gesicht enthüllt, und es mit jeglichem Idyll ausgedyllt ist. –

Ich brauche Dir nicht zu sagen wie ich die Geschehnisse mitempfunden habe. Aber es muß einen tiefen, jetzt noch verborgenen aber *fruchtbaren* Sinn haben! Und es ist vielleicht eine Gnade daß der Zwang in eine bestimmte Richtung so grausam unausweichlich und eindeutig ist. Ich bin überzeugt daß Erschütterungen, Unerträglichkeiten des Schmerzes neue ungeahnte Quellen in einem aufschließen können. Du bist noch jung. In den nächsten 10 Jahren wirst Du Dein Bestes schaffen und die Romantik wird einer neuen eigentümlichen Kristallbildung weichen. Lächle nicht über meine Prophetie, und sage auch nicht ich könne mir keinen Begriff machen. Ich kann es nämlich. Nur habe ich in diesem Falle einfach den Instinkt, daß Dir, nach Überwindung großer Schwierigkeiten, das Verlorene in einem hohen Sinn wieder zuströmen wird. – Grüße den Jobbs. Er war großartig. Und ist der sonderbare Hund wohlauf?

Wenn Ihr in Holland seid komm ich ein paar Tage herüber, denn:

»... wo nicht ist wahrlich wohlgetan dies Scheiden ...«

Es gibt oder gab hübsche sehr einsame Nester an der See dort. Die Bäder sind scheußlich wegen der holländischen Bourgeoisie: auch sind deren Kinder besonders scheußlich und man tritt auf sie. In Nordwyk gab es z.B. auch eine Verordnung (auf Tafeln) die auf holländisch besonders übellaunig und schimpfend klang, des Inhaltes daß Personen zweierlei Geschlechtes nicht in den Dünen wandeln dürften.

Addio, Freund. Ich fahre Ende der Woche nach Berlin zurück. Ab Juni bin ich wieder hier, zunächst mit meiner Mama behaftet. Schreib mir falls in Laune! An Jobbsen 1000 Grüße!

Immer

Deine Mirl

25 *Carl Zuckmayer an Annemarie Seidel*

⟨Zürich⟩, 3. August 1938
ab 6.8.: Saas Fee (Wallis) bei *Alfred* Supersaxo

Geliebte Mirl,
ich schreibe nach Kampen, weil ich denke Du bist dort, ich schlags aber auch durch und schreibe nach Berlin, weil ich denke, Du bist vielleicht da. Der ganz grosse Brief den ich Dir seit Monaten schreiben will, wird das auch wieder nicht: ich bin regulär überarbeitet, sodass mir Schreiben schwerer fällt als einen Viertausender zu erklimmen. Aber die Elastizität der menschlichen Natur ist sonderbar: dieses Erklimmen und überhaupt die Gegend hier freut mich mächtig, und ich habe mit einem Riesen-Elan neu zu schaffen angefangen. Nach lästiger aber existenznotwendiger Filmarbeit im Frühjahr und Vorsommer, – die ich aber jetzt ganz aufgesteckt habe, obwohl es da allerhand Chancen gäbe und meine Subsidien gerade nur bis Jahresende reichen werden, aber Jahresende ist noch weit, und ich glaube es ist à la longue richtiger und wichtiger, gerade in meiner jetzigen Situation, zu tun was man wirklich muss, und lass sie betteln gehn wenn sie hungrig sind. So werden wir jetzt wie die Vögel unter dem Himmel und die Lilien auf dem Felde nach Saas Fee gehen wo wir uns privat eingemietet haben und Jobs kochen muss. Dabei nehme ich dann vielleicht ein bischen ab, soweit das die Bergtouren nicht schon zustande brachten. Im Herbst wollen wir wieder nach Chardonne am genfer See, falls ich da eine Aufenthaltserlaubnis kriege, und dann wird man weiter sehen. Denn er nähret sie doch. Ich habe jetzt einen kurzen Roman vollendet, ich glaube meine beste Arbeit seit langem, erscheint gleich zu Herbstbeginn bei Bermann in Stockholm, – schreibe an einem Essay der Pro Domo heisst und den Standort der Dichtung und des Dramas ausserhalb oder überhalb gesperrter Grenzen zu erspähen versucht – und schaffe am Entwurf eines grossen neuen Romans, der mir unter den Nägeln brennt und eines Stückes.

Der Bellman wird im Herbst in Zürich uraufgeführt, wo man ihn ganz leidlich besetzen kann, dann kommt Stockholm, Kopenhagen usw. – aber zuerst wollte ich doch eine Aufführung in deutscher Sprache, in welcher ich irrtümlicherweise meine Werke zu verfassen pflege. Ich werde aber jetzt schleunigst das Cheroquee oder Algonkin zu erlernen versuchen, um endlich, wie es mir zusteht, indianisch dichten zu können. Bin bereits um die navajo'sche Staatsbürgerschaft eingekommen, und werde im nächsten Krieg dem Skalpier-Bataillon beitreten, das gegen die alliierten Plattfussindianer eingesetzt wird.

Nach Amerika möchte ich einerseits wirklich ganz gern, andererseits wieder nicht gern, vor allem: nicht als writer nach Hollywood. Und ohne das würde es vorläufig finanziell dort nicht gehen. Vielleicht kriege ich mal einen Bucherfolg oder sowas drüben, dann esse ich dort die Dollars auf. Bis dahin muss es hier irgendwo gehen.

Es ist ein neuer Williamson bei Euch erschienen, (ist der Name richtig? ich meine den von Salar), ich vermute, von K. von Schaab übersetzt? Kann ich den bekommen? und überhaupt wenn was Neues ist? oder die Rundschau gelegentlich?

Und noch eine grosse Bitte: lass doch meinen Eltern, die derzeit nichts zu lesen haben und es so gern hätten, die beiden Bände der Jugenderinnerungen von G. Hauptmann zuschikken, dediziert es ihnen bitte! Sie sind in einem Schwefelbad: *Hindelang-Oberdorf*, Allgäu, Hotel Luitpoldbad. Sie waren vorher eine Zeitlang hier, wir feierten die Goldene Hochzeit zusammen. Es war sehr schön – und der Abschied sehr schwer. Weil man garnicht weiss, wann, wie, wo wieder.

Für uns aber, Mirl, bleibts bei dem ... nun, so lächeln wir!

Grüss mir sehr den Peter – bitte schreib mal, – und wenn ich etwas ausgeruhter bin, schreib ich mehr und vernünftiger.

Immer Dein

Carlchen

Ich liess den Bellman nach Kampen schicken!

26 Carl Zuckmayer an Annemarie Seidel

Chardonne, 23. Oktober 1938

Liebste Mirl,
niemand hat so viel Verständnis dafür, dass man zeitweilig nicht schreiben kann, wie ich, denn ich kann es ja auch nicht immer, – und ich finde auch es ist besser, man lässt es dann, als gegenseitig Pflichtbriefe zu erzwingen. Ich hatte nur gefürchtet, Du hättest meine Grüsse im Sommer usw. nicht bekommen. Eigentlich müsste man sich von Zeit zu Zeit einmal sehen, – damit der Kontakt nicht abreisst, – denn man lebt doch, hier und dort, in einer ganz anderen Welt und kann sich ihren Einflüssen nicht entziehen. Ich merke das erst jetzt allmählich. Meine frühere war ja doch sehr nah, sehr benachbart, und sozusagen immer unter dem Schatten des Kommenden, auch wenn man ihn nicht sehen wollte. Von diesem Bewusstsein her, empfinde ich ja die für mich eingetretene Klarheit, trotz allen Verlustes, heut als eine Befreiung, sicher hat sie meinem Denken und meiner Arbeit einen mächtigen Auftrieb gegeben. Materiell allerdings sieht es finster aus, denn ich kann, gerade der Arbeitsfülle wegen, den Filmkarren nicht mehr ziehen, und der gute Gottfried kann mich natürlich auch nicht komplett erhalten. Aber man frettet sich ja immer durch. Winnetou ist in einer sehr sympathischen Landschule am genfer See, eine Bahnstunde von hier, und fühlt sich da recht wohl. Peter wird den Schulleiter, Max Bondy, kennen, der früher in Marienau war, ein wirklich netter Kerl, von dem nicht das Übersteigerte und Sektiererhafte ausgeht, das sonst an Landschulheimleitern so abstossend und beklemmend wirkt. Jobs und ich sind derzeit hier allein, ich koche meinen Kaffee auf Spiritus in einer kleinen türkischen Kupferkanne, und trinke gegen Abend Marc du Vaud, einen abgelagerten Tresterschnaps, der sehr stark ist und fast so gut wie Cognac, dabei bälläg. Und schreibe Seite auf Seite. Und habe zweimal die Woche den gescheiten Sergej da, der jetzt in Lausanne arbeitet, dem ich eine ›Biologie für Kinder‹ und ein anderes

Annemarie Seidels Haus in Kampen/Sylt,
gezeichnet von Ernst Penzoldt

Lehrbuch, das ›Abenteuer der modernen Physik‹, das er im Auftrag macht, stilisiere, wobei ich eine Menge lerne. Nur fremde Sprachen werd ich glaub ich nie lernen, ich meine, richtig, – denn, abgesehen vom mainzer accent, der ja seinen Reiz hat, kann ich einfach nicht in einer andren Sprache denken, auch wenn ich noch so lange im Land bin, geschweige denn träumen. Und so lang man im Traum nicht englisch oder französisch spricht, oder hört, lernt man es nie. –

Am 2. November gehen wir für eine Zeit nach Zürich, Pension Schmelzberg, Schmelzbergstrasse, – dort sind dann Proben zur Uraufführung des Bellman im Gang. Kalser als Vater Movitz, trunken von Schnaps, Schwindsucht und Musik, – er sagte mir neulich, er sei so unmusikalisch, dass er kein Kinderlied nachsingen könne. Es kann gut werden. Aber doch freue ich mich drauf, das Stück wenigstens einmal auf der Bühne zu sehn. – Was Du darüber schreibst, ich meine, über das Fehlen des »Bösen«, ist sicher richtig, aber es fehlt mit Absicht. Ich habe bewusst auf das Zynische, Ironisch-Sarkastische, Gefährliche, und auf dic Kneipendämonie, die natürlich zu den oszillierenden Zügen seines Wesens gehörte, verzichtet, – und ihn dafür mit Engels-Schwingen ausgestattet, die für einen ganz anderen Äther gemacht sind, und von den Russ- und Staubteilchen oder vom Stickstoffgehalt unserer Erdluft schmerzhaft zerstört werden. Ob das richtig war weiss ich nicht, aber gerade dieses Beschwingt-Unwirkliche liebe ich an der Gestalt. Manchmal bin ich verzweifelt, dass ich nicht Musiker geworden bin und das, was ich ausdrücken möchte, komponieren kann.

Neulich war ich bei einer leibhaftigen Cousine von Dir zu Gast, die hier in der Nähe einen wunderschönen Besitz hat, (Grete Oppenheim), sowie einen Mann mit echter Hasenscharte, was man auch nicht alle Tage sieht. Sie weist in der Schädelbildung und in einem gelegentlichen, benommenen Vorsichhinstarren, ausgesprochene Seidelzüge auf, im Wesen glaube ich weniger, aber ich kenne sie nur ganz flüchtig. Ich hoffe Dir dort keine Schande gemacht zu haben, obwohl ich den wirklich hervorragenden Wein so unablässig und gellend lobte, bis eine zweite Flasche aufgemacht wurde, von der dann ausser mir Niemand mehr trank.

Gott grüsse Dich, Mirl, und komm einmal herüber!

Dein Carlchen

Vielen Dank für die Sendung des Hauptmann an meine Eltern!

27 *Alice und Carl Zuckmayer an Annemarie Seidel*

Chardonne, 24. Oktober ⟨1938⟩

Liebste Mirl,
unsere Briefe haben sich gekreuzt, ich warf gestern abend den an Dich ein und bekam heute früh den Deinigen. (Bei Deinen Verwandten scheine ich also, trotz des Weins, keinen schlechten Eindruck gemacht zu haben, was mich freut.) Auf das Bücherpaket bin ich ausserordentlich erpicht, bitte schickt es recht bald und womöglich noch hierher, wo ich mehr zum Lesen komme als dann in Zürich. Ich habe derzeit garkeine deutsche Lektüre da, ausser naturwissenschaftlichen Büchern, die man nicht immer lesen kann. Besonders auf den Hughes bin ich gespannt!

Bei Lemuren sind übrigens besonders die Augen sehr unheimlich, wie bei allen sogenannten Halbaffen, die Nachtgeschöpfe sind. Grell, scharf, mit winzigem Pupillenpünktchen, das sich manchmal wie unter Belladonna vergrössert, und bei aller Grellheit doch wie hinter einer unsichtbaren Mattscheibe, so als sähen sie etwas anderes als wir. Ich nehme an Du hast sie gründlich studiert und in Deiner Lemurenwoche entsprechend getroffen. Peter ist ja ein Mensch von ungewöhnlichem Gleichmass, und enormer Geduld. (Übrigens gibt es zoologisch auch *Sirenen*, sehr seltsame pflanzenfressende tropische Halbrobben, – da müsstest Du eine Woche in die Badewanne.)

Liebe Mirl – wenn Du Mitte November nach Z. kommen könntest, da sind wir *sicher* da, – und am 17.11. ist die

Première (bitte richte das Deiner Cousine aus, die das Datum wissen wollte. Sie soll aber rechtzeitig Plätze bestellen, soviel sie braucht, denn es kommen schrecklich viel Leute von ausserhalb, und ⟨es⟩ soll jetzt schon eine grosse Nachfrage sein, sodass mindestens acht Tage vorher ausverkauft ist).

Ob wir im Januar-Februar noch oder wieder oder überhaupt hier sind, ist heute noch ganz fraglich und unbestimmt. Es schweben alle möglichen Dinge, und irgendwas muss werden, da wir nur noch bis Jahresende zu leben haben. Möglich dass eine französische Filmfirma in Paris meine neue Erzählung, Herr über Leben und Tod, als Stoff kauft, es sind da Verhandlungen im Gang, und eine andre denkt an einen französischen Saltimbanquefilm nach Katharina Knie – in diesen Fällen würde ich also dort etwas Geld verdienen, und dann gingen wir ab Mitte Dezember für einige Zeit nach Paris, – weil es dort billiger ist, zumal wenn man franz. Geld hat, das hier sehr schlecht steht, und ausserdem möchten wir gern Weihnachten in einer Stadt sein, in einer der früheren möglichst fremden Umgebung, und ja nicht in traulicher Atmosphäre, ich meinerseits am liebsten im Tabarin, – obwohl ich sonst über das Sentimentale der Situation ziemlich hinaus bin. – Ob wir dann so bald in die Schweiz zurückkommen oder länger in Frankreich, vielleicht im Süden auf dem Land, bleiben, kommt drauf an, ob und wieviel den Filmleuten zu entquetschen ist. Dann kommt eine andre Möglichkeit: ein New Yorker Producer plant ⟨eine⟩ Aufführung am Broadway, jenes Stück von mir in dem Du zuletzt gespielt hast, de Müggelberge, – da hüppt ja'n Floh rüber wenn er n bisken aufjeregt is. – Einer der allerbesten amerik. Schauspieler käme dafür in Frage, und ein deutscher Regisseur. Unter diesen Umständen, wenn es sehr gut gemacht wird, hätte ich nichts dagegen und würde auf Einladung des Theaters dann selbst hinüber fahren, um für die Anständigkeit der Aufführung Sorge zu tragen. Das wär dann wohl im Februar, und ich hätte schon Lust mal rüber zu kommen, nur keine nach Hollywood. – Also, wenn es geht, fahr Mitte November!

Deine Mama muss ja nun schon über achtzig sein, oder? Aber, so wie ich sie vor mir sehe, wird ihr Lebenslichtlein sich wohl noch einmal beruhigen und lebhaft bis in die neunziger züngeln. Hoffentlich! Auch wenn sie alt sind – man will sie nicht hergeben. Mir ist oft bang um die Dächse – wenn das einmal geschehen wird, und man ist weit weg und ganz davon abgeschnitten.

Übrigens bekam ich neulich via Käthe eine Nachricht, es stehe gut mit H., der ärztliche Befund habe, nach Untersuchung der entnommenen Teile, die Harmlosigkeit des Falles ergeben. Dort aber weiss man davon noch nichts. Gleichzeitig bekam ich von andrer Seite, die noch bessere Ärzte kennt und konsultiert hat, die Nachricht, man glaube an seine völlige Gesundung und er solle nach Möglichkeit ins frühere Klima gehen und sich dort eine Zeitlang ruhig halten, dann werde er sicher wiederhergestellt und man nehme an dass er dann sogar wieder auftreten und spielen könne. Ich glaube aber nicht mehr an diese Medizin, weder an die homöopathische noch an die radikale, Ihr gewiss auch nicht, wir kennen das aus der Salwarezeit, und ich denke, er bleibt wo er ist und sieht zu, dass das Herz durchhält, die Lunge wird es schon schaffen. –

Dir und Peter alles Schöne und Herzliche von
Euren
Jobs und Carlchen

28 *Carl Zuckmayer an Annemarie Seidel*

Chardonne, 27. November 1938

Liebste Mirl,
es ist garkein Zufall, dass wir uns bei Ernst Jünger begegnen: seit vielen Jahren, lang schon bevor man ihn in ›unsren Kreisen‹ kannte, in einer Zeit, in der er wegen seines Kriegsbuchs noch arg verschrieen und als ›reaktionär‹ etikettiert war, lese ich seine Bücher, die mich – bei aller Gegensätzlichkeit – immer wieder stilistisch, inhaltlich, gedanklich, entzücken. Das

einzige das ich tatsächlich nicht kannte und mir schon längst bestellen wollte, ist das ›Abenteuerliche Herz‹, das Du mir geschickt hast, und das mich schon beim ersten Durchblättern ungeheuer anspricht, ja – betrifft. Ich habe übrigens schon früher mit ihm korrespondiert und in letzter Zeit wieder durch einen gemeinsamen Freund Nachricht bekommen. So fern mir in vieler Hinsicht die ›Stahlgewitter‹ sind und so fremd der ›Arbeiter‹, (den ich auch für ein ganz verfehltes Buch halte), – so nah und verwandt und geradezu hinreissend empfinde ich einige Kapitel aus ›Blätter und Steine‹, ›Afrikanische Spiele‹, und jetzt scheint mir dies neue vielleicht am schönsten. Qualität, Persönlichkeit, Sprache: es gibt nur noch ein paar Findlinge, wenigstens in unsrer Altersklasse, die das noch haben. Vielen Dank für das Buch und den Brief!

Schade dass Du in der Zeit nicht in Zürich warst. Wer weiss wann man sich wiedersieht. Bellman – die Aufführung war so so, der Erfolg fulminant. Erx hat Kritiken. Für mich war es trotz allem ein schöner Abend: nach höchst strapaziöser und viel zu kurz bemessener Probenzeit sah ich mir das Stück bei der Première an, als wärs von einem ganz Anderen (längst verstorbenen), ich sah seine Mängel, ohne dass sie mich sehr bekümmerten, aber ich sah auch seine Wahrheit und dass es lebt, vielleicht sogar etwas länger. Der Bellman selber – Paryla aus Wien – war übrigens ausgezeichnet – ein richtiges ganz grosses Theatertalent, und etwas mehr: ein Schauspieler mit nahezu spirituellen Zügen. Dabei komödiantisch im guten Sinne – von Grund auf. Ulla fehlte, aber die Dame, die sie aufsagte, hatte ihren mächtigen Erfolg damit, weil die Leute und vor allem die Kritiker Rolle und Darstellung stets verwechseln. Das Ganze kommt mir hinterher so komisch vor, als hätte man es früher einmal geträumt oder erzählt bekommen. Theater – Première – Aufregung und Presse und so weiter. In Wirklichkeit gibt es das garnicht mehr, es war, wie wenn man von der verkehrten Seite in ein Fernglas schaut und würde darin, ganz scharf und winzig, sich selbst in einem früheren Lebenszustande erblicken.

Vorbei – vorbei.

28.11.

Und morgen gehts wieder einmal nach England, Koffer sind gepackt. Muss alles andere unterbrechen, Geld auftreiben, was Gottfried zahlt reicht knapp für anderthalb Kinder, ich habe aber zwei und uns selbst. Winnetou hat Keuchhusten und musste in ein Kinderheim auf 1800 m gebracht werden, heut stellt sich heraus dass Jobs angesteckt ist und auch Keuchhusten hat – geht heute auch in ein Höhensanatorium, ist von Hustenanfällen und Atemnot schrecklich geplagt. Ich bin ab morgen in London, Park Lane Hotel Piccadilly, – mach einen Indianerfilm aus der Eroberung Virginias. Kam bei der Gelegenheit auf eine Biographie Walter Raleighs – das tollste Leben und der bedeutendste Kopf den man sich ausdenken kann. Ist ihm zum Schluss auch abgeschlagen worden. Wir wollten eigentlich nach Paris für 3 Monate, ist aber wegen neuer Visaschwierigkeiten (und jetzt auch Jobsens Krankheit) nicht zu machen, so muss ich allein nach England, und komme in 2-3 Wochen, hoffentlich recht pfundschwer, wieder hierher.

Die Däxe machen mir schwere Sorgen (ich sprach die betr. Schweizerin in Zürich). Die N.Y. Aufführung ist noch nicht spruchreif. Vielleicht übersiedeln wir vorher dorthin – und man kann sie nachkommen lassen. Aber das ist mehr als eine Geldfrage, eine viel grössere Verantwortung. Andrerseits – na ja, Du weisst ja alles. Gottfried? Aber die andren die für mich in Frage kämen sind keinesfalls ›tragbarer‹ – im Gegenteil!

Sei sehr gegrüsst!

Dein Carlchen!

29 Carl Zuckmayer an Annemarie Seidel

Chardonne, 16. Januar 1939

Liebster Mirl,
Deinen Brief vom 30. Dezember erhielt ich am Neujahrsmorgen, in jener würdigen Verfassung, mit der man ein Jahr am sichersten beginnt: als ich gerade versuchte, durch Bier und Sardellen in meinen von der Nacht noch andauernden Sylvesterrausch sozusagen ein bischen Form zu bringen. Es war ein ziemlich chaotischer Rausch gewesen, seine verschiedenen Materialien waren nicht mehr genau festzustellen, sein Schauplatz war hauptsächlich die Küche und der Fasskeller unseres vortrefflichen Gastwirts, der auch Weinbergbesitzer ist, und alles endete um sieben Uhr Früh mit einer Schneeballschlacht im Garten und anschliessendem kurzem Schlummer auf den Rippen eines Zentralheizungskörpers, über die ein Leopardenfell gebreitet war. Mit umso grösserer Ausdauer und Gründlichkeit und unter völliger Ausschaltung jeglichen Zeitgefühls las ich dann stundenlang Deinen Brief, und er entzündete ein schönes, vertrautes und tapferes Licht, dem eines ewigen Lämpchen gleich, über meinem Jahresanfang. Ich erwähne das, weil tatsächlich die Lektüre eines Briefes durch eine abklingende, sich eben auflösende Besoffenheit merkwürdig intensiviert werden kann, – man liest die Worte fibelhaft, man buchstabiert und fügt sich die Zeilen zusammen, und gleichzeitig mit dem mühsam erarbeiteten Sinn und Gehalt eines Satzes baut sich dann ein heimlicher, nicht aufgeschriebener, in die Handschrift hinein, der eine Art von Clairvoyance erweckt und das Bildnis des Schreibenden und seines Wesens in mehrfacher transparenter Schichtung und Lagerung hinter dem Wortlaut sichtbar macht. Ja, ich habe Dich und Dein Leben selten so klar und deutlich vor mir gesehen, zu mir hergedacht, beschaut, betrachtet, geliebt, und vielleicht begriffen, wie beim Lesen dieses Briefes. Es war, als könne ich einen magischen Kreis darum machen, irgendeinen Spruch aus dem Freischütz lallen, und Du wärest dann einfach da.

Wenn man sich so lang nicht sieht, muss es ja solche Begegnungen in der siebenten Dimension geben – am Neujahrstag habe ich sie gehabt. Ich wollte dann auch gleich antworten, brachte aber nur unzusammenhängende und unleserliche Fetzen aufs Papier, die vermutlich viel mehr beinhalten, als ich jetzt auszudrücken vermag.

Übrigens habe ich zu Sylvester einen kurzen Gruss nach Kampen geschickt weil mir Irgendjemand geschrieben hatte, dass Ihr dort wäret. Ich kann mir ja Euer Leben, das, auch in der Stadt, eine gewisse Inselhaftigkeit haben mag und die damit verbundene Steigerung der natürlichen Empfänglichkeit für das Spirituelle und Formgewordene, für das Überzeitliche und jenen einzig kostbaren Rest, der in der realen Gleichung nicht aufgeht, sehr gut vorstellen. Bei uns ist es aus anderen Gründen heraus ähnlich: was die Wachheit und Bereitschaft für alles Übergewöhnliche, Bedeutsame, Einzigartige anlangt, – und doch wieder ganz anders, da das völlige Neubeginnen und die gänzliche Voraussetzungslosigkeit ja eine sehr grosse vitale Spannung und dadurch auch alle möglichen Schwankungen erzeugt. Man weiss noch nicht, ob man auf einem Rettungsboot, einem Floss, einem Stück Mastbaum oder auf einem Luxusdampfer fahren wird, (oder gar auf einem Delphinrücken), – aber schwimmen wird man auf alle Fälle.

27.1.

Inzwischen ist wieder Zeit vergangen und der Brief nicht vorwärtsgekommen, der Arbeit wegen, die aber auch nicht recht vorwärtskam. Es gab viel Föhn, der heult und jaunert hier wie ich ihn noch nie gehört habe, selbst in Innsbruck und Südtirol nicht, er beunruhigt und macht müde, erregt und ermattet zugleich, und gibt den Tagen und Nächten ein merkwürdig zerrissenes, unstetes Gepräge. Zum Phantasieren ist er ganz schön, zum Arbeiten problematisch. In der Weihnachtszeit war es ja ganz herrlich, drei Wochen hatten wir besten Skischnee und täglich Sonne, und ich rutschte jeden Vormittag unter mythologischem Schweissverlust auf den Brettern herum, um dann nach Tisch, von der Sonne, der Anstrengung, und etwas Absynth, den wir hier gerne als Apéritif trinken – es gibt hier noch den echten, verbotenen, verlaineschen, giftschillernden!, – leicht benebelt, im Wachen wunderbar zu träumen. Das Träumen ist überhaupt meine wesentliche Tätigkeit momentan, und wenn Jemand behaupten sollte, dass das kein sehr aktives Verhalten sei, so irrt er sich. Im Brotberuf aber soll ich derzeit einen Film machen, für London, wo ich im Dezember – diesmal mit einem gewissen Wohlgefallen an der respektablen und nebelhaften Unnahbarkeit dieser Stadt – drei Wochen war. Ich bin zur Filmarbeit gezwungen, Jottfried kann von meinen zur Atzung aufgesperrten Spatzenschnäbeln knapp den von Winnetou stopfen, von meinem eignen und seinem notorischen Appetit ganz zu schweigen. Dabei fällt mir Lernet ein, der mir in Wien einmal lange beim Essen zusah, zeitweilig den Kopf schüttelte und plötzlich sagte: (mit seinem etwas bobbyhaft nasalen Tonfall) Du hast ja einen dämonischen Appetit. – Er verbreitete dann auch die Fabel, wenn ich im Winter allein in Henndorf blieb, um zu schreiben, dass ich dort im eingeschneiten Haus ganz ohne Gesellschaft viele Stunden lang bei Tisch sässe und ununterbrochen fresse. Ich bin so froh dass er was Schönes geschrieben hat. Sobald es gedruckt ist, schickt es mir bitte!! Auf ihn und was er schreibt bin ich immer wieder so neugierig, wie ich umgekehrt auf Billinger vollständig ungespannt bin. Billinger kann uns nicht mehr überraschen, Lernet noch tausendmal und auf ungeahnte Weise. Ich glaube das wenigstens. Habe ich wirklich nie über die Büchersendung geschrieben, und gedankt? Ich bildete mir ein, es ausführlich getan zu haben, vielleicht habe ich auf einem Spaziergang einen Brief an Peter gedacht, was ich dann öfters mit der Ausführung verwechsle und unwissentlich gleichsetze. Am stärksten und packendsten für mich war natürlich dieses grossartige Buch von Hughes, wenigstens in seinen ersten zwei Dritteln, wo es nicht eine Sekunde auslässt und etwas gibt, was ich überhaupt noch nie in einer Geschichte vom Meer, von einem Schiff, von Seeleuten, gefunden habe: das Ganze nämlich, – im lückenlosen Zusammenhang, in vollkommener Einheit, und mit all seinen spezifischen Gewichten geradezu im physikalischen Sinn: Meer, Himmel, Kosmos, Maschine, Meteorologie, Menschen, – das Kreatürliche, das Elementare, sogar das Geschäftliche, – wodurch sich eine ganz besondere, ganz durchsichtige Essenz von Übersinnlichkeit oder Geistigkeit ergibt. Auch habe ich nie eine auch nur annähernd grossartige und wahre Darstellung der Angst gelesen, – der Angst als Vorgang körperlicher und seelischer Art, ohne jede moralische Bewertung. Angst und Mut, Leistung und Hilflosigkeit, all das bekommt in dem Buch eine solche funktionelle Bedeutung, dass es wie ›angewachsen‹ ist, und einschliesslich der Lemure und der unheimlichen Erscheinung von massenhaft zusammengetriebenen Vögeln und Fischen im Sturmzentrum ist es das tiefgeprägteste Bild vom »Aussergewöhnlichen« in seiner realen Formung, das sich erdenken lässt. Wäre ich Verleger oder Herausgeber, würde ich den Autor bitten, die Chinesengeschichte sehr stark zu kürzen und zu komprimieren, und etwas weniger ausführlich den – leider nicht ganz der andren Höhe und Dichte gemässen – leider ein wenig theoretischen oder absichtsvollen – Jugenderlebnissen von Einzelpersonen nachzugehen. Das schadet dem – dann wieder ganz grandiosen – Schluss. Dieser Schluss, die Verfassung der Leute nach dem Sturm, diese ausbrechende Hysterie und gleichzeitig unüberbrückbare Einsamkeit von Männern nach einer bestandenen grossen Gefahr, nach einer übergewöhnlichen Leistung, – das hat mich ganz besonders angepackt, das ist so wahr und so unheimlich »richtig« wie kaum was Anderes. Ich kenne diese Verfassung sehr genau – wir haben sie im Krieg, nach tagelangen Beschiessungen oder Kämpfen, gerade so immer wieder erlebt: dass man nämlich durch das (nie mitteilbare) Erlebte und Geleistete in einem von allen andren Menschen vollständig abgesperrten, brückenlosen Zustand ist, eigentlich nicht mehr mit ihnen auf der selben Welt, und gleichzeitig ist alles, was sozusagen das »Letzte« aus einem herausholte, völlig vorbei als wäre es nie gewesen – das kann sich dann nur in ganz unberechenbaren nervösen Ausbrüchen entladen und man könnte in diesem Zustand das Unmöglichste tun. Einen umbringen oder sowas. Die Geschichte mit der Uhr des anderen Kapitäns, das ist ja zum Niewiedervergessen. Auch der Schluss, mit jenem müden Mr. Macdonald, der einfach ins Meer fällt. Ein grandioses Buch.

Aber jetzt komme ich zu meinem Film zurück, also den muss ich machen ob ich will oder nicht, und es handelt sich diesmal Gottseidank wenigstens um eine richtige Filmgeschichte, die meine andren Kreise nicht stört und doch für mich Anziehungspunkte genug hat: Abenteurer, Indianer, Wildnis. Spielt in der Eroberungszeit Englands, Entdeckung Virginias. Bei der Gelegenheit kam ich wieder auf Walter Raleigh, der mich seit langer Zeit immer wieder fasziniert, und las ein paar Bücher über ihn (unabhängig vom Film, in dem er selbst nichts zu tun hat). Was ist das für ein Format, was für eine Menschen- und Mannesgestalt. Man begreift wirklich das Format shakespearischer Stücke – zu deren Verfasser er mindestens in ganz naher Beziehung stand – wenn man sich einen solchen Menschen und Geist aus dieser Epoche anschaut! Ich werde, wenn ich Zeit habe, mal ein Büchlein, eine grössere Novelle, über seine letzten Tage schreiben. Bei Dunhill in London, im Tabakgeschäft, steht übrigens unter einem Glassturz jene indianische Tabakspfeife, aus poliertem, mit kleinen Götzenbildchen und Fratzen gezierten Hickoryholz, aus der Raleigh, als erster Engländer und Europäer, geraucht hat. Das Rohr ist eine durchbohrte Hirschgeweihstange. Raleigh hat eine zweibändige Weltgeschichte geschrieben, der er als Motto die Worte voranstellte: Die Vergangenheit schildern, die Gegenwart meinen, die Zukunft formen. Und im Tower, wo er monatelang sass, bevor man ihm den Kopf abschlug, machte er wissenschaftliche Versuche und schrieb wundervolle Gedichte. Eines der tollsten heisst »The lie«, (er schrieb auch ein satirisches Spiel, das so heisst, und in dem die Lüge als ultima ratio in einer verlogenen Welt von Erfolg zu Erfolg geht und zum

Schluss auf den Thron erhoben wird. Dazu ist das Gedicht eine Art Prolog, und beginnt so:) Go, tell the court, it glows / And shines like rotten wood / Go, tell the church, it shows / What's good, but does no good. / If court and church reply: / Give court and church the lie!

Vorläufig also bleiben wir hier, Winnetou ist in einer Schule am genfer See, etwa eine Stunde von hier, wo sie sich sehr wohl fühlt, Michi war zu Weihnachten hier und ist zurück in ihr englisches College, in welchem man sie bis zu dem Bildungsstand einer unteren Klasse ehemaliger höherer Töchterschulen heraufhebt oder herabdrückt, und sich auch in der Lebensführung entsprechend läppisch gebärdet, aber sie lernt gut englisch dabei, und ist hübsch genug um früh zu heiraten, worauf ich hoffe. (Schwiegersohn mit Landgut, wo ich ein bischen herumkommandieren kann, das wäre was.) Jobs ist von nicht umzubringender virtus und fortitudo, man kann es wirklich nur in der Heroensprache ausdrücken, zerrt aber sehr stark nach Amerika, womit sie ja prinzipiell recht haben wird, aber ich möchte so ungern ungerufen (oder falsch gerufen) da hingehen und dann zum literarischen Tellerwaschen gezwungen sein. Es scheint dort schon der ganze Abfall angekommen und wohl installiert, der ehemalige Negus vom Gendarmenmarkt hat dort bereits seine Mamelucken und Satrapen überall verklüngelt, und ich möchte in diesem Heer nicht dienen. Gegen die Aufführung jenes Stückes, in dem Du zuletzt gespielt hast, habe ich immer wieder grosse Bedenken und werde es wohl nicht ohne weiteres geschehen lassen – weniger aus naheliegenden Bedenklichkeiten, sondern weil ich drüben nicht durchfallen möchte – und ich kann mir eine Wirksamkeit dieses Stückes in fremder Sprache und Umgebung kaum vorstellen, – falls man nicht eine krampfhafte Aktualität hereinbrächte, die es entwertet und versaut, und etwas Schlechtes fällt ja sowieso durch, selbst wenn es »geht«. Ich habe einfach keine Lust zu diesem start. Das ist entscheidender als Vorsicht. Aber jetzt hat eine sehr gute amerikanische Schauspielerin, die ich von London her kenne, – ein bischen

Dorsch-Typus, aber ohne deren Format!, – eine Option auf Bellman erworben um die Ulla in N.Y. zu kreieren, und das scheint ganz hoffnungsvoll. Ausserdem setzt sich der sehr famose Schriftsteller van Loon, der drüben eine grosse Rolle spielt, in ausgezeichneter Weise für mich ein, um mir eine gute Übersetzung und eine anständige Form von Berufung zu verschaffen – Vielleicht also wirds doch irgendwie in diesem Jahr zur Überfahrt kommen. Ich forciere sie nicht.

In den letzten Tagen ist es wieder sehr winterlich geworden, die »Bise« weht, jene stetige, klare Nordbrise, die Frost und helles Wetter bringt, aber jetzt dunkelt es über den Bergen, der Wind hat aufgehört, der Himmel ist niedrig und schwer, es wird Schnee geben, und mir schwant nichts Gutes. Diese Abende kommen jetzt immer mit einer barbarischen, einer urweltlichen Traurigkeit. Und was geschieht mit Menschen, jeden Tag, und was wird überall Scheussliches getan und gesonnen, und welche Berge von Schuld und Jammer türmen sich auf. Es muss ja etwas ganz Furchtbares geschehen, mir ist als spüre ich es in jeder Faser voraus, ja es kratzt nachts an den Wänden meines Schlafes. Die Erde hat sich in der Himmelsrichtung und nach Breite und Länge geirrt, als sie in Chile bebte. Aber die Rosse der apokalyptischen Reiter scharren schon an den Küsten Europas, oder sind es andere, schlimmere, unbekanntere Ungeheuer, unterseeischen Höhlen und Höllen entstiegen. Auf kleinen stillen Friedhöfen, Bauerngärtlein gleich, tummeln sich die Mare und Fratzen des Hieronymus Bosch, ihre Zeit will kommen, bald werden ihnen die Wänste bersten vor Überfluss. Man muss sich panisch besaufen, wenn es dunkel wird. Das Grauen des Pan fürchte ich nicht. Wohl aber das Auge der Medusa.

Es fällt mir so schwer jetzt, zu arbeiten, – ich meine: eine logische, ausrechenbare Arbeit zu machen. Der Stoff ist sehr schön, aber dreimal am Tag plage ich mich wie ein Irrer, um ihn nicht zu verlieren, um weiter zu machen. Möchte das Planlose, Hauchzarte, Ahnungsschwere, Traumleichte, festhalten, das durch die Stirn weht – Die Wurzel suchen, deren

Saft, aufs Lid des Schlafenden getröpfelt, die friedlosen Gesichte verbannt, verwandelt –

Paris: es ist immer wieder schön, ein paar Tage dort zu sein, dort geht noch der vom Galgen geschnittene, heiter grinsend, am Arm des leichtfertigen Dämchens mit dem Engelsgesicht spazieren, wie einst zu Villons Zeiten, und es regnet von den Türmen, wenn der feiste Pantagruel einen Drang verspürt. Oh quel gaillard!! dem Zustand der Unschuld fühlt man sich dort etwas näher – aber wie lange noch? Schon hör ich die Schiffsglocke gellen, die Seen brechen sich glasig an den unsichtbaren Kristallen des schwimmenden Eisbergs, das trübe Kielwasser gurgelt ins Leck, und die Kapelle stimmt den Choral an: Nearer, my Lord, to Yee. Da werden wir kräftig mitsingen.

Jetzt noch ein Gläschen Bier: Dank, meine Mutter, Dir, – heisst es beim Bellman. So viel Mut, wie man immer haben muss, gibts nüchtern garnicht. Das heisst, es gibt ihn schon, aber man hat ihn nicht immer. Manchmal kriecht es eisig durch die Därme –

und dann ertönt das Kommando: Aufgesessen, in leichtem Trab gradaus. Jetzt ist es ganz dunkel über den Bergen, ich verspüre den leichten Trab, (ohne noch was getrunken zu haben), und bin zu allem bereit. Vater Noah wird uns doch wohl, in Gestalt weisser Elche, die so überaus selten sind, mit in die Arche nehmen, und wir werden die Gipfel des Ararat noch aus der Schmutzflut auftauchen sehen. Dann aber heisst es: neue Reben pflanzen!

Heut ist Kaisers 80. Geburtstag und morgen Charlemagne, mein Namenstag. Der gute Patron möge mir helfen dass ich arbeiten kann – und diese elende Machtlosigkeit besiegen, – die einen manchmal ganz überschwemmt.

Alle guten Geister zu Dir!

Dein

Lucidor

Die herzlichsten Grüsse an Peter. Wann werden wir wieder Krawatten tauschen!

Bitte schreib, ob der Brief angekommen ist.

30 Annemarie Seidel an Carl Zuckmayer

⟨Berlin⟩, 30. Januar 1939

Mein Lucius oder Burbel, schlechthin Carlchen,
meinen allerherzlichsten Dank für Deinen schönen Brief. Da er so dick war hatte ihn vorsorglich die Bahnamtliche Überwachungsstelle geöffnet, aber er hat dadurch kaum Verspätung erlitten. Ich schreibe Dir heute zunächst einmal nur das Notwendigste, nämlich daß ich zum 15.2. eine Devisenerlaubnis für eine Reise nach der Schweiz eingereicht habe, um die dortigen Dinge zu liquidieren, und die ich wohl bekommen werde. Ich habe in Zürich verschiedene Gänge zu machen, möchte mich aber gerne nicht länger als 2 Tage dort aufhalten, sondern Euch gleich anschließend besuchen. Ich hoffe herzlich und dringend daß Du dann noch da bist, und bitte Dich darum, sei es nur um der Shakespear'schen Wechselrede willen: »dann lächeln wir gewiß –« Ich fühle die achtungsvolle Liebe, die dem Persönlichen entrückte ehrfürchtige Haltung von Freunden vor und in der Schlacht, was zwar nicht Shakespeare ist, sondern als etwas was sich unserm Lebensbezirk immer enger nähert. Unserem tatsächlichen *Lebens-* nicht unserm Dichtungsbezirk, durch den man ja eine Masse gewußt aber doch nicht ganz erfahren hat. Durch den letzten Herbst in Kampen – August September fühlte ich mich jäh um mindestens 2 Jahre gealtert, und die folgende Zeit war keine Rekonvaleszenz sondern eine unüberwindliche Erschöpfung. Die ich aber infolgedessen überwunden habe.

Alexander war hier, seine Besorgnis es klimatisch nicht richtig zu treffen, seine eine Zeitlang wirklich schwere Depression, seine übertriebene Bazillenfurcht vor allem, die ihn zu verhindern scheint mit seinen nächsten Freunden in Berührung zu bleiben – haben ihn veranlaßt auf Rat des Arztes eine längere Seereise zu unternehmen. All diese klinischen Symptome zusammen haben vielleicht seine letzte Sache so unbeschreiblich talentiert und reizvoll, so neu und überraschend in einer vorausgeahnten asiatisch beeinflußten

Lebenseinstellung gemacht; – ich möchte Dir aber lieber davon erzählen.

Ich will überhaupt lieber aufhören sonst komm ich ins schwatzen. Schwatzen tu ich bisweilen mit Curt der wieder nahe wohnt – da treffen wir uns zu einem Pfiff (Pilsener) in der Clause wo ich überhaupt meinen Wirtshausneigungen fröhne, wenn sie mich überkommen.

Es ist reizend an Curt daß die Verständigung mit ihm über alles möglich ist, und ohne mit Platin ausgeschlagen werden zu müssen. Er schreibt Filme wie eine Biene, während seine Autos vor der Tür en block gefrieren und platzen.

Hättet Ihr bestimmte Wünsche nach Erledigungen hier, was euch Mühen ersparen kann so teilt sie mir geziemend mit. Ich bin in Pression, denn ich habe wie Martin Luther es in einem Brief schrieb »es am Hals die Bibel zu übersetzen und kann mich deshalb nicht um Heinzens Dreck bekümmern« womit nicht unser Heinz gemeint ist sondern von England der derzeitige Heinz. – Neulich schrieb ich an *Jobs* einen sogar langen Brief den ich aber nach Überprüfung am Vormittag nicht passieren lassen konnte, weil ich sie damit gereizt hätte, aber damit will ich nicht sagen das es ein grober Brief war. Im Gegenteil!

Viele Grüsse von Deinem

Mirtcheff oder Mirolin oder Mirol oder sonstigem Mameluken-getue.

Wenn Du mit P. jetzt Kravatten tauschen könntest wäre dies für Dich ein großer Glücksfall denn sie sind gegenwärtig sehr schön und new. M.

31 Carl Zuckmayer an Annemarie Seidel

R.M.S. Zaandam, 4. Juni 1939

Liebster Mirl,
das ist schon der letzte Tag dieser Reise, die so herrlich war, dass ich zum Briefschreiben wieder nicht kam, – kaum zum

Lesen! Von der ersten Stunde ab prachtvolles Wetter und günstige Winde und ein Himmel, den anzuschauen jedes Zeitgefühl auflöste. Am zweiten Abend – nach einer recht interessanten kurzen Landung in Plymouth, (wo für ein paar Milliarden Gold in kleinen, sauberen Kistchen an Bord genommen wurde, um übers Meer zu wandern und dort wohl in Flugzeuge eingeschmolzen zu werden?), – verschwand die englische Küste in einem geradezu überirdischen Licht, mit ihren letzten Leuchttürmen, Klippen, Rocks, die wie aus durchsichtigem Bernstein geschnitzt erschienen, – und dann kam dieses tagelange Dahinziehn in jener dunkelblauen und abends oft rosenfarbenen Flut, die nur mässig bewegt war, und einige Male von schaumaufwirbelnden Delphinenschwärmen durchpflügt, – der Vollmond spann nachts ein ungeheuer breites silberflüssiges Band darüber, und wo man hinschaute war Himmel, weite Ferne, Klarheit, Finsternis, Tiefe, Höhe, Kosmos, Luft, Äther, Athmosphäre – und unmerklich, mit der immer grösser werdenden Distanz, wurden tatsächlich die Gedanken, Erinnerungen, Beschäftigungen mit dem Zurückgelassenen und Verschwundenen immer geringer. Ja, ich spüre schon jetzt, wie alles dort auch werden mag, die Gesundung, die von einer solchen Entfernung und Veränderung ausgehen *muss*. Inzwischen bekamen wir von verschiedenen Seiten bereits sehr freundschaftliche Begrüssungs- und Einladungskabel hierher an Bord, sodass wir vorläufig ganz unbesorgt die Lage spannen und uns umschauen können. Wir leben jetzt bereits 5_ Stunden zurück, wenn wir Mittagessen, trinkt Ihr schon den Dämmerschoppen, und wir trinken den unsren dann kontinuierlich in die Nacht hinein. Der Kapitän, besonders nett und good looking, setzte uns gleich an seinen Tisch, und es stellte sich heraus, dass er nicht nur literarisch sehr beschlagen ist, sondern auch trinkt, was zu vielen angenehmen Unterhaltungen führte, – aber eben diese Frühschoppen in seiner Privatkabine verhinderten mich an all den Arbeiten und Correspondenzen, die ich mir vorgenommen hatte. Tatsächlich waren diese Tage für mich seit Monaten die erste wirkliche, auch innere, Ruhe, – das erste »Aus der Verantwortung Sein«, – und das ist ja das Schönste an einer Schiffsreise, dass das Schiff alles Verantwortliche für uns tut, selbst die Vorwärtsbewegung, und man sich wirklich im vollen Sinne gehen, auch liegen oder treiben, lassen kann.

Nun sehe ich mit leichtem Grausen der Zollstation und der New Yorker Hitze entgegen, aber das geht auch vorüber, und wir werden bald in den Allegheny-Mountains sein. –

Tausend Dank für Deine Grüsse, die Briefe an Jobs und mich und das schöne Gedicht und die Bücher! Ausser dem R.A. Schröder habe ich alles gelesen. Der Conrad war eine ideale Bordlektüre, – und unser Alexander hat mich völlig bezaubert, gebannt, magifiziert.

Wie ist der gewachsen (im Lichte der Einsamkeit – gleich einer Pflanze die Dämmerung braucht oder Zwielicht, um von der Farnenkrauthöhe zum Himmel vorzeitlicher Urwälder aufzuschiessen). Strahlenheim ist so schön wie seine schönsten Gedichte und eine Prosa die man sieht – hinter geschlossenen Lidern. Und der Traum in Rot ist vielleicht das Stärkste oder Bedeutsamste was er überhaupt geschrieben hat – (gerade erhielt ich einen Brief von Joseph, der es im Manuskript las und als völlig vertroddelten Quatsch bezeichnet. Aber ich finde das unbegreiflich. Ich finde ihn enorm in diesem Buch, und die ganze russische Attitüde darin keine Maske und kein Versteckspiel mehr, sondern fast eine Selbstentkleidung und unheimliche Versenkung ins eigne – furchtbar sensitive – Adern- und Nervengewebe. Mich wenigstens hat diese distanzierte Apokalypse gerade erschüttert – und ich las es voll Schauer und Spannung und war hingerissen vom letzten Satz des Buches. Ein anderer Satz daraus, nebenbei, ist für uns zum gelegentlichen Leitspruch durch die künftige Welt geworden: »Die Emigranten liessen ein beifälliges Gemurmel vernehmen ...« –)

Dem Rehberg-Drama kann ich weniger Ehrfurcht zollen – trotz mächtiger Akzente und einiger sprachlich sehr starker Stellen, – aber es bleibt für mich auch hier das Gefühl von einer künstlichen Aufgequollenheit der Gestalten und des ganzen Werkes – mehr Torwaldsen als Michelangelo – von ›Grösse‹ sehe ich nur das äussere Format oder bestenfalls die Umrisse – und das innere ist so gewaltsam und nirgends kann ich die Wurzel greifen, mir scheint das ein übermässig aufgezüchtetes Gewächs welches rasch in sich zusammenfallen wird, und diese Menschen kommen mir vor, als habe man ihnen, um ihr natürliches Mass zu steigern, mit einer Luftpumpe die Haut aufgeblasen, sodass sie nun wie leere Taucheranzüge umherwalken. Dadurch kriegt das ganze so eine gewaltsam grosse Form, die ich als unlebendig, proportionslos, kurz: ungehörig empfinde – beim Lesen sagte ich zwar oft: Ja! und fand es machtvoll – und gleich hinterher weiss ich nicht mehr, warum. Vielleicht liegt das an mir und an meinem vollständig anders gearteten Empfinden der Welt, des Menschlichen, und also auch des ›Grossen‹, – ich kann mir gut vorstellen, dass man auf dem Theater bei einer tollen Inszenierung mit diesem Stück den Klang, das Gebahren der shakespearischen Tragödie hervorbringen kann, – aber es ist wohl nur des Rahmens wegen so gross und lapidar gemalt und nur der Schein, nicht das Wesen, ist hier gigantisch. (May be I am wrong).

In Paris sah ich am letzten Abend ein neues Stück von Giraudoux, (in einer entzückenden Inszenierung im Athénée), – Ondine, – eine ganz eigene Mischung von Zaubertheater und literarischer Ironie, – aber manchmal bis zu wirklich dichterischen Visionen und Spielszenen ansteigend, wie ich sie auf der französischen Bühne nie gesehen hatte.

Verspielt und tief zugleich und sehr berückend.

New York, 8. Juni 1939

Mirl – wir sind seit drei Tagen in New York, – und es ist grossartig, herrlich, überwältigend, hinreissend! Keine Beschreibung, kein Film gibt auch nur eine Ahnung davon. Ich bin wie besoffen von dieser Stadt, – von ihrer Landschaft und ihrer Kraft und ihrer erbarmungslosen Helligkeit, – und es ist alles ganz und gar neu: Umwelt und Inwelt und Leben und

Leute und Dasein. Um fünf Uhr früh sahen wir über einem Streif von Morgennebel die Skyline wie eine Fata Morgana erscheinen, dann ging die Sonne hinter den Häusergebirgen auf, und dann kam der Hafen und das Dock, und dann das erste Eindringen in diesen gigantischen Stadtdschungel – Herrgott was ein Abenteuer!! Und garkein fremdes oder isolierendes – so neu und anders alles ist – trotzdem so als habe mans geträumt und immer heimlich erwartet und seit ich vor zwanzig Jahren zum ersten Mal nach Berlin kam, hatte ich nie mehr dieses Gefühl: in eine Stadt zu kommen, in der man eine neue Lebensformel finden wird. Auch Jobs ist ganz ausser sich und wir rennen herum und reissen die Augen auf und staunen und schnaufen alles ein und haben schon ungeheuer viel gesehen und erlebt. Allein eine Abendstunde auf dem Top des Rockefeller-Centre gehört zum Unwahrscheinlichsten was auf der Erde sichtbar ist, und die world's fair mit ihren wahnsinnigen Lichtern nachts und die ganze Schönheit in allem Technischen hier ist völlig unglaubhaft. Die Leute stürzen auf mich ein als ob sie mich fressen wollten, und ich weiss gewiss, ich werde sie fressen. Vielleicht auch wieder ausspucken. Aber zunächst mal fressen, und noch nie verspürte ich einen so gesunden Appetit. Ich bin – wie alles auch werden mag – glücklich, hier zu sein. Wir wohnen wunderbar (privat, bei Dorothy Th. am Centralpark) und springen durch die Flut wie die Delphine. Übermorgen gehts zum ersten Mal per Auto auf drei Tage ins Land! Bald mehr – ich kanns noch nicht ausdrücken. Dir und Peter tausend Grüsse! Immer Dein

Carlchen

Adresse c/o Dr. Horch, Hotel Hamilton
143 West 73d Street

32 *Carl Zuckmayer an Annemarie Seidel*

New York, 6. April 1940

Liebste Mirl,
man entschliesst sich so schwer zum Briefeschreiben, wenn die Chance, dass sie ihr Ziel erreichen, so gering ist wie bei einer Flaschenpost. Von zwölf Briefen die wir seit Jahresbeginn an die Däxe sandten, ist Einer angekommen! Was Dich anlangt, so beschränke ich mich daher gewöhnlich auf die telepathische Sendung, in der Hoffnung, dass Dein ausserordentlich fein organisiertes Empfangssystem sie zu guter Stunde reflektiert.

Das dünne Papier erschwert es ja auch enorm, sich menschenähnlich auszudrücken, und die unübersehbare Fülle des inzwischen Erlebten macht es fast unmöglich, irgendwo anzufangen. Immerhin haben wir uns seit Ende Januar ein wenig zur Ruhe gesetzt, dh. uns für einige Zeit in New York niedergelassen, eine Wohnung eingerichtet, (was hierzuland allerdings eine viel ambulantere und weniger ewigkeitshaltige Massnahme ist als bei uns daheim), und richtig zu arbeiten begonnen. Nun ist das Leben in dieser phantastischen Stadt ja alles andere als still und gemessen. Schon rein biologisch, klimatisch, athmosphärisch, ist das hier ein Ort kolossaler Spannungen. Bei den Indianern galt Manhatten als unbewohnbar, und als ein Sitz böser Geister, vermutlich wegen des unglaublichen Elektrizitätsgehaltes der Luft. Der steigert sich während des Winters, wo die Luft sehr trocken ist und Niederschläge nur dann und wann in Gestalt von Blizzards oder electrical Ice-storms stattfinden, und die Einwirkung des irgendwo draussen abbiegenden Golfstroms stärker ist, ins Groteske: beim Anfassen von Türklinken, Treppengeländern, Bettdekken oder den seidenen Nachthemden oder Damen bekommst Du elektrische Schläge, und wenn zwei Leute, auf einem Teppich aufeinander zugehend und so eine leichte Reibung verursachend, sich die Hände entgegenstrecken, springen bläuliche Funken über. Dies ist keine Phantasie sondern Tatsache. Hier draussen am Vater Hudson, wo wir wohnen, tobt ein Sturm der dem Unerfahrenen beim Verlassen der Haustür die Pfeife (unter Umständen samt Gebiss) aus dem Mund haut, und da wir im top floor wohnen, macht er eine herrliche Tag- und Nachtmusik. I like it, Mirl, überhaupt: I like New York and I like Amerika, nicht nur für die Interviews, sondern geradezu passioniert und mit Haut und Haaren. Im Sommer verwandelt sich die Luft in schweren, dicken, kochenden Wasserdampf und erinnert an die tropischen Treibhäuser des frankfurter Palmengartens, nur dass sie anstatt von Pflanzenduft mit Gasolin und Motoroil geschwängert ist. Das Merkwürdige an der New Yorker Hitze ist, dass sie bei Nacht steigt und noch ärger wird, und die Leute gehen im Sommer ins Theater, aus umgekehrten Gründen wie man bei uns im Winter in Museen ging: der Kühle wegen, denn sie sind air-conditioned und man fühlt sich darin wie eine Flasche im Frigidaire. Kommt man herauf auf die Strasse, ist es, wie wenn man als Brotlaib in einen Backofen geschoben würde. Und das alles, zusammen mit dem ausserordentlich aufgeregten geistigen und künstlerischen Leben hier, mit den grossen wirtschaftlichen Kontrasten, der Vehemenz des Nachtlebens, des Verkehrs und der wirklich verblüffenden Schönheit des hier creierten überdimensionalen Baustils, – hat etwas ausserordentlich Stimulierendes und eine grosse und hinreissende Spannkraft. Es ist wirklich eine elementare Stadt, gemein und herrlich, brutal und nicht ohne Grazie, auch im Ordinären, wie etwa in den Lichtern und dem Betrieb des nächtlichen Broadway, nicht ohne Stil und Eigenart, wie drunten downtown, in der traditionellen Schnorrantengegend, wo ich meine favorite hangouts habe, die kleinen altmodischen Kneipen in denen sichs billig säuft. Ja, ich kenne heut schon mein New York, wie die Dichter und die Maler, und auch die Kriminaler. Und es hat sich das Merkwürdige ereignet, was mir in London nie passiert ist: dass ich plötzlich englisch kann (das heisst gleich amerikanisch, was ein gewaltiger Unterschied ist), dass ich es gelernt habe ohne Arbeit, auf biomagnetischem Wege, der allerdings zunächst eine ziemlich primitive Grundlage hatte, nämlich die der Sprungfedermatratze, welche die einzige praktische Sprachschule darstellt. Ich kann heute glücklich berichten, dass ich darauf oder daran nicht hängen geblieben sondern in hohem Bogen hinweggeschnellt bin, sonst wäre zwar mein englisch immer besser, meine Existenz jedoch wohl recht diffus und fragwürdig geworden.

Das Ganze war natürlich unvermeidbar, und hatte ein der amerikanischen Natur angemessenes gigantisches Ausmass, von den blauen lightenings der Katastrophen umzüngelt. Kaum hier angekommen im vorigen Sommer, nach anderthalb Wochen, ›fiel ich in Liebe mit‹ (wörtlich übersetzt!) einer – pardon – Filmactresse, movie-star, ich möchte trotzdem behaupten dass es eine der nettesten und gescheitesten Frauen ist die ich getroffen habe, und sie hat mir wirklich dieses Land erschlossen wie kein anderer Mensch es gekonnt oder gewollt hätte. Ich bildete mir auch ein dass Jobs nichts ahne und wirklich glaubte dass ich immer mit producers, directors und publishers die ganze Nacht ausgehen müsse. Im übrigen war Jobs seinerseits so sehr vom Erlebnis Amerika und der ganzen Neuheit ergriffen dass sie sich – zunächst – garnicht so sehr um mich kümmerte, und als wir dann im Sommer auf dem Land waren, in Vermont, nahe bei dem Landhaus unserer Freundin D., die hier enorm hilfreich und gastlich zu uns war und für Jobs fast eine Wumbabeziehung wurde, war alles ganz in Ordnung und es ergab sich wie von selbst dass ich allein und aus allen möglichen beruflichen und technischen Gründen drei Wochen nach New York zurück musste. Nach diesen drei Wochen musste mein Star nach Hollywood zurück, ging aber stattdessen nach dem berühmten Reno in Nevada, um sich von ihrem Mann – sie war seit drei Jahren verheiratet – scheiden zu lassen. Das war der Anfang vom Ende. Sie wollte nämlich hernach mich heiraten. Ich soll eben immer gleich geheiratet werden. Und die Frauen kommen zu leicht auf die merkwürdige Idee dass man sich ›entscheiden‹ müsse. Ach Gott wie ich Entscheidungen hasse. Sie bringen alle Konflikte in die Welt. Ohne diese könnte das ganze Leben so viel schöner sein. – Vermont war himmlisch, die green mountains dort sind wundervoll und es ist eine Mischung von skandinavischer und österreichischer Landschaft. Aber bevor die Wälder sich färbten trieben mich die Verhältnisse nach Westen. Mein moviestar hatte hinter den Kulissen gewirkt, und eine grosse Hollywoodfirma schickte mir den Reise-Cheque. Ich fuhr aber nicht gleich dorthin, sondern flog* – über Chicago, Missouri, Omaha, Cheyenne, die Nordstrecke, nach Salt Lake City, der Mormonenstadt. Dort wurde ich abgeholt. Von ihr! Im Auto durch die Salzwüste von Utah, über die Sierra, nach Nevada. Die desert-bushes blühen um diese Zeit – indian summer – es ist der merkwürdigste und aufregendste Geruch den ich kenne, etwa wie gepfefferte Mimosen. Man übernachtete in kleinen Cabins – und wenn es dunkel wurde hörte man draussen die Coyote's heulen!! Als ich das zum ersten Mal hörte – und die erste lebende Klapperschlange sah – Mirl! Höhepunkte des Lebens. Ich sah auch hot springs und Indianerreservationen, die ghost-cities – verlassene Goldgräberstädte in denen noch die alte Crystal-Bar genau wie 1867 eingerichtet und im Betrieb ist, überhaupt ist der Westen wirklich noch der Westen und sehr wild, schon durch die unglaublichen Entfernungen, und der Unterschied zwischen den Postautobussen und dem Ponyexpress ist gering. Ich lebte vierzehn Tage am Lake Tahoe, in Nevada, in den ungeheuren Nadelwäldern, 2000 m hoch, eine Landschaft die am meisten an Sils Maria erinnert, nur ins Verwilderte und Grenzenlose gesteigert, man hatte da eine Holzhütte gemietet und man briet steaks überm Feuerrost, ich ritt auch im Westernsattel durch den weglosen Wald, und dann ging es über Sacramento und San Francisco und an der herrlichen Küste des Pazific entlang allmählich nach

* Unterwegs kam das Flugzeug in electrical storms, und musste aus 4000 m Höhe eine unvorhergesehene Zwischenlandung machen, wobei es sprang wie ein junger Hund!

Hollywood. Dieses aber ist genau so scheusslich wie man sichs vorstellt, und wenn man dort auf die Dauer leben sollte, könnte man einpacken.

Mein movie-Star hatte den Vorzug, einmal ein ordinäres Showgirl gewesen zu sein und drei Väter gehabt zu haben und einen notzüchtigenden gangster als Onkel and so on, also wirklich ein Stück amerikanischen Ur-Mistes, und kann kein Wort Deutsch. Das alles war herrlich, aber in Hollywood verwandelte sie sich nach einigen Monaten Ausnahmezustand in einen Filmstar zurück und lebte dort ein königliches Scheinleben in einem palaisartigen Schein-Millionärshaus, und obwohl mir der swimming pool sehr wohl tat und der Keller von Pommery und Chambertin überquoll, war es alsbald zum Kotzen, zumal die Öffentlichkeit sich einmischte, und der Rückmarsch zu Jobs und zu meinem Eigenleben und besseren Ich musste nach all diesen Escapaden in Eilmärschen angetreten werden. Ich machte zwar einen Vertrag in Hollywood um ein bischen Geld zu verdienen und nicht *nur* als Prinzgemahl zu leben! und arbeitete eine Zeitlang widerwillig für die Warner Brothers, aber Gottseidank zwangen mich schon die äusseren Umstände im späten November nach New York zurück. Dort hatte ich inzwischen eine Professur an einer Hochschule angenommen, hoffte aber, die Lehrtätigkeit des Filmens wegen bis Mitte Januar verschieben zu können. Nun stellte sich heraus dass die Verschiebung unmöglich war und alles gefährdet hätte, und so musste ich innerhalb von zwei Tagen mein erstes (zweistündiges!) Colleg verfassen, und auf englisch mit anschliessender freier Diskussion halten!! Mir schwoasselts noch wenn ich daran zurückdenke. (Inzwischen, seit Mitte Jänner, ist mir das eine liebe alte Gewohnheit geworden, jeden Dienstag nachmittag habe ich meine ›class‹, es sind jetzt sechzehn junge Leute, darunter ein Neger, die grösstenteils Dramaturgen, Regisseure, Schauspieler oder playwrights werden wollen und denen ich lustige Vorträge halte und Schwänke aus meinem Leben erzähle, wobei auch mancherlei über Dramatik diskutiert wird. Ich lerne dabei englisch, und die jungen Leute haben mindestens eine amüsante Unterhaltung.) Für mich ausserdem eine ganz neue Erfahrung: die jungen Leute hier. Nichts erinnert da an uns selbst!

Nun, als Professor, konnte ich endgültig einwandern, was aus tausend praktischen Umständen hier das allerwichtigste ist, und so fuhren wir im Dezember, mit sechs Wochen Urlaub von der school, hinunter nach Cuba, Jobs, Winnetou u. ich. (Michi war im September mit regulärer Einwanderung von England gekommen.) Die Cubareise war toll. Über Virginia, Florida, zur äussersten Südspitze Amerikas, von da per Wasserflugzeug nach Havanna hinüber, über die berühmten Evergladeswamps und das offene Meer. Ein paar Tage Cuba, cubanischer Frühling mit Rum und Zigarren!!, und Ausflügen ans karibische Meer, und Marterstunden auf dem Consulat, aber alles ging glatt. Dann landeten wir wieder in Florida, Winnetou schickten wir von da per Flugzeug allein nach dem Osten zurück, und Jobs reiste diesmal mit mir per Bahn westwärts, denn ich hatte in Hollywood noch vier Wochen abzudienen, was äusserst wichtig war, da die Reisen ein wüstes Geld kosteten. Die viereinhalbtägige Bahnreise war herrlich, mit stop in New Orleans, einer bezaubernden Stadt, dann durch Texas, New Mexico, Arizona, nach Californien. Jobs fuhr weiter nach San Francisco, wo sie gute Freunde aus Wien hat bei denen sie drei Wochen lebte. Zu Weihnachten kam ich hin und wir verbrachten den Hl. Abend in einer Bar an der Waterfront. San Francisco erinnert in der Hafengegend am meisten an Marseille, ist ganz ›unamerikanisch‹ und doch das ›Herz des Westens‹, vielleicht kennst Du es? Wir waren ganz fasziniert von der Stadt. Aber wenn ich an die grosse Baybridge und die golden gate denke und die lange Mississippibrücke bei New Orleans, so finde ich die Georg Washington Bridge, an der wir hier wohnen und deren nächtlich beleuchtetes Kurvenband ich von meinem Fenster sehe, am allerschönsten. Nach den Weihnachtstagen musste ich ins Hollywoodstudio zurück und Jobs kam dann auch, nachdem ich schliesslich und endlich die mir so verhasste ›Entscheidung‹ doch hatte treffen müssen, und wir hatten ein recht komisches Sylvester bei Salka Viertel, welche die Mutter von Californien ist, tout Hollywood um sich versammelt, dabei tatsächlich ganz besonders nett und angenehm ist und Dich sehr herzlich grüssen lässt. Im Januar gings nach New York zurück, über den Grand Cannyon! (Tucson! Santa Fé!) mit stop in Washington, der aristokratischsten und nobelsten Stadt Amerikas (ausser dem alten Teil von Boston, mit seiner New England-Colonial-Tradition). You see – ich habe Einiges von diesem Kontinent gesehen in dreiviertel Jahren. Und jetzt leben wir also am Hudson, und die Bekannten von drüben sagen dass es in unserer Wohnung genau wie in Henndorf sei. Wir wirtschaften allein, ich koche morgens Kaffee und Jobs das übrige. New York ist teuer, aber wir kommen bis jetzt gerade durch. Winnetou ist in Vermont in der Schule bei Bondys, Michi in Connecticut in einem College. Beide waren zu Ostern hier und hausten wie die Vandalen in der kleinen Wohnung. Sie sind reizend, Winnetou entwickelt sich hier grossartig. Ich schreibe short stories für Magazine, die hier gut bezahlen, das ist eine etwas anständigere Brotarbeit als Filmen, arbeite an einem Buch und dem Entwurf für ein neues Stück, das so vollständig das Gegenteil des hiesigen Broadwaytheaters darstellt dass es entweder ganz durchfallen oder ein ganz grosser Erfolg werden wird. Ich hoffe dass ich im Sommer auf dem Land sein und daran weiterarbeiten kann und dass die finanziellen Nöte mich nicht nach Hollywood zwingen. Wenn ich es irgend vermeiden kann, möchte ich nicht in die movies zurück, – aber unbedingt im nächsten Winter hier aufs Theater. Vieles in der Stadt hier erinnert uns an Berlin – in der Zeit in der wir dort lebten. Natürlich wirkt sich das sogenannte Weltgeschehen hier auch aus, aber es besteht eine gewisse Chance dass das Leben trotzdem weitergeht. Die öffentliche Stimmung hier: keep out of the war. Ich wollte ich wüsste ein bischen mehr von Euch! Uns geht es eigentlich sehr gut. Auch Jobs arbeitet an short stories und hofft bald eine zu verkaufen. Ich habe ein englisches Gedicht gemacht – dh. geträumt und beim Wachwerden aufgeschrieben, das ich Dir gleichzeitig schicke. Schreibe! Grüsse Alle, bes. Peter, und sei umarmt von

Deinem Carlchen (Nun – so lächeln wir.)

Ja, Mucki lebt noch, hat gerade seinen 16. Geburtstag gefeiert, war mit in Florida u. San Francisco, und tritt nächste Woche zum ersten mal auf der Bühne auf, in Bruno Franks »Sturm im Wasserglas«, verdient 5 Dollar u. Taxikosten.

33 Carl Zuckmayer an Annemarie Seidel

Ab 10. Oktober wieder:
25 Chittenden Avenue, New York City
(Versuch diese Strasse mal auszusprechen
wenn Du besoffen bist.)
Barnard, 26. September 1940

Liebste Mirl,
der Sommer war nicht übel, obwohl wir ein kleines Koffer-Radio besitzen und eine Zeitung halten. Aber wir hatten uns mit unendlich wenig Geld einzuteilen sozusagen mit nichts, und dadurch wurde alles erträglicher und sogar teilweise schön. Wir mieteten ab Juli ein ganz einsam gelegenes und ganz primitives Farmhaus hier in den green mountains, dessen Besitzer – ein rosiger Greis der vergessen hat ob er 86 oder 96 Jahre alt ist – seit einem Jahr weg gezogen ist um mit irgendwelchen Enkeln ein neues Leben zu beginnen. Es ist eine Mischung von altem backwoodsettlement und kärntner Bauernhof, liegt auf einem Hügel überm See am Rand endloser Wälder, die jetzt Herbstfarben haben wie ich sie nie vorher sah. Das kommt von den vielen Ahornarten und den Roteichen usw, die es bei uns nicht gibt, auch das Unterholz ist dichter und kompakter, sodass die Waldberge und Waldränder wirken wie eine einzige flammend rote Laubmasse mit tiefen schwarzvioletten Schatten.

Der nächste Nachbar wohnt eine halbe Stunde entfernt, die Stille ist urweltlich. Das Haus ist von einem Karrée alter Ställe und Scheuern flankiert, in denen ein einzelnes Pferd wohnte das wir mitgemietet haben (alles zusammen für 10 Dollar, die Woche). Winnetou, die das Pferd pflegte, reitet bareback wie ein Rodeo-Boy. Ich hacke jeden Morgen in der Frühe Feuerholz und trage von der Quelle Wasser ins Haus und heize den riesigen alten farmer-stove. Ein Cowgirl in langen blauen Hosen bringt auf einem Pony Milch, Butter und homemade bread, alle paar Tage kommt der meat- und fruit-car vom nächsten general store vorbei, von dem man seine Vorräte kauft, und es ist wunderbar, sich im Lande Edisons wieder an das milde Licht von Petrollampen und Kerzengeflacker zu gewöhnen. Natürlich hatten wir viel Arbeit da wir alles allein und ohne Hilfe machten, aber das Leben hier mit all seiner Primitivität war eigentlich so wie ich es mir wünsche. Mein weisser Bruder wird das verstehen. Ein grosser schwarzer Hund lief auf meinen Waldwegen mit und wurde eines Tages drei Schritt von mir von einem Skunk angespritzt, das mich um Haaresbreite verfehlte. Eine zugelaufene Katze bekam fünf Junge in meinem Kleiderschrank, eines davon das wir seiner besonderen Possierlichkeit halber Mirl nannten (es hört aber lieber auf tipsy, was ja fast dasselbe ist), nehmen wir mit nach New York. Das komischste hier ist das Clo, das ohne Deckung in der Holzscheune angebracht ist und aus einem Doppelsitz besteht, für den farmer und sin Fru. In dieser Beziehung haben sich hierzuland überhaupt schon die kollektiven Lebensformen der Zukunft herausgebildet. Wir hängten einen bunten Kattunvorhang davor und abends eine Laterne drüber, es sah dann aus wie ein Puff. –

Trotz alledem habe ich hier ein Buch fertig geschrieben das schon übersetzt ist und am 15. November erscheint, und arbeite jetzt an einem neuen Stück. Geld braucht man ja auf dem Land keines, wenn man für die Lebensmittel credit hat. Sie wurden wochenlang aufgeschrieben, und mein Verlag zahlte abmachungsgemäss bei Lieferung des Manuskriptes die

Schulden. Unter solchen Umständen arbeitet man rasch und ohne innere Stockungen. Obs gut wurde weiss der Teufel, ich vermute eher ja wie nein. Jetzt habe ich allerlei Chancen für New York, ein paar Aufträge für Artikel von Magazinen, trete auch am 15.10. mein bescheidenes Lehramt wieder an und habe eine Mäzenin gefunden, die für ein Jahr unsere New Yorker Miete zahlte, nur gegen charme und suet mûl. So lebt das Eichhörnchen, aber es ist alles besser als im Hollywooder Glanz zu verblöden. Winnetou war zwei Monate bei uns, während ihrer Ferien, sie wird im November 14, – und Michi, eine junge Lady von reizvoller Verschlafenheit, war 4 Wochen nach Californien eingeladen and she had a lovely time there.

Sachen schreiben für Übersetzung ist natürlich ein Krükkenleben oder ein Pneumothorax – aber ich träume davon etwas Geld zu verdienen und richtig zu farmen, mit einem tüchtigen Fachmann zusammen, es gibt hier noch herrliche Gegenden die fast unbesiedelt sind, und ich habe seit unsrem Hiersein einen solchen Spass an körperlicher und handwerklicher Arbeit bekommen wie nie zuvor, der Gürtel geht auch in immer engere Löcher. Jobs ist dafür ein Schriftsteller geworden und schreibt wunderschöne, sehr merkwürdige und äusserst hoffnungsvolle Dinge, ausserdem hat sie den Ruf, die beste Köchin der Vereinigten Staaten zu sein, ihr Rindfleisch würde unsere sel. Anna eifersüchtig machen. – Plänemachen ist natürlich reine Träumerei, was kommt ahnt kaum der Himmel, auf alle Fälle ein ziemliches hurly-burly, um es shakespearisch auszudrücken. Sehn wir uns wieder, nun, so lächeln wir.

Ich möchte so gern wieder etwas von Euch hören, wenn es irgend geht! Würdest Du den Heinz von uns grüssen, und Erx und Kurt und Alle?! Deinen Peter wünsche ich mir oft hierher. Es würde ihm gut gefallen. Wir passen alle viel besser hierher als wir je gedacht hätten, es ist auch alles ganz anders hier. Meine Freunde die mich oft abends besuchen und am Feuer sitzen, sind 6 junge amerikanische Studenten die über Sommer hier bei den Farmern arbeiten: ich habe nie nettere, aufgewecktere Burschen gesehen. – Ich wünsche Euch bombenfreie Nächte und womöglich ein paar Fläschchen im Luftschutzkeller. I guess – wir werden ihn auch noch nötig haben. –

Sei umarmt von Deinem Carlchen

34 Annemarie Seidel an Carl Zuckmayer

Potsdam, 10. August 1945

Geliebtes Carlchen!

Man darf Dir eine Seite schreiben. Peter hat Dir schon geschrieben. Wir leben also noch, aber es war furchtbar. Noch ist man taub wie nach einem ungeheuren Lärm.

In den letzten 2 Jahren 3 mal ausgebombt, Peter im April 44 bis Februar 45 in verschiedenen Gefängnissen am Schluß im K.Z. Oranienburg, danach ein auf den Tod kranker Mann; alle Habe verbrannt, die Überreste geplündert jetzt; der unbeschreibliche Angriff auf Potsdam, dem wir nur um Haaresbreite entkommen sind. Ein Zigeunerleben, von oben durch die Bomben, von innen durch die S.S. bedroht. Jetzt regiert der Hunger – wir haben keinen Strom, kein Gas. Müssen alles von weither schleppen, Holz, Kartoffeln, welche Mühsal. Berlin ist eine infernalische Totenstadt – von Deutschland wirst Du nicht mehr viel wiederfinden, o Carlchen! Die Dächse sind Gottseidank wohlauf, nach den letzten Nachrichten vom März. Doch hole sie, denn alte Leute werden den kommenden Winter nicht überstehen. – Theo Haubach wurde gehenkt, Carlo Mierendorf nach 5 Jahren K.Z. in Leipzig bei einem Angriff getötet, Erksleben ist wieder frei aber im Krankenhaus. – Ich hatte vor einem halben Jahr eine ganz kleine T.B. erwischt, bin aber schon wieder auf meinen vier Pfoten gelandet. Nur müde, Freundschaft, sehr müde ...

Hoffentlich findest Du uns, solltest Du diese Stätte des Untergangs noch einmal betreten. Wären nicht Deine Dächse und die Freude die ich mir davon erhoffe, würde ich sagen:

Komm nie wieder. Doch erinnere Dich immer! – Du bist Landwirt geworden? Ich kanns mir gut denken. – Solltest Du in Hamburg landen, vergewissere Dich telef. beim Bürgermeister von Kampen ob wir nicht dort sind dann.

Wie freue ich mich auf Euch. Leb wohl Jobbs. Leb wohl Carlchen auf Wiedersehn.

Eure Mirl

35 Carl Zuckmayer an Annemarie Seidel und Peter Suhrkamp

Barnard, 29. September 1945

Liebste Freunde, geliebte Mirl, sehr lieber Peter Suhrkamp – es darf nur eine dünne Seite sein und man hätte hundert zu schreiben. Wir bekamen Eure Briefe (gestern) und sahen vorher die Abschrift eines Briefs an Gottfried Bermann, (der unablässig daran arbeitet den Verlag in Deutschland wieder eröffnen und mit Euch zusammenarbeiten zu können). Wir hörten schon vorher, durch Goverts, der bei seiner Mutter in Vaduz ist, was Ihr durchgemacht habt, und wie es unsren anderen Freunden ergangen ist. Aber ich hatte keine Adresse und dies ist die erste Möglichkeit, Euch einen Gruss zu senden. Könnte es nur mehr sein. Der Gedanke Euch Kaffee usw. zu schicken wird bei mir schon eine Art fixe Idee mit der ich alle Welt belästige aber ich habe *noch* keine Chance. Vielleicht bald. Den Dächsen konnte ich bis jetzt einmal durch einen amerikanischen Freund ein Lebensmittelpaket schicken, aber dieser Freund ist schon wieder wo anders stationiert. Vom Dax hatte ich einen Brief von Ende Juli. Sie leben noch – mein Vater 81, sie 76. Vorläufig wird es kaum eine Möglichkeit geben sie heraus oder herüber zu holen, und man hat hier auch noch keine Aussicht, ein Visum für einen Besuch zu bekommen. Ich hoffe aber auf 1946. Natürlich macht uns für die Dächse und für Euch der kommende Winter grosse Sorgen und ich denke mit Kummer daran was für ein mühseliges

Leben ihr jetzt führen müsst nachdem ihr schon wirklich durch die Hölle gegangen seid. Eine Bemerkung in Mirls Brief lässt mich hoffen dass Ihr vielleicht nach Kampen könntet – wo es ein wenig Erholung für Euch geben könnte? Ich schreib mit gleicher Post an Goverts ob er Euch eventuell für eine Zeitlang zu sich einladen könnte und eine Möglichkeit für ein Visum hat. Ich habe in der Schweiz noch ein bischen Geld von einem Katharina-Knie-Film (es soll ein grausliches Produkt sein), *wie glücklich wäre ich wenn ich es Euch zur Verfügung stellen könnte*, für eine richtige Erholung. Mein Vertrauensmann dort ist Dr. Aeschlimann, Burgdorf, Technikumstrasse 5. Aber ich habe keine Ahnung ob Ihr eine Möglichkeit zu Aus- und Einreise hättet, soviel man von hier aus sich vorstellen kann wohl überhaupt noch kaum eine Reisemöglichkeit. Was dort geschehen ist übersteigt die Vorstellungskraft für uns die wir es nicht miterlebt haben. Wohin es steuerte haben wir natürlich die ganze Zeit gesehen – und man war von alledem, grad als ›Unbeteiligter in der Ferne‹, wie gelähmt: Schreiben, Dichten, Kunstmachen – so lang drüben der Krieg tobte und Hitler herrschte, ich konnte es nicht, noch weniger eine Hollywoodexistenz führen oder in New York unter den andren Emigranten herumhocken und sich gegenseitig (Ihr wisst schon). So haben wir vier Jahre lang auf einer abgelegenen Farm als das gelebt, was man hier dirt-farmer (im Gegensatz zum Gentlemanfarmer) nennt. Geflügel, Schweine, etc gezüchtet, alles selbst angebaut, gemolken, Eier verkauft, Holz geschlagen und *alles* selbst gemacht von der Stall- bis zur Küchenarbeit. Ich glaube es war das Beste was ich machen konnte – und seit einem halben Jahr hab ich mit einer Vehemenz sondergleichen wieder zu schreiben angefangen, vielleicht kann ich Euch bald das neue Stück schicken, es wird – (auch eine Novelle) – schon in Stockholm gedruckt. Derzeit schreib ich eine englische Prosa-Arbeit – muss etwas Geld verdienen. Ich wüsste selbst nicht ob ich hinüber wollte, wären nicht die Dächse, Ihr und ein paar Andre. Bitte grüsst Jeden der an uns denkt. Erx, Hilpert. Hoffentlich bald mehr!

Stets und immer Euer Carlchen (u. Jobs, u. Michi u. Winnetou)

»Sehn wir uns wieder – Lächeln wir gewiss!«

36 Annemarie Seidel an Carl Zuckmayer

Berlin, 15. Oktober 1945

Liebstes Carlchen,
ich schrieb Euch im Sommer aus Potsdam einen Brief, den Herr Ries (der mich an Kortner erinnert) zu übermitteln versprach. Diesen Brief vermittelt mir Prof. Löwenstein, Nachbar von Dir in Vermont, ein alter Bekannter aus München, das Wiedersehn freute mich herzlich. Wir sind nun endlich nach einer schweren Hungerperiode in Potsdam, die ebenso bunt als unerfreulich war, in den amerikanischen Sektor nach Berlin übergesiedelt. – Mein Brief an Dich war ziemlich ausführlich, ich wiederhole aber auf alle Fälle wenn auch ungern dass wir uns trotz dreifacher Ausbombung von oben, von unten aber trotz schwerer Rencontres mit der SS, die mit Gefängnis und KZ endeten, trotz massiver Krankheiten und unsäglicher Lebensmühen munter wenn auch nicht frisch befinden. Wir sitzen nun in einem hübschen wenn auch gänzlich ungeheizten Haus, nachdem ich in den letzten zwei Jahren nicht weniger als vierzehn Mal umgezogen bin, und haben so gut wie garnichts zu fressen und überhaupt nichts zu *rauchen*, weshalb ich Euch bitte einige Dollar anzulegen in Air Mail und später gewöhnlichen zwei Dollarpäckchen. Peter wiegt nicht 100 Pfund, ich wog c. 80, und jede Kleinigkeit ist uns jetzt unschätzbar: als da Trockenmilch, Eipulver, süsses Zeug, Kaffee u.s.w., damit unser Wiedersehn nicht gefährdet wird. Eine Verbindung mit übrigen Teilen von Deutschland ist nicht möglich – aus Starnberg erhielt ich seit 5 Monaten die erste Nachricht über die grüne Grenze, meine Mama lebt und es geht ihr gut! Bayern und da unten ist ernährungsmässig unvergleichlich besser als hier, deshalb glaube ich brauchst Du

Dir über die Dächse keine zu schweren Sorgen machen. – Auch die Wiesmühl wird unerschüttert stehen und auf Dich warten; was bedeutet ihr bei den dreihundert Jahren, die ihre Mauern überdauert haben, dieser kurze Spuk. Auch der Rhein fliesst noch und die Berge stehen noch, sonst steht freilich nicht mehr viel. Mir kann nicht mehr viel geschehen hab ich das Gefühl, nachdem dies alles überstanden worden ist. Und viele werden in den kommenden Monaten vom Baum des Lebens fallen, doch ich lebe gern und empfinde eine weit grössere innere Freiheit als früher. Komm bald oder schreibe mir. Die Post geht vielleicht am besten an Löwenstein, oder eine einliegende Adresse. Peter grüsst euch tausendmal.

Lernet ist in St. Wolfgang, Hilpert soll den letzten Nachrichten zufolge in der Schweiz sein. Erksleben hoffe ich bald zu sehen. Klöpfer Kayssler und Brausewetter sind in den Kampftagen umgekommen, Elsa ist auch da besitzt aber nur mehr ein Kleid und eine Klepperjacke. Wir sind alle ohne Gepäck. – Lebt wohl, teuerste Menschen, ich erhoffe ein Wiedersehn.

Eure Mirl

37 Carl Zuckmayer an Annemarie Seidel

Barnard, 31. Oktober 1945

Liebste Mirl!
Vor Wochen bekam ich Eure Grüsse durch Gottfried und dann die beiden Briefe durch Riess (ja, eine Art *Sub*-Kortner), und habe Euch Beiden sofort geschrieben, c/o Lochner, dessen in New York lebende Tochter die Bestellung übernahm. Hoffentlich ist das inzwischen angekommen. Es war bisher die einzige Adresse an die ich mich wenden konnte, Riess konnte keine Antworten annehmen und für Pakete oder Päckchen hatte ich bis jetzt garkeine Möglichkeit, L. schien mit solchen Aufträgen zu sehr überlastet, aber Gottfried hat versucht Euch einiges zu senden. So musste ich zu meinem Schmerz die Periode der Christmas-parcels, die bis zum

15. Okt. terminiert war, verstreichen lassen ohne sie nutzen zu können, und ich bin glücklich die neue (Löwenstein) Adresse zu haben, an die ich gleichzeitig mit diesem Zettel – ohne weiteren Kommentar – zwei kleine Päckchen im erlaubten Gewicht, Schokolade und Zigaretten, absende. Das werde ich jetzt wöchentlich wiederholen, mit verschiedenen Inhalten. Sollte Prof. Löwenstein so gütig sein mir einen sogenannten request-letter zu schreiben oder durch einen Bekannten schreiben zu lassen, den man bei der Post vorweisen muss um grössere Pakete zu schicken, so würde ich sofort eine entsprechende umfangreichere Sendung abgehen lassen. Leider scheint es noch lang zu dauern bis man offiziell korrespondieren oder Sachen schicken darf und es ist immer ein Glücksspiel. An die Dächse hab ich bis jetzt 5 Pakete schicken lassen – ahne aber nicht, was angekommen ist. Die meisten meiner Briefe vom Sommer gingen verloren, da die betreffenden amerikanischen Freunde dauernd ihren Standort wechselten. Aber der Dachs hat von Zeit zu Zeit die Möglichkeit, uns eine Nachricht zu schicken, die letzte war vom 2. Oktober. Sie leben Beide und sind gesund, – soweit, – vermutlich wird es dort auf dem Land etwas leichter sein sich zu ernähren, aber sie schienen auch darüber besorgt. Evchen und ihr Mann, ohne die es vielleicht keine Dächse mehr gäbe, sind viel mit ihnen zusammen. Evchen muss vor Kriegsende noch eine schauerliche Zeit durchgemacht haben, soviel ich weiss hatte man sie nach Theresienstadt geschafft, es ist aber wohl die ganze Familie wieder beisammen. Ich glaube dass ich hier overseas von den verschiedenen Teilen Deutschlands mehr Nachrichten habe als ihr in Berlin. Es kamen Briefe und Berichte aus München, Heidelberg, Stuttgart, viel von Salzburg und einiges aus Hamburg, das eine Oase zu sein scheint. So wenigstens schreibt mir Goverts der von Vaduz aus eine Reise durch Deutschland gemacht hat, dann wieder in Vaduz war und jetzt wieder nach Hamburg übersiedeln und den Verlag neu ankurbeln will. Er hat Euch im Sommer bei einem kurzen Aufenthalt in der amerikan. Zone von Berlin nicht auffinden

können und ich habe ihm nach Vaduz Eure und die Verlagsadresse (Woyrschstrasse) geschickt. Hilpert ist in Hamburg und hat eine offenbar recht wichtige Stellung im Erziehungswesen, Ausbildung neuer Lehrer und Vorbereitung von Schulbüchern. In diesem Punkt wird er wohl zur Zusammenarbeit mit Gottfried kommen (der hier Gottfried B. Fischer heisst). Gottfried arbeitet mit grösster Intensität daran eine Reisemöglichkeit zu bekommen um mit Peter in der amerik. Zone den Verlag neu aufzubauen. Wenn das glückt werden ja auch meine neuen Sachen, besonders das letzte Stück, hinüber gelangen. Ich bekomme dauernd Berichte, auch ›Kritiken‹, über Aufführungen meiner älteren Stücke in verschiedenen deutschen Orten – Berlin, München, Stuttgart, Hamburg u. andere – am neuen würde mir natürlich am meisten liegen, denn es ist, wenn auch weit vom Schuss, für Deutschland geschrieben. Das ›Organisatorische‹ kann ich mir dabei nicht vorstellen, es ist wohl auch unvorstellbar, aber ich möchte nur ausdrücken dass Peter von mir zu allen Schritten oder Massnahmen oder Aktionen, die er für richtig oder nötig hält, autorisiert ist. Die Gesamt-Rechte an meinen Stücken (auch Copyrights) sind bei Bermann-Fischer, nur die amerikan.-engl. Rechte abgetrennt. – Ich habe all diese sachlichen Dinge zuerst erwähnt damit sie in den Brief kommen. Persönlich – wär so unendlich viel zu sagen dass es in keinen Brief geht. Die Hauptsache ist dass Ihr lebt. Wie haben wir uns darum gesorgt! Im Frühjahr hörte ich zum ersten Mal – gleichzeitig mit den Schreckensnachrichten über Haubach, Moltke und andere Freunde, dass Peter im KZ war und Mirl schwer krank – nichts weiter. Könnten wir nur mehr dazu tun dass Ihr die Härten und Entbehrungen gesundheitlich übersteht. Geld könnte ich immer auftreiben obwohl ich selbst nicht darin ersticke. Aber die Hilfsmöglichkeiten sind halt so widerwärtig gering. Wenn ich Mirls Briefe lese hab ich fast das Gefühl dass Ihr nicht mehr umzubringen seid. Das ist ein schwacher Trost. Aber auch bei den Dächsen denken wir oft, sie *wollen* einfach überstehen, bis man sich wiedersieht. Sie sind 81 und 76! und der Dachs schrieb rührende Freudenausbrüche über die Wiederaufführung meiner Stücke und dass es ihnen ›vergönnt‹ war das noch zu erleben. Dabei kommt Einem das mit den Stücken von hier aus so verdammt unwichtig vor. Man denkt mehr an die Leut. Mein Bruder ist seit August 44 in einem kleinen halb-barbarischen Dorf im türkischen Hochland interniert – immer noch – und kriegt bis jetzt in kein anderes Land eine Einreise – auch keine Repatriierung. – Ich selbst habe noch keine Ahnung wann und wie wir herüberkommen können. Visen und Transportation gibt es vorläufig nicht. Ich habe eine *ganz leise* Hoffnung, durch die army zu einer Art Studien- und Rapport-Reise auf ein paar Monate nach Deutschland und Österreich zu kommen, aber der Weg dazu ist unendlich kompliziert und langwierig (wenn man sich nicht wie Riess oder ähnliche auf die Reporter-Karriere hier eingestellt hat oder selbst in der army war). Vielleicht glückt es in ein paar Monaten. Von Henndorf hatte ich Berichte, Dorothy Thompson war im Frühjahr kurz nach ⟨der⟩ Eroberung dort und sah das Haus und seine Pseudo-Besitzer. Natürlich verlang ich es und werde es zurück bekommen. Schon für Winnetou. Für ›immer‹ werd ich dort wohl nicht mehr leben. Man kann und darf die 6 Jahre in Amerika nicht einfach ausradieren. Ich fühle mich heute dieser Seite der Welt ebenso stark verbunden, auch verpflichtet. Wir haben das hier nicht einfach als Hafen oder Wartesaal aufgefasst – sondern versucht hier heimisch zu werden und keine Gastexistenz zu führen. Es war bei Gott nicht leicht. Und wir haben es uns nicht leicht gemacht. Es war oft sehr hart und mühselig und hat manches gekostet, und uns schliesslich mehr gegeben (wenn auch bis jetzt noch nicht materiell. Als Farmer konnte ich grade mit unbeschreiblich harter eigener Arbeit unabhängig leben. Jetzt soll mein neues Stück am Broadway kommen, ich fahre übermorgen zu Besprechungen nach NY. Haltet Daumen. Wir brauchen es – vor allem damit wir zu Euch kommen können!). Ich verkaufe grade einen Teil der Farmtiere u. schliesse das Haus für den Winter. Man ist hier sonst 6 Monate so gut wie von der Welt abgeschnitten. Es würde auch für Jobs etwas zu hart, sie konnte hier wochenlang nicht heraus, ich nur auf Ski oder snowshoe. Wir ziehen in ein kleines Haus an der Hauptstrasse. Adresse bleibt die gleiche! Bitte schreibt wieder!! Ich sende Kaffee in Halbpfundpäckchen, mehr geht nicht ohne »request«. Seid umarmt!! Auf Wiedersehn!!

Carlchen

38 Annemarie Seidel an Carl Zuckmayer

Berlin, 21. November 1945

Liebstes Carlchen,

mein Zimmer ist, infolge des einzigen Ofens im Hause, zum Arbeits- und Esszimmer des Hauses, sowie Wartezimmer für Besucher und für Sekretärinnen degradiert, und wenn ich meines Amtes als Köchin, Schlangensteher und Heizer mal auf eine Stunde ledig bin, habe ich keine rechte Konzentration, wie man überhaupt des Rechtes zu träumen verlustig gegangen ist. Dieser Winter wird überhaupt schwer zu bewältigen sein, nach dem vorigen Krieg war es leichter, nicht so aschgrau und verbissen, wie es gegenwärtig ist. Gottseidank komme ich selten in die Stadt, sie sieht zum Händeringen aus, ein starrendes Skelett, eine einzige Wunde mit verkohlten Wundrändern, und in den Bahnen trampeln sich die Leute tot, und gut angezogene bessere Herren stürzen wie Geyer auf die fortgeworfenen Zigaretten der Amerikaner. Zigaretten kosten 7,50 M, Kaffee 500, Zucker 101 M, u.s.w. Von Gottfried kamen zwei Päckchen an und eins mit Wollsachen, grosse Freude verbreitend, wie herrlich wenn Deine Tabackpakete kommen, das ist die grösste Entbehrung, wenns möglich ist einmal ein primitives Feuerzeug mit einigen Steinen einzulegen so hilfst Du einem schweren Übel ab. Wir leben hier mit nur geringen zivilisatorischen Errungenschaften. Das hier ist allerdings Gold gegen Potsdam, wo wir monatelang ohne Strom Wasser und Fensterscheiben existierten, durch einen eisernen

Vorhang von der Welt getrennt, und vor allen Dingen gänzlich ohne Fett und Fleischzuteilung. Trotzdem habe ich, was eine medizinische Unglaubwürdigkeit ist, meine Lunge wieder so ziemlich auskuriert, nach einem unangenehmen Fieberausbruch Ende Mai (Frühinfiltrat auf tuberkulöser Grundlage, lass es Dir von Jobbs erklären). Ich hatte phantastische Sommernächte in Babelsberg mit Nachtigallen und Mond auf zerschossenen Terassen, Freunde mit denen man Pferde stehlen konnte, und nicht ohne erhebliche Gefahr aus den Gärten ausgebuddelte Flaschenbatterieen. Die Wälder lagen voll toter Soldaten und voll von Bibliotheken, die die Russen dort Lastwagenweise ausgekippt hatten. Wie traurig, als es dann in Strömen auf all das regnete.

Peter war der erste Verleger in Berlin dem Lizenz erteilt wurde, was mit einiger Feierlichkeit vor sich ging. Seitdem, und seit die Postgrenzen gefallen sind, geht es in unserm Hause sehr lebhaft zu. Es ist dafür gesorgt, dass das Leben nicht ins Vegetative, in die pure Notdurft abgleiten kann, was angesichts der Lebensmühen die grösste Gefahr ist. Wir verloren alles an Besitz, was sich spärlich ansammelte ging bei den letzten Angriffen und durch Plünderungen und Beraubungen wieder verloren. Dies ist ein allgemeines Schicksal hier; wer gnädig davon kam und sich länger über Wasser halten konnte musste später nachzahlen. Ich habe, nach Absolvierung aller damit verbundenen Krisen, das Gefühl für Besitz ziemlich verloren. Es ist damit wieder ein Stand der Unschuld und Unbelastung erreicht. Kampen blieb erhalten, hat aber etwas Unreales für mich, schon deshalb weil ich zwei Jahre nicht herauf gekommen bin; letztes Jahr war ich fortlaufend mit Peters Befreiung beschäftigt, musste am Tatort bleiben und konnte Reisen nur einschieben wenn sie diesem Zweck galten. Seine wechselnden Aufenthalte mussten immer neu ermittelt werden, auf diese Weise habe ich ein gut Teil der Gefängnisse und Zuchthäuser Berlins und Umgebung kennen gelernt; alle Erlebnisse dieser Zeit musst Du Dir auf dem Hintergrund fast täglicher schwerer Bombenangriffe und Alarme vorstellen. Dabei ereignete sich vieles was meinem Sinn für Consequenz und Absolutheit entgegenkam, und auch Dich mit einem grimmigen Entzücken erfüllt hätte. Nun, Deutschland hat, begleitet vom Gebrüll seiner Versammlungen, die wie eine akkustische Darstellung der Breughelschen Bilder waren, seinen Höllensturz getan, und nun wird es drauf ankommen, dass es nicht ganz von seinen Genien verlassen bleibt!

In dem Fröhlichen Weinberg selig bin ich nicht gewesen da ich da noch in Potsdam war. Die Theater liegen etwas im Lahmen, man hat auch wenn man darin sitzt nicht die rechte Konzentration und keine nachhaltigen Eindrücke, auch sind sie ungeheizt. Dieses Aufwärmen von Dingen, die früher aus dem Augenblick und aus dem Elan geboren wurden wie z.B. 3Groschenoper, scheint nicht das richtige. Auch ist, was wir privat erlebten, so erschöpfend an Phantastik, dass es eine Entsprechung nur aus einer ganz andern Linie, der absolut Märchenhaften, finden könnte.

Über diese Ideen habe ich die letzten Jahre viel nachgedacht und auch geschrieben. Die Welt mit ihren Gesellschaftsverknüpfungen und deren Kausalität ist hier wirklich zusammengebrochen, es bleibt nur der Ur-Stoff, die Urweisheit, die Wahrheit und die Wirklichkeit des Märchens. Diese Dinge könnten sehr fruchtbar werden, und sie rühren auch an die Lebensquellen Deutschlands. Sie müssten in die Erscheinung treten.

So, nun kann ich den Brief nach der sechsten Unterbrechung binnen einer Stunde wieder aufnehmen. Ich möchte Dir nahelegen, Dir den Seidenen Schuh von Claudel zu verschaffen, und ihn die Wintermonate noch einmal zu lesen. Das Stück hat mich lange Zeit über Wasser gehalten, es ist umfassend kühn und zukunftsträchtig, man findet nach jeder Richtung hin ein volles ungeteiltes Entzücken. Es hat sogar Provinzen des Humors, obgleich dieser bei Claudel immer etwas flach und drastisch ist. Das Buch erschliesst sich schwer aber es lohnt die Mühe. – Dabei fällt mir Albrecht Joseph ein, gehört er schon so zu eurem Inventar, dass Du ihn garnicht erwähnst wie etwa einen geblühmten Ohrensessel, in den ab und an dämonisches Leben einschiesst?

Ich wüsste gern ob Winnetou bei euch auf der Farm lebt?

Gestern erhielt ich einen Brief von Evchen, den ersten seit ihrer Mitteilung im März, dass sie von der Gestapo eingezogen sei. Mein Verkehr mit ihr ging, seit Peter verhaftet war, natürlich nur über Verbindungsleute. Sie scheint die Sache gut überstanden zu haben und entsendet perfide Pfeile ihres Humors. Am 30.10. haben also die Dächse noch keine direkte Nachricht von euch, sonst haben sich alle Verwandten Evchens gemeldet, die Dächse sind höchst ungeduldig und recht alt geworden. Alles denkt Du würdest in Vertretung irgendwelcher Amerik. Belange plötzlich dastehn; auch ich dachte offengestanden, Du würdest mit einem einzigen Satz hier sein, schon weil der Jobbs doch neugierig ist. Oberstdorf soll verpflegungsmässig relativ gut sein, Evchen schreibt Kartoffeln Äpfel und derartiges in Fülle, es herrscht also keine Hungersnot wie hier. Auch Milch. Man kann über das Schicksal aller in Süddeutschland gelandeten Freunde ziemlich beruhigt sein, auch Hamburg soll gut sein obwohl man jetzt immer mehr Stimmen hört, die die Anzeichen einer Erholung als Scheinblüte bezeichnen. Die Pleite ist noch unübersichtlich und von niemand voll realisiert.

Dem Peter gehts leider gesundheitlich garnicht gut. Seine Zähigkeit ist ja enorm; aber er hat im Lager einen Schaden, einen Riss an der Wirbelsäule davongetragen der ihm zu schaffen macht, und wie Potsdam in Schutt gelegt wurde, hatte er sich noch nicht wirklich von seinem zweimonatlichen Krankenlager erhoben. Belagerung, Beschiessung und der Einbruch der Russen war nicht die Rekonvalescenz, die wir uns vorgestellt hatten, und dann kamen diverse Austreibungen aus unsern diversen Niederlassungen, gewöhnlich binnen einer Stunde. Hier haben wir nun so schwer zu schuften, dass wir nicht zu uns kommen, aber es soll alles gut sein, wenn eine Leistung zustande kommt. Mit Gottfried steht er in regelmässigem Briefwechsel. Leider gehen Päckchen verloren, wie das an Riess, der inzwischen in Paris war. Am besten funktioniert Lochner.

Sei gegrüsst Carlchen, gegrüsst Jobbs. Lade mich als unsichtbaren Gast in einer nach Holz und alten Fässern duftenden Bar an Deinen Tisch. Wo man die grossen Ozeandampfer schreien hört.

Gott segne Dich zu Weihnachten und zu Deinem Geburtstag!

Deine
Mirl

39 Annemarie Seidel an Carl Zuckmayer

Berlin, 5. Dezember 1945

Liebstes Carlchen,
vor einigen Tagen kamen Deine Päckchen gerade in eine unsagbare Pleite hinein. Es war herrlich. Jetzt wirst Du in New York sein. Könnte ich mir nur vorstellen in welcher Umgebung Ihr lebt. Immer drängt sich die Wiesmühl dazwischen. Ich habe ein schönes Zimmer mit den geretteten Bildern an den Wänden (das ist das einzige was gerettet ist übrigens) und eine Aussicht auf Obstgärten, als ob ich irgendwo in England auf dem Lande wäre, jedenfalls nicht in Berlin. Am 20. November bekam ich die Nachricht, dass meine liebe Mama am 10. November nach einem Krankenlager von zwei Tagen, eher einer Ruhebedürftigkeit, und einem kurzen Kampf entschlafen ist. Und ich war nicht bei ihr! Sie war bis zuletzt von lebendigem Geist, eigentlich genau wie früher, las und nähte viel und machte täglich Spaziergänge allein – nur war sie unsäglich zart und rührend geworden. Sie lebte bei Ina in Starnberg, die kürzlich ihren Mann verloren hat. Sie war 84 Jahre alt geworden. Ich muss es ihr wohl gönnen und ihr das Recht zugestehn aufzubrechen. Aber es traf mich fürchterlich – es ist so unendlich viel mit ihr verbunden. Und wird man jemals

einen Menschen so kennen? Aber wie hätte sie sich gegen diesen Winter behaupten sollen.

Das fällt auch uns schwer. Bis jetzt haben wir nur einen Ofen, in meinem Zimmer, in dem sich das gesamte Leben mit Besuchen, Sekretärinnen usw abspielt, das ist eine harte Prüfung. Jetzt habe ich – unberufen – dienstbare Geister – eine Mutter Wolfen, und dazu ein nettes Flüchtlingsmädchen aus Ostpreussen, und da der Peter in Bayern ist wohin er von den Amerikanern gefahren wurde, kann ich wirklich einmal an meinem Tisch sitzen bleiben. Glaube nicht etwa man könne in Deutschland schon reisen! Dazu gehört eine eiserne Konstitution, eine viehische Geduld und die Kraft alles über den Haufen zu rennen, was dir Deinen Platz in der offenen Lore streitig macht. Ausserdem muss man dazwischen immer viele Kilometer mit seinem Köfferchen zu Fuss gehen. Post nach München dauert 10 bis 12 Tage. In München halten sich 1500 unbeschäftigte Schauspieler auf. In Hamburg, das sich zuerst vielversprechend anliess, soll Leben und Verpflegung auch wieder gedämpfter sein. Es dauert eben.

Ach Freundschaft, nun geht das Jahr bald wieder aufwärts – noch ein paar Wochen. Wenn Ihr im Sommer kommt, richtet euch doch darauf ein wochenlang in Kampen zu sein. Es ist wirklich herrlich dort. Ihr hattet im Winter keinen vollen Eindruck. – Ich möchte so gern in Erfahrung bringen, was der Jobbs all die Zeit getrieben hat, wohin mit dem Überschuss der Energieen. Und was für Tiere habt Ihr? Ich bekam ein Couvert mit einem interessanten weissen Pulver und denke, ich mache die Füllung meines Weihnachtskuchens daraus. Ich möchte gern Dein Buch lesen – second wind? Und Stücke. Das nächste Mal mehr und Interessanteres.

Schreibt bald! Es umarmt Euch

Eure Mirl

Bitte um etwas Kaffee!

Bitte um etwas Thee...

Ein schönes Vergeltsgott auch.

40 *Carl Zuckmayer an Annemarie Seidel*

Barnard, 12. Dezember 1945

Liebste Mirl,
diesen Brief schicke ich doppelt, mit Durchschlag, damit er etwas mehr Chance hat anzukommen. Die Sekretärin von Riess übernimmt keine Sendungen mehr, von Lochner's Tochter hörte ich dass er derzeit nicht in Berlin ist, und wir haben den Verdacht, Löwenstein könnte in Nürnberg sein, daher versuche ich, ausser der seinen, diesmal noch eine andere Adresse. Bitte lass mich dann wissen welcher Weg der raschste und sicherste war. Mit Deinem Brief vom 21. November – (der so lebendig war dass ich Dich sprechen hörte, die gewissen Pausen, den unerwartet nach innen gezogenen Atem, und die leichte Heiserkeit), – hat Löwenstein uns einen request-letter geschickt wie man ihn hier in Vermont immer noch auf dem Postamt vorweisen muss um mehr als 8 ounces (ein halbes Pfund) abschicken zu dürfen. (In New York geht es auch ohne das). Jobs fuhr sofort nach Woodstock (dem nächst grösseren Ort hier, in dem wir einkaufen) und schickte ein Fünf-Pfund-Paket an Löwensteins Adresse mit Herrlichkeiten mit deren Aufzählung ich Dich nicht quälen will so lang Ihr es nicht wirklich habt. Ausserdem brachte sie ein sehr gutes Feuerzeug mit Ersatzsteinen, das ich gleichzeitig mit diesem Brief in einem Halbpfundpäckchen abschicke, ich glaube es gehen noch ein paar Zigaretten hinein. Bis jetzt habe ich 6 solche kleinen Halbpfundpäckchen an Euch abgeschickt, Bermanns schickten 12 grosse Pakete, wolle Gott es erreicht Euch ein Teil davon. Eine Freundin von mir, die ich jetzt in New York traf, fuhr grade in die Schweiz zur amerikan. Legation und nahm einen grösseren Kasten Zigaretten für Euch mit, den sie durch Bekannte vom Mil. Government nach Berlin zu senden versprach. Ich war auch grade in New York als, vor einer Woche etwa, nach langem Warten, wieder direkte Nachricht von Peter an Gottfried eintraf, ich habe alles gelesen, auch die Verlagsankündigungen. Leider ist unsre Ver-

bindung und die Dauer der Nachrichten immer noch eine Zufallsangelegenheit. Wir hoffen von Woche zu Woche auf eine Erleichterung. Inzwischen bitte aber doch den Prof. Löwenstein, uns wieder einen solchen request-letter zu senden, (in dem er einfach um canned food, coffee, sugar, sweets and so on ersucht), er gilt immer nur für *eine* Sendung u. man muss ihn auf dem Postamt abstempeln lassen ... Gestern bekam ich zu meiner grössten Freude einen langen Brief von Evchen, aus München, wo sie mit Moritz zu Besuch war und sich offenbar gut unterhielt – mit der Mitteilung dass nun endlich die Dächse einige unsrer Nachrichten bekommen haben. Wir waren schon ganz verzweifelt, weil wir seit Juni jede Woche und an alle möglichen Adressen geschrieben hatten und immer wieder die Klage kam, sie hätten seit einem Jahr nichts von uns gehört. Jetzt scheint es endlich zu funktionieren, direkte Bestätigung von den Dächsen erwarten wir noch, aber Evchens Bericht über ihre Lebensbedingungen war äusserst beruhigend, wie Du ja auch schon geschrieben hast sind sie mit den wichtigsten Lebensmitteln reichlich versorgt – bessere Dinge versuchen wir zu schicken – und sie haben Kohlen genug um nicht zu frieren. Ja, wenn es nach mir ginge, wäre ich schon längst – in ›Vertretung irgendwelcher Belange‹ – mir wäre jeder recht – drüben. Nicht für immer. Sechs Jahre, wie wir sie hier gelebt haben, gehen nicht spurlos vorbei und lassen sich nicht einfach zurückdrehen. Sie haben genug Humus angesetzt, Wurzeln gezogen, Fäden gesponnen, Gewebe gebildet und neu durchblutet, die man nicht wieder zerreissen kann ohne ernstlichen Schaden zu nehmen. So komisch es klingen mag – Amerika ganz zu verlassen würde für Jobs und mich eine neue Emigration bedeuten, und die erste war schwer genug zu überkommen. In sieben Jahren verwandelt und erneuert sich die menschliche Blutsubstanz – im hiesigen Klima mag das sogar ein bischen schneller gehn – die ›Akklimatisation‹ und das ›adjustment‹ werden teilweise zu einem biologischen Vorgang. Das eigentliche Wesen, der Kern, besonders der seelische, bleibt wohl unveränderlich, aber es kommen

Ergänzungen hinzu, merkwürdige kleine Umbildungen der Membrane, der sensuellen und der geistigen, andere Empfänglichkeiten, – Spuren, Tupfen, Eindrücke, die sich nach innen fortpflanzen und organisch werden. Vor allem ist es ein Gefühl für Weite, in jeder Beziehung, ohne die uns das Atmen schwer würde. Zunächst allerdings stockt Atem und Herzschlag bei jedem Gedanken an Euch und bei jeder kleinsten Nachricht von drüben, – und, abgesehen von dem brennenden Wunsch, die Dächse, Euch, ein paar andre Freunde, wiederzusehn und wochenlang mit Euch durchzureden, leben wir in einer dauernden Unruhe oder Beklemmung, einem immer bohrenden Gefühl von Ungeduld das sich in die Träume einschleicht – und das kann sich nicht lösen bis man einmal wieder dort gewesen ist – und *gesehen* hat. Der Gedanke an diese zerstörte Welt wird zu einer geradezu selbstquälerischen Vorstellung und man wünscht sich den Schmerz, den die Begegnung damit bedeuten würde – und sehnt sich mehr als je nach der Wiedervereinigung mit Euch und Eurem Leben, die doch brieflich nur unvollkommen ist. Natürlich habe ich nach Kriegsende sofort versucht, eine ›mission‹ zu bekommen – unter Zuhilfenahme all meiner Beziehungen hier, aber so etwas geht undenkbar langsam und ist mit allen möglichen Schwierigkeiten verknüpft. Nur wer vorher sich schon als Journalist oder Korrespondent etabliert hatte, was nicht meine Sache ist, oder wer in der army war, kann das leichter erreichen. So schreibe ich immer wieder Lebensläufe, mache applications und gebe Erklärungen ab, und jetzt besteht wirklich eine leise Chance, dass ich, etwa im Frühjahr, zu einem speziellen informativen Auftrag hinübergeschickt werde, aber es liegt noch alles im unerforschlichen Ratschluss gewisser Büros. Erschwerend kommt hinzu, dass viele unsrer – besonders der politischen Emigranten sich hier haarsträubend töricht oder schlimmer aufgeführt haben und damit die ganze Kategorie einem gewissen Misstrauen ausgesetzt, durch impotente statements und Manifeste zur falschen Zeit, durch das unbelehrbare Kleben an ihren engen, parteilichen und ideologischen Unterschieden, Gegensätzen und Ärgernissen, ohne zu merken dass die Grundlagen dafür längst zerstäubt und zerstoben sind, – ja durch gegenseitige Denunziationen, öffentlichen Zänkereien und Cliquenkämpfen. Ich hab mit alledem nichts zu tun, das war mit einer meiner Gründe mich so völlig aufs Land und in eine andere Lebensform zurückzuziehen, ich bin nie einem ihrer Grüppchen beigetreten (und daher auch als ›Individualischt‹ arg verschrien), ich will ja auch bei Gott drüben nicht die Regierung übernehmen!!! Aber es ist dadurch für jeden Einzelnen, der zu einer vorübergehenden Aufgabe hin möchte, komplizierter und schwieriger. Gut wäre, und wohl sehr beschleunigend, wenn ich von einer Stelle des Mil. Government dort, etwa vom Theater Officer in Berlin, angefordert würde, entweder durch einen persönlichen Brief an mich oder durch Schreiben an die OSS und das Department for cultural cooperation – am besten beides. Etwa zur Beratung im Wiederaufbau des Theaterlebens, zu Zwecken kulturellen Austauschs usw, auch zu Vorträgen (über die Wirklichkeit Amerikas, drüben völlig unbekannt, was ich tatsächlich gern machen möchte). Vielleicht kann Peter einmal mit jenem Mr. Hogan, der mir so nett wegen meines neuen Stückes geschrieben hat, und mit dem er in Verbindung steht, darüber beraten. By the way: dieser Mr. Hogan teilte mir mit dass Tantiemen aus Aufführungen von Theatern mit amerik. Lizenz entweder an ⟨den⟩ Suhrkamp-Verlag oder einen american fiscal officer ausgezahlt werden. Evchen teilt mir grade mit dass die Dächse ihre Fabrikpension nicht mehr bekommen und das Fit sich Sorgen macht. Ich werd mit nächster Post, sobald ich nach Woodstock herein komme, eine notariell beglaubigte Erklärung an Peter schicken (Amerikaner verlangen immer solche Beglaubigungen) dass ich wünsche dass alles für mich verfügbare Geld an meine Eltern ausgezahlt wird. Wenns auch nicht viel ist könnte es doch ihre Sorgen beheben. – Ich komme grad aus New York zurück wo ich für dieses neue Stück einen Uraufführungsvertrag abgeschlossen habe, mit dem ziemlich besten Theatermann den es am Broadway gibt. Dadurch haben wir auch wieder ein bischen Geld bekommen, wenn auch zunächst nur vorschussweise, (aber ich habe auch grad eine alte Novelle als Filmstoff für die schöne Dolores del Rio verkauft sodass wir für die nächsten paar Monate gesichert sind. Mittlerweile mag die Aufführung des Stücks uns reich oder arm machen, aber ich arbeite auch an einer bestimmten Auftrags-Geschichte – auf englisch! hard labor!! – um nicht nur auf den Zufall von Erfolg oder Misserfolg angewiesen zu sein). Bei uns war eine Premiere schon eine Art Lotterie, hier ist es reines Roulette, Zero or nothing. In diesem Fall ist es ein doppeltes Wagnis denn das Stück spielt in Deutschland und hat nicht den hier bekannten Anstrich einseitiger Tendenz den Du Dir denken kannst. Ich habe es im letzten Frühjahr nach langer Pause fertig gemacht, ich musste es mir herunterschreiben und jetzt kommt es mir selbst schon ganz historisch vor – vielleicht ein vergeblicher Versuch, für den es keine dramatische Lösung gibt. Möglich dass die Stockholmer Neue Rundschau in Eure Hände kommt in deren Oktoberheft sie den Dritten Akt abgedruckt haben – den ich am wenigsten mag, denn er enthält grade jene kaum zu lösenden Konflikte – wenigstens nicht real zu lösen – und grenzt daher ans Rhetorische. Die ersten beiden, besonders der erste Akt der bei Horcher spielt und auch viel Komik hat, finde ich viel besser – aber die Bermanns lieben grade den dritten und bestanden darauf. Alsdann. Der Mond fällt deshalb nicht ins Meer. Es erscheint auch in Stockholm bald als Buch (eine kleine – henndorferische, mehr verträumte und traumgemäss skizzierte – Novelle ist da auch jetzt erschienen), – aber im Aufführungsvertrag hier musste ich mich verpflichten es (das Stück) nirgends *vor* New York spielen zu lassen, auch noch nicht in Zürich wo es schon angenommen ist. Der Vertrag ist jedoch kurz befristet – nur bis zum Ende dieser Spielzeit (Mai 46). – Die Aufführung des Weinberg hat mich seltsam berührt, – eher ein bischen peinlich. Und wenn ich den Theaterzettel anschaue, den Mr. Hogan mir schickte, und die Kritiken – so stelle ich mir schaudernd das unerträgliche Geschrei vor und die taktlos forcierte, gewaltsame Rüpelei und Bodenschtändischkeit, die da vor sich gehen mag – Namen lesend wie Stahl-Nachbaur – – und die unsterblichen wie Schröder-Schromm und Werner-Kahle... Ich kann mir nicht denken dass das schön war und dass es passend sein konnte. – Ja, wenn ich siebzig bin, möchte ich das Stück mal selber machen – aus holder Erinnerung und Herbsthügelduft, dass es klingt wie eine Spieldose. Aber jetzt und dort – scheints mir eher fehl am Platz und ich kann mir auch nicht denken dass es angenehm ist so viel vom Essen und Trinken zu hören. Früher eilten die Leute dann hinterher zu Peltzer. – Du sagst da, glaube ich, in Deinem letzten Brief etwas unübertrefflich Richtiges: nämlich dass nur das Absolut-Märchenhafte noch ausdrücken mag was sich aus all der rapiden oder allmählichen Umschmelzung in uns und um uns, niederschlagen kann. Ich spüre und bedenke das ganz ähnlich – aus einem andren Dampftiegel oder Pulvermörser heraus. Die Zeit zum Dichten bricht an. Übrigens wächst manchmal hier inmitten von best-seller-Wüstenei etwas ganz Dichterisches und Wunderbares – ich versuche nächstens Dir ein grad erschienenes kleines Bändchen von einem Amerikaner zu schicken das Dich entzücken wird. Im grossen Ganzen ist die Literatur hier, die in diesem Jahrhundert schon einmal recht kräftig anlief – überhaupt das Künstlerische, auch in Film und Theater, – in den letzten Jahren hier schwer zurück geebbt. Das Stärkste, manchmal an Dichtungsgrenzen, waren Tatsachenberichte, der nackte und harte Stil direkter Aussage, die Fähigkeit das unmittelbar Erlebte wahrhaftig auszudrücken. Mein Leben aber, während der letzten 4 Jahre, war unausdrückbar, und ich weiss es erst jetzt: reine Kontemplation. Ich meine die Farm, die körperliche Arbeit von früh bis spät, das Erlernen und Bemeistern unzähliger praktischer, technischer, handwerklicher Disziplinen, der massive Kampf mit Wetter und wilderness, oft in Schinderei, oft ins Jack-London-hafte ausartend, die ›hardships‹, die dauernde Befassung mit der direkten Realität, das Holzschlagen, Melken, Stallreinigen,

Säckeschleppen, Pflügen, Heumachen, Dachreparieren, Ofenrohrputzen, Schneeschippen, Milch-Separieren, Eierzählen, Tiere schlachten (was ich ganz satt habe) und verkaufen – jetzt ist mir klar dass es wie ein Vorhang war hinter dem ich den kontemplativsten Zustand eines Nicht-Yoghis erreichte, eine Versenkung, oder Besinnung, zu der man wohl nur kommt wenn man zum bewussten Nach-Denken keine Zeit mehr hat und vergisst dass man schreiben kann. Ich habe zeitweise wirklich nicht gewusst ob ich überhaupt wieder anfangen werde zu schreiben. Bis es dann kam wie ein Zwang, wie ein Dammbruch. Diesen Winter haben wir die Farm zugesperrt (denn im Winter dort hausen bedeutet nichts anderes zu tun als das Einfrieren von Wasserleitung, Mensch und Tier zu vermeiden), und sind, bis 1. Mai, in ein kleines Häuschen in dem sehr kleinen und stillen Dorf hier gezogen. Die Farmtiere zum Teil verkauft zum Teil bei einem Nachbarn untergebracht. Auf der Farm haben wir Nachbarn nur in 3 Meilen Entfernung. Und man kann keine Hilfe kriegen, ich hatte nur manchmal einen Boy. Hier herrscht das kanadische Klima, heut zum Beispiel geht jener durch alle Wände schneidende Eiswind bei etwa 30 Grad Kälte nach unsrem Reaumur – und es sinkt oft auf 40-50 unter Null. Ich bin nur froh dass es in Zehlendorf nicht ganz so kalt sein mag und dass es diesen Wind und diese Blizzards dort nicht gibt. Es waren erstaunliche Jahre, grosse Arbeit, viel Abenteuer, meistens hinterher spasshafter als im Augenblick, und für Jobs eine enorme Leistung die sie prächtig bewältigt hat, die aber doch zu viel wurde. Und obwohl ich nie mehr vergessen werde wie man einem kranken Stück Vieh den Magen auspumpt oder eine gefrorene Wasserleitung enteist oder Corn sät oder ein Kartoffelfeld gegen den Colorado-Beetle spritzt – so sinkt doch all das jetzt unter und rinnt zusammen wie zu einem vielfarbigen Lichtreflex hinter geschlossnen Lidern – so wie die Erinnerung an unzählige dunkle Wintermorgende und flammende Sonnenaufgänge über dem vereisten Wald und an die Nordlichter, die hier im Spätsommer lautlos über den Himmel brausen. Winnetou war meine beste farm-hand, wenn sie bei uns lebte – ein cow- und horse-girl par excellence, ich seh sie noch immer mit den Händen an den Hörnern jener störrischen Jungkuh hängen, die Beine in der Luft, – die sie im Sommer jeden Abend im Galopp von der Weide herein dirigierte. Sie ist sehr hübsch und sehr lieb, dabei von einer merkwürdigen seelischen und intellektuellen Verschlafenheit, aus der sie sich, wenigstens von uns, nicht aufstören lässt und über die Jobs sich bis zu tobenden Krachs aufregt. Ich finde es weniger aufregend. Vielleicht hat diese Generation ihren Grund, spät aufzuwachen und sich lange vor allzu leidenschaftlichen Interessen zu hüten. Mit Michi ist es ein bischen anders und doch ähnlich. Sie ist realer. Übrigens hat sie eine Stellung bei der Washington Post in der Capitale mit der sie sich völlig ihren Unterhalt verdient. Winnetou ist nach 5 Monaten mit uns jetzt in San Francisco bei Freunden, bereitet sich auf die University of California vor – nachdem sie ein Jahr in einem Musikconservatorium in Ohio war, es aber verliess, da sie zu der (höchst respektablen) Auffassung gekommen war dass es zur Kunst nicht reicht und dass sie lieber Dirne als Lehrerin werden will. Dirne liegt ihr aber auch garnicht und in San Francisco will sie versuchen Zoologie zu studieren – wovon sie vage Ideen hat. Aber sie fährt täglich über die Golden Gate oder Bay Bridge und lebt nah am Pazific. Und ist 4000 miles von uns weg was ihr zunächst mal gut tun mag. Beide Mädchen träumen vom Zurückgehen – ohne recht zu wissen was das ist. Sie müssen es sehen – hoffentlich bald. Selbst sehen was von ihrem verlorenen Kinderparadies geblieben ist. Das werden sie brauchen. Das wird ihnen wohl bevorstehen. Warum fällt mir plötzlich Eichendorff ein? Hast ein Reh Du lieb vor andern – (und: Hüte Dich! Bleib wach und munter ...). Womit ich diese viel zu kurze Epistel beschliessen muss als Dein immerwährendes

Carlchen

Dass Du ein medizinisches Wunder bist, ist mir nicht neu. Lieber wüsste ich Euch beide mal ein Jahr in der Schweiz.

Das nächste Mal werde ich von New York berichten. Tausend Grüsse und alles Beste für Peter!

Was ist aus der Gustl Mayer geworden?

41 Carl Zuckmayer an Annemarie Seidel

Barnard, 16. Dezember 1945

Deines Geburtstages, liebste Mirl, habe ich im letzten Brief nicht gedacht, (es war zu viel auf einmal zu bedenken) und es fiel mir erst später ein, dass Du dies Jahr einen Abschnitt erreichst, der mir erst im Dezember 46 bevorsteht. Glück und Segen für die nächsten – sagen wir die andere Hälfte. Ich kann mir leicht vorstellen dass Du sie, wie das Glas-Herz das einen Sprung hat, aber nie zerbricht, vollendest. Während wir dicke Burschen vielleicht schon früher modern. Versuche nicht, dieses Wort auf der zweiten Silbe zu betonen. Ich persönlich möchte mir keine Verjüngungsspritzen machen lassen, wovon jetzt hier viel die Rede ist. Es heisst in Russland habe man das nun wissenschaftlich so weit gebracht, dass man einen Sechzigjährigen in allen organischen Funktionen zu einem Dreissigjährigen zurückverwandeln könne und amerikanische scientists arbeiten angeblich an der allgemeinen praktischen Verwertbarkeit dieser Versuche: normale Lebensdauer von 150 Jahren. What a bore. Ich stelle mir auch das Altern, wenn es von selber kommt wie eine Jahreszeit, als etwas unentbehrlich Schönes und Wünschenswertes vor. Ich rechne damit dass es spät anfängt und sich über einige Jahrzehnte verteilt. Wenn die physische Intensität nachlässt – bei mir ist heute eher das Gegenteil der Fall – sollte sich die geistige stärker spannen und klären. Und ich glaube nach wie vor, dass der Alkohol, nicht zu mässig genossen, eine enorme Gesundheitsquelle ist. Übrigens stirbt die Emigration in rascher Folge und mückenartigem Tempo dahin. Vor ein paar Tagen schloss Dein ehemaliger Staatstheater-Boss, der brave Leopold Jessner, die Augen, er war nur 67. Theaterleiter scheinen im Himmel gebraucht zu werden, auch Eugen Robert wurde abberufen, und Reinhardt starb einen Monat nach seinem siebzigsten Geburtstag – zu dem ich, bei einer schönen Feier in ganz kleinem Kreis, die Festrede gehalten habe. Er sah wunderbar aus an diesem Geburtstagsabend, seine Haare waren ganz silbern geworden, nicht weiss, sondern wie eine matt-silbergraue Kappe oder eine flache Haube auf einem sehr straffen, von Meerluft braunen Gesicht. Die Feier, im Extrazimmer eines österreichischen Lokals in New York, mit Kerzen, Rindfleisch und Champagner, hatte etwas Heiter-Gerührtes und Rührendes und war doch auch recht gespensterhaft. Das Leben begegnete mir in dieser Nacht erst viele Stunden später wieder, in Gestalt eines zwei Meter hohen New Yorker Polizisten, hier Cop genannt, der mich in einer Kneipe erwischte die die Sperrstunde überschritt, wobei sich herausstellte dass er nach dem letzten Krieg am Rhein gewesen war. Wir überschritten weiter, tauschten Zigarren, wurden Freunde fürs Leben und versicherten einander dass wir sons of bitches seien, was man hier so freundlich zueinander sagen kann wie in Bayern die Aufforderung. Es bedeutet, in solcher Laune, nicht viel mehr wie ›Alter Schwede‹. Ich treffe ihn noch manchmal, wenn ich nach New York komme, er macht midtown-Nachtdienst und ist eine unschätzbare Beziehung. Von unsren Theaterfürsten aber lebt nur noch Barnowski, der, wohl auch schon schlimmer Ahnungen voll, säuerliche Nachrufe auf die anderen hält. Glücklicherweise macht die Bergner grosse Kasse, sodass es ihm nicht so schlecht geht. Sie spielt einen Reisser, in dem sie zuerst hochblond und mit kindlichen Turnübungen in die Ehe mit einem heimlichen murderer hüpft, um dann wie ein krankes Vögelchen in rotseidenen Pyjamas winzig in der Ecke einer unförmig grossen Couch zu kauern. Reinhardt nannte sie einen vergreisten Kinder-Imitator. Aber den Leuten gefällts und es geht seit zweieinhalb Jahren. A la bonheur. –

Sehr merkwürdig ist dass ich ganz kurz bevor Dein letzter Brief kam grade den Seidenen Schuh selbst wieder gelesen hatte. Vielleicht dadurch angeregt dass er vor kurzem als Silk Slipper in englischer Buchübersetzung hier erschienen ist – von den reviews mit Abscheu und Schauder als irrationale Konfusion bezeichnet. Komischerweise, obwohl ein Buch wie Werfels Bernadette (die Heilige von Lourdes) hier als Buch und Film einen enormen, jahrelang dauernden Massenerfolg hat, obwohl gewisse frühere leftwing-highbrows sich (vielleicht in Ungewissheit über die ideologische Linie der Marschälle Stalin und Zhukow) dem Mystizismus zugewandt haben und – buchstäblich – in Hindu-Klöster gehen, – haben die offiziellen Vertreter der Intelligenz hier eine höllische Scheu vor allem was ›irrational‹ oder ›unrealistic‹ sein könnte und nach tieferen Deutungen, nach Bedeutung riecht. Man flüchtet sich dann gleich in solche Schlagworte wie ›Kleriko-Fascism‹ oder ›reactionnary-religious tendencies‹, die dem Claudel fremder sind als seinen Kritikern. Ich las es in deutsch natürlich und vielleicht ist es wie vieles auf englisch entzaubert und unaussprechlich, also unbegreiflich geworden. Es ist kaum auszudenken was alles im englischen unaussprechlich wird und wie fast alles gross Gesagte – in einer andren Sprache die Grösse eines Gedankens oder einer Empfindung einfach oder bildhaft aussagend – hier sofort grossrednerisch oder peinvoll oder bedrohlich empfunden wird, – als erröte die Sprache und wende sich ab und verstecke sich vor dem, wozu sie eigentlich da ist. Nur im Indirekten, oder im Rein-Tatsächlichen, oder in dem was man casual oder factual nennt, traut sie sich produktiv zu werden.

Dabei schrieb neulich einer der Wissenschaftler, die das erste Experiment mit der Atombombe in der Wüste von New Mexiko beobachtet haben: Plötzlich sahen wir jene Farben, genau jene Farben, wie sie Matthias Grünewald in der Apokalypse seines Isenheimer Tryptichons vorgeahnt hat, und im gleichen Augenblick fielen wir, teils der Vorschrift gemäss, teils aus Furcht, aufs Angesicht und verbargen es vor dem Einbruch überirdischen Lichts, das aus den Himmeln barst. (Das übersetze ich *wörtlich* aus einer Zeitung.)

Joseph – er gehört leider längst nicht mehr zum Hausinventar und ich muss sagen dass er mir fehlt. Er lebt seit 7 Jahren in Hollywood, wohin ich seit Januar 1940 nicht mehr kam, letzten Sommer habe ich ihn kurz in New York getroffen, wo er beruflich zu tun hatte und gleich wieder zurück musste, er war eine Oase an ›selbstverständlicher Verständigung‹, etwas das für uns immer seltener wird, denn seit dem Tod meines Freundes Schiebelhuth, der in Long Island seinem Herzleiden erlag, habe ich kaum mehr Jemanden, mit dem ich auf der Voraussetzung reden kann, dass man das Eigentliche nicht erklären muss. Es gibt nicht mehr viele die aus unsrem Backofen kommen, mit der gleichen Hefe gesäuert. Joseph hat sich nach Jahren vergeblicher Bemühungen um Manuskript- oder Regie-Aufgaben beim Film in die technische Seite hinein- und hinaufgearbeitet, er ist cutter geworden, sogar das was man first cutter nennt, eine sehr verantwortliche und hochbezahlte Stellung, von der viel für das Gelingen eines Films abhängt. Er gehört zu denen deren Namen im Vorspann, als Technical Supervisor oder so, erscheinen. Er hat eine Tochter des Samuel Saenger (vorm. Neue Rundschau) geheiratet, und scheint damit zufrieden.

Ist mein langer Brief von letzter Woche, Zigaretten, Feuerzeug, Fresspaket angekommen?

Bald mehr. In Liebe
Dein Carlchen

42 *Annemarie Seidel an Carl Zuckmayer*

Berlin, 19. Dezember 1945

Geliebtes Carlchen,
ich habe plötzlich Gelegenheit einen Brief auf dem schnellsten Wege zu Euch gelangen zu lassen, und kann euch noch im alten Jahr Gruss und Herzenswünsche für das kommende senden. Wird es uns ein Wiedersehn bringen? Nach einer arktischen Kältewelle waren auf einmal jetzt Abende wie im

März mit einem riesigen Mond hinter unsern Berliner Föhren und der Sand war wie Reif und die Luft würzig. Das bestärkt einen wieder in dem Gefühl, dass man nicht erliegen darf. Was sich hier allerorts und in jeder Beziehung abspielt, ist nicht gerade schön, Peter war 14 Tage in Bayern und konnte von da auch nichts erhebendes berichten, und ich gönne es euch, dass ihr dieses Land erst wieder betretet, wenn die Verhältnisse wenigstens im allergröbsten wieder geklärt sind. Soviele Abenteuer zu bestehen ist man nicht mehr jung genug, übrigens ist die Jugend dazu auch nicht mehr jung genug. Ich denke an den Schwung, den wir nach dem vorigen Krieg aufbrachten – aber derartiges stösst natürlich heute völlig ins Leere – Peter lässt Dir sagen, dass er natürlich Deine Rechte treuhänderisch verwaltet, es wäre ganz gut, wenn Du ihm ein Dokument schicktest der Bevollmächtigung für alle Aufführungs- Nachdrucks- und Senderechte, es herrscht augenblicklich eine ziemliche Anarchie auf diesen Gebieten, durch die Absperrung der Zonen von einander etc. Er lässt Dich herzlich grüssen und hat sehr das Bedürfnis nach einem langen Gespräch. Ich habe das auch. –

Vor allem habe ich das Bedürfnis, aus diesem Wirbel von Lebensgefahr, dieser Kette von grauenvollen Eindrücken und dem täglichen Verschleiss heraus zu gelangen, auf einen zentralen Punkt, einen in sich geschlossenen Kreis, von dem aus man wieder ansetzen kann. Man möchte zu sich selbst heimkehren dürfen.

Es wäre nett von Dir, wenn Du mir einmal einen Bericht über Dein inneres und äusseres Leben geben könntest, welche Dinge Dich drüben nachhaltig beeindruckt und geistig ernährt haben, welche Wege Du gegangen bist. Vielleicht hast Du jetzt im Winter einmal Zeit und Lust, beschwingt durch einen Whisky. Diese Beschwingungen kenne ich nicht mehr, entbehre sie auch nicht, obwohl ich nicht damit sagen will, dass mir die Flasche zu meinem Geburtstag nicht einen Jubelschrei entrissen hätte. Kaffee ist für die absinkenden Kräfte wichtiger, und leider ist das Rauchen eine nicht endende Kalamität für uns. Gedenke meiner, um Himmelswillen. Hat Dir Löwenstein einen request-letter geschickt? Muss darin angeführt werden, was der Betreffende wünscht? Wenn das so ist, und ich einmal eine Wunschliste an Dich ergehen liesse, nimm sie als völlig unverbindlich, falls sie Deine Mittel übersteigt. So viel ich weiss sind ja diese Dinge in Amerika auch sehr teuer. Ich bräuchte vor allen Dingen Schuhe (meine fallen mir von den Füssen) mit flachen Absätzen, Halbschuhe, meine Füsse sind 24 cm lang, Grösse 37, ferner eine Handtasche in die etwas hineingehen muss, bequem zu tragen, am liebsten über der Schulter. Abgelegte Sachen vom Jobs tun es auch. Hat doch Jobs als bewährte Clair-Voyanceceuse in Zeiten des Glanzes schon einmal sinnend geäussert: ich sehe den Mirl auch noch einmal meine abgelegten Kleider tragen ... Da wären wir also nun. Bermanns haben reizender Weise den Peter mit einem prima Anzugsstoff bedacht, den ich ihm zu Weihnachten versetze. –

Lebt wohl. Könnte ich mir nur eine Vorstellung von eurer Umgebung machen! Mein Bote drängt.

Also: auf 1946!!

Eure

Dear old

Mirl

Ich schreibe jetzt an Evchen und die Däxe. – Schreib *bald* wieder!

43 Annemarie Seidel an Carl Zuckmayer

Berlin, 12. Januar 1946

Liebstes Carlchen,

zunächst einmal das Sachliche. Über Löwenstein hat mich das grosse Paket mit dem herrlichen Caffee erreicht, Dein Brief für den ich Dir *sehr* danke, und ein Päckchen mit duftender Seife von Jobs. Anfang Dezember bekam ich 3 Päckchen mit Zigaretten und Schocklade auf einmal. Die grosse Schachtel

Zigaretten ist leider nicht in meine Hände gelangt. Wir wühlen zunächst einmal alle Pakete fieberhaft nach Zigaretten durch, in den letzten Paketen von Bermanns waren auch keine. Das ist für uns eine ganz entsetzliche Entbehrung. Ich bitte Dich innigst mir doch recht oft welche zu schicken; Bermanns, die ganz rührend zu Peter sind, mag ich nicht mit Bitten belasten. Die Verbindung mit ihnen riss leider vorübergehend ab, und die Sendungen kamen auch nur schubweise. Jetzt hoffe ich, dass die Korrespondenz wieder funktioniert, wir taten unser möglichstes, es gingen auch noch einmal Durchschläge sämtlicher Briefe an sie. Sie schicken auch immer Dinge, die eine grosse grosse Hilfe sind. Am schönsten war, um einen Wink zu geben, einmal *ein Paket Lard* reiner duftiger ausgelassener Speck, *Honig* in Pappkartons, Kaffee, Olivenöl und Zucker. Das sind die Sachen, die wir am dringendsten brauchen. (Wir bekommen garkeinen Zucker.) Ferner Milchpulver, Eipulver, Gries, Reis, Graupen. An Gewürzen Vanille, Muskatnuss, Pfeffer. Mondamin. – Erbsenpulver für Suppe. – Weisse Bohnen – Nun aber genug davon.

Ich schicke Euch zwei kleine Bildchen von mir aus diesem Sommer in Russland. Wollet die Tomaten beachten, die hinter mir liegen. Sie sind grün und ich holte sie 16 Kilometer zu Fuss mit dem Handkarren durch die Wälder. Sie sind gemacht in dem zerschossenen Haus in Babelsberg am Wasser, es war erst in deutscher Hand und dann in russischer, und sah hinterher entsprechend aus. Die Maiwälder lagen voll von Toten. (Kurt Heusers Frau, die Zwergenkönigin, kam leider auch dabei um, in der Nähe am Stölpchensee, und ein Tank ging über sie hinweg.) Ich flüchtete im Sommer aus Potsdam immer dorthin, es war ein schöner Sommer, und man fand viel im Walde: Holz, Leder, Bibliotheken die abgefahren und dort ausgekippt wurden, Möbel, Kohlen auf den kleinen gestrandeten Dampfern. Nachts tranken wir vergrabene Spitzenweine, einer schöner als der andere, wahrscheinlich die letzten die es in Deutschland gab und geben wird. – Ich sehe jetzt besser aus als auf den Bildchen. – Es ist mir nur eben alles wieder eingefallen, als ich sie sah, die Bildchen.

Ein Bekannter, Colonel Olsen, brachte mir von einem Besuch in London 3 Stücke von William Saroyan mit. Das erste davon, The beautiful People dünkt mich das zauberhafteste, was ich seit langem las; wenn Du es nicht kennst, musst Du es Dir verschaffen. Agnes the saint of the mice wäre dereinst eine gute Rolle von mir geworden, aber davon abgesehen, ist das ganze ein Gewebe von Humor und tiefsinniger Anmut, dieser Saroyan fällt mir überhaupt in jeder seiner Äusserungen auf. Habt Ihr noch mehr solche Leute? Du wolltest mir ein kleines Bändchen schicken, tue es ja. Hier ist eine schreckliche Flaute. Die Schubladen, aus denen die verbotene Produktion angeblich auferstehen sollte, haben nichts, aber auch nichts zu Tage gefördert. Ich las ein Gedicht von wirklich grossem Format von T.S. Eliot betitelt *East Coker*. Es hat mich fast bestürzt, dass der Krieg nicht nur hier sondern aller Orten ein so ähnliches Grundgefühl dem Leben gegenüber erzeugt hat. – Was wird Amerika mit seinem Sieg beginnen? Ach ich möchte auch wiedergeboren werden wo Weite ist. Deshalb erwählte ich mir Kampen weil es mir schien, dass das Meer eine Verbindung mit der Welt herstellte, von der Europa in der Abgeschlossenheit seiner Sterbekammern nicht mehr erreicht wird.

Ich habe Dir solange nicht geschrieben, weil ich mich hervorgerufen durch den Tod meiner Mama in einer Art Krise befand die einige Wochen anhielt. Es ist wirklich wahr, dass die Toten eine Arbeit an einem zu leisten wünschen, und wenn man ihnen den Raum nicht lässt, der durch eine Trauerzeit gegeben ist, sondern dieser Raum unaufhörlich von Menschen Verpflichtungen und Unruhe erfüllt ist, wie es bei einem einzigen Ofen und beruflichem Treiben nicht anders möglich ist – dann wird das zu einer so entsetzlichen Anspannung und Qual, dass man beinah den Verstand verliert. Es ist, weil man um Dinge kommt, die wichtig sind, und für die man nur zu dieser Zeit mit den gespanntesten Sinnen aufnahmefähig ist. Sie war der Mensch der mich durch mein ganzes

Leben begleitet hat und aufs engste damit verwoben war; in ihrem Sinne hat sie es viel weiter mit sich gebracht, als wir es – ihre Kinder – in unserm Sinne werden bringen können. Ich hätte sie noch einmal sehen müssen; natürlich konnte ich ihr nicht wünschen weiterzuleben, diesen Winter und noch einen Winter. Aber ihr Tod hat eine völlige Umorientierung in mir zur Folge gehabt. Ich bin auch freier geworden – für die Loslösung.

Es ist nicht besonders schön hier jetzt. Raubüberfälle und Unsicherheit nehmen zu, wer einen Wintermantel besitzt geht abends ungern aus. Der schwarze Markt hat phantastische Ausmasse angenommen; welche Sorte Menschen jetzt Geld hat, kannst Du Dir vorstellen. Das Elend der Flüchtlinge, und das sind Millionen, und der entlassenen Gefangenen ist unvorstellbar. Ein desolates völlig zu Grunde gerichtetes Volk, ohne Auftrieb und Antrieb. Wenn noch einige Fassaden zusammenbrechen wie die Währung die scheinbar noch immer gültig ist, wenn die amerikanische Versorgung nicht mehr funktioniert, wird die Hölle los sein. Es hat auch die Arbeit so wenig Zweck, denn nichts geht voran. Wir wissen immer nur was in unserm nächsten Umkreis los ist. Von dem Leben in den andern Zonen haben wir im Grunde keine Vorstellung. Da fällt mir ein, dass Jhering – der Dich sehr grüssen lässt – mir sagte, dass Florath in Stuttgart den Vater der Katarina Knie spielt. Peter lässt Dir sagen, Du mögest ihm auf alle Fälle eine Vollmacht schicken für Bühnenvertrieb, Funk und Nachdrucke in Zeitungen. Die Eingänge werden, sobald es möglich ist, Deinen Eltern laufend überwiesen, augenblicklich gehen noch keine Geldanweisungen über Zonengrenzen.

Es war eine sehr nette Frau Radow bei uns eine anziehende, warmherzige und weiträumig denkende Person, was man nicht von allen Trägern der Uniform behaupten kann; leider sahen wir sie nur einen Abend, sie braust nach USA, kommt aber wieder. Sie könnte, da sie glänzende Verbindung hat, Dir leichter zu einem Job hier verhelfen als Mr. Hogan; die offiziellen Hauptstellen sitzen in Frankfurt.

Es gibt eine Erzählung von Hauptmann, in der einer auf einer Insel eine Galleonsfigur liebt, ein Schiffsweib, und sie über der Tür seines Hauses oder am Giebel annagelt, und in gewissen Nächten hört er sie den schrecklichen Schrei ausstossen: »Ich möchte kein Mensch sein!« Diesen Schrei tue ich auch, wenn ich so sehe, mit welch elenden, grauenvollen und auch hilflosen Dingen die Menschheit sich abgibt. Ich habe viel erlebt, und ich wollte das auch, und es war vielleicht mehr als mir zuträglich war. Soll es aber nun immer während so spuckhaft weiter gehen? Mein Reich ist da, wo die Elfen, Dryaden und Undinen, die Chimären und die Medusen sind, die Tiere, die Trolle und die Wassergeister, und ich habe mich von dem Ein-Mensch-sein abgewendet. Mögen sie allein mit ihrer Erbsünde fertig werden. Im Ernst, mir ist wohler, seit ich mich nicht mehr als dazu gehörig betrachte. Was soll eine Menschheit, die in einem Zustand ist, der es Hitler ermöglichte, sie zu regieren.

Seit heute ist wieder die Kälte eingebrochen, und es wird dann wohl einige bedenkliche Wochen geben; wir haben noch für c. 10 Tage Kohlen. Diese Zeit vor einem Jahr landete der Peter im Kazett in Oranienburg, und sie begannen ihr Werk damit, dass sie ihn kahlgeschoren, in Hemd Leinenhose und Holzpantinen drei Stunden Appell stehen liessen im Freien bei 18 Grad Kälte. Und dann geschieht doch immer wieder im Leben ein Wunder.

Jobbs, sei mir gegrüsst. Habt es gut und schön. Was tust Du alles im Winter dort in Amerika auf dem Lande? Sei gegrüsst Carlchen. Ich halte die Daumen für euer Stück. Peter grüsst tausendmal. Ich umarme euch.

Mirl

Ein Feuerzeug ist nicht angekommen.

Bitte um Zigaretten!!!

44 Annemarie Seidel an Carl Zuckmayer

Berlin, 9. April 1946

Geliebtes Carlchen.
Ich habe lange nichts von euch gehört, bin mir aber bewusst, lange nicht geschrieben zu haben. Inzwischen ist Frühling ausgebrochen, missleiteter hier, denn einige Tage war Sommerhitze, und ich begrub die an gallopierender Schwindsucht in kürzester Zeit eingegangene Dohle auf dem Friedhof in Spandau. Man hatte dort den Eindruck, dass hier eine Art Pestepedemie herrsche – eine Art Massengrab in Form von aufgerissenen Schützengräben, und im Leih-Sarg, der dann wieder entzogen wird. – Was das Leben betrifft, so ist es ohne Stoa undenkbar; wenn ich mir überlege, dass ich vor einem Jahr euch noch zuredete zu kommen, und das voraussetzte, so muss ich der Objektivität halber diesen Propos wieder zurückziehen. Wenn sich etwas in den Ruinen regt, so scheint es wiederum das Alte zu sein, und man weiss nicht mehr, welches Gericht und welche Belehrung über dieses Volk hereinbrechen muss, damit es weise wird. – Und noch immer ist man eingesperrt, die Zonengrenzen sind für einen Privatmenschen kaum zu überschreiten, und der allgemeine Zustand der Ratlosigkeit ist eigentlich kaum zu übertreffen. – Das Theater macht, bedeutend herabgemindert, die alte Drehorgel weiter; bisweilen tut sich ein »junger Dichter« hervor, wie neulich z.B. im Deutschen Theater. »Wir heissen euch hoffen.« Milieu: Schleichhandel und Verbrecherorganisation der Jugend in den Ruinenkellern von Berlin, und ein Luxuszimmer am Kurfürstendamm, wie heute eben solche Zimmer aussehen, mit Blick auf die Ruine der Gedächtniskirche. Kein schlechtes Milieu also, aber o Gott, welch ideologische Wassersuppe wird da gekocht. Die Generation nach 18, inclusive »Krankheit der Jugend« ist eine Elite dagegen, academie francaise, Unsterbliche. Man weiss wirklich nicht, ist es zu früh etwas zu erwarten und sind die Menschen noch zu ausge-

blutet, oder gibt es ein Übermass von Verödung und Not, was endgültig verwüstend ausgewirkt hat.

Manchmal ist es mir, als hätte ich drei Leben gelebt, stark gegen einander abgesetzte Leben, an Stelle dieses einen.

Ich weiss in letzter Zeit so wenig von euch, und das betrübt mich; hat es mit Deiner Aufführung in New York geklappt? Hier interessieren sich Deutsches Theater und Stuttgart für den Hauptmann und München für den Schelm, das ist gegenwärtig das Wesentlichste. Von Brecht erhalten wir laufend seine neue Produktion, d.h. die in den letzten 10 Jahren entstandene, von der ich Mutter Courage für das Beachtlichste halte. Es wäre schön wenn man auch von Dir etwas bekäme; zumindest zum Lesen, wenn Du Dir Uraufführungen für die Zeit Deines Hierseins vorbehalten willst. Wir haben jetzt zwei schöne Stücke von T.S. Eliot im Vertrieb! Murder in the cathedral und ein Familiendrama. Auch eine dramatische Dichtung von Ronald Duncan This Way to the Tomb ist etwas worauf ich Dich aufmerksam machen möchte. Es ist auch bei Faber and Faber erschienen. Aber wahrscheinlich bist Du mit diesen für mich so tröstlichen Dingen längst und viel umfassender auf dem Laufenden.

Zu dem Vertrieb Deiner Stücke muss ich noch nachtragen, dass sich Wurzen, Guben und Zittau lebhaft für Dich interessieren! Für Katarina Knie Güstrow, Steglitz und Garmisch Partenkirchen. Kleinvieh gibt auch Mist. Ausserdem Düsseldorf für den Hauptmann.

Den vor meinem Fenster liegenden Garten, mein Landgut, habe ich inzwischen bestellt, und auf den schwarzen Ästen schweben pointilliert getupfte Knospen. Es wird Deutschland nichts anderes bleiben als ein tüchtiges Agrarländchen zu werden, vielleicht könnten wir auch gutes Handwerk und Musikinstrumente für die Welt bauen. Das hört sich gemütlich an, in Wirklichkeit wird es alles andere als gemütlich hier werden. Könnt ihr nicht eine kleine Arche Noah für ein paar deutsche Exemplare bauen? Oder ein paar nette umfriedete Klöster einrichten, in die man sich auf den Rest seiner Tage kontemplativ zurückziehen kann, oder wenigstens auf ein paar Jahre? Liebes Carlchen, man ist so grauenhaft müde; man kann es nicht mehr ausschlafen. Von dieser Art Müdigkeit könnt Ihr euch bestimmt keinen Begriff machen.

Doch ist es nicht uninteressant hier. Was Berlin zu seinen Lebzeiten nicht erreicht hat, eine internationale Stadt zu werden, das ist heut der Fall – es ist ein wichtiges Zentrum der führenden Mächte, und ist auch in dieser dantesken Verfassung, was es immer war – eine grossartige Kulisse für radikale Erlebnisse. In unserer Lage müssen wir nur sehr darüber wachen, nirgends auch nur eine Spur von Heimatgefühl aufkommen zu lassen, sondern immer den zu allem bereiten Bohemezustand aufrecht zu erhalten, der der Jugend zusteht. So weiss ich nicht, ob wir nicht auch hier binnen weniger Stunden räumen müssen, denn Zehlendorf wird reissend durch die Amerikaner beschlagnahmt; diese Aktionen rufen sehr viel Verzweiflung und Selbstmorde hervor, und natürlich kann man wieder in Verhältnisse geraten, die viehisch sind, weshalb weise Leute prinzipiell nur in Ruinen einziehen. Auf den Frauen überhaupt lastet der schwerste, der ödeste und wüstenhafteste Teil dieses Krieges: von der Sorge für die Nahrung bis zur Nähnadel und zum Streichholz. Das könnt ihr euch nicht vorstellen, wie es ist in einem Land, wo alles zerstört ist und nichts mehr produziert wird. Das Schlimmste aber ist, dass den Leuten nichts zu all dem einfällt, und dass ihnen nichts geboten wird, was sie an Stelle ihrer alten Vernebelung setzen könnten, dass im Grunde kein Mut ist, kein Auftrieb, keine Einsicht, die produktive Auswirkungen haben könnte. Eine ausweglose Agonie, an der jeder einzelne so leidet wie das ganze Land, und darüber hinaus ein grosser Teil des Abendlandes.

Du wirst sonderbare Eindrücke hier haben. Kannst Du es Dir vorstellen, versuche es, dass vom ganzen Tiergarten kein Baum mehr steht? Wenn man die Achsenstrasse hinunter fährt siehst Du nur die Siegessäule und links die Zeile mit den Fragmenten der Allee mit den Statuen und vor Dir das zertrümmerte Brandenburgische Tor, und dazwischen keinen, nicht einen einzigen Baum. Den haben die Berliner persönlich diesen Winter ausgerodet. Es ist alles so phantastisch als wärs auf dem Mond.

Über das Löwenbein erreichten uns die Gottesgaben gestern, als wir schon auf dem letzten Loch pfiffen. Wir machen uns dreimal am Tag Kaffee. Auf einmal kam auch von Tutti wieder ⟨ein Paket⟩ an, nach einer langen Flaute, ein Anzug war auch dabei. Wir wären ohne das garnicht durchgekommen, das ist nicht übertrieben. Wollt ihr ihnen das auch bitte sagen.

Bitte schreib nun einmal wieder. Man verliert ja sonst den Contackt!

Ich lege auf alle Fälle noch einmal den Abdruck meiner rechten Bären-Hintertatze bei. Es wird eine Fussbekleidung first quality gewünscht, möglichst unzerstörbare vielleicht Rubbersohle, Halbschuh, flacher Absatz, kein Tineff. Wolle für zwei Pulls, braun und helles Grau. Söckchen. Ein oder zwei Kopftücher. Das alles aber nur wenn Du einen Erfolg am Broadway gehabt hast. Süßstoff. Zigaretten.

Die Adresse von Peters früherer Sekretärin ist Ruth Norden ISCS

US Hq. Berlin District

APO 755, Postmaster New York

Ich umarme euch. Peter umarmt euch auch. Er ist nicht nur an den Schläfen sondern durchgehend silbrig, schwärzliches Silber, was den Jobs ansprechen wird.

Immer Deine

Mirl

Wann werden wir endlich einmal zusammen ein gutes Fläschchen trinken?

45 Annemarie Seidel an Carl Zuckmayer

⟨Berlin⟩, 30. April 1946

Liebstes Carlchen,
morgen ergibt sich eine Flugzeuggelegenheit für diesen Brief, die ich schnell ausnützen möchte. Einen Brief habe ich Ewigkeiten nicht von euch bekommen, wohl anderes schöne und herrliche, was uns immer sehr erschüttert. Aber euer persönliches Sein und Treiben liegt hinter einem dichten Vorhang. Hier ist ein Frühling von einer beinah schmerzhaften Intensität losgebrochen; als ich neulich in das Hebbeltheater ging (das ist das Theater in der Saarlandstrasse, das seltsamer Weise inmitten eines kilometerlangen und breiten Ruinenfeldes stehengeblieben ist, in dem noch Menschen hausen sollen, allerdings unter der Erde in Löchern und Verstecken und mit den entsprechenden Dingen beschäftigt) sah ich Strassenbäume, die bis über die Brust, bis zum Halse im Schutt steckten, und doch darum bemüht, oben so etwas wie eine Krone zu entfalten. Ich ging dort hin, um »20 Jahre später« Hans Albers wieder einmal in Liliom zu sehen; er war so gut als je, nur der Magen unter dem Trikotleibchen war verschwartet, das Haar zu schütter gesät und die Kieferpartie infolge ihrer Schwere etwas versackt.

Auch Gerda Müller hat sich aus den Ruinen wieder erhoben, als Amme und Kinderfrau in Onkel Wanja; freilich möchte ich nicht zu den Säuglingen gehören, die sie betreute, sonst wären meine Traumas noch stärker ausgebildet, als sie es ohnedies schon sind. Das Gemütliche, Glucksende, die Backofenwärme, das Wiegende und Lullende, sie ringt vergebens darum und es schwelt verdächtig unter der Asche. Auch Elsa nistet wieder in den Hinterzimmern ihrer alten Wohnung neben Jonny am Kurfürstendamm in der Waitzstrasse, nachdem vorneheraus vis a vis eine 20 Tonnenbombe niederging und das Porzellan pulverisierte. Übermorgen gehe ich in den »Snob«, mit dem Gustav nach einjährigem Aufenthalt in einem russischen Lager seine Laufbahn wieder eröffnet.

Alice! grüne Rhabarberzelte stehn in meinem Garten, und wir essen jeden Tag ein paar Stängelchen (mit Deinem Süssstoff). Die Spatzen haben sich meiner Erbsenpflanzung angenommen. Radieschen gedeihen. Der Spinat steht wohlgefällig. Die Riebieseln versprechen ein ertragreiches Jahr. Tomaten und Bohnen sollen nach den Eisheiligen hinein. Ich sinne viel im Garten umher, glotze ihn an, oft stundenlang. Ich fand ein dickgebäuchtes Vogeljunges, und widerstand der Versuchung, es Peter auf der Pfanne zu braten. Ich koche gut. Ihr braucht das ja nicht in Amerika: Throw contents in boiling water ... es hat sein Gutes. – Die Suppen sind hervorragend. – Leider haben wir nicht Pfeffer, Curry, Muskat, Vanille noch Zimmet und Suppenwürze noch Nägelein. Und Du lässt es Dir entgehen, Jobs, hier in schlichter Uniform sorgfältig frisiert und manikürt nach dem Rechten zu sehen? Ich hoffe doch, dass wir einige Sommernächte hier unter meinen Apfelbäumen phantasieren werden. Es gibt unter den Besatzungen welche, die an dem Leben hier einen Narren gefressen haben. Warum kann ich Dir nicht sagen. Sie meinen es gäbe so interessante Leute hier, und zuhause exerzierten sie unaufhörlich dasselbe. Freilich freilich. Wir haben manches hinter uns, dafür aber auch nicht allzu viel vor uns.

So seid also gegrüsst und geküsst. Empfehlt mich Winnetou, und selbstverständlich auch Michi.

Immer Eure Mirl

Karfreitag. – Ich muss noch nachtragen, dass dieser Tage in der neuen Zeitung München amerikanische Kleinstadtbriefe von Alice Zuckmayer erschienen, die ich mit hohem Vergnügen gelesen habe, denn daraus kann man sich ein reizend lebendiges Bild eures Alltages machen; ich verglich es unwillkürlich mit euren Einkaufstagen in Salzburg. Freilich, freilich ... Es gibt ein kühles Ostern mit etwas Kirschbaum Blütengestöber. Gottfried haben wir zu unserm Leid nun doch nicht treffen können auf seinem Abstecher. Willst Du ihm sagen, dass seit meinem Brief an ihn drei Pakete auf einmal an das Löwenbein kamen, das mag Mitte März gewesen sein. Wir bringen das staatspolitische Buch von ihm, das stofflich für hier interessant ist. Wann bekommt ihr denn eure Besuchserlaubnis? Man fühlt sich doch manchmal sehr einsam, wenn man so auf dieser Schädelpyramide herumklettert die die letzten 10 Jahre hier getürmt haben.

Eure Mirl

46 Carl Zuckmayer an Annemarie Seidel

Barnard, 10. Mai 1946

Liebste Mirl!

Heut schreibe ich Dir nun über die reguläre Post, hoffentlich dauert es nicht zu lang. Ich fürchte dass viele unsrer Sendungen und Schreiben an Löwenbein nicht richtig angekommen sind. Meine Freundin Emmy Rado, die uns viel von Euch erzählte, hatte auch Grund das anzunehmen. Sie verständigte mich gestern per Telephon, dass sie glaubt, Ruth Norden würde auch nicht mehr lang in Berlin bleiben. Immerhin, Deine Bärentatze ist angekommen, und wir haben sie zunächst, da wir im Augenblick hier auf der Farm sind und keine Einkaufsmöglichkeiten haben, an Emmy weitergeschickt, die aufs zuverlässigste für solche Dinge sorgt. Sobald ich von ihr weiss, wie lange Ruth Norden bestimmt dort sein wird, geht eine vorbereitete grössere Sendung an sie ab. Ich habe mich sehr gefreut dass Emmy Rado mit Euch zusammen war und dass Ihr sie auch mochtet. Ich habe schon während des Kriegs mit ihr gearbeitet, wo sie eine wichtige government office leitete. Gleich als sie von Europa zurück kam, rief sie hier an und kam hierher, bevor sie irgend Jemand anderen gesprochen hatte, verbrachte ein paar Tage bei uns, während deren wir kaum je vor sieben Uhr früh ins Bett kamen, so viel hatte sie zu erzählen. Sie hat mir auch viele gute Ratschläge gegeben, bezüglich meiner eignen Angelegenheit. Das assignment für mich ist an sich gesichert, aber es ist jetzt ›in the state of processing‹, das heisst es durchläuft all jene Formalitäten die halt zu so etwas nötig sind. Ich war im April in New York und Washington und hörte, dass es noch drei bis vier Monate dauern kann, bis zu meiner endgültigen Abreise. Es handelt sich ja dabei nicht um eine ›Besuchserlaubnis‹, die wohl Niemand überhaupt bekommen würde ausser vielleicht einem eingeführten Journalisten oder Correspondent, – sondern um eine offizielle Anstellung von Seiten des governments. Es ist vorgesehen dass ich als spezieller Berater des Military Government in Theaterangelegenheiten und allem, was mit dem Wiederaufbau des Theaterlebens zu tun hat, auf ein Jahr hinübergehe, und ich werde vermutlich in Berlin eine office haben und von dort zu den verschiedenen Theaterstädten reisen. Wann das halt beginnt, können wir garnicht beurteilen. Es ist auch nicht sicher, ob Jobs gleich mit mir oder erst später nach kommt. Da meine Ankunft vermutlich in den Sommer oder Spätsommer fällt, werdet Ihr vielleicht dann grade in Kampen sein? Bitte schreib mir doch umgehend, ob Ihr darüber schon jetzt bestimmte Pläne machen könnt und Daten festgelegt habt. Goverts schrieb mir neulich, von Vaduz aus, er glaube dass Ihr Euch in diesem Sommer in Kampen erholen könnt. Ich möchte wissen wo ich Euch aufs schnellste finden kann. Da ich ein Jahr bleibe, und wohl hauptsächlich in Berlin, werden wir uns ja dann viel sehen. Ich kann mir sehr vorstellen wie es Dir zumute war als Deine Mutter starb, ohne dass Du sie noch gesehen hattest – und ich habe jetzt immer eine leise Angst, dass es einem der Dächse so gehen könnte, bevor wir bei ihnen waren, denn sie sind ja sehr alt. Andrerseits leben sie im Allgäu in verhältnismässig erträglichen Umständen und die Erwartung, uns wiederzusehen, wird sie hoffentlich aufrecht halten. Was nun meine dramatische und sonstige Produktion anlangt, so hat Gottfried, nachdem er in Stockholm war und den Verlag dort besucht hat ohne eine Einreise-Erlaubnis nach Deutschland zu bekommen, mich bisher daran gehindert, selbsttätig irgendetwas nach Deutschland zu schikken. Er hofft von Woche zu Woche auf eine offizielle oder legale Regelung für die normale Einfuhr seiner Bücher und der gesamten Werke seiner Autoren, auch für den legalen Abschluss von Aufführungsverträgen, der bei ihm neu verlegten Stücke, wie es zum Beispiel mit Österreich jetzt schon geregelt ist. *Dort hat das Burgtheater mein Stück ›Des Teufels General‹ erworben, (dessen deutschsprachige Uraufführung im September in Zürich, unter Hilperts Regie*, stattfinden soll). Aber Gottfried hat mich beschworen, das Buch vorläufig nicht von mir aus nach Deutschland zu schicken, ich würde dadurch die noch ungeklärte Situation nur komplizieren. Da er das Buch gedruckt hat und die Rechte besitzt, muss ich mich da zunächst auf ihn verlassen. Wenn ich nun selbst hinüber komme, wird ja grade die Regelung dieser Dinge, die Versorgung des deutschen Spielplans mit ›ausländischen‹ Werken usw, zu meinem eignen job gehören und ich werde dann selbst beurteilen können, was man am besten tut. Nach dem, was Hilpert, Lernet Holenia und andere Freunde, die das Stück in Zürich gelesen haben, mir schreiben, glaube ich dass mir mit diesem Stück etwas Merkwürdiges gelungen ist, es nämlich so, oder fast so, zu schreiben als sei ich selbst immer dort gewesen und etwas zu treffen, was eigentlich hier kaum Jemand versteht. Sie waren, besonders Lernet, ganz begeistert davon. (Inzwischen aber habe ich ein neues beinah fertig, das ich mitbringen werde.) Ich hab mich nach sehr genauen Überlegungen und allerlei Erfahrungen entschlossen, es hier nicht herauszubringen, eh es drüben seinen Weg gemacht hat. Abgesehen davon dass es unendlich schwer zu übersetzen ist und noch kein Versuch befriedigend war, wäre es hier in einem falschen Moment gekommen, wenn wir es im letzten Winter gemacht hätten. Mit dem neuen wird es in jeder Beziehung, auch was Übersetzung anlangt, leichter sein. Ich habe auch Prosasachen, ein Büchlein das in Stockholm gedruckt wurde hat in der Schweiz höchst anerkennende Kritiken gehabt und wird dort, in Holland, sogar hier viel gekauft, aber wie gesagt, Gottfried lässt vorläufig – mit Ausnahme der Nachdrucklizenz die er für 2 Thomas Mann Bücher gegeben hat, nicht mit sich reden und vielleicht hat er vom geschäftlichen und rechtlichen Standpunkt aus recht. Von dem des Autors – natürlich ist man ungeduldig und möchte grade die neuen Sachen so bald wie möglich drüben herausbringen. Aber man kennt sich eben, mit all den Zonen-Angelegenheiten noch dazu, im praktischen Bereich nicht aus. Was unsre materielle Situation anlangt, don't you worry. Wir waren durch all die Jahre so dran gewöhnt, uns durch eine Dauerpleite durchzujonglieren ohne aus der Balance zu kommen, dass es zum Beispiel auf die Kosten für Pakete usw überhaupt nicht ankam. Unsre Sorge ist nur die, ob sie ankommen! Jetzt hat sich grade einmal bei mir das Blatt zum Angenehmen gewendet: vor ein paar Tagen kam ein Filmabschluss zustande, Verkauf einer story nach Hollywood, – wobei zwar enorme Beteiligungen, Provisionen und Abgaben zu zahlen sind, aber doch immer noch ein paar tausend Dollar für mich dabei herausschauen, genug um ein Jahr sicherzustellen und der Winnetou ein paar Kleidchen zu kaufen, – zumal ich ja dann für mein assignment to Germany sehr anständig bezahlt werde und Reise usw, frei habe. So lang wir die Farm hier richtig bewirtschafteten hatten wir grad immer genug zum Leben, aber wie ich schon früher schrieb, das geht mit dem Schreiben nicht zusammen, es ist nur möglich wenn man alle Arbeitskraft dafür einsetzt, und seit einem Jahr gehört all meine Arbeitskraft und alle Phantasie und Energie und Leidenschaft wieder meinem wirklichen Beruf. Wir haben auch jetzt die Farmtiere alle in ihrem Winterquartier, bei einem befreundeten Farmer, der natürlich auch die Nutzniessung hat, gelassen, damit wir jederzeit abreisen können, wenn der Ruf ergeht. Nur der Wolfshund, einige Katzen, und ein paar Enten und Bantams (Zwerghühner, die Schosstiere von Jobs!), sind um uns herum und müssen, wenn wir wegfahren, noch untergebracht werden. – Mit Brecht stehe ich persönlich on good terms, er hat mich im letzten Sommer auch mal hier besucht, aber ich finde, dass er immer konsequenter gegen sein Talent arbeitet, obwohl es eben stark genug ist um dann und wann durchzublitzen. Mir ist seine ideologische und programmatische directness fremder als je und ich werde mich auch nach dieser Richtung nicht mehr ›entwickeln‹.

Liebste Mirl, das ist ein grässlich sachlicher Brief, eigentlich nur eine Mitteilung. Vielleicht wird ein anderer, persönlicherer, eher ankommen!

Ich wage es »Auf Wiedersehen« zu sagen und auf bald zu hoffen, und ich zähle die Tage, auch wenn es noch Monate sein mögen. Dir und Peter alles Liebste, Beste!

Dein Carlchen

47 Annemarie Seidel an Carl Zuckmayer

Berlin, 18. Mai 1946

Liebstes Carlchen,

Evchen meldete mir auf einer Karte, dass Ihr im Juli herkommt. Ich denke ich werd verrückt!! Komischer Weise habe ich diese Möglichkeit, nach anfänglicher Befremdung über euer Zögern, garnicht mehr in Erwägung gezogen. Sobald Du einen annähernd genaueren Termin des Eintreffens in Berlin weisst, schreibe ihn mir bitte umgehend. Ich möchte dann nicht gerade in Kampen oder sonst wo am Rande der Welt sitzen, bei den entsetzlichen Schwierigkeiten, die das Reisen in und aus der russischen Zone für uns bedeutet. Und ich möchte euch unbedingt am Anfang sehen, solange alles noch frisch ist. In welcher Stellung kommst Du her? Wirst Du arbeitsmässig sehr in Anspruch genommen sein? Die meisten sind es. Wir freuen uns wahnsinnig, dass Du wieder in die stark gelichteten Reihen eintrittst. Ein paar vortreffliche Leute, von altem Schrot und Korn, wie Schadewald und Kückelhaus, kann ich Dir auch bieten, Häuptlinge durchaus.

Es wird Dich vielleicht interessieren, dass zwei Dir wohlbekannte Menschen, Kätchen D. und Kurtchen (nicht Kurt H. sondern Kurt R...!!), are fallen in love, und dass sie demnächst – heiraten. Hier wirst Du mit meinem Brief näher ans

Fenster treten, weil Du glaubst, dass Du Dich verlesen hast, aber es ist so. Es höret nimmer auf. Honig für den Jobs.

Ich flehe euch noch innigst um ein Paar Schuhe an, wenn auch Dein Gepäck zum bersten voll sein wird, und sende zum dritten Mal den Abdruck meines Hinterfusses. Kaufe sie wenn möglich selbst, und nimm nur das beste. Meine Schuhe sind verbrannt, ausserdem habe ich seit Kriegsbeginn keine neuen gehabt. Halbschuhe mit Rubbersohlen oder so. Es gibt von Sohlenleder bis zum Streichholz und Nähgarn nicht das allermindeste in Deutschland zu kaufen.

Unser Haus ist der geborene Sommersitz. Mein Garten, an dem ich viel herummurkse, ist prächtig geworden. Wir können den Whisky unter Apfelbäumen trinken, und ich kann ein jeweils ungestörtes Retiro zusichern. Hoffentlich belässt man es uns. Zehlendorf ist eine Insel in dieser hoch merkwürdigen Stadt. Die ganze amerikanische Presse sitzt hier, so wird es wohl auch Dein Revier werden. Zwei Minuten von hier ist eine sehr hübsche Messe eingerichtet, feudal schwer getäfelt, früherer Bonzensitz.

Ach, man hätte sich so viel zu erzählen. Ich habe übrigens viele Monate keine Zeile von Dir bekommen. Löwenbein fährt im Juli nach USA zurück.

24. Mai 46. Inzwischen hörte ich über Jhering, dass Ihr solange nichts von uns gehört habt. Das beruht, ausser einigen wahnsinnig erfreulichen Naturalien, auf Gegenseitigkeit. Seit ungefähr drei oder vier Monaten erhielt ich keine Zeile. Jetzt vermag ich aus Vorfreude nicht mehr zu schreiben. Mein Garten blüht unerschöpflich, ich bin ein rechter Blumennarr geworden. Jetzt sind Wellen von diesen blauen nach Wasser duftenden Iris, und grosse Kissen von höchst aromatischen Nelken. Er ist ein rechtes Geisterreich für mich, wenn er so an meinem Fenster wächst und webt, auch während ich schlafe.

Gott behüte euch, und grüsse den Jobs viel tausend Mal. Sie hat Brautmuttersorgen? Auf Wiedersehn, auf Wiedersehn ...

Deine Mirl

48 *Annemarie Seidel an Carl Zuckmayer*

Berlin, 1. Juni 1946

Liebstes Carlchen,
meiner Begeisterung über euer Kommen habe ich schon vor einer Woche Ausdruck gegeben und versuche es jetzt noch einmal mit der regulären Post. Bitte lege einliegendes etwas gezwungenes Briefchen – da wir so aus dem Contackt geraten sind – dem Albrecht in ein Couvert. Im letzten Brief teilte ich Dir die sensationelle Nachricht mit, dass Käthe Curt R. zu heiraten gedenkt. Der Jobs wird schmunzeln. Mein Gott ich kann es noch garnicht glauben – ich freue mich blödsinnig auf ein Wiedersehn. Berlin ist ja wirklich eine sehr interessante Stadt gegenwärtig. Das einzig unangenehme ist, dass man so schwer die Zone überschreiten kann, die meisten gehen durch ein Lager, was Tage dauert, und dann ist mann durch die Verpflegungsfrage sehr gehandicapt, sobald man sich wegrührt, an Gepäck ist überhaupt nicht zu denken. Schriftliches habe ich seit Monaten von Dir nicht erhalten, dagegen aber zwei andere Grüsse. Hier ist herrlichster Rosensommer, jeden Abend ein Gewitter, jeden Tag Sonne. Zehlendorf ist ganz von der amerik. Presse besetzt, also ich hoffe, dass Du Dein Quartier auch hier aufschlägst.

Unermüdlich bitten wir Dich nun ohne den geringsten Erfolg um das Textbuch »Der Teufels General«; auch Hogan hat schon darum geschrieben, und wir mehrere Male.

Ich leg auch in diesem Brief einen Abdruck meines Hinterfuss⟨e⟩s weil Du mir bitte unbedingt Schuhe mitbringen musst.

Der Brief an Joseph ist nun doch nicht fertig geworden, solltes⟨t⟩e Du ihm schreiben, grüsse ihn doch sehr und ich bitte um ein Lebenszeichen von ihm, und, *wenn es geht*, einige Zigaretten, denn das ist das Beschissenste. – Die Adresse von Peters früherer Sekretärin aus der Rundschau ist R. Norden, ISCS US HQ. Berlin District APO 755, Postmaster New York.

Er soll bitte Salka Steuermann Viertel von mir grüssen aufs allerherzlichste. Und schreiben, ob er eigentlich jemals seine Übersetzung des Seidenschuhs abgeschlossen hat, dieses Buch begleitete mich die letzten Jahre immer mit in den Keller.

Willst Du bitte Gottfried sagen, dass die zwei Dinge an Frl. N. ankamen und wunderbar stärkend waren.

Nun komt bald und seid bis dahin tausendmal gegrüst von Eurer
Mirl

49 Annemarie Seidel an Carl Zuckmayer

Berlin, 13. Juni 1946

Geliebtes Carlchen –
soeben kam Dein Brief vom 10. Mai mit der Post, der meine, eigentlich mehr eine Rekapitulation, wird inzwischen auch bei Dir sein. Rut Norden sollte nach Frankfurt versetzt werden, es hat sich aber so entschieden dass sie hierbleibt. Es steht also dem nichts im Wege. Der unerträglichste Ausfall sind immer für uns Zigaretten, da man ein Stimulanz so dringend braucht sind wir in dieser Beziehung durchaus süchtig geworden, wenn Du hier bist musst Du Kippen für uns sammeln, wir sind ganz schamlos. Dies und Kaffee. Dein Brief war eine grosse Freude für mich, auch der gestern, den mir Evchen von Jobs zum lesen schickte, er stellte mir den Jobsen und auch den Horch etc. einfach greifbar vor Augen. Die Rado hat mir sehr gefallen, sie machte grossen Wirbel und hat eine fast beängstigende Vitalität. Diese gut genährten Leute, es macht doch etwas aus wenn man von Kopf zu Fuss auf das eingestellt ist, was die Amerikaner Kalorien nennen. Ausserdem aber ist sie grosszügig und weiträumig angelegt, mit ihrem prächtigen Wagen gondelt sie ohne Bedeckung durch unsere Landstrassen, die wie im dreissigjährigen Krieg von Wegelagerern und Räubern wimmeln, wenigstens im Winter bestimmt noch. Dein office muss unter allen Umständen hier

sein, es ist ja doch die Zentrale, wer kennt dieses Pflaster wie Du. Alle Schauspieler die wegtürmten und anfangs in Hamburg und München jauchzten und uns beklagten, streben leidenschaftlich zurück und trudeln so nach und nach wieder ein. Du bekommst hier doch am meisten Überblick, also lass Dich keinesfalls wo anders ansetteln, wenn Du darauf Einfluss hast. Neben dieser Stadt ist das andere heute doch Provinz mehr wie je, und Du hast ja Bewegungsfreiheit, übrigens lebt das military sehr gut, bequem und üppig, in Rauchwaren und alkoholisch seid ihr beschränkt, also wäre es vorsorglich gleich einen kleinen laufenden Postdienst einzurichten, auch Tabakpäckchen zum Drehen falls dies bälliger ist. Er ist auch hier eine Art Trinkgeldmittel. – Kampen ist dazu entschlossen eine Art Saison zu machen, es soll bis zum letzten Loch ausverkauft sein, aber überhaupt nichts zum Essen da sein. Die Reise ist mit unerhörten Schwierigkeiten verbunden, wenigstens für mich, und Hunger verbunden mit dem magischen Sog der dortigen Natur halte ich augenblicklich nicht das Richtige für mich, zudem ist das Haus sechsmal geplündert worden, angefangen von der SA, die mir die Betten heraustrug, weil mein Mann damals KZ Häftling war. Es zieht mich nicht unwiderstehlich hin gegenwärtig, ich möchte Deinen Einzug hier auf keinen Preis versäumen, und dann sitze ich unter Rosenhecken und Kirschbäumen und liebe leidenschaftlich meinen Garten und die riesige Pappel und die Föhren. Ein leichtes Angeschlagensein von den verflossenen Jahren dokumentiert sich noch immer in meinen Träumen, beispielsweise dass ich mit Peter täglich innen in einem fünfstöckigen leergebrannten Haus mit eingestürzten Fussböden vom Dachstuhl bis in den Keller hinunterklettern muss, unter Benutzung der an den noch an den Wänden hängenden Heizkörper und Eisenschienen, wobei ich jedesmal weiss, dass ich das das nächste Mal nicht mehr zwingen werde, sondern dabei abstürze. Dabei steht es uns im Grunde frei das zu tun oder nicht, und es ist betrüblicher Weise eine etwas eigensinnige Zwangshandlung.

Gestern hatte ich nun die grosse Freude endlich etwas von Dir lesen zu können, den dritten Akt von des Teufels General, und den Seelenbräu, den wir mit Gottfrieds Einverständnis gleich in Druck nehmen. Der Seelenbräu hat mich gleich sehr eingesponnen und in eine starke zwingende Stimmung versetzt, und vor allem finde ich es in einem meisterhaften erlesenen Deutsch, in einer vollendeten Sprache geschrieben. Ich beglückwünsche Dich. Den dritten Akt (aus der Rundschau) finde ich ebenfalls sehr stark, und bekomme das ganze Stück nun heute Abend. Wie wird Dir zu Mute sein, wenn Deine Stücke nun überall unter den Ruinen wieder aufblühen. Vielleicht kommt jetzt wirklich Deine produktivste und reifste Zeit.

Gestern erhielten wir die Nachricht vom Tode des alten Hauptmann, der im polnisch besetzten Schlesien verschieden ist. Man muss ja sagen Wohl ihm, doch ergreift einen eine merkwürdige Bewegung, wenn man bedenkt, dass einer der lebensvollsten und leidenschaftlichsten Teilnehmer unserer Epoche und der sie vorbereitenden Zeit in allen ihren Phasen und Problemen sich uns entrückt hat, und sie nicht mehr, was uns auch ergreife, für uns destilliert und umschmilzt.

Sein Teil Bitternis und Verzweiflung ist ihm noch beschieden worden, auch an greifbarem Entsetzen. Bei dem Angriff auf Dresden war er am Weissen Hirsch, und obwohl dort kein Teppich fiel, war dies als sein erster Grossangriff doch schlimm genug für ihn – der alte Mann sass unter splitterndem Glas und herausgerissenen Türen mitten im Zimmer, ein Bettlaken über seinen Kopf gebreitet und glaubte ohne Zweifel den Weltuntergang mitzuerleben. Dies sage ich ohne Ironie, denn man muss es erlebt haben wie es ist, wenn die Christbäume vor dem Haus in derselben Strasse niedergehen, sie taten das mit einer feierlichen drohenden Anmut, wie ein musikalisches Motiv vor dem Bersten der Hölle.

Endlich haben uns auch vier Hefte der Rundschau erreicht, schöne Gedichte, schöne Gedichte von Dir. O schreibe wieder!

Ja, aber Gottfried scheint es entgangen, dass wir sie inzwischen weitergeführt haben, und zwar als die einzige literarische Zeitschrift die es in Deutschland überhaupt noch gab, und häufig auf Messers Schneide zwischen Verbot und Verhaftung – es war eine Wunderleistung sie durchzuhalten, ohne sie auch nur mit einem einzigen Kompromiss zu belasten – mit Ausnahme vielleicht dessen was unumgänglicher Befehl an alle Schriftleitungen war. Diese bekamen ja wöchentlich alle »geheime« Richtlinien. Das letzte Jahr schrieb Peter monatlich selbst Beiträge in Tagebuchform, und die Leute von der Rosenbergstelle, die auf sein Abkillen lauerten, freuten sich schon von Heft zu Heft auf den neuen »Selbstmordversuch Suhrkamps«, wie ich über eine SS Stelle während seiner Haft erfuhr. Aber abgesehen davon hat sie wirklich Niveau gehalten und zwar durchgängig. Und was das unter den hiesigen Umständen bedeutet, kann Euch allen drüben garnicht fassbar sein. Leute wie Lernet, Hausmann, Flake, sogar der alte Kellermann standen auf der schwarzen Liste und wir druckten sie bis zur letzten Minute. Peter hat für seine geistige Haltung und die continuierliche Haltung des Verlages wirklich sein Leben aufs Spiel gesetzt – womit ich nicht sagen will, dass er das nicht auch auf einer andern Linie getan hätte im dritten Reich, wenn er nicht gerade den Verlag gehabt hätte, diese Haltung liegt in seiner Natur. Und sie war im dritten Reich absolut gleichbedeutend mit Selbstvernichtung. Das wollte ich übrigens nur am Rande sagen (keinesfalls ist es mit einer Spitze gemeint!). Wenn Du Tutti und Gottfried siehst grüsse sie herzlich – sie sind so *wahnsinnig nett* zu uns. Wenn es nur endlich mit dem Wiedersehen klappen würde.

Ich bin entzückt mir den Jobs als Schwiegermutter vorzustellen, wird sie ihre Ferien immer bei dem jungen Paar verbringen und gibt es an dem jungen Mann noch viel zu formen? Die ersten Ehekrisen muss sie mit festem Zügel leiten. Bring ein Bildchen mit, auch von der Winnetou. Und schreib augenblicklich wenn Du den Termin eures Kommens übersehen kannst.

Auf Wiedersehn! Auf Wiedersehn!
Immer Deine Mirl.
Inzwischen habe ich mir eine Nacht um die Ohren geschlagen und das ganze Stück gelesen – geliehen bekommen. Es ist großartig !!!

Slater ist also wieder hier, wenn es mit R.N. die eben verreist unsicher geworden sein sollte. Gottfried weiß seine Adresse. Er bekommt eine lange Antwort von Peter.

50 *Carl Zuckmayer an Annemarie Seidel*

Barnard, 27. Juni 1946

Liebste Mirl!
Ich schicke Euch diesen Brief durch Lt. Hans Holstein, einen Freund von uns, der am 3. Juli hinüber geht. Seine Frau, die ihm in ein paar Wochen nach Berlin folgen wird, hat ein grosses Paket mit für Dich, mit allem was Du gewünscht hast, Schuhe vorzüglich, nach den Massen der Bärenhintertatze, und ein ziemlich komplettes equipment neuer Kleidungsstücke, sowie die getragenen von Jobs, davon aber nur das Beste! Wir hielten es für sicherer, diese für Euch wertvollen Sachen einer Person anzuvertrauen, die sie selbst mit ihrem eignen Gepäck hin bringt. Die Eingeweihten hier sagen es sei ungewiss wie lange Ruth Norden dort bleibt und ob ein Paket an sie noch ankomme. Hans Holstein wird uns dann von Berlin aus request letters schicken, die wir benutzen können, um ihm für Euch wieder Lebensmittel, Zigaretten usw. zu senden. Eines Tages, so Gott und das War Department wollen, werden wir ja dann doch mal selber kommen. – Hans Holstein war jetzt ein paar Tage hier und kann Euch von unserer Farm erzählen, (die keine Farm mehr ist da wir diesen Sommer auf Abbruch leben, auf Abruf vielmehr den wir schon für Mai erhofften, jetzt sieht es eher nach September aus. Wir haben hier nur noch die Urziegen, das sind unsere drei ersten,

von denen wir uns erst im letzten Moment trennen wollen; wenn wir Gäste haben melke ich sie öfters wenn die anderen schlafen gehn, nämlich bei Sonnenaufgang. Jobs erholt sich mit der Ziegenmilch von kleineren Katern oder Hitzeausschlägen, die ihr das Kochen am Farmerstove manchmal einbringt, und macht auch einen Ziegenkäse, der sehr homerisch schmeckt. Dann haben wir noch ein paar Hühner und Enten hier und den Hund und die Katzen, aber mir kommt es einsam vor, da ich an eine Kopfzahl von etwa 300 Viechern gewohnt war.) Ich freue mich wenn Ihr Hans Holstein kennen lernt. Ich glaube unter den Besatzungsoffizieren wird er eine recht ungewöhnliche Erscheinung sein, nämlich Einer mit Kopf und Herz und wirklichem Verständnis. Er ist ein ›freiwilliger Emigrant‹ und seit etwa 10 Jahren oder länger hier und soll während des Vormarschs Enormes geleistet haben – soviel ich weiss wurde er mit Fallschirm hinter den deutschen Linien gelandet wozu gewiss mehr als Durchschnittsmut gehörte, aber er spricht nie davon. Nach einem Jahr in Deutschland kennt er die Misere – auch die der Arbeit in der Okkupationsarmee – und hat sich trotzdem wieder auf ein Jahr verpflichtet. Der kennt nun Amerika wirklich und nicht wie ein Journalist, hat es ›the hard way‹ kennen gelernt u. auch die abenteuerliche Seite. Ihr müsst Euch mal erzählen lassen wie er den noch von keinem Menschen vorher durchfahrenen snake cannon in Wyoming mit seinen Stromschnellen im Faltboot gemacht hat. Und die Flasche Wodka, die ich ihm neulich nachts kredenzte, hat er bewältigt ohne mit der Wimper zu zucken.) – Ich habe Holstein gebeten Euch auch einmal näher zu erklären dass die Entscheidungen für unser Kommen, das Wie und Wann und das Ganze überhaupt, nicht in unsrer Hand liegen und wie schwer und kompliziert das alles ist. Ausser den paar eingeführten Correspondenten oder Fachleuten ist ja noch Niemand hinüber gelassen worden, der nicht im Army service war – vor allem hat Keiner der vielen Emigranten die sich darum beworben haben bis jetzt die Bewilligung bekommen und ich bin der Einzige bei dem es bis zu einer offiziellen Zustimmung kam. Gezögert haben wir überhaupt nie (nur Euch und den anderen Freunden erklären wollen dass Amerika mehr für uns geworden ist als ein vorübergehendes refugium und dass wir es nicht mehr ganz aufgeben wollen). Aber wenn es nach uns ginge, wären wir längst drüben. Nun konnte ich in den ersten Monaten nach Kriegsende noch garnichts dazu tun weil ich noch nicht citizen war, ich wurde es erst im Januar 46, fast ein Jahr später als Jobs, weil sie in Österreich geboren war, das nicht als ›enemy country‹ galt, und für die Einbürgerung hier ist der Geburtsort ausschlaggebend, den ich mir nun gedankenloserweise in Deutschland ausgesucht hatte. So lang ich nicht citizen war, konnte ich überhaupt nicht anfangen einen Antrag zu stellen, und dann bestand meine hauptsächliche literarische Tätigkeit im Abfassen von Lebensläufen und in der Beantwortung komplizierter Fragen auf komplizierten Fragebögen. Im Februar schon kabelte das Mil. Government aus Berlin dass sie mich dringend für ein Theaterassignment haben wollen, aber die Entscheidungen darüber werden in Washington gefällt. Im Vergleich zu dem Tempo, in dem sich ein amtlicher Vorgang dort abspielt, muss in den Kanzleien des Kaisers Franz Joseph eine kopflose Hast geherrscht haben. Für Lothar und die Gessner, die jetzt in Wien sind, war es leichter, da sie Österreicher (geborene, nicht gelernte) waren und nur für Österreich appliziert haben. Aber nachdem im März mein ›case‹ schon so gut wie gesichert war, wurde dann der ganze Papierstoss einer anderen Office zugewiesen, die mich immer wieder auf baldige Festsetzung des Termins vertröstet. Auch bin ich von freundlichen Zeitgenossen zweimal denunziert worden, einmal als Kommunist und geheimer Stalin-Agent, ein andermal als katholischer Reaktionär und Alldeutscher. Beides lässt sich entkräften … und viele einflussreiche Leute haben Briefe geschrieben – aber es dauert unermesslich lang und das Warten ist etwas enervierend. Zumal man ja in so einer Wartezeit kaum eine auf längere Sicht gedachte Arbeit anfangen kann. Immerhin habe ich in der Zwischenzeit wenigstens ein bischen Geld verdient, durch Verkauf einer Filmgeschichte, und mache grad eine zweite. Ob Ihr nun eigentlich meine bei Bermann erschienenen Bücher bekommen habt? Er versprach die Novelle ›Der Seelenbräu‹ und das Stück ›Des Teufels General‹ an Peter zu schicken und auch die License für die Publikation in Deutschland zu geben. Sonst bestürmt er mich, keine Manuskripte hinüber zu schicken so lange es kein geregeltes clearing gibt. Aber wenn ich selbst komme, bring ich natürlich mit was ich habe. Mit einem neuen Stück bin ich schon ziemlich weit. Und wenn ich noch lang hier sitze, wird vielleicht auch noch ein Roman fertig, der hier spielt, und zu dem ich das meiste Material liegen habe. – Ludwig Berger, unverändert von den Toten auferstanden, überschäumend wie eh und je mit Plänen, Manuskripten und seinem etwas perükkenköpfigen Charme, ist hier aufgetaucht und hat uns besucht, er brachte einen Aquarellfarbenkasten mit und malte die Landschaft, ich lege ein paar seiner Bildchen bei weil sie wirklich eine Art von Begriff geben wie es bei uns ausschaut, es ist das Farmhaus von vorn und von hinten, mit den umliegenden Wäldern, und der Blick nach Süden auf unseren Hausberg. – Wegen der Rückerstattung des henndorfer Hauses haben wir alle möglichen Schritte getan, das wird wohl auch in Ordnung kommen, ich bekam verschiedene Berichte über seinen Zustand, der nicht zu schlecht zu sein scheint, aber es soll verschiedenes in die Nähe gebaut worden sein, auch auf die grosse Wiese auf die man vom Balkon aus sah, und ganz dicht an den Weg, sodass wohl der eigentliche Reiz der Lage dahin ist. Mir kommts in der Erinnerung an sich schon ziemlich eng und eingegrenzt vor, nach all den Jahren in diesem unendlich weiträumigen Land. Aber auch sonst, ich glaube kaum dass ich dort wieder auf die Dauer leben möchte. Ich habe, merkwürdigerweise, überhaupt kein ›Heimweh‹ darnach (aber es fällt mir – und Jobs – äusserst schwer unser Haus hier auch nur für ein Jahr zu verlassen). Dies ist keine Untreue und hat auch nichts mit ressentiment zu tun wovon wir wohl ziemlich frei sind. Es ist nur ein natürliches Ergebnis. – Aber ich war sehr glücklich, dieser Tage, zu erfahren dass mein Eder, der Totengräber-Hausmeister, der als in Russland verschollen galt, lebendig nach Haus gekommen ist! Wir sehnen uns nur nach den Menschen – nicht nach den Dingen, die wir verlassen haben. Auch das ist wohl natürlich. –

Grad kam ein Brief, Mirl, mit der Nachricht von Kurtchen und Kätchen, die ich mich weigere zu glauben, falls es sich um Kurtel Riess handelt. Stimmt es aber doch, dann ist alles möglich, dann weidet der Löwe neben dem Lamm. O Jahrhundert, o Wissenschaft. –

Tausend Grüsse Euch Beiden!

Dein Carlchen

51 Carl Zuckmayer an Annemarie Seidel

New York, 21. Juli 1946

Liebste Mirl,

vor mir liegt Dein lieber Brief vom 13. Juni (hat etwas mehr als einen Monat auf dem direkten Postweg gebraucht) – und hinter mir liegt eine kleine Operation (according to the plan, no accident) – und draussen vor dem Fenster liegt die dicke schwere feuchtheisse Sommerluft von New York, die eigentlich keine Luft ist, sondern ein sichtbarer Niederschlag, von ›humidity‹, mit allen möglichen anderen Gasen und Äthern, Benzinverdunstung, Incinerator-Rauch, Auspuffwolken und Desinfektions-Chlorid vermischt, von den tausend scents and odors, Parfums und Beizen der grossen Stadt durchzogen, eine ganz einzigartige Atmosphäre, von der ich – trotz der Schweissniagaras, die sie sogar undicken Leuten aus den Poren treibt, noch nicht einmal sagen kann, dass ich sie unangenehm finde. Du würdest New York lieben, wenn Du es kennen lerntest so wie man eine Stadt in vielen Jahren des Immerwieder Einkehrens kennen lernt, besonders wenn man nicht dauernd darin lebt und schon dran vorbeischaut. Da sind ja doch die zwei mächtigen Gewässer, zwischen denen das wüste und verrückte M*a*n*a*h*a*tt*a*n, so hiess einst die Halbinsel auf indianisch, aufgebaut worden ist, und wenn an den Hudson Docks die grossen Schiffe anlegen, oder ausfahren, hört man bis zum schwarzen wilden und grausamen East River hinüber ihr meersüchtiges Brüllen. Und vom East River her weht immer ein Hafenhauch, bischen fauliger oder salzig frischer Wassergeruch, je nachdem wie die Flut steht, in die westöstlichen Schluchten und Canyons der New Yorker Strassenzüge, während die langen nordsüdlichen Avenues mehr die Stadtlüfte dahinzutragen scheinen, vor allem die der vom Süden zum Norden – vom Italiener-Chinesen-Spanier und Judenviertel über die vornehme internationale Mitte bis zu den Negern in Haarlem unsäglich variierenden Küchengerüche, und den Ausdampf der Subways, der da und dort, wie aus einer Küche ebenfalls, nämlich einer unterweltlichen, stygischen, aus den Öffnungen in der Strassenmitte herausbrodelt. Ich merke eben dass ich schon viele Zeilen lang von Gerüchen spreche, was wohl daher kommt dass mir die Nase mit tampoons zugemacht ist und ich durch den Mund vor mich hin röchele, ein paar ungesalzene Tage in meinem Leben, ohne Geschmack und Geruch. Man hat mir die vielfach verbeulte sogenannte Nasenscheidewand herausgenommen, die sich mit der Zeit zu einer Art Petrefakt ausgewachsen hatte, die Atmung behindernd und angeblich die Ursache meiner häufigen Anfälle von schweren Kopf- und Stirnhöhleschmerzen, und als der Doktor, unter Lokalanästhesie, daran herumstemmte kam es mir vor als ob er Urgestein aufbräche, und ich war in Versuchung ›Bergmann Glückauf‹ zu singen, musste aber stattdessen Blut ausspucken in ein sauberes weisses Emailgefäss das mir eine noch viel sauberere ekelerregend hübsche Nurse unters Kinn hielt. Seit vorgestern bin ich aber schon wieder aus dem Hospital und der Diktatur der Nurses heraus, die den Patienten dort alle Viertelstunde mit irgendeiner Fürsorge überfallen, und unter der alleinigen Autokratie des Jobs, der ich infolge dieser kleinen Inkommodität in seltener Vollständigkeit ausgeliefert bin. Da aber das Operatiönchen offensichtlich gut geglückt ist, werde ich in ein paar Tagen schon wieder ausgehen können. Man hatte mir dringendst angeraten, diese Sache vor dem ›Dienstantritt‹ in Deutschland machen zu lassen, damit ich dort keine Zicken mache. Man bleibe dort, sagen die Kenner, besser gesund.

Es hat sich nun soweit geklärt, dass ein persönlicher Freund von mir eine ganz neue Organisation für kulturelle Arbeit dort übernommen hat, in der ich eine leitende Stellung bekomme, und zwar eine viel bessere und mit mehr Einfluss und Rückendeckung, als ich sie in der früheren Kombination, als ›theater officer‹, hätte haben können. Ich werde, ausser den Generälen und der hiesigen office, Niemanden über mir haben und kein ›Paperwork‹ sondern mehr produktive Arbeit zu tun, nicht nur Theater betreffend. Dinge, die Peter ausserordentlich interessieren werden und in denen ich mir von ihm viel Rat erhoffe. Sobald ich jetzt ganz in Ordnung bin, komme ich ›on the payroll‹, wohl nächste Woche schon, das heisst, beginnt mein Amt, ich werde aber erst noch etwa vier bis sechs Wochen hier zu arbeiten haben, vielleicht auch kürzer. Jedenfalls komme ich dann mit einer zusammen eingearbeiteten Gruppe hinüber, vermutlich einer besonders guten und vom Bisherigen abstechenden, denn der Leiter, der die ganze Arbeit und die Mitarbeiter zusammenstellt, ist ein erstklassiger Mann, und ausserdem einer mit dem man Pferde und sogar wilde Mustangs stehlen kann. Am Abend vor meiner Operation haben wir alles abgesprochen und endgültig besiegelt (wodurch ich in leicht verkatertem aber doch noch gehobenem Zustand im Hospital erschien). Die Sache war vorher durch irgendeine Bummelei völlig versiebt, und ich bin auch sehr froh dass die problematische Stellung die mir gewinkt hätte an mir vorüber gegangen ist. Ich werde und will mit den ›Fällen‹ (Verbieten oder Zulassen und Entscheiden wer mehr oder weniger böse war) nichts zu tun haben – ich bin ja kein Gott und auch kein Staatsanwalt und wie könnte ich da objektiv sein. Nun handelt es sich glücklicherweise um produktivere Dinge, die davon unbelastet sind. Es ist besser darüber zu sprechen als zu schreiben, – und zum Sprechen werden wir hoffentlich bald Gelegenheit haben.

Dienstag Abend. Inzwischen – den Brief begann ich an einem vor sich hin simmernden Sonntag Nachmittag – hat man mir einen Backenzahn gerissen, unter dem sich ein durch die Erschütterungen der Nasenoperation ins Kochen geratener Abszess bemerkbar gemacht hatte, von dessen Existenz, wie von der gewisser unterirdischer Sprudel und Krater, die Welt bisher nichts gewusst hatte. Er regte sich natürlich in der Nacht auf heimtückische und schmerzhafte Weise, aber jetzt ist auch das schon vorüber und ich bin froh dass es alles gleich auf einmal abgeht. Die rechte Nasen- und linke Backenseite sind derzeit ausser Gefecht, sonst gehts mir gut und ich werde mir im Lauf der Woche, in der ich sowieso marode bin, auch noch die Impfungen machen lassen, die man für die oversea Reise braucht. Verzeihe nur wenn dieser Brief etwas zusammenhanglos und dösig ausfällt. Es ist nur temporär und noch kein Dauermarasmus.

Ich hoffe dass Hans Holstein nun mit meinen ausführlichen Briefen an Peter und Dich angekommen ist, er war vorige Woche in Berlin fällig. Seine Frau wartet auf Abruf nach Berlin, angeblich im August, und bringt jenes kostbare Paket das wir keiner Post anvertrauen wollen, da es eine komplette Ausstattung enthält (das heisst was man so nennt, im Notstandsbegriff. Schuhe, Kostüm usw). Ein Fresspaket senden wir durch Care. Unser Paketverkehr mit den Däxen hat aus mir völlig rätselhaften Gründen bisher nie geklappt – obwohl wir im Winter, in einer Zeit in der es garnicht so leicht für uns war, jede Woche Pakete mit allen möglichen sorglichst ausgewählten Dingen abschickten. Die müssen stossweise verloren gegangen oder gestohlen worden sein. Jetzt schicken wir durch solche Organisationen, a la Care und andere, die Ankunft garantieren, oder durch die direkte Post. Ich mach mir rechte Sorgen, da das Fit sehr krank war und vorher das Däxchen arg herunter. Sie hatten zwar eine Sanatoriumserholung – aber natürlich sind sie unterernährt, obwohl besser dran als ihr, – und der Gedanke, dass – bei dem hohen Alter der Beiden – es grade jetzt passieren könnte, unmittelbar bevor man sie wiedersehen kann, und dass man womöglich zu spät käme, um ihnen diese Freude noch zu machen, quält mich sehr.

Jobs hat da eine gewisse robuste Schicksals-Lebens-Lehre, an die sie unverbrüchlich glaubt, nämlich, es könne das nicht geschehen, weil die Däxe ja nur deshalb – dieses Wiedersehens wegen – so lange am Leben geblieben seien. Sie würden es also auch auf alle Fälle noch bis zur Verwirklichung durchhalten, da sie den Willen dazu hätten. Gebs Gott sie habe recht! Mir kann es meine Sorgen nicht ganz zerstreuen; habe zu oft das Schicksal blind zuschlagen sehn – um ganz sicher zu sein dass es solch milden Planungen zugänglich ist und auf unseren ›Willen‹ Rücksicht zu nehmen geneigt – obwohl ich ihm das auch nicht abspreche und die richtige Lösung, die milde, harmonische, für möglich halte und aus ganzer Seele erhoffe und erbete. Beschleunigen kann ich das Tempo unseres Anmarsches nicht – alles Menschenmögliche ist getan. – Ich freue mich dass Du ›Des Teufels General‹ gelesen hast und magst. Darin steckt grade so viel, als man von drüben noch wissen, ahnen, erspüren konnte, trotz der völligen Abtrennung durch den Krieg. Aber jetzt muss ich hinüber – um wieder den vollen Strom einzuschalten, anzuschliessen. Als ich den ›General‹ begann – dachte ich damit das Thema ›Deutschland‹ zunächst – wenigstens was meine Arbeit anlangt – dramatisch abzuschliessen. Jetzt sehe ich dass es erst anzufangen ist – und dass es niemals brennender und wichtiger war, auch für die andere Welt und our country hier erst recht, es anzustimmen. Lese grade den Schlabrendorff – das Erschütterndste sind die Briefdokumente aus der Widerstands-Tragödie. Wir hatten vorher schon so manche Briefe bekommen – durch Emmy und andere – die zwischen Volksgerichtsverhandlungen und vor Hinrichtungen geschrieben worden waren. Ich finde am erschütterndsten ist das hohe Niveau, das geistige und moralische, der überwältigend reine und lautere Tonfall, der in diesen Abschieds- oder Liebesworten an Frauen, Mütter, Freunde, angeschlagen wird – hoch über allem was es in Klassen- Standes- oder überhaupt politischen Interessenwelten zu hören gibt – aus der Sphäre nobelster Menschlichkeit und Selbstüberwindung. Und die sakramentale Bedeutung, die bei den meisten dieser jüngeren und älteren Männer und Frauen die Ehe wieder bekommt. Die Bedeutung der Frauen, überhaupt. Da – spüre ich – liegt der Stoff meines kommenden Dramas. Vielleicht mehrere. (Inzwischen habe ich ein ganz anderes entworfen.) Es ist für mich ein sehr wunderbarer wenn auch beunruhigender Gedanke, dass in Deutschland, und unter Deutschen, nicht nur die grössten Schweinehunde und Schurken dieser Epoche gelebt – und regiert – haben, sondern dass auch die tapfersten, stärksten und bedeutendsten Charaktere dieser Zeit Deutsche waren. Die Märtyrer des ›Volksgerichts‹, die Helden der ›Vernehmungen‹ und der KZs. Die Welt weiss davon nichts, oder will es nicht zur Kenntnis nehmen. Der ›Misserfolg‹ gilt als das Stigma und das Todesurteil für allen deutschen Widerstand. Es ›gab eben keinen richtigen Widerstand‹ – das ist es was man hört. Von der ungeheuren Tragik, dem enormen Einsatz an persönlichem Mut und an menschlichen Opfern, – und von der Gesinnung, der tiefen und reinen Weltverantwortlichkeit, jener ›Wenigen‹ – weiss man heute nichts. Es ist ein Jammer, für die Welt, die solche Beispiele geistiger und moralischer Grösse so nötig braucht wie Brot – und für Deutschland noch mehr. Denn ich bezweifle ob diese Dinge in Deutschland selbst genügsam bekannt sind. Sie müssten die Grundlage aller zukünftigen Zielsetzung werden. Nicht nur der Gerechtigkeit wegen – sondern einfach als menschliches Ideal.

Ich werde über das Buch von Schlabrendorff, das heisst über das darin enthaltene Material, denn nur darauf kommt es an, und über anderes mir bekanntes Material aus dieser Sphäre, etwas für die Rundschau schreiben. Die Herausgeber und Bermanns wollten, dass ich einen Nachruf auf Gerhart Hauptmann schreiben solle – machten aber gleichzeitig sozusagen die Bedingung, dass ich ihn in diesem Nachruf entsprechend ›tadele‹, seiner politischen Haltung wegen. Das habe ich nun abgelehnt. Mag sein dass seine Unentschlossenheit oder eine gewisse Verschwommenheit tadelnswert war – besonders im Anblick der entsetzlichen Opfer. Aber es scheint mir oberflächlich und ehrfurchtslos – ich meine nicht nur die Ehrfurcht vor einem grossen Menschen und seinem Werk sondern vor den geheimeren Zusammenhängen zwischen einem Leben und seiner Epoche – dieses Ausstellen einer Zensur – im Augenblick des Erlöschens und Ausbrennens, in dem alles Zeitliche schweigt. Ich könnte auch nicht diese Stellung einnehmen ohne viel tiefer auf die Problematik der geistigen Verantwortlichkeit – und die Zweideutigkeit allen künstlerischen Schöpfertums überhaupt – einzugehen, und das alles scheint mir nicht am Platz, wenn es ein Grab zu schliessen, und Abschied zu nehmen gilt. Ich müsste dann auch mindestens kennen, was er in diesen letzten sieben Jahren noch geschaffen hat – nicht nur die eine oder andere blöde Zeitungsäusserung. So werde ich also wohl das Maul halten und mich an seinem zehnten Todestag – oder hundertsten Geburtstag – äussern. Bis dahin wissen wir vielleicht ein bischen mehr. Grade habe ich Peters Brief an Gottfried gelesen, in dem er kurz über Gerhart Hauptmanns Tod berichtet. Das bestärkt mich noch viel mehr darin, dass es zu einer ›Stellungnahme‹, zu einer Kritik seines Handelns jetzt nicht die Zeit ist. Wenn man mich doch dazu überredet, werde ich höchstens das zum Ausdruck bringen: dass die Trennung von ihm, wie von Deutschland, für uns ein unbegreiflicher und kaum noch zu ermessender Schmerz war – den die Nachricht von seinem Tod jetzt nur noch vertieft. Dass wir warten müssen auf die Kenntnis seines Spätwerkes, und auf die Glättung der Wogen in der Welt und in unsrem Innern, bevor wir das richtige Wort zu seiner Würdigung und Deutung finden können. Jetzt kann es nur ein Wort des Abschieds und der Trauer sein. –

Die ›Rundschau‹ – ja, ich hoffe darauf dass sie bald mit Euch gemeinsam herausgegeben werden kann – und wieder eine innerdeutsche Zeitschrift wird. Mir scheint, sie kommt noch zu sehr ›von aussen‹. Das wird wohl zum Teil von der Besatzungspolitik in der nächsten Phase abhängen. Manche Informierte erwarten einen baldigen wirtschaftlichen und organisatorischen Zusammenschluss der amerikanischen mit der englischen und französischen Zone, dann hätte man ja für alles, Literatur wie Theater, ein weiteres und einheitlicheres Absatzgebiet. Davon hängt auch zum Teil der Termin meines Kommens ab. Man hängt von so vielem ab – mit allem was man tun oder lassen möchte – auch wir, die in einem freien Land leben, spüren trotzdem jenes vielmaschige und eng geknüpfte und nicht abzuschüttelnde Netz der äusseren Gewalten, in das unsere Leben und Schicksale verstrickt sind, und wenn man bei alledem sich inwendig eine Art von Unabhängigkeit erkämpft hat und erhält, so ist es schon viel wert. Da aber sind wir oberhalb der Grenzen und in einer Welt, in der wir einander treffen – ganz gleich ob wir hüben oder drüben angehängt sind.

Nun habe ich diesen Brief über eine ganze Woche in Abständen geschrieben – es ist schon wieder Sonntag nachmittag in New York, und bei Euch schon Sonntag abend. Jobs ist nach Barnard zurück gefahren, ich bleibe noch ein paar Tage da und gehe dann auf eine Woche zum Packen hinauf. Wir wissen noch nicht wo wir die Katzen hingeben. Für die anderen Tiere ist gesorgt, aber es ist alles sehr schwierig. Jetzt geh ich mal einen Whiskey trinken auf Euer Wohl und unser Wiedersehn.

Dein Carlchen

52 *Carl Zuckmayer an Annemarie Seidel*

New York, 7. September 1946

Liebste Mirl,

ich habe Euch im Juli und August lange Briefe geschrieben, durch Hollstein und Norden, auch mit der gewöhnlichen

Post, inzwischen muss ja auch Hollsteins Frau mit den Paketen angekommen sein, die zum Teil Schuhe und Kleider enthalten. Vor einer Woche habe ich an Peter ›offiziell‹ geschrieben, sowohl durch einen Beamten der nach Berlin flog als durch die official mail unsrer Section. Seit 15. August bin ich ›im Amt‹, Chief of the European Unit, Film and Theater Section, und es ist jetzt ganz sicher dass ich Anfang Oktober, bis spätestens 15., hinüber gehe und zwar zunächst nur auf drei Monate, mit ganz bestimmten und sehr interessanten Aufträgen. Dann soll ich hierher zurück und vermutlich nach einigen Wochen oder Monaten noch einmal hinüber. Ich habe jetzt eine viel bessere und wichtigere Stellung als sie ursprünglich vorgesehen war, – nachdem ich jetzt ein bischen Einblick bekommen habe bin ich sehr froh dass es vorher nichts wurde und dass ich nicht als ein ›theater officer‹ dort herum hocken muss. In meiner jetzigen Position kann ich wirklich was tun. Ausserdem ist mein ›Chef‹, der vermutlich mit mir hinüberkommen wird, einer meiner besten persönlichen Freunde, die ich hier in Amerika gefunden habe, ein prachtvoller Mann mit künstlerischen Talenten, der im Krieg in der Air Force Ausserordentliches geleistet hat und wirklich was vom Film versteht. Ich bin mit Film derzeit mehr beschäftigt als mit Theater (aber nicht in der Linie von Pommer, der wohl mehr im kommerziellen Sinn an der ›Wiederbelebung‹ des deutschen Films arbeitet). Ich werde in diesen drei Monaten viel herumsausen müssen und nirgends sehr lang bleiben, aber doch wohl eine Zeitlang in Berlin und wohl eine längere Zeit in München (der dortigen Filmstudios wegen), was mir um der Däxe willen sehr lieb ist. Den Jobs kann ich jetzt nicht unmittelbar mitbringen, für einen so kurzen Aufenthalt erlauben die army regulations keine ›Familienbegleitung‹, aber sie wird vermutlich in die Schweiz fahren und einen Pass nach Österreich kriegen sodass ich sie in Wien treffen kann, und wir hoffen dann auch einen kurzen Grenzübertritt nach Bayern für sie zu erwirken damit sie die Däxe besuchen kann. Ob sie bis nach Berlin kommt ist zweifelhaft aber wir versuchen alles. –

Ich verschiebe alles andere aufs Mündliche. Ich sitze jetzt hier jeden Tag von früh bis spät in meiner War Department Office und habe so viel zu tun, auch mit privaten arrangements, dass mir der Schädel brummt. »Leb wohl, doch nicht für immer Lebwohl!« (Freiligrath, 1849). (Denn sie töten den Geist nicht, Ihr Brüder!)

Auf bald! Euer

Carlchen

Hab lange nichts von Dir gehört! Es kam ein längst überholter Brief, den Ihr im Februar Jemandem mitgegeben habt, grade jetzt an!! Bitte schreib wie lang diese Luftpost dauerte!

53 *Annemarie Seidel an Carl Zuckmayer*

⟨Berlin, 24. September 1946⟩

Liebstes Carlchen,
Dein Brief war 12 Tage unterwegs. Hoffentlich erreicht Dich dieser noch. Ich fahre morgen den 25. weg, das erste Mal seit genau zwei Jahren. Von Kampen reise ich circa 2. Oktober ab, und werde ungefähr Sonntag den 6. in München sein, respective in Starnberg, Ottostr. 16. Telefon 20 42 (Seidel!). Dort bin ich mit gelegentlichen Unterbrechungen durch Besuche bei den im bayr. Hochland verstreuten Freunden bis circa 15. Oktober, d.h. ich muss spätestens am 20. wieder in Hannover sein, von wo ich nach Erledigung von Formalitäten wieder in Berlin eindringe. Meine Frist ist also höchstgemessen 4 Wochen. Zu dumm, dass ich nicht weiss, ob Du zuerst nach Berlin oder zuerst nach München kommst, oder ob wir gar aneinander vorbei fahren!

Auf alle Fälle schrieb ich Evchen den Inhalt Deines Briefchens, somit auch den schrecklich an der Leine ziehenden Dächsen. – Nun habe ich aber, wegen vieler ähnlich verlaufener Fälle, für mich die Hoffnung, (nicht für Dich, denn Du bist sicher schon ungeduldig) dass Du doch erst Ende Oktober, also wenn ich schon zurück bin, den alten Continent anläufst. Auch der so häufig annoncierte Hollstein liess sich noch nicht blicken, heute wieder kündigte ihn ein Briefchen von Frau Rado an.

Die Herbststürme wehen. Vor einigen Tagen wurde sogar hier in unserm alten Berlin viertelstündlich durchs Radio ein Orkan als fällig zwischen 12 und drei Uhr angesagt, der den letzten Rest pittoresker Fassaden erledigen sollte. Er traf aber dann nicht ein. Dürfte ich Dich durch Berlin führen, was mir nicht vergönnt sein wird, so würde ich, nach reiflicher Überlegung, Dich mit verbundenen Augen aus dem Schacht der U-Bahn am Anhalter Bahnhof ans Licht des Tages führen, und Dir dann dort die Binde abnehmen – möglichst zwischen 5 und 6 Uhr abends, bei einem leise nieselnden Wetter. Was Du dann um Dich sehen wirst, will ich Dir nicht beschreiben, denn Du wirst es ja selbst sehen.

Trotzdem! Trotzdem! das ist meine Devise. Das Leben ist schön. Gott grüsse Dich. Kehre gut heim. Auch hier bist Du zuhause.

Deine
Mirl

Die beiden offiziellen Briefe an P.S., die Du angekündigt hast, sind noch nicht eingetroffen.

Tausend Grüsse an den Jobs!

54 Annemarie Seidel an Carl Zuckmayer

In den Bombennächten im Gartenbunker im Grunewald als die Föhren so ächzten.

Dezember 1943

Und als man ihm den Kelch gebracht
Umdrängte schauernd ihn die Nacht.
Der Engel zeigte ihm den Trank.
Da schrie er als er niedersank:
Ich will ihn nicht!

All Ding verhielt sich wie im Traum.
Es lauschte regungslos der Raum.
Der Engel neigte ihm den Trank.
Er weinte als er niedersank:
Ich will ihn nicht.

All Ding stand todesfahl und stumm.
Es weht kein Odem mehr ringsum:
Da trank er seines Engels Wein
Und ging wie schlafend in ihn ein
Als wie in Licht.

Mirl.
Für Zuck. 1947.

55 Annemarie Seidel an Carl Zuckmayer

⟨Berlin⟩, 32. [!] Oktober 1947

Carlchen! Jobs!
Ich wälze mich mal wieder auf meinem herbstlichen Erkältungslager und sehe an Peter, wie fördernd doch ein 3wöchentlicher Aufenthalt unter normalen Verhältnissen ist, obwohl er nur 100 gr zugenommen hat. Nerven- und Kräftemäßig ist er doch viel stabiler geworden. Mit hohem Vergnügen, philosophischem Ergötzen und großer Heiterkeit las ich den dicken Roman von Werfel »Stern der Ungeborenen«. Es rührt mich, wenn ich an die erste Begegnung 1918 zurückdenke, Galerie Caspari, wo er, wenn ich nicht irre im Frack, dicklich, mit herabhängenden grasgrünen Kunstseidensöckchen, den »Äserweg« unter Protest des Publikums vom Podium herabheulte, und das unbeschreibliche: »Wie wir einst in ungeheurem Lieben / Späße…«. Wie hat er doch eine recht schöne künstlerische Vollendung erreicht.

Hoffentlich ist nun der Köpenick gut und wunschgemäß gelaufen und die Feiern, die dienstlichen, überschreiten nicht

Carl Zuckmayer und Eva Mosse, 1947
Photographie von Barbara Lüdecke

selbst Deine schier unermeßlichen Reserven. Illumiert bis unter die Haut machtest Du mir diesmal keinen ganz gesunden Eindruck, und ich erhoffe für euch einen Arbeitsnovember mit Weinbergspaziergängen, Fränkli und leichtem Santern und langen Träumereien, Rèverien. Evchen kommt am 5. Nov. zu mir und bezieht Peters Zimmer, sie beabsichtigt zur Première zu fahren, wenn ich mich kräftig fühle fahre ich gleich mit; da erhebt sich dann immer wieder die unbeheizte Wohnfrage im Winter auf Reisen, weshalb mir auch für P. bange ist, in Hamburg, Frankfurth u.s.w. Übrigens kam ich *nicht* in Besitz des von Dir versprochenen schmerzlich Entbehrten. Fränger gefiel mir ausnehmend, dies satanisch-mystische Listen- und Wissensreiche. Werde Verbindung aufnehmen.

Es freut mich riesig daß Dir meine Geschichte gefällt. Der »Merkur« in Baden Baden wird sie bringen. Drüben wäre es natürlich besser gewesen aber auf die Idee kam ich nicht.

Ich hoffe und bete und glaube fest, daß wir Neujahr drüben sind. 2 Wochen muß ich wenigstens auf 1500 m wegen der Bronchien.

Sei herzlich gegrüßt, Jobs. Ich erwarte mit Spannung Deinen Roman!

Allzeit Eure

Mirl

56 Annemarie Seidel an Carl Zuckmayer

⟨Frankfurt am Main⟩, 21. Februar 1948

Geliebtes Carlchen,

ich finde Dein Gedicht über das Trinken so schön, daß ich ganz betrübt bin daß es nicht in Deinem Gedichtband steht. Hast Du mehr so Sachen die dort nicht aufgenommen sind?

Ich bin recht frühlingsberauscht, und das Wohlgefühl, seit ich nicht mehr in dem interessanten Berlin zu leben brauche, – ist ein anhaltendes. Jetzt ist's ungefähr ein Jahr her, Chardonne, es muß auch herrlich sein. Ich bin inzwischen langsam aber sicher wieder einer normalen Nerven- und Ernährungsverfassung angenähert, habe Schlafmittel und sonstige neurotische Zwangsideen über Bord geworfen, und genieße das verträumte, bläulich verschleierte Frühlingslicht Mitteldeutschlands – das so anders ist wie im Norden. – Peter fährt morgen auf 5 Tage Düsseldorf Bremen Hamburg und ist nächsten Sonntag wieder hier. – *Wann* ist die Uraufführung von B.B.? Ich möchte es gern schon heut in meine Pläne aufnehmen, u. am Bodensee muß ich außerdem ein paar Leut aufsuchen. – Jetzt war 3 Tage der Dichter Hagelstange bei uns (Venezianisches Credo) der übrigens von Deinen Gedichten ganz außerordentlich angetan ist.

Bitte Grüße den Jobs sehr, ob sie mir nicht einen Durchschlag ihrer Kindergeschichte schicken kann, ich sende ihn auch dann gleich zurück!

Bitte sei brav und gut!

Es umarmt Dich

Deine Mirl

57 *Annemarie Seidel an Carl Zuckmayer*

Frankfurt am Main, [zwischen November 1948 und April 1950]

Mein liebes Carlchen,
grad erhielt ich von L. v. Sch. beiliegenden Brief mit der Bitte, ihn – a – zu lesen, und – b – an Dich zu schicken. Ersteren Wunsch kann ich nur teilweise erfüllen da ich die Schrift nicht lesen kann. Aber sie scheint mir n'bischen plem plem. Ich wünsche Dir aber glücklichen Einzug in das Dir in den Gefilden Ihres Herzens neu erbaute Haus. Ziehst Du mit Jobs zusammen da hinein? Ihr wärt dort vor einem Besuch von mir vollkommen in Sicherheit.

Ich habe jetzt von diesen neuen Kleidern – lang und wie man sagt weiblich – und sehe grundlegend verändert aus.

Wenn ich mir im Spiegel begegne muß ich mir überlegen wer das ist. Sie machen auch so schön dick durch die Stoffmenge.

Alles Gute, lieber Schwan
herzlichst
Deine Mirl

58 *Annemarie Seidel an Carl Zuckmayer*

Frankfurt am Main, 25. Dezember 1948

Liebes Carlchen,
den 24. und den Hlg. Abend verbrachte ich mit der Zubereitung einer besonders fetten Ente; ich habe mir das aus irgendwelchen phantastischen Gründen schön und lohnend gedacht. Dieses Unternehmen kann ich als gescheitert betrachten. Die Küche ist dazu zu klein. Die Ente und ich lagen auf dem Fußboden. Ich versuchte sie zu tranchieren, wodurch sie äußerlich nicht gewann. Sie schmeckte vorzüglich, aber sie kam eiskalt auf den Tisch. Rotkohl und Kartoffeln waren ebenfalls vollkommen ausgekühlt. Das kam daher, weil wir vorher ein Quetsch tranken. Ich hatte, die Sauce richtig zu bereiten, keine Kraft mehr, und mir auch die Hände verbrannt. Kurz und gut, es war eine Niederlage. Peter sparte nicht an schonungslosen Bemerkungen, die pädagogisch-perspektivischen Charakters augenscheinlich waren, aber, Du weißt, bei einem Schiffbruch ist man nicht geneigt zu lauschen. Fast den ganzen heutigen Tag mußte ich mich erneut mit der Ente beschäftigen, da sie mit ihrem Fett alles überzieht; sogar die Kaffee-Tassen scheinen in Mitleidenschaft gezogen. Meine Pflicht als Hausfrau erfordert, daß ich ein Enten-Klein, und ferner eine Suppe aus Graupen mit ihrem Geripp zubereite. Dabei kann ich sie nicht mehr – lesen, wollte sagen sehen.

Wie schön wird dagegen Euer Heiliger Abend gewesen sein, wie beneidete ich Euch, in ferne Länder, fremde Hotels zu fahren, mit weisen Stubenmädchen und unverbindlichem Erwachen!

Heute, am 1. Feiertag, sind auch wir weise und freundlich. Vor mir steht ein Engel mit hochgetürmten Flügeln, inmitten eines Nelkenstraußes. Ich sitze an unserm alten Esszimmertisch, an dem ich dereinst schon meine Schulaufgaben machte. Dieselbe Zuckerdose, aus der ich mich als Kind bediente, das ist alles beruhigend. – Sich an all diese Verluste »gewöhnen« zu wollen, sich abstellen zu wollen, ist Unsinn. Man kann nichts dergleichen. Es ist wahrhaftig schlimm, daß wir unsere Städte überleben mußten, es hätte nur umgekehrt der Fall sein dürfen. Welch dumme und mutwillige Geschichte! –

In den Pausen, welche mir die Ente und die Säuberung des Zimmers und der Küche erlaubte, blätterte ich in schönen Werken, eines über Bosch (nicht von Fraenger was auch etwas für sich hat) und Cézanne, Briefe, mit einer ganz beleidigenden Einleitung oder Art Biographie von Jedlicka, die weder zutreffend noch mit jener Art zweiten Gesichtes geschrieben ist, die wir angesichts dieses Mannes fordern dürfen. Ja, gibt es denn keinen »Menschenschutz«? Darf sich denn jeder über jeden hermachen und über ihn schreiben? Seine Briefe veröffentlichen, auch wenn, wie hier ersichtlich ist, die Ausdrucksmittel nicht auf diesem Gebiet liegen. Ich war über die *Halb*wahrheiten dieses Buches besonders empört, und direkt gekränkt.

Gottseidank legte mir Peter heute morgen, als ich mich aus verdrossenem Schlaf zu erwachen weigerte, Deinen Aufsatz »Amerika ist anders« auf die Bettdecke, (Neue Schweizer Rundschau). Ich war davon sehr beglückt, denn etwas so Lebendiges, ~~Spontanes~~ Unmittelbares an Mitteilung ist selten. Ich bin so überzeugt und hingerissen davon, als hättest Du es mir privat in einem seherischen Moment erzählt. (Ich habe oben – ausgestrichen – »spontan« geschrieben, doch dieses Wort ist diffamiert auf ewige Zeiten.) Gott schütze Deine Gesundheit, denn Du schützt sie, zur Sorge Deiner Familie, und zu meiner Sorge – schützt Du sie nicht. Jedoch, wer schützt eigentlich seine Gesundheit. Bleibe aber bitte noch eine Zeitlang am Leben. Wir sind, (obwohl ich noch viel älter bin als Du), noch in einem rüstigen, einem kräftigen Alter, und mir kann keiner ⟨etwas⟩ anhaben außer ich mir. Ich gehe deshalb früh ins Bett; sorge für viel Schlaf!

Ich wünsche Dir ein gutes neues Jahr.

Deine

Mirl

27.12.48

Der leicht verkaterte Brief blieb liegen aus Mangel an Briefmarken, die unsere Sekretärinnen in den Feiertagen vor uns wegzuschließen pflegen. Da Du 150 Briefe bekommen hast, wird dadurch keine unangenehm klaffende Lücke entstanden sein. Ich freue mich sehr Dich im Januar noch einmal zu sehen. Peter rechnet mit einem Militärflugzeug am 2. Januar, das ihm Mr. Pagan versprach. Er will Ende Januar wieder hierherkommen. – Ich bin gerne in Frankfurt, d.h. in Süddeutschland, und dem Leben dankbar für diesen neuen Abschnitt, der damit beginnt. Vielleicht wird man durch Abstand Berlin und die dort verbrachten Jahre gerechter einschätzen und beurteilen können. Zunächst aber möchte ich mich sowenig gern dahin zurückversetzen wie man sich etwa in ein Konzentrationslager oder in einen Schützengraben zurückversetzt.

Sei gegrüßt und benachrichtige mich von Deinem Eintreffen. Tel. Nr. ist 52776.

Grüße herzlichst Jobs, Deine Mutter, Winnetou.

Mirl

Ich las ein sehr schönes Buch von Werfel, »Die Geschwister von Neapel«.

59 *Carl Zuckmayer an Annemarie Seidel*

Konstanz, au lit, 8. Januar 1949

Goldmirl,

Du hast mir einen sehr lieben schönen abenteuerreichen (was die Ente anlangt) und auch ahndevollen Geburtstagsbrief geschrieben, ich beantworte ihn bereits vom Siechenbett. Wie

Peter Suhrkamp, 1949
Photographie von Marie-Agnes Schürenberg

sagt Willem Voigt? »Man soll den lieben Gott nicht in der Nase kitzeln, – sonst niest er.« Er hat genossen. Allerdings, so nehme ich an, zunächst nur schreckschussweise, – aber er wird gehört und beherzigt. Ein Herr König (sprich Könisch, mit langem ö), der hier als Mäzen und Heliogabal hinter Hilperts Deutschem Theater steht (so lang es steht, d.h. so lang er – dahinter – steht) –, lud uns vor ein paar Tagen alle auf den Feldberg im Blackforest ein. Er ist der Besitzer des grössten Hotels dort oben sowie von 19 Kinos im Lande Baden, – ein schwerer Mann, (seine Tochter ist leichter, sie tanzt, – solo –, in Hilperts Deutschem Theater). Du siehst Zusammenhänge. Herr Könisch ist auch sonst kunschtbegeischtert, ein entzükkender Alemanne, und kam auf die prachtvolle Idee, mir ein komplett eingerichtetes Häuschen im tiefen Tannenwald, (dicht beim Schatzhauser, der sich nur Sonntagskindern sehen lässt), wo man auch herrlich verpflegt werden kann, fast umsonst für das ganze Jahr ab 1. Mai anzubieten. Wir fuhren also alle mit 2 Autos in einem Galopp über Schnee und slush auf den grossen Feldberg, nach einigen langen Nächten noch dazu, Höhenunterschied 1250 m in anderthalb Stunden, – dort ein paar doppelte Himbeergeister und ein paar Flaschen ganz schweren Wein, und dann stapfte ich noch lange im Schnee und sah mir das Häuschen und die Umgebung an, und dann kam er nun endlich, der lang fällige, der viel verkündete Kollaps. Nun muss ich hier eine in Konstanz krassierende ruhrartige Darminfektion aufgeschnappt haben. Damit fing es an, zusammen mit einer ganzen Nacht, 10 Stunden, Herzattacke. Zuerst hielt ich es für verdorbenen Magen, aber ich musste halt nach Konstanz zum Doktor, mittlerweile kam Fieber dazu, und, kurzum, es hat mich erwischt. Die Darmgeschichte ist, nachdem ich glaubte alle Fluten des Styx in mir gehabt und in den Orkus entleert zu haben, und nach 2 Tagen Hungern mit bestimmter Sulfa Kur, samt dem Fieber vorbei. Aber ich bin schwach wie ein Mückenfuss und das Herz bleibt leise beklommen. Montag wird nochmal untersucht. Doktor sagt, bei 2-3 Monaten ganz strikter Behandlung durch Spezialisten und grösster Ruhe kann die Sache wieder völlig in Ordnung kommen. Das muss nun sein. Wir fahren wohl nächsten Mittwoch oder Donnerstag in die Schweiz, wo ich mich sofort, ohne mit der Wimper zu zucken, kurieren lassen werde. Hand aufs Herz. – Ich war für letzten Freitag auf 5 Tage in München angesagt, (*nicht* bei Frau Rinser (kleine Fische), es gibt dort besseres, ach *viel viel* besseres), – alles Essig. Wenigstens vorläufig. Kommt alles wieder.

Bitte schreibe zunächst nach Zürich, Genferstr. 24 bei Frau Reiff. Weihnachten mit Winnetou u. dem dauernd im Nebenzimmer rastlos krabbelnden und scharrenden Däxchen war so schön!

I wonder ob Peter in Berlin ist? Wenn nicht vorher, müssen wir uns hier im April zu Hilperts Blombergaufführung treffen.

Dein marodes
Carlchen

60 *Carl Zuckmayer an Annemarie Seidel*

Chardonne, 10. Februar 1949

Bruder Mirl, Confrater vom Orden der weissen Kapuzen,
ich danke Dir für Deinen Brief und kann Dir berichten, dass es mir wirklich schon viel besser geht. Zwar hält mich der Lausanner Professor, aus guter Absicht, in einem konstanten Verblödungszustand, in dem ich nur schlafen oder dösen möchte und höchstens die Vögel vor meinem Fenster füttern oder die ungeheuer dramatische Kulisse der Savoyer Alpen gegenüber und die Andromeda-Nebel in den Tiefen des Lac Léman beobachten, – es müssen ähnliche Mittel sein, wie man sie dem Angeklagten in einem osteuropäischen Schauprozess angeblich einflösst, und ich bin auch schon bereit, meine gesamte Schuld zu bekennen. Vielleicht ist diese Passivität aber auch die gesunde Reaktion auf eine Periode des Überdrucks. Jedenfalls tut sie gut. Nächste Woche soll ich wieder gründlich

untersucht werden. Der Doktor zweifelt nicht daran, dass die Sache restlos auszuheilen ist, und ich bin fest dazu entschlossen, denn ich habe nicht die leiseste Neigung, mich zu ruinieren, jeder Spass hört bei mir auf, wenn es nicht mehr aus dem »Überschuss« ginge, auch jedes Bedürfnis nach Stimulation oder Aufputschung, wenn ich allein sein kann, – und ich denke garnicht daran, mich um mein Alterswerk drücken zu wollen. Jobs lebt gerne genau so zellenhaft abgeschlossen, bei ihr ist nun der creative furor erwacht, seit wir hier sind, hat sie schon wieder eine *grossartige* Erzählung (in einem ganz eigenen, ausgesparten und enorm anschaulichen Stil) aus ihrer Wiener Kinderzeit geschrieben, es ist als konzentriere sie nun ein immanentes Talent, das immer in ihr war und auch darstellerisch, nachbildnerisch hätte entwickelt werden können, auf eine gesteigerte, scharf belichtete und dadurch fast überwirkliche Wiedergabe erlebter Wirklichkeit. –

Ich lege Dir ein paar Verschen bei, die ich gestern gemacht habe, als mir Reindls Frau schrieb, dass er nächste Woche 50 wird. Die unendliche Freundlichkeit dieses Menschen, die so garnichts mit oberflächlicher Liebenswürdigkeit zu tun hat und durchaus verbindlich, fast religiös gestimmt ist, hat mich noch stärker als seine Klugheit und Begabtheit berührt. Und ich habe so gern die »Gelegenheitsgedichte«, die man so ohne Arbeit oder Nachdenken aufs Papier haucht wie jene Seifenblase, und in die man doch etwas über den Anlass hinaus einflechten kann. –

Schreibst Du auch wieder etwas? Dann schicke es! Du kannst doch nicht immer nur Enten braten. Ich hoffe, Peter ist inzwischen gekommen. Im Winter ist das unwirtliche Germanien mit seiner Nebelschicht kein gutes Flugland. Das habe ich im Winter 46/47 mit viel Warterei auf Military Airports häufig genug erfahren.

So long, and so short – und auf Wiedersehn!

Dein
Carlchen

61 Carl Zuckmayer an Annemarie Seidel

Oberstdorf, 2. Februar 1950

Liebste Mirl, ich muss Dich um eine Soforthilfe bitten, und zwar für unsre Freunde (Hella und Hobby) Jacobowski. Der Mann hat infolge allgemeiner wirtschaftlicher Krisenzustände trotz intensivster Leistung mit seiner Schuhfabrik Konkurs anmelden müssen. Es schweben zwar alle möglichen Verhandlungen, die Fabrik mit Staatskrediten zu retten und wieder in Gang zu bringen, aber das dauert ein paar Monate. Momentan sind sie halt pleite. Für dringendste Finanzhilfe sorge ich da schon selbst. Aber es handelt sich darum, dass sie in dem Örtchen Sterbfritz nun der Schadenfreude und Bosheit der deutschen Menschen ausgesetzt sind, die ihnen wohl vorher ein gewisses vivre-en-bonne-humeur neide-ten, dass sie jetzt in diesem Nest keinen Pfennig für »Luxus« ausgeben dürfen, und, wie Hella mir grade schreibt, zum Beispiel sich nicht einen Tropfen Alkohol und keine Zigarette kaufen dürfen, auch wenn man ihnen das Geld schickt, da es dann heisst, sie vergeuden die Konkursmasse. Ich gehe nicht fehl mit der Überzeugung, dass Du für eine solche Notlage ein gradezu schmerzhaftes Verständnis hast. Und grade in solchen Zeiten braucht man ja was zum Trinken.

Daher: bitte kaufe *auf meine Kosten*, vom Verlag sofort zu erstatten, so circa 3-4 Flaschen, sagen wir, vielleicht Steinhäger (Schlichte), oder auch einen Himbeergeist und Cognac, – es gibt jetzt sehr trinkbaren deutschen, der nicht so teuer ist, ich habe mich selbst schon auf Asbach gesetzt, da ich derzeit so viele Pleitekinder habe, dass ich an mir (ohne ernste Not) sparen muss. – Und lasse, am besten vom Geschäft direkt, die Fläschchen als Paket, zusammen mit 2 Stangen amerikanischer Zigaretten, schicken an

Frau *Hella Jacobowski*
Sterbfritz, Kreis Schlüchtern (Hessen)

Bitte tu es *rasch*, die Armen dürsten sehr, und von hier aus geht sowas höchst langweilig!

Im übrigen bin ich von Arbeit ganz vertiert und verblödet. Gottseidank kann ich zwischendurch ein bischen Ski laufen. Wie schön, dass Du mir zum Geburtstag den Weizsäcker geschenkt hast, den ich gleich bei seinem Erscheinen zum Teile las und immer besitzen wollte. Jetzt habe ich damit eine wunderbare langsame Seite-für-Seiten-Lektüre, die den Kopf von der Arbeitsphantasie wegdreht und angenehm abklärt. Das bekommt in solchen Zeit so viel besser, wie Literatur zu lesen. Und Kriminalromane beginnen mich furchtbar zu langweilen. Aber ich bin mit dem Stück bald fertig. Wenn ich weiss, was mit Peter ist, werde ich Pläne machen, wann ich am besten nach Frankfurt reise. Ich bin etwas besorgt, dass es ihm in Berlin wieder schlechter ging, da ich nichts mehr hörte. Dafür eine schöngeschuftete Anzeige der Verehelichung G.B.F. – Baldner. Für den Verlegernachwuchs ist gesorgt und sogar die Anfangsbuchstaben bleiben dem Weltkonzern erhalten. G-B-B-F. Hätte ich das absolute Gehör, würde ich das jetzt aus Müdigkeit pfeifen. Denn es ist spät.

Gute Nacht!

Dein Carlchen

62 *Carl Zuckmayer an Annemarie Seidel*

Oberstdorf, 10. Februar 1950

Vertraulich!

Liebste Mirl,

ich hatte heute ein sehr beunruhigendes Gespräch mit Gottfried und Tutti, das ich eigentlich garnicht haben wollte, aber nachdem ich mich dreimal bei Voranmeldungen aus Frankfurt verleugnen liess, musste ich beim vierten Mal schliesslich antworten. Gottfried, von Tutti souffliert, – ich konnte sie hören, – sprach von einem vollständigen, nunmehr irreparablen Bruch mit Peter, den er einseitig ihm zur Last legt. Er bezeichnete Peters Verhalten als ›ungeheuerlichen Vertrauensbruch‹, Bruch aller feierlich gegebenen und schriftlich vorliegenden

Annemarie Seidel, Anfang der fünfziger Jahre

Versprechen. Peters Vorschläge seien so, dass sie ihm, der Familie Fischer, dem Amsterdamer Verlag, überhaupt keine Bestimmungsrechte mehr liessen sondern alles von Suhrkamp abhängig machten. Jede vernünftige und sinnvolle Art der Zusammenarbeit habe Peter brüsk verweigert, die fairsten Vorschläge seinerseits abgelehnt, und durch die Form der Übermittlung seiner letzten Bedingungen (durch Anwalt, und gleichzeitige Abreise, sodass Bermanns ihn nicht mehr sprechen konnten), habe er alle Brücken abgebrochen und jede Verständigungsmöglichkeit sabotiert. (Ich wiederhole hier nur die Bermannschen Worte). Nach seinen endlosen Bemühungen, die Zusammenarbeit mit Peter zu retten, könne er nun nichts mehr tun als Peters Treuhänderverhältnis fristlos zu kündigen und einen neuen Geschäftsführer einsetzen, das heisst den Verlag einfach übernehmen, wozu er das vollständige Recht habe. Täte er das nicht, so ginge es auf Kosten des Verlags und er könne das den Autoren gegenüber nicht verantworten. Es herrsche im Frankfurter Verlag (mit Bermanns Worten) eine himmelschreiende Misswirtschaft, die das Geschäft an den Rand des Abgrunds brächte, und wenn Peter behaupte, die Amsterdamer Geschäftsführung oder deren finanzielle Transaktionen könne dem deutschen Verlag gefährlich werden, so sei das (hier folgten Ausdrücke von denen Verleumdung der zarteste war), das Gegenteil sei der Fall, Peter ruiniere den Geschäftsgang des Verlags und es könne keinen Tag so weitergehn. Auch habe Peter keinerlei Anspruch, den Verlag hier durch- und auf der Höhe gehalten und dadurch Verdienste um ihn zu haben, denn vom gesamten Umsatz des deutschen Verlags gehe höchstens ein Sechstel auf Suhrkamps Buchausgaben – alles andere komme aus den von ihm neu eingebrachten Lizenzausgaben der emigrierten Bermann-Fischer-Autoren und der von ihm eingebrachten Auslandsrechte, – und diese Rechte gehörten Fischers und nicht Suhrkamp. Vor allem schreie aber die Misswirtschaft zum Himmel, und es bleibe nun nichts anderes übrig, als – durch P.s eigne Schuld und nur auf Grund seines brüsken

Verhaltens – ihm den Verlag wegzunehmen, das alles sei schon im Gang, und wenn ich am 24. Februar nach Frankfurt komme, würde ich Peter nicht mehr im Verlag antreffen, er habe dann nichts mehr damit zu tun. – (Wörtlich zitiert.)

Nun wird das ja alles nicht so einfach sein. Ich persönlich muss in diesem Wirrwarr zunächst meine Interessen wahren und da ich mit Bermanns keinen Vertrag mehr habe, werde ich mir die ganze Situation erst sehr genau ansehen bevor ich auf irgendwas, so oder so, neu eingehe, und vor allem mein Geld sichern, und keinen Schritt ohne Anwalt tun. Das ist ja selbstverständlich.

Aber ich bin nun wirklich etwas besorgt, sogar ziemlich, wie das Ganze sich für Peter und Dich auswirken wird, und ob die rasante Tutti es womöglich tatsächlich durchsetzen kann, Peter ganz auszubooten. Hoffentlich hat er umsichtig genug und nicht zu cholerisch gehandelt, dh bei ihm wäre es eher obstinat. Die Bermanns schienen sich ihrer Sache ganz sicher zu sein, aber vielleicht steigern sie sich auch da hinein. Jedenfalls aber sind sie – zumal nun Tutti da ist – als Gegner nicht mehr zu unterschätzen, und sie betrachten sich nun radikal als Gegner, nicht mehr als eventuelle Partner.

Du wirst das alles selbst wissen, aber mir schien es doch richtig, Dich über das was ich da hörte, zu informieren. Das Gespräch schloss in friendly terms und ich habe natürlich keinerlei Stellung genommen, sondern mich auf Äusserungen wie: Schade, oder, Leider Gottes, oder Na ja, oder Darüber muss man dann einmal sprechen etcetera beschränkt.

Bitte schreib mir mal wie Du die ganze Sache siehst, falls Du sie überhaupt durchschauen kannst.

Dein

Carlchen

Vielen Dank für die prompte Versorgung der Jacobowskis!

63 Annemarie Seidel an Carl Zuckmayer

Frankfurt am Main, ⟨Mitte Februar 1950⟩

Vertraulich.

Liebstes Carlchen –

ich hatte dieser Tage schon einmal angesetzt Dir zu schreiben, brachte es aber einfach nicht fertig. Hier wurden in Peters Abwesenheit die leitenden Angestellten zusammen gerufen, und es wurde ihnen erklärt (von Tutti, Gottfried und dessen Anwalt) ähnliches, was in dem tel. Bericht an Dich ging; ferner, daß sie nunmehr den Anweisungen Bermanns zu gehorchen hätten, bis ein Treuhändler eingesetzt wäre, und daß Peter das Betreten der Geschäftsräume untersagt würde.

Das ist natürlich barer Unsinn und nichts weiter als eine Störung der Arbeit. Herr Podszus, unser Lektor entgegnete ihm darauf auch gleich, daß ihre Verträge auf Suhrkamp (handelsregister-mäßig eingetragener selbständiger Kaufmann) lauteten, und sie den Weisungen des realen und nicht denen des imaginären Chefs zu folgen hätten. U.s.w.

Unser Frankfurter Haus ist in Ordnung. Es ist meiner Ansicht nach das einzige was tadellos in Ordnung ist, gemessen an den Firmen in Wien und Amsterdam. Nachdem Bermann letzten Herbst soweit war, Peter weiterhin auf einige Jahre in der Führung der Berliner und der Frankfurter Firma zu belassen – auf daß er sie wieder aufmäste auf eigene Verantwortung – kam er, nachdem ein holländischer Wirtschaftsprüfer von der Nederländischen Bank dagewesen war, zur gegenteiligen Ansicht, nämlich sich die Firmen sofort einzuverleiben. (Der W.Prüfer war *gegen* die Aufgabe Berlins gewesen, und äußerte sich sehr positiv über die Lage des Geschäftes.) Meiner – ich muß ausdrücklich sagen daß ich für diese Ansicht keine *Unterlagen* habe – also meiner Ansicht nach basiert die Aufregung des guten Gottfried auf irgendwelchen Verwicklungen mit der holl. Bank – auf Grund – auf Grund – nun, er ist auch kein Geschäftsmann, und Landshoff liegt ja auf Grund der Zahlungen, die er nach New York leisten mußte, (wie er uns selbst sagte: ich sehe mich schon im Zuchthaus ...) seit vielen Wochen im Krankenhaus, ich weiß natürlich nicht, ob das nun der *einzige* Grund ist? Vielleicht ist er »wirklich krank« ohne Zusammenhang mit seiner Seele.

Tutti, die von der deutschen Geschäftslage wirklich keine Ahnung hat, gibt grauenvolle Bulletins von sich. Natürlich sind die Lizenzeinnahmen höher als die aus unserm Verlag, weil nämlich unser Verlag auch einmal zunächst eigene Pläne und Autoren zurück gestellt hat, um die von draußen zu Wort kommen zu lassen. Damit ist nicht gesagt, daß wir ohne diese Lizenzen nicht auch einigermaßen ausgewogen dastünden. Die Lizenzgebühren und die Prozente sind an das War-office gegangen, (soweit keine persönlichen Abmachungen vorlagen). Darüber hinaus geschieht vieles, u.a. auch *beträchtliche* Zahlungen an G.B.

Liebes Carlchen, jetzt möchte ich aufhören, diese Sachen sind mir langsam zum Kotzen. Ich sehe Dich ja auch bald, und sei sicher Du triffst Peter auch hier. Näheres dann mündlich.

Herzlichst
Deine Mirl

64 *Annemarie Seidel an Carl Zuckmayer*

Frankfurt am Main, 27. Februar 1950 [Telegramm]

peter fliegt sonntag von berlin ab möchte dich dienstag in heidelberg treffen
mirl

65 *Carl Zuckmayer an Annemarie Seidel*

München, 2. März 1950

Liebe Mirl,
Bitte lies den beiliegenden Brief, den ich soeben bekommen habe, und gib mir einen Rat, was ich da tun soll. Du kennst

Franz Josef Schneider besser als ich. Du weisst auch, dass ich ungern jemandem eine Hilfe versage, wenn ich sie leisten kann, besonders, wenn es sich um einen begabten Menschen handelt. Auch fand ich gerade Schneiders Frau bei unserm letzten etwas bewegten Zusammentreffen in Bermann-Fischers Homburger Hotelzimmer sehr nett. Aber ich kann mir nicht helfen, dieser Brief hat etwas ausgesprochen Peinliches. Wenn die Frau Schneider schreiben würde, ihr Mann brauche unbedingt 1000 Mark, damit er an etwas arbeiten könne, ohne dem Verdienst nachzulaufen, so würde ich nicht zögern, sie ihm zu geben, falls meine Verbrauchsmöglichkeit es noch zulässt. Ich verbrauche an sich viel zu viel und eine grosse Menge davon für andere und habe vermutlich die mir vom Sperrkonto freigegebene Summe für die erste Hälfte von 1950 bereits überschritten. Trotzdem liesse sich darüber sprechen. Aber ich finde, man soll auch nicht unbedingt eine Wurzen sein. Ich finde die ganze Geschichte mit den weggenommenen 850.– Mark und der mysteriösen Dame irgendwie unsympathisch. Auch dass Frau Schneider sich von ihrem Mann beschimpfen lassen will, liegt mir nicht. Du bist ja der Diskreteste der Diskreten und wirst die Schneiders nicht wissen lassen, dass ich Dir den Brief geschickt habe. Aber ich weiss wirklich nicht, was ich da machen soll, denn ablehnen fällt mir schwer und zusagen kommt mir in diesem Falle zu dumm vor. Bitte schreib mir ein paar Zeilen, was Du an meiner Stelle machen würdest.

Bis nach Ostern bin ich noch hier. Bitte ruft mich mal an, wenn Peter zurück ist.

Herzlichst
Dein
⟨Carlchen⟩

66 *Annemarie Seidel an Carl Zuckmayer*

Frankfurt am Main, 8. Juni 1950

Liebstes Carlchen,
ich gratuliere Dir zu Deinem neuerlichen Riesenerfolg in Stuttgart. Ich habe sehr gezaudert ob ich nicht schnell zur Premiere hinfahren soll, dann hat es sich aber, aus äusseren Gründen, von selbst verboten. Auch hätte man ja garnichts von Euch gehabt wegen des überwältigenden Menschenandrangs auf Deine liebenswerte Person.

Soeben war Tutti hier oben um zu vermessen, das Haus ist laut geworden unter den dröhnenden Direktiven und Beratungen. Landshoff, Eugen, Hirsch (er ist mir davon der Liebste) aus Holland waren da und werden wohl alle, nehme ich an, nach hierher kommen. Das einzige, wo mir das Herz in die Schuhe fällt, ist die Aufgabe der Wohnung hier, ohne dass ich einen Ersatz habe. Der Peter an sich wird es schon schaffen. In seinem Verlag sind bis jetzt drei Nobelpreisträger: Hesse, Shaw, Eliot. Das ist schon ganz schön.

Ungefähr 20. Juni gehe ich nach Kampen. Mal sehen, wie es damit wird. Hier wabert die Hitze, es macht entsetzlich schlapp.

Dies soll nur ein ganz kleiner Gruss sein. Gib acht auf Dich und stell Dich ganz wieder her nach den Strapazen.

Stets Deine
Mirl

67 *Carl Zuckmayer an Annemarie Seidel*

⟨Oberstdorf⟩, 28. Dezember 1950

Liebste Mirl,
ich schreibe Dir im Bett, auf das mich grade zu meinem Geburtstag eine heftige Grippe geworfen hat. Deine Erzählung finde ich ganz grossartig. Einige Stellen darin überhaupt wunderbar. Das Rieseln der Zerstörung und das fortwährende

Flammenknistern und das allmähliche Zerbröckeltwerden der Stadt geht wie eine Melodie durch die Geschichte, und bekommt fast eine gewisse Schönheit, die der Zerstörung ja auch innewohnt, oder umgekehrt – – es ist jedenfalls eine ganz dichterische Erzählung, und die Menschen darin, auch schon schleierhaft und wie in einer doppelten Projektion diesen Vorgang der Auflösung noch einmal spiegelnd, diese zarte und zeitlose Geister- und Leiberquadrille auf dem Bomben- und Brotschlangen- und Gestapo-Hintergrund, haben etwas ganz Bestrickendes. Was mir nicht gefällt, dh. nicht einleuchtet: der Titel. Und der Schluss, aus dem gleichen Grund. Dieses »Madame Avantgarde« passt garnicht zu der Erzählerin, oder aber wenn es zu der Gestalt, die Du meinst, wohl passen würde, so kommt es nicht heraus. Das Schöne an der Erzählerin scheint mir, dass sie selbst fast garnicht da ist, eigentlich eine nüchterne und fast beiläufige Person, die durch ihre Schicksale auf einmal eine Aufnahmefähigkeit, Rezeptivität für Dinge und Menschen bekommt, die sie sonst garnicht hätte, und auch eine Liebesfähigkeit und Souveränität über Tod und Leben, Schmerz und Verwandlung – und doch kommt sie dann zu spät zu Lolo und weiss auch nie, was die Andern eigentlich tun und treiben. Grade das finde ich alles excellent, aber jene Aktivität, die in dem Wort Avantgarde liegt, kommt dabei – auch wenn sie halt als Einzige das Praktische tut usw – garnicht zur Geltung und das scheint mir daher irreführend. Was ist sie wirklich? Einfach die Überlebende. Die nicht mehr weiss, warum grade sie überlebt, – und die die heimliche Grenze schon gesehen hat, und dann auf der Erde zurückbleibt. Vielleicht findest Du von daher Titel und Schlussbild – falls Dir das richtig erscheint!

Gott grüsse Dich, Mirl, rutsche gut ins Neue Jahr!

Wir fahren mit den Töchtern übermorgen nach *Chardonne sur Vevey*, Hotel Bellevue, Schweiz. Bin dort bis circa 8.1.

Dein Carlchen

Da ich nicht weiss, ob Du nun wirklich umgezogen bist, muss ich diese Sendung noch in die Pension René schicken.

68 Annemarie Seidel an Carl Zuckmayer

〈Frankfurt am Main〉, 23. Februar 1952

Liebes Carlchen –
»Milch und Wasser in die Tinte eines Menschen zu gießen wiegt als Lust die Qual der also Mißhandelten nicht auf.«

Das Puma ist tot!

Ehre dem Ehre gebührt.

68 Jahre sind eine ganz schöne Leistung für uns kurzlebige Orchideen des Sumpfbodens, deren Abendbrot aus Luminal, das Frühstück aus Morphium Kokain Opium und ein wenig Pyramidon bestand, auf einem Schälchen garniert.

Dazu die vielen Verehrer die allnächtlich nach Jesus schrieen.

Aus den Bezirken eines eigentümlichen Paradiesgärtleins lächelt die Teure etwas süffisant herab auf das Sch... Pagi, den Sch... Jobs, das Sch... Mirl und das Scheiß... Carlchen.

Einen Pernod zu ihrem Gedenken!

Die Gazetten notieren einen schlichten Schlaganfall ...

Ich würde mir dereinst eine Embolie wünschen (allein wünschen tut man sich ja so vieles ...). Da hat man grad noch Zeit zu sagen: O Gott ich sterbe – und geschehen ist es.

Herzliche Grüsse

Deine Mirl

69 Annemarie Seidel an Carl Zuckmayer

Kampen, 4. September 1952

Liebes Carlchen,
wir waren hier eine ganz nette Gemeinschaft, und haben uns mit Vorlesungen unserer eigenen Werke bombardiert. Einstimmig wurde (Eggebrecht, Podszus und noch jemand) die beiliegende Geschichte (Max Frisch auch) als eine ausgezeichnete Arbeit preisgekrönt, und zwar als eine, die ein beinah fertiges treatment ist, und nach der Verfilmung schreit. Ich

habe nun, und die anderen auch nicht, keinen direkten Zugang zu den Filmgewaltigen; eine Empfehlung von Dir würde bewirken, dass man sie sofort liest und daraufhin prüft, und ich wäre Dir riesig dankbar, wenn Du das entrieren könntest. Der Markt ist mit komischen Ideen nicht überreich gesegnet, und für meinen Schimmel, den Du ja kennst, wäre es herrlich, wenn er sich geldlich ein wenig tummeln könnte. (Mir schwebt immer Kurt Götz vor, oder ist der nicht richtig?) Florath dürfte nicht fehlen.

Der Wermuth in meinem Becher ist, dass ich nicht in der Paulskirche sein konnte und überhaupt, ich hätte Dich gern wiedergesehen. Ab und zu unterrichten mich die Gazetten, was Du gerade treibst. Ich bin ab 9ten wieder in Frankfurt. Bist Du da noch in der Nähe? An sich wäre es überhaupt Deine Kindespflicht mich über Deine Aufenthalte zu unterrichten.

Es umarmt Dich
Deine
Mirl

70 *Annemarie Seidel an Carl Zuckmayer*

Frankfurt am Main, 7. Dezember 1952

Liebstes Carlchen.
Ich danke Dir für Deine Festschrift. Vieles was Du mir erzähltest, ist wieder auferstanden.

Aus Kampen habe ich mir meine Herzogin Sophieen Ausgabe nach Frankfurt mitgenommen, und nehme ein Bad in Goethe. Es ist so vieles darin, was unerschöpflicher Meditationsstoff ist – z.B. in den Maximen.

Wann kommt Ihr nun eigentlich wieder? Gib Laut.

Meine Geburtstagsfeier wurde in der nun nicht mehr wegzudenkenden Königin von Saba gekühlt. Wir waren traut zusammen – Eppels, Peter, Podszus – und sprachen auch von Dir. Benvenuto, den ich neulich mit Margarethe sah, behauptete steif und fest, daß G.B. unter Kuratel stände. Diese Quelle ist jedoch getrübt. Immerhin – hüte Dich, sei wach und munter!

Vieltausend Grüsse Dir und dem Jobs zum neuen Jahr!

Deine Mirl

71 Carl Zuckmayer an Annemarie Seidel

New York, 30. August 1953

Mirl, meine liebe alte Grasharfe, ich bin unterwegs gen Europien. New York ist heiss wie ein tropischer Djungel. Jobs ist im kühlen Vermont geblieben, wo man nachts dicke Decken braucht und ungemischten Canadian. Dieses Hotel ist ein köstlicher Nuttentempel. Die Showers rauschen die ganze Nacht in allen Badezimmern. Wie schön! Mr. Kinsey hat 40 Jahre daran gearbeitet, um herauszufinden, dass zwischen Frauen und Männern ein kleiner Unterschied besteht. Was für ein edler Fleiss. Er behauptet auch, dass die Frauen, in average, auf Grund statistischen Durchschnitts, weniger gern mögen als die Männer. Was für ein kindlicher Irrtum. Sie mögen gern. Morgen fliege ich nach Engelland. Wolle Gott, dass Du in Frankfurt bist, wenn ich hinkomme. Mein neustes Photo klebe ich auf die Rückseite des Couverts. Ich bin Mitglied der American National Wildlife Federation. Man bringt es ja doch zu etwas.

Gott grüsse Dich, Mirl!

Dein Carlchen

72 Carl Zuckmayer an Annemarie Seidel

Woodstock, 1. Januar 1954

Liebste Mirl,

ja, es war ein Jammer, dass ich nicht bei Dir anklopfte in Frankfurt* neulich, aber ich war ein gehetztes Wild. Obwohl weniger ausgemagert und rippendürr, bin ich jetzt bei solchen Besuchen in Deutschland, besonders wenn sie mit Premièren verbunden sind, das Opfer einer mythischen Katzenjagd. Dabei mach ich mir immer weniger draus, – das heisst, es wird wiederkommen, aber in den letzten Jahren lag das Theater für mich in einer merkwürdig dünnen, sauerstoffarmen Luft, ich hatte keinen rechten Fiduz, sie zu atmen, es wehte kühl und abregend von da, wogegen mich die Prosa, das ausgesponnen und reich durchwirkte Epos, anzieht und reizt, wie die offene See den Küstenfahrer: vielleicht wird man doch mal die Ost-West-Passage schaffen. Die »Ulla« war ja nur eine Ummodelung, die mir ausser ein paar improvisatorischen Nebenszenen keineswegs besser gelungen ist als das alte Modell. Sie hat eine gute Grundmelodie, die heisst: »Ach Du schönes trauriges, nie mehr wieder kehrendes Leben.« Und so weit die durchklingt, ist es ein hübsches Gedicht, – sonst eine Art Spieloper, nicht so schrecklich ernst zu nehmen. – Aber seit einem Jahr versuch ichs mit dem grossen Roman, auch wenn er bei mir wohl ein zwischen wechselnden Landschaften rasch hineilender Fluss mit mancherlei Windungen und Gefällen werden dürfte, statt des »breiten Stroms«, der in sich selbst beschlossen ist, fast kein Ufer mehr kennt und schon das Meer ahnen lässt. Das kann man sich ja immer noch fürs Alter vornehmen ... und dazwischen wieder mal ein paar Jährchen Theater schreiben. Geburtstage – ich danke Dir für Deinen Züricher Glückwunsch. Den Deinen habe ich nicht vergessen,

* Ich war auf der Rückreise, nachdem ich in Hamburg noch durch Filmarbeiten die zusammengeschmolzene Kasse auffüllte, nur anderthalb Tage vor meinem Rückflug dort!

aber zu spät an Schreiben gedacht. Er ist, wenn ich nicht irre, am 10. Dezember? In zwei Jahren werde ich Dir ein Gedicht zu Deiner vieillesse verte machen. Ich habe noch drei, bis zur 60. Als ich Deine Mutter kennen lernte, war sie glaub ich noch nicht mal so alt. Uns erschien sie wie hundert. Wenigstens mir. Wir hibernieren hier in der denkbar angenehmsten Weise, Jobs hat während meiner »Geschäftsreise« nach England und Deutschland das kleine Haus am Fluss, (der jetzt zugefroren ist), das wir hier erstanden haben, ganz bezaubernd eingerichtet, sie arbeitet jetzt auch, an einem Buch über ihre Kinderjahre in Wien vor 1914, dessen erste Kapitel ihr grossartig gelungen sind. Hier herrscht Ehe- und Arbeitsfriede, denn es gibt keine Versuchungen. Im Frühjahr, spätestens zu Däxjens 85. Geburtstag Anfang Juni, wollen wir drüben sein. Dir alles Liebste und Beste und eine schöne Zeit in Rom, schreib mal von dort!

Stets Dein Carlchen

73 Carl Zuckmayer an Annemarie Seidel

Chardonne, 4. Juli 1954

Lieber Mirl,
Jobs wird heute in Saas-Fee und nötigenfalls anderwärts anrufen und wir geben Dir dann gleich Bescheid. Das Hotel in Saas-Fee, in dem Ihr damals wart, heisst Hotel Allalin, es ist wohl auch das hübscheste dort und verhältnismässig ruhig, obwohl grade in dieser Zeit, Mitte Juli bis Ende August, alles sehr überfüllt ist und auch Saas-Fee, während der schweizer Ferienzeit, sehr überlaufen, seit die Autostrasse bis hinauf geht. Wenn dort nichts frei ist, wäre es vielleicht klüger, ⟨es⟩ beim Hotel Montemoro in Saas-Almagell zu versuchen, das liegt etwas tiefer unten (1650 m) am Ende des Tals nach Süden zu und ist weniger sensationell was Aussicht auf Gletscher anlangt dafür aber ruhiger. Leute die was auf Zurückgezogenheit und Distanz halten wie die Bernoullis aus Basel haben ihr

Sommerhaus dort, da ihnen Saas Fee zu sehr Touristenzentrum ist. Wir liebten droben in Saas Fee die freie starke Luft besonders, und ich die Spaziergänge, auf denen man sich ja wieder rasch isolieren kann.

Das Rhonetal ist im Sommer ein bischen heiss, aber es gibt schöne Seitentäler. Das weitere überlasse ich Jobs. Ich glaube fast, hier im Wallis wird eher noch was Passendes zu finden sein als im Engadin.

Dank für die wunderbaren Aphroditen, oder Priesterinnen, vom ›Tron der Venus‹, – wie herrlich ist die nackte Flötenbläserin. Im Herbst möchte ich unbedingt wieder nach Rom. Vielleicht sollte man ein Jahr dort leben. Natürlich ist es *garnicht* egal welche Stadt um eine Wohnung herum ist, ich meine das auch garnicht, (es ist das Klima unserer ewigen Abreisen und Ankünfte das mich gelegentlich zu solch nihilistischen Aufschreien treibt), ich persönlich fühle mich in Frankfurt immer deprimiert, es ist da etwas Unbehagliches – Unwirtliches, Gottweiss warum, (nur in der Wohnung vom Eppels nicht, das liegt aber wohl an ihm), – während mirs in München sehr wohl ist. Wenn überhaupt in einer westdeutschen Stadt würde ich am ehesten dort leben wollen. Hier ist es wieder wunderschön, unsre Wohnung ganz besonders, (wenn man sich gegen Motorengeräusch von der Strasse abstellen kann). Trotzdem waren wir Beide bis jetzt in der Arbeit recht gestört, Jobs durch eine schwere Erkrankung ihres Dackelinchens, mit dem sie täglich nach Lausanne in die tierärztliche Klinik fahren muss, ich durch eine jäh erblühte Gürtelrose, einen juckenden und stechenden Ausschlag auf einer Körperseite, der von einer Virus-Infektion kommen soll, (wenn man nicht weiss woher was kommt ist es immer ein ›Virus‹), und den Schlaf stört, aber da ichs gleich beim ersten Auftauchen behandelt bekam, ist es ein leichter Fall geblieben und scheint schon abzuklingen. Jedoch sollte ich nicht spazieren gehn um nicht zu schwitzen, und ohne zu schwitzen kann man ja nicht richtig produktiv sein. Nächste Woche, denk ich, werde ich wieder laufen, schwitzen und prrroduziere könne. Es war wirklich besonders erfreulich, Peter über die Pfingsttage und Däxgen-Feste in Oberstdorf zu haben. Er war so lieb mit Däxgen – die Herzlichkeit eines an sich kühlen Menschen verbreitet eine besondere Art Wärme, so etwa wie Katzenfell. Mir schien dass es ihm gesundheitlich nicht besonders gut ging, aber wohl auch nicht *besonders* schlecht, er taucht da so drunter durch und amalgamiert seine Leiden mit seiner Lebensform, was nicht Viele können. Däxgen überstand die Feiertage bewunderungswürdig, – sie hat das Glück dass ihre Altersleiden, Schwächezustände, Müdigkeiten, mit keinerlei Schmerzen verbunden sind und dass sie immer schlafen kann, – ihre Kräfte nehmen natürlich mehr und mehr ab, aber man kann sie auch noch mit kulinarischen Genüssen sehr beglücken. Alfred Walterspiel hatte mir, statt Blumen, ein halbes Pfund grauen Kaviar für sie mitgegeben, davon spricht, schreibt und träumt sie heute noch, und ich halte sie mit kleinen ›Sextanerchen‹ – den Piccolosektfläschchen, versorgt, die sie gegen Abend angenehm aufheitern. Auch habe ich jetzt eine sehr nette mittelalte Dame für sie gefunden, ehemalige Pflegerin, die ihr bei den täglichen Beschäftigungen hilft, vorliest und auch etwas mit ihr ausgeht. Alles in allem hat sie ein friedliches Alter, wie gut dass man ihr dazu helfen kann.

Was für ein hässliches Buch ist dieser ›Molloy‹. Der ›Godot‹ hat wenigstens artistischen Reiz, oder Stil, (obwohl für mich die Faszination nicht über ein Drittel des Werkes vorhält.) Aber der Molloy kommt mir vor wie ein Ausfluss, nur für den Klappeimer. Muss das sein? Nun ja, vielleicht. Vorübergehend. Dass es mich angehe, könnte ich nicht sagen.

Mirl – Gott grüsse Dich. Jobs wird morgen wegen des Hotels schreiben.

Dein
Carlchen

74 Carl Zuckmayer an Annemarie Seidel

Chardonne, 4. Juli 1954

Liebe Mirl,
Jobs sagt mir grade, dass Du nicht geschrieben hast, für wie lange Ihr die Zimmer braucht, was die Hoteliers vor allem wissen müssen und wovon sie die Abgabe von Zimmern in der Ferienzeit abhängig machen. Du schriebst nur dass Ihr am 28. Juli 2 Zimmer braucht – bitte teile Jobs postwendend mit, *wie lange*. Sie wird sich dann umtun und Dir Bescheid geben.

Herzlichst –

Dein Carlchen

Brief unterwegs.

Nachschrift: Soeben mit Hotel Allalin in Saas-Fee telefoniert, dort für Juli-August alles besetzt, nichts zu machen. Jobs wird sich weiter umtun.

75 Annemarie Seidel an Carl und Alice Zuckmayer

Frankfurt am Main, 29. Juli 1954

Meinen lieben, schönen Dank für des Jobsens Briefchen, es hat sich so geregelt daß ich ab 7. August doch noch in Sils Maria untergekommen bin, Hotel Edelweiß. Anfang September will ich etwas nach Paris fahren. – Habe mit Vergnügen über Berger im Merkur gelesen (von den sich überschlagenden Schreien der Neugier wurde leider nicht berichtet). – Wie viele sind doch tot inzwischen. B. besuchte mich 1950 noch in Frankfurt, er hatte ein klein Perückchen auf dem Schweißkopf. – Seid herzlich gegrüßt und umarmt, gute Arbeitstage in diesem Sommer des Mißvergnügens.

Mirl

76 *Annemarie Seidel an Carl Zuckmayer*

München, 1. Juli 1956

Dem Percheron ein Doktorhut! Meinen Glückwunsch zu der hohen Ehre und Auszeichnung. – Morgen, d.h. am 15. Juli, geh ich aufs Land: Ambach am Starnbergersee, Gasthaus Bierbichler. Würde mich riesig freuen über ein Brieflein. Von Herzen grüßt Euch

Eure Mirl

77 *Annemarie Seidel an Carl Zuckmayer*

München, 21. Dezember 1956

Liebes Carlchen,

es heißt ihr seid in Rom, nun weiß ich nicht wohin mit meinem Gruß. Nimm meine aller herzlichsten Wünsche zu Deinem Geburtstag, wo Du auch seist.

Dir und dem Jobs ein frohes Fest.

Nun schauen wir schon auf ein langes Leben zurück!

Deine Mirl

78 *Annemarie Seidel an Carl Zuckmayer*

⟨München⟩, 22. Dezember 1956

Geliebtes Carlchen,

schnell, daß Dich mein Gruß noch zum Geburtstag erreicht – Glück also und Segen auf Dein sechzigjähriges Haupt! Du wirst auch froh sein wenn das hinter Dir liegt. Ich erwarte Dich also im Januar.

Tel. 335924.

Behüt Dich Gott.

Deine

Mirl

79 Carl Zuckmayer an Annemarie Seidel

Chardonne, 23. August 1957

Liebste Mirl,
ich habe Dir letzte Woche nach München geschrieben, bin aber nicht sicher, ob Du noch dort warst. In Deinem Brief vom 10. August ist nicht gesagt, *wann* Du nach Leukerbad gehen wirst. Ich richte daher diesen Gruss dorthin, – um zu erfahren, ob Du schon dort angekommen bist. Wir sind noch bis 3. September hier, gehen dann für einige Wochen nach Saas-Fee, und könnten Dich auf der Fahrt dorthin oder von dort aus, wie es Dir besser konveniert, besuchen. Wenn Dir Schreiben schwerfällt, kannst Du mich auch hier anrufen: 021-53783.

Gott gebe dass Dir die Bäder wohltun und Deinen dünnen Katzenknöchlein Heilung bringen.

Sei von Herzen gegrüsst,
Dein Carlchen

80 Annemarie Seidel an Carl Zuckmayer

Leukerbad, 24. August 1957

Liebstes Carlchen –
bin ⟨im⟩ Hotel des Alpes. Bitte ruf mich mal an – gegen 1^h oder abends. Die allerherzlichsten Grüsse

Deine
Mirl

81 Carl Zuckmayer an Annemarie Seidel

⟨Saas-Fee⟩, 31. August 1958

Liebste Mirl,
verzeih diesen sekretarialen Schrieb. Ich schreib Dir bald und komme nächstens nach München Dich besuchen. Wir hatten

alle Hände voll zu tun, Jobs mit der Einrichtung unsres Hauses in Saas-Fee, wo wir jetzt ganz bleiben wollen, ich mit meinem neuen Stück »Der trunkene Hercules«.

Gott grüsse Dich Mirl!

Dein Carlchen

Hast Du das *Prinzenbild* von Richard III.? Und irgendeins aus der Kreuzwegzeit oder von der Rolle? Das müsste da hinein! Ich habe nichts mehr.

Kommentar

Biographische Angaben zu Personen wurden nur bei einer Erwähnung durch einen der Korrespondenzpartner recherchiert und sind dann im Kommentar zur ersten Nennung im Briefwechsel notiert. Sofern diese Personen mehrfach erwähnt werden, verweisen halbfett gesetzte Seitenzahlen im Register auf diese Erläuterungen. Die bibliographischen Nachweise von Buchtiteln, auf die sich Zuckmayer und Annemarie Seidel bezogen haben, umfassen auch den Namen des Verlags. Dieser wird dagegen bei Hinweisen auf Sekundärliteratur nicht genannt. Verwendete Abkürzungen: Anm. = Anmerkung; AS = Annemarie Seidel; CZ = Carl Zuckmayer; DLA = Deutsches Literaturarchiv Marbach; eigenh. = eigenhändig; Erg. = Ergänzung; hs. = handschriftlich; masch. = maschinenschriftlich.

1 Hs. Brief auf Bogen mit gedrucktem Briefkopf: *Vereinigte Städtische Theater zu Kiel | Der Intendant.* Datumsangabe auf der Vorlage: *10. August 1922.*

Bjoerkaasen] Norwegische Stadt in der Nähe von Narvik.

Karl May] CZ war begeisterter Leser der Abenteuerromane von Karl May (1842-1912) und hat sich wiederholt emphatisch über die Lektüre von Mays Büchern geäußert (vgl. CZ, *Palaver über Karl May* [gesprochen in der Jugendstunde des Berliner Rundfunks am 3. April 1929], in: *Vossische Zeitung* [Berlin], vom 14. April 1929 [auch in: *Karl-May-Jahrbuch*, Jg. 13, 1930, S. 35-43]; CZ, *Winnetou auf der Bühne*, in: *Vossische Zeitung* [Berlin] vom 6. Dezember 1929 [auch in: *Karl-May-Jahrbuch*, Jg. 14, 1931, S. 300-306]; CZ, *Karl May: Ein Phänomen*, in: *Blätter der Carl-Zuckmayer-Gesellschaft*, Jg. 6, 1980, H. 2, S. 107 f., wieder in: Zuckmayer, *Ein voller Erdentag*, S. 204-206; Otto 1998).

Amundsen] Gemeint ist der Norweger Roald Amundsen (1872-1928), der durch seine Expeditionen zum Nordpol 1903-1906 und zum Südpol 1911/12 berühmt wurde.

Dein Kollege, der Bär] »Daß«, so heißt es in Georg Seidels Porträt der Familie Seidel, »Annemarie S. aus dem Geschlecht der Katzen stammte, war jedermann offenbar, der mit ihr in Berührung kam – und ihr selbst auch« (Ferber 1979, S. 323).

Hungers] Hunger war ein norwegischer Industrieller, der CZ seine Norwegenreise ermöglicht hat (vgl. Zuckmayer, *Als wär's ein Stück von mir*, S. 418 f.).

Hjördis] Diesen Namen gab CZ später der Protagonistin seines 1955 uraufgeführten Stücks *Das kalte Licht*.

Ankunft in Kiel] AS reiste Anfang September zu Gastspielen nach Kiel, wo sie am 3. September das Käthchen in Heinrich von Kleists *Das Käthchen von Heilbronn* und am 5. September die Lena in Georg Büchners *Leonce und Lena* spielte.

2 Hs. Brief auf Bogen mit gedrucktem Briefkopf: *Vereinigte Städtische Theater zu Kiel | Die Intendanz*. Datumsangabe auf der Vorlage: *25.9.1922*.

Briefchen] Dieser Brief ist verschollen.

Seit Du weg bist] Offenbar war CZ rechtzeitig aus seinem Norwegen-Urlaub zurückgekehrt, um AS bei ihren Gastspielen in Kiel (vgl. oben, Anm. zu *Ankunft in Kiel*) zu sehen.

3 Hs. Brief. Ohne Datumsangabe. Poststempel auf dem überlieferten Briefumschlag: *20.8.24*.

grace à Dieu] Gott sei Dank.

Karte] Diese Karte ist verschollen.

inszenierte Stücke] CZ inszenierte in Kiel Frank Wedekinds Hochstaplerkomödie *Der Marquis von Keith* (Premiere am 25. November 1922), Franz Molnárs Boulevardburleske *Liliom* (Premiere am 21. Januar 1921) und eine »Abendunterhaltung aus der Zeit des Rokoko« am 5. April 1922.

Kreuzwegzeit] CZs expressionistisches Drama *Kreuzweg* wurde am 10. Dezember 1920 am Staatlichen Schauspielhaus Berlin unter der Regie von Ludwig Berger uraufgeführt. AS spielte die Rolle der Christa, die weibliche Hauptrolle.

Der Eunuch] Das Stück wurde erstmals veröffentlicht in: *Jahrbuch zur Literatur der Weimarer Republik*, Jg. 3, 1997, S. 47-99.

Elwenspoeks] Der Regisseur und Schriftsteller Curt Elwenspoek (1884-1959) war von 1914 an Oberregisseur in Mainz, 1918/19 Spielleiter in Wiesbaden und 1919-1922 erneut Regisseur in Mainz. 1922 wurde er als Intendant an die Städtischen Bühnen Kiel berufen und engagierte CZ als Dramaturg für die Spielzeit 1922/23.

Frau] Es handelt sich vermutlich um die Schauspielerin Charlotte Galdern. Von einer Liaison zwischen ihr und CZ berichtet Albrecht Joseph in seiner Autobiographie (Joseph 1991, S. 85; vgl. auch Joseph 1993, S. 28 f. und 83). Ihr ließ CZ das Honorar anweisen, das er nach seiner fristlosen Kündigung als Dramaturg der Vereinigten Städtischen Theater Kiel vor dem Bühnenoberschiedsgericht erstritten hatte (Akte CZ im Stadtarchiv Kiel).

Brennessel] Das Weinhaus »Brennessel« im Münchener Stadtteil Schwabing an der Ecke Leopold-/Nikolaistrasse, das der Wirt Carl Loibl 1919 erworben hat, war Treffpunkt von Schriftstellern, Schauspielern und Künstlern, zu denen z.B. der Simplicissimus-Redakteur Hermann Sinsheimer und Willy Seidel, der Bruder von AS, gehörten.

Puma] Spitzname der Puppenkünstlerin Lotte Pritzel (1887-1952), die ebenfalls zu den Stammgästen des Künstlerlokals *Die Brennessel* zählte. Sie war »Mirls beste Freundin« (Zuckmayer, *Als wär's ein Stück von mir*, S. 397).

Wedekind] Pamela Wedekind (1906-1986), Schauspielerin, Tochter von Frank und Tilly Wedekind. In seinem 1943/44 entstandenen *Geheimreport* für das »Office of Strategic Services« ordnete CZ sie in die »Gruppe 3: Sonderfälle, teil positiv, teils negativ« ein (vgl. Zuckmayer 2002, S. 121 f.).

Engel] CZ lernte den Regisseur Erich Engel (1891-1966) 1923 in München kennen, wo CZ für die Spielzeit 1923/24 als Dramaturg engagiert wurde. Als Engel 1924 auf den Posten des künstlerischen Leiters an das Deutsche Theater Berlin wechselte, verschaffte er CZ und Bertolt Brecht dort Dramaturgenverträge mit einer Laufzeit von einem Jahr. Über die Verbindungen bis zur Emigration von CZ in die USA ist nichts bekannt. Nach seiner Rückkehr nach Deutschland nahm CZ mit Engel wieder Kontakt auf und berichtete ihm ausführlich über das Scheitern seines Filmprojekts *Die weisse Rose* (vgl. Nickel/Weiß 1996, S. 323 f.). 1952 führte Engel, der von 1949 an Mitarbeiter am Berliner Ensemble von Helene Weigel und Bertolt Brecht und Filmregisseur bei der Ostberliner *Deutschen Film AG* (DEFA) war, die Regie bei der westdeutschen Neuverfilmung von CZs Komödie *Der fröhliche Weinberg*.

»Scherz Satire Ironie«] Das Lustspiel *Scherz, Satire, Ironie und tiefere Bedeutung* von Christian Dietrich Grabbe hat Erich Engel 1922 am Künstlertheater in München inszeniert (Premiere am 6. Juli 1922), im Jahr darauf auch am Deutschen Theater Berlin (Premiere am 22. Dezember 1923).

Krach am Münchner Schauspielhaus] Darüber sind Einzelheiten nicht bekannt.

Bekannten nach Tegernsee] Gemeint ist Albrecht Joseph (1901-1991), dessen Eltern ihren Sommerurlaub stets am Tegernsee verbrachten (vgl. Joseph 1991, S. 18). Joseph war 1922/23 während

CZs Kieler Dramaturgenzeit als Regisseur an den Vereinigten Städtischen Theatern in Kiel beschäftigt und wurde CZs wichtigster Berater bei der Stoffwahl und Konzeption aller seiner bis 1938 entstandenen Dramen, Erzählungen und Filmskripte. 1933 emigrierte Joseph nach Österreich, wo er zeitweilig in einem Blockhaus auf dem Grundstück von CZs Domizil in Henndorf (vgl. S. 228, Anm. zu *Henndorf*) wohnte. Nach dem »Anschluß« Österreichs 1938 floh er wie CZ in die USA, wo er sich zunächst mit Gelegenheitsjobs durchschlug, schließlich aber ein erfolgreicher Cutter wurde und über viele Jahre die Westernserie *Gunsmoke* (dt.: *Rauchende Colts*) betreute. Neben seiner Autobiographie *Ein Tisch bei Romanoff's* (Joseph 1991) hat Joseph ein CZ-Portrait verfaßt, das in der Übersetzung von Rüdiger Völckers auf deutsch erschienen ist (Joseph 1993). In beiden Veröffentlichungen äußert sich Joseph außerordentlich kritisch über CZ; seine Angaben beruhen zum Teil auf Erinnerungsfehlern.

Stück] Es hieß zunächst *Kiktahan oder Die Hinterwäldler*, dann *Die Arche Kaiman oder Die Hinterwäldler* und bekam schließlich den Titel *Pankraz erwacht oder Die Hinterwäldler*. Ein Typoskript ist in CZs Nachlaß mit dem Vermerk »Begonnen 13. Dezember 1923. Beendet 17./18. Dez. 23« erhalten.

Rolle] Gemeint ist die Rolle der Alit.

Bergner] Die Schauspielerin Elisabeth Bergner (1897-1986; vgl. auch S. 242, Anm. zu *Grosses Filmangebot* und S. 282, Anm. zu *Reisser*) beteiligte sich nicht an der Uraufführung von *Pankraz erwacht oder Die Hinterwäldler*. Die Rolle der Alit spielte Erika Meingast.

Uraufführung] Bereits am 16. Januar 1924 kündigte die *Vossische Zeitung* (Berlin) in ihrer Abend-Ausgabe an: »Carl Zuckmayers neues Stück ›Die Arche Kaiman oder Die Hinterwäldler‹ wurde vom Deutschen Theater angenommen. Die Uraufführung wird noch in dieser Spielzeit stattfinden.« Am 16. März 1924 berichtete die *Vossische Zeitung* erneut über das Drama: »Carl Zuckmayers neues Schauspiel ›Kiktahan oder Die Hinterwäldler‹, ein Stück aus dem fernen Westen, das im März am Deutschen Theater, Berlin, zur Uraufführung gelangt, erschien soeben im Verlag Gustav Kiepenheuer.« Beide Meldungen waren verfrüht, denn die Uraufführung fand erst am 15. Februar 1925 an der Jungen Bühne des Deutschen Theaters Berlin statt. Obwohl eine Buchausgabe in der *Vossischen Zeitung* vom 28. September 1924 in der Rubrik *Bücher des kommenden Winters* erneut angekündigt wurde, ist das Stück von Kiepenheuer nur als Bühnenmanuskript und nicht als Buch veröffentlicht worden. Die erste Publikation außerhalb eines Theaterverlags erfolgte erst in: Glauert 1978, S. 53-163. Zu Inszenierungen in Frankfurt, München, Leipzig und Nürnberg kam es nicht.

Kortner] CZ lernte den Schauspieler und Regisseur Fritz Kortner (1892-1970) 1920 bei den Proben zu Leopold Jessners Inszenierung von Shakespeares *Richard III.* am Staatlichen Schauspielhaus Berlin kennen und schloß bald mit ihm Freundschaft. An der Aufführung von *Pankraz erwacht oder Die Hinterwäldler* beteiligte sich Kortner nicht. 1929 spielte er eine der beiden Hauptrollen in Erwin Piscators Inszenierung von CZs *Rivalen.* 1930 gab er die stoffliche Anregung zu CZs Erfolgsstück *Der Hauptmann von Köpenick* und wurde dafür zeitweilig an den Tantiemen beteiligt (vgl. S. 231, Anm. zu *Verpflichtung*). Im amerikanischen Exil schrieben beide gemeinsam das Zeitstück *Somewhere in France.* 1946 half Kortner CZ bei der Umarbeitung der 1938 entstandenen Erzählung *Herr über Leben und Tod* für die mexikanische Filmindustrie (vgl. S. 280, Anm. zu *Novelle als Filmstoff … verkauft*). Nach dem Zweiten Weltkrieg kam es zu Differenzen, weil Kortner erneut an den Tantiemen zum *Hauptmann von Köpenick* beteiligt werden wollte, was zu einem Schlagabtausch in den Autobiographien von Kortner und CZ führte (Kortner 1959, S. 463 f.; Zuckmayer, *Als wär's ein Stück von mir*, S. 513; zusammenfassend: Nickel/Weiß 1996, S. 186-188). Zum Verhältnis zwischen Kortner und CZ zu Beginn der 1920er Jahre vgl. CZ, *Persönliche Notizen über Fritz Kortner*, in: Heinz Ludwigg (Hrsg.), *Fritz Kortner*, Berlin: Eigenbrödler 1928, S. 42-44.

Forster] Der Schauspieler Rudolf Forster (1889-1968) übernahm bei der Uraufführung von *Kiktahan oder Die Hinterwäldler* die Rolle des Grafen.

Deutsch Müthel] Die Schauspieler Ernst Deutsch (1890-1969) und Lothar Müthel (1896-1964) waren nicht an der Uraufführung von *Kiktahan oder Die Hinterwäldler* beteiligt.

Müller] Mit der Schauspielerin Gerda Müller (1894-1951) hatte CZ laut Albrecht Joseph »eine Affäre« (vgl. Joseph 1991, S. 43, sowie Joseph 1993, S. 93-96). 1925 übernahm sie bei der Uraufführung von *Kiktahan oder Die Hinterwäldler die* Rolle der Judit.

erscheinen im Herbst] CZ verhandelte mit dem Kiepenheuer-Verlag über einen Gedichtband. Hermann Kasack, Kiepenheuers Cheflektor, hielt es allerdings für geboten, Zurückhaltung beim Engagement für CZ zu üben, und riet seinem Verleger am 31. Juli 1924 von einem Band mit Gedichten von CZ ab: »Auf den ›Gedichtband‹ [von CZ] nur *dilatorisch* eingehen. Es muß vermieden werden, daß Z.s Gedichte weder bei uns noch anderswo *vor* Brechts Hauspostille erscheinen. Ich rate bei den Gedichten überhaupt ab; um aber zu vermeiden, daß diese Sachen woanders noch diesen Herbst herauskommen, würde ich eben empfehlen, ihn bis zur mündlichen Unterhaltung hinzuhalten« (zitiert nach: Berger 1984, S. 337). Tatsächlich wurde dieser Plan bei Kiepenheuer nicht realisiert. Erst 1926, ein Jahr nach dem Abschluß eines Generalvertrags mit dem Ullstein-Verlag, wurde CZs erster Gedichtband *Der Baum* veröffentlicht.

Novellen] Vermutlich meint CZ die Erzählungen *Die Geschichte vom Lappenvogt Bal* (veröffentlicht in den *Westfälischen Neuesten Nachrichten* [Bielefeld] vom 7. Juni 1924), *Geschichten vom Vierwochenbüffel* (veröffentlicht im *Berliner Börsen-Courier* vom 3. Juli 1924), *Leben der Schwärmer* (veröffentlicht in den *Westfälischen Neuesten Nachrichten* [Bielefeld] vom 26. Juli 1924) und *Die Geschichte von einer Entenjagd* (veröffentlicht in: CZ, *Ein Bauer aus dem Taunus und andere Geschichten*, Berlin: Propyläen 1927, S. 39-58). Den ersten und den dritten Text nahm CZ ebenfalls in seinen Sammelband *Ein Bauer aus dem Taunus* auf.

Roman] Gustav Kiepenheuer plante 1924, CZs Roman *Sitting Bull* mit Illustrationen von Rudolf Schlichter in seinem Verlag herauszubringen. Wegen der Finanzschwierigkeiten in der Zeit der Inflation kam dieses Projekt jedoch nicht zustande. Der Roman, der Fragment blieb, wurde erstmals 1960 innerhalb einer vierbändigen Ausgabe mit Werken von CZ im S. Fischer Verlag veröffentlicht (Frankfurt am Main 1960, Bd. 1, S. 151-197; jetzt in: Zuckmayer, *Ein Bauer aus dem Taunus*, S. 75-128). Ausschnitte erschienen bereits in den zwanziger Jahren unter dem Titel *Der Büffelmord* in der Zeitschrift *Die Horen*, Jg. 2, 1925/26, S. 180-181, unter dem Titel *Der Präriebrand* im *Europa-Almanach*, Jg. 1, 1925, S. 230-233, unter dem Titel *Sitting Bull* im *Berliner Börsen-Courier* vom 25. Juli 1925 sowie unter dem Titel *Frauenraub* mit drei Illustrationen von Rudolf Schlichter in der Zeitschrift *Das Kunstblatt*, Jg. 9, 1925, H. 1, S. 10-12.

4 Hs. Brief. Datumsangabe auf der Vorlage: *28.4.30*.

Henndorf] Nach dem Erfolg mit der Komödie *Der fröhliche Weinberg*, die am 22. Dezember 1925 am Theater am Schiffbauerdamm in Berlin unter der Regie von Reinhard Bruck uraufgeführt wurde, kaufte sich CZ in Henndorf bei Salzburg ein idyllisch gelegenes

Haus: die »Wiesmühl«. Sie war bis 1938 CZs Hauptwohnsitz. Nach dem »Anschluß« Österreichs wurde die Wiesmühl von den Nationalsozialisten konfisziert.

Toon] Spitzname für den niederl. Millionär und Musikforscher Anthony van Hoboken (1887-1983), der durch sein thematisch-bibliographisches Verzeichnis der Werke von Joseph Haydn bekannt wurde. Hoboken war von 1922 bis 1932 mit AS verheiratet.

5 Masch. Brief mit eigenh. Unterschrift. Datumsangabe auf der Vorlage: *18.5.30.*

›Caesar‹] Shakespeares *Julius Cäsar* unter der Regie von Karl Heinz Martin.

Martins] Der Regisseur Karl Heinz Martin (1888-1948) wurde nach dem Ersten Weltkrieg durch eine Reihe von expressionistischen Inszenierungen bekannt. 1928 führte er die Regie bei der Uraufführung von CZs Stück *Katharina Knie* am Berliner Lessingtheater (Premiere am 21. Dezember 1928). 1929-1933 war er künstlerischer Leiter der Berliner Volksbühnen. Im April 1933 wechselte Martin ans Volkstheater nach Wien, von wo aus er sich erfolglos um ein Engagement als Filmregisseur in den USA bemüht haben soll (vgl. Schorlies 1971, S. 275 f.). Von 1934 an drehte er ausschließlich Filme und arbeitete erstmals 1940 wieder beim Theater. Bis 1943 war er an der Berliner Volksbühne und dem Schiller-Theater beschäftigt. 1945 eröffnete er als Direktor das Hebbel-Theater in Berlin mit Brechts *Dreigroschenoper.* In seinem 1943/44 entstandenen *Geheimreport* für das »Office of Strategic Services« ordnete CZ Martin in die »Gruppe 2: Negativ (Nazis, Anschmeisser, Nutzniesser, Kreaturen)« ein (vgl. Zuckmayer 2002, S. 88).

Fröhlichen Weinberg] Die Premiere der Inszenierung von Heinz-Dietrich Kenter fand am 20. Juli 1930 statt. Der Theaterzettel mit der Besetzungsliste ist reproduziert bei Glauert 1977, S. 25.

Toons] Anthony van Hoboken.

6 Hs. Brief. Datumsangabe auf der Vorlage: *18.5.30.*

Jobs] D.i. CZs Ehefrau Alice (1901-1991), die 1926 in Berlin ein Medizinstudium begonnen hatte. Sie erhielt den Beinamen Jobs nach einer nicht bestandenen Prüfung in Anspielung auf die von Wilhelm Busch (1832-1908) illustrierte *Jobsiade* von Karl Arnold Kortum (1745-1824) mit den Versen: »Über diese Antwort des

Kandidaten Jobses | Geschah allgemeines Schütteln des Kopfes.« Nach der »Machtergreifung« Hitlers brach Alice Zuckmayer ihr Medizinstudium ab.

neuen Stück] CZ begann mit einem Eulenspiegel-Lustspiel, das er jedoch nicht beendete. »Mitten im Sommer« 1930 – so CZ in *Als wär's ein Stück von mir* (S. 513) – habe Fritz Kortner ihn dann zur Dramatisierung des *Hauptmanns von Köpenick* angeregt.

7 Masch. Brief mit eigenh. Unterschrift. Datumsangabe auf der Vorlage: *27.5.30.*

Toscanini] Arturo Toscanini (1867-1957) dirigierte am 27. und 28. Mai 1930 in der Berliner Philharmonie das New York Philharmonic Orchestra.

Caesarpremière] Vgl. S. 229, Anm. zu ›*Caesar*‹.

Liccies] D.i. Alice Zuckmayer.

8 Hs. Brief auf Bogen mit gedrucktem Briefkopf: »*Carl Zuckmayer* | *Henndorf bei Salzburg*«. Datumsangabe auf der Vorlage: *28. Juni 1930.*

Hagenbecks] Über Kontakte von CZ mit der Familie Hagenbeck haben sich weder im Archiv des Hagenbeck-Tierparks in Hamburg noch im Nachlaß von CZ Dokumente erhalten (vgl. aber CZs Feuilleton *Hamburg, Hafen, Hagenbeck*, in der *Vossischen Zeitung* [Berlin] vom 9. März 1930).

»Roman«] Gemeint ist vermutlich der fragmentarisch gebliebene Roman *Das Götterdorf* (dessen überlieferte Bruchstücke abgedruckt wurden in: Zuckmayer, *Eine Liebesgeschichte*, S. 34-58).

Reihe Novellen] Gemeint sind CZs *Hundegeschichten*, die im August 1930 in der Zeitschrift *Die Dame* (Jg. 57, 1930, H. 24, S. 20 f., 34, 36, 38, 40, 42-44) erstmals publiziert worden sind (jetzt in: Zuckmayer, *Ein Bauer aus dem Taunus und andere Geschichten*, S. 38-51).

Aufsatz] Gemeint ist der Artikel *Franzosen am Oberrhein*, der in der *Vossischen Zeitung* (Berlin) vom 29. Juni 1930 erschienen ist. Er wurde in den *Blättern der Carl-Zuckmayer-Gesellschaft*, Jg. 4, 1978, H. 1, S. 21-25 wiederveröffentlicht.

Stück] Vgl. oben, Anm. zu *neuen Stück*.

Gedicht] Gemeint ist das Gedicht *Gang im Gewitter*, das in der *Vossischen Zeitung* (Berlin) vom 6. Juli 1930 erstmals veröffentlicht wurde (jetzt in: Zuckmayer, *Abschied und Wiederkehr*, S. 117).

9 Hs. Brief auf Bogen mit gedrucktem Briefkopf: *Carl Zuckmayer | Henndorf bei Salzburg*. Datumsangabe auf der Vorlage: *Oktober 1930*.

Und ick sitze da und esse Klops] Anspielung auf das Gedicht *Tiefsinn*, dessen Verfasser unbekannt ist: »Ick sitze da und esse Klops, | Mit eenmal klopft's | Ick kieke hoch und wundre mir, | Mit eenmal jeht se uff die Tür. | Ick stehe uff und denk nanu, | Jetzt is se uff, erst war se zu. | Ick jehe hin und kieke: | Und wer steht draußen – icke!« (zit. nach: Goertz 1959, S. 50).
Percheron] Kaltblutpferd.
Diluvium] Ältere Bezeichnung für die Tertiärzeit.
neues Stück] Gemeint ist *Der Hauptmann von Köpenick*.
Reinhardt] Max Reinhardt (1873-1943) übernahm 1905 nach seinen Erfolgen als Schauspieler am Deutschen Theater Berlin und als Leiter des 1901 von ihm mitgegründeten Kabaretts »Schall und Rauch« (von 1902 an: »Kleines Theater«) von Otto Brahm die Direktion des Deutschen Theaters Berlin. Mit seinen vielbeachteten Inszenierungen hatte er bald internationalen Erfolg. Er war Mitbegründer der Salzburger Festspiele und kaufte sich 1918 das bei Salzburg gelegene Schloß Leopoldskron. Sein beruflicher Mittelpunkt blieb aber weiterhin Berlin, wo er 1919 den umgebauten Zirkus Schumann als »Großes Schauspielhaus« (den späteren Friedrichsstadt-Palast) eröffnete. 1920 legte er die Direktion seiner Berliner Theater nieder und orientierte sich zunehmend nach Wien. Dort pachtete er 1923 das Theater in der Josefstadt und gründete 1928 eine Schauspiel- und Regieschule (an der CZ 1935-1938 Seminare über Dramaturgie und Theatergeschichte abhielt). Von 1924 an leitete Reinhardt auch wieder seine Berliner Bühnen. 1930 schrieb CZ zum 25jährigen Jubiläum des Deutschen Theaters eine Hommage, die unter dem Titel *Der Zauberer* in der Zeitschrift *Der Neue Weg*, Jg. 59, 1930, Nr. 11, S. 218 veröffentlicht wurde. 1932 gab Reinhardt endgültig die Verwaltung seines Theaterkonzerns auf. Wie CZ verließ er 1933 Berlin, lebte bis 1937 in Salzburg und emigrierte danach in die USA. Zur Feier von Reinhardts 70. Geburtstag hielt CZ in New York die Tischrede (abgedruckt in: Zuckmayer, *Aufruf zum Leben*, S. 139-144).
›Dantons Tod‹] Drama von Georg Büchner (1813-1837) aus dem Jahr 1835.
Verpflichtung] Als Gegenleistung für dessen Anregung zum *Hauptmann von Köpenick* hat CZ Fritz Kortner die Regie der Uraufführung versprochen. Dazu kam es jedoch genauso wenig wie zu der

geplanten Inszenierung des Stückes durch Max Reinhardt. Regisseur der Uraufführung am 5. März 1931 am Deutschen Theater Berlin wurde vielmehr Heinz Hilpert, was CZ plötzlich – wie er Albrecht Joseph am 5. Februar 1931 (DLA, Nachlaß CZ) schrieb – »aus vielen Gründen« (die er nicht nannte) lieber war.

Meineidbauer] Anspielung auf das Volksstück *Der Meineidbauer* (1871) von Ludwig Anzengruber (1839-1889), in dem der Protagonist Mathias Ferner ein Testament unterschlägt und einen Meineid leistet.

Neuaufführung des ›Fröhlichen Weinberg‹] Gemeint ist die Berliner Inszenierung unter der Regie von Heinz-Dietrich Kenter (vgl. S. 229, Anm. zu *Fröhlichen Weinberg*).

Kampen] 1929 ließ Anthony van Hoboken in Kampen auf Sylt ein Wohnhaus errichten, das er AS nach seiner Scheidung von ihr überließ. Nach dem Zweiten Weltkrieg diente es als »Autorenhaus« des SuhrkampVerlags, bis es von AS im Mai 1953 an den Verleger Axel Cäsar Springer verkauft wurde.

Roman] Gemeint ist wohl der fragmentarisch gebliebene Roman *Das Götterdorf* (vgl. S. 230, Anm. zu *»Roman«*), möglicherweise aber auch der nie fertiggestellte Roman *Wind von den Bergen*, über den CZ 1931 in einem Interview mit der *Neuen Freien Presse* (Wien) vom 5. Dezember 1931 berichtete, er spiele in den Voralpen und handele »von einem primitiven, in der Natur aufgewachsenen Menschen, den das Schicksal in die Großstadt verschlägt und der dort mit der Zivilisation in Konflikt gerät«.

Jobs] Alice Zuckmayer.

Feitelberg] Der sowjet. Physiker Sergei Feitelberg (1905-1967) emigrierte nach dem Ersten Weltkrieg nach Deutschland und arbeitete von 1928 an als Diplom-Ingenieur an der TH Berlin. 1935 flüchtete er vor den Nationalsozialisten nach Österreich, 1937 emigrierte er in die Schweiz, 1939 in die USA.

Voss] Die im Ullstein-Verlag erscheinende *Vossische Zeitung*.

Schiebelhuth] Der Schriftsteller und Übersetzer Hans Schiebelhuth (1895-1944) gehörte 1919 zusammen mit CZ zum Mitarbeiterkreis der von Carlo Mierendorff herausgegebenen Zeitschrift *Das Tribunal* und war einer der engsten Freunde von CZ. Er emigrierte 1937 in die USA. Vgl. die Briefe Zuckmayers an Schiebelhuth (Zuckmayer/Schiebelhuth 2003).

Mosse] Eva Noack-Mosse (1902-1990) war die Großnichte des Verlegers Rudolf Mosse (1843-1920). Von 1928 an arbeitete sie in der Redaktion der Zeitschrift *Uhu*, die sie 1977 aus Anlaß des hundertjährigen Bestehens des Ullstein-Verlags porträtiert hat (Freyburg/Wallenberg 1977, Bd. 2, S. 177-207). 1934 heiratete sie Moritz Noack (1896-1980), mit dem sie von 1941 bis 1951 in Oberstdorf lebte. Nachdem bei den nächtlichen Luftangriffen auf Mainz am 12. und 13. August 1942 das Elternhaus von CZ zerstört worden war, brachte das Ehepaar Noack CZs Vater (1864-1947) und Mutter (1869-1954) nach Oberstdorf, wo sie ihren Lebensabend verbrachten.

10 Masch. Brief mit eigenh. Unterschrift auf Bogen mit gedrucktem Briefkopf: *Carl Zuckmayer | Henndorf bei Salzburg*. Datumsangabe auf der Vorlage: *28.10.30*.

chinesischen Roman] Wang Schi Tschong, *Kin Ping Meh oder Die abenteuerliche Geschichte von Hsi Men und seinen sechs Frauen*, aus dem Chinesischen übertragen von Franz Kuhn, Leipzig: Insel [1930].

Meinem Stück] Gemeint ist *Der Hauptmann von Köpenick*.

11 Hs. Karte. Datumsangabe auf der Vorlage: *5.III.1931*.

5. März 1931] Der Tag der Uraufführung von CZs *Der Hauptmann von Köpenick* mit AS in der Rolle des kranken Mädchens.

12 Masch. Brief mit eigenh. Unterschrift auf Bogen mit gedrucktem Briefkopf: *Carl Zuckmayer | Henndorf bei Salzburg*. Datumsangabe auf der Vorlage: *24.9.31*.

Gedicht] Dieses Gedicht ist nicht überliefert.

Rede von Gottfried Benn] Gemeint ist vermutlich der Rundfunkdialog *Können die Dichter die Welt ändern* von Gottfried Benn (1886-1956), der in der *Literarischen Welt*, Jg. 6, 1930, Nr. 23, S. 3 f. abgedruckt wurde. CZ hat Benns literarische Entwicklung von dessen Anfängen an sehr genau verfolgt. »Denn«, so CZ in einem Brief vom Dezember 1921 an seinen Freund Hans Schiebelhuth über die Gegenwartslyrik, »ausser einigen Sachen von Becher und Benn und – wenn man sehr siebt – ein paar Versen von der Lasker scheint mir alles eitel Scheisse.« (Zuckmayer/Schiebelhuth 2003, S. 17) In seinem 1943/44 entstandenen *Geheimreport* für das »Office of Strategic Services« ordnete CZ Benn in die »Gruppe 2: Negativ (Nazis, Anschmeisser, Nutzniesser, Kreaturen)« ein (vgl. Zuckmayer 2002, S. 74-77), behandelt dessen »Fall« dann aber sehr differenziert; vgl. dazu Ehrke-Rotermund 2002.

Toon] Anthony van Hoboken.
Gruppe junger Schauspieler] Gemeint ist wahrscheinlich die ›Truppe 1931‹, die von Gustav von Wangenheim (1895-1975) geleitet wurde und ein Kollektiv erwerbsloser Schauspieler war, für das Wangenheim kommunistisch-agitatorische Stücke schrieb.

13 Masch. Brief mit eigenh. Unterschrift auf Bogen mit gedrucktem Briefkopf: *Carl Zuckmayer | Henndorf bei Salzburg*. Datumsangabe auf der Vorlage: *14.10.31*.

Gulbransson] Der norweg. Maler und Zeichner Olaf Gulbransson (1873-1958) lebte vorwiegend in München und war als Karikaturist vor allem für die satirische Zeitschrift *Simplicissimus* tätig.
Therese von Konnersreuth] 1927 erregte das Auftreten der Wundmale Christi bei der Bauerntochter Therese Neumann aus Konnersreuth (1898-1962) erhebliches Aufsehen. Schon in den Jahren zuvor war ihr »Fall« Gegenstand von Presseberichten und innerkirchlichen Auseinandersetzungen gewesen, weil sie angeblich unbeschadet über Monate hinweg keine Nahrung zu sich genommen hatte. Versuchen, sie als Betrügerin zu entlarven oder ihren Fall medizinisch als Hysterie zu deuten, standen religiöse und parapsychologische Erklärungen gegenüber. Ein ausführlicher zeitgenössischer Bericht über die Vorgänge von Fritz Mack mit dem Titel *Das Phänomen von Konnersreuth* erschien in zwei Teilen in den *Leipziger Neuesten Nachrichten* vom 19. und 20. Juli 1927. Mehrere kritische, nach dem Tod von Therese Neumann verfaßte Untersuchungen legte der katholische Priester Josef Hanauer vor (zuletzt Hanauer 1997).
Toon] Anthony van Hoboken.
Jobs] Alice Zuckmayer.
das Stück] Vermutlich sein nicht beendetes Drama *Eduard VII*. CZ schrieb dazu in einem Brief an seinen Freund Hans Schiebelhuth vom 4. Juli 1931: »Und jetzt kommt ein ganz tolles Stück, mit dem ich bis Januar fertig werden will: Eduard VII., König von England. Der dickste Herrscher in Europa seit Karl dem Dicken. Ein phantastisches Königsdrama, handelt von aussterbenden Tieren. Könnte auch ›Der letzte Elch‹ heissen« (DLA, Nachlaß Carl Zuckmayer). Weniger scherzhaft äußerte er sich über diesen Dramenplan in einem Interview mit der *Neuen Freien Presse* (Wien), das am 5. Dezember 1931 erschienen ist: »In den letzten Wochen habe ich sehr intensiv an meinem Königsdrama ›Edu-

ard VII.‹ gearbeitet. Es wird schon in allernächster Zeit fertig und im Herbst in Berlin, vermutlich bei Reinhardt, zur Uraufführung gelangen. Was mich an der Gestalt Eduard VII. ganz besonders reizte und in mir den Wunsch wachrief, diese geschichtliche Gestalt zur Hauptrolle eines Dramas zu machen, war die merkwürdige Zwiespältigkeit seines Wesens. Eduard VII. glaubte noch an die Mission des Königs und war dabei doch durchaus moderner Weltmann und Wirklichkeitsmensch. Er dürfte, meiner Meinung nach, auch die Umwälzungen, die unsere Zeit brachte, geahnt haben. War doch Eduard VII. der Urheber der Einkreisungspolitik, deren Folge die faktische Isolierung der Mittelmächte im Kriege war. Trotz genauester historischer Studien habe ich jedoch keine Figur und keine Situation einfach der Wirklichkeit nachgebildet.« In einem Interview mit Oskar Geller, das am 20. Dezember 1931 in der *Neuen Freien Presse* erschienen ist, erwähnte Zuckmayer das Stück erneut und kündigte an, es komme bei Max Reinhardt mit Emil Jannings in der Titelrolle heraus. 1932 brach er die Arbeit jedoch ab und begründete diesen Schritt in einem Brief an Hans Schiebelhuth vom 17. September 1932: »Jetzt fangen die Linkszeitungen schon an, mich anzustänkern, weil ich Eduard 7. abgebrochen habe, – man bildet sich ein, ich hätte das aus Rücksicht auf die jetzt herrschende Baronspolitik oder die nationalistische Welle getan, ausschlaggebend war aber nur die völlige Undramatik, Sprödheit, Hoffnungslosigkeit, Akzentlosigkeit des Stoffes, in den man auch nicht beliebig dramatische Affekte hineindichten kann, weil alles viel zu nah liegt. Mir ist das ziemlich wurscht. Den Missverständnissen kann man nicht aus dem Weg gehn.« (DLA, Nachlaß Carl Zuckmayer).

›Kat‹] Die von CZ und Heinz Hilpert verfaßte Bühnenbearbeitung von Ernest Hemingways Roman *A Farewell to Arms* (dt.: *In einem andern Land*) war unter der Regie von Heinz Hilpert am 1. September 1931 am Deutschen Theater Berlin uraufgeführt worden.

14 Masch. Brief mit eigenh. Unterschrift auf Bogen mit gedrucktem Briefkopf: *Carl Zuckmayer | Henndorf bei Salzburg*. Datumsangabe auf der Vorlage: *19.10.31*.

Brief] Dieser Brief ist verschollen.

Schwiegervater] Den Vater von Alice Zuckmayer, der in ihrer frühen Jugend gestorben war (vgl. Zuckmayer, *Als wär's ein Stück von mir*, S. 468), kann CZ hier nicht gemeint haben. Vielleicht dachte er an den Vater seiner ersten Ehefrau, Annemarie Gans, oder – was am wahrscheinlichsten ist – den ersten Ehemann von Alice Zuckmayer, Karl Frank (1893-1969).

Brecht] CZ wollte – das jedenfalls behauptet er in seiner Autobiographie (vgl. Zuckmayer, *Als wärs's ein Stück von mir*, S. 428 f.) – während seiner Zeit als Dramaturg an den Städtischen Theatern Kiel 1922/23 *Baal* von Bertolt Brecht (1896-1956) uraufführen, ein Plan, der gescheitert ist. Nach seinem Wechsel nach München lernten CZ und Brecht sich im Herbst 1923 persönlich kennen und schlossen Freundschaft. Erich Engel verschaffte beiden 1924 ein Engagement als Dramaturg am Deutschen Theater Berlin. Zu den weiteren Kontakten sowie den ästhetischen Parallelen und Differenzen vgl. Nickel 1997 a.

Kriegsjahr 1917] CZ meldete sich im August 1914 als Kriegsfreiwilliger und war bis 1918 Soldat an der Westfront. Im Juli 1917 nahm er an der zweiten großen Flandernschlacht teil.

Funktionär] CZ war 1918/19 Student an der Universität Frankfurt am Main und dort Mitglied des Revolutionären Studentenrats.

Evchen] Eva Noack-Mosse.

›Eine Weihnachtsgeschichte‹] In der Ullstein-Zeitschrift *Uhu* wurde diese Erzählung nicht veröffentlicht. Sie erschien vielmehr in der ebenfalls von Ullstein verlegten *Vossischen Zeitung* (Berlin) am 25. Dezember 1931.

›Liebesgeschichte‹] CZs Erzählung *Eine Liebesgeschichte* erschien in drei Fortsetzungen in Ullsteins *Berliner Illustrirter Zeitung* am 26. Februar, 12. und 19. März 1933 und kam dann im Herbst 1934, nachdem CZ den von den Nationalsozialisten übernommenen Ullstein-Verlag verlassen mußte, als Buchausgabe im S. Fischer Verlag heraus.

Brief Lessings] Ein solcher Brief von Lessing konnte nicht ermittelt werden. Offenbar verließ sich CZ auf einen Hinweis von Albrecht Joseph (vgl. Joseph 1993, S. 115 f.).

15 Masch. Brief mit eigenh. Unterschrift. Datumsangabe auf der Vorlage: *12.12.31*.

schwarzen Strohhüten] In Brechts Drama *Die heilige Johanna der Schlachthöfe* sind die schwarzen Strohhüte eine Bezeichnung für die Heilsarmee. Auf wen sich CZ konkret bezieht, konnte nicht ermittelt werden.

Toon] Anthony van Hoboken.

Berr] Gemeint ist der Schauspieler und Regisseur Rudolf Beer (1888-1938), der 1924-1932 Direktor des Deutschen Volkstheaters in Wien war.

Première] Die Inszenierung von Gerhart Hauptmanns Drama *Fuhrmann Henschel* am Deutschen Volkstheater Wien hatte am 4. Dezember 1931 Premiere. Regie führte Karl Heinz Martin.

Interviews] Das einzige Interview, das ermittelt werden konnte, erschien unter der Überschrift *Karl Zuckmayer über seinen ›Eduard VII.‹ Gespräch mit dem Dichter des ›Hauptmann von Köpenick‹* in der *Neuen Freien Presse* (Wien) vom 5. Dezember 1931.

Aslan] Raoul Aslan (1886-1958), österr. Schauspieler.

Lothar] Der Schriftsteller, Regisseur und Theaterkritiker Ernst Lothar (eigentl. Ernst Lothar Müller, 1890-1974) schrieb zwischen 1926 und 1929 alle CZ-Kritiken für die Wiener Tageszeitung *Neue Freie Presse*. 1935-1938 war er Direktor des Theaters in der Josefstadt. Er führte 1938 die Regie bei den Proben der geplanten Uraufführung von CZs Drama *Bellman*, das nach dem »Anschluß« Österreichs am 12. März 1938 vom Spielplan abgesetzt wurde. Lothar emigrierte 1938 mit seiner Frau Adrienne Gessner in die Schweiz, dann nach Paris, 1939 in die USA. 1945 kehrte er nach Wien zurück (vgl. CZ, *Salut für Ernst Lothar*, in: *Süddeutsche Zeitung* [München] vom 23. Oktober 1970).

Schneiderhahn] Franz Schneiderhan (1863-1938) war von 1926 bis 1933 Generalintendant der österr. Bundestheater (Staatsoper Wien, Burgtheater Wien, Akademietheater Wien).

Siegfried] Der Regisseur, Dramatiker und Theaterkritiker Siegfried Geyer (eigentl. Siegfried Geyerhan; 1883-1945) war 1922/23 stellvertretender Direktor der *Renaissancebühne* in Wien und der *Neuen Wiener Bühne*, 1924/25 Direktor der Kammerspiele, des Modernen Theaters und der Neuen Wiener Bühne.

Geyer] Emil Geyer (eigentl. Emil Goldmann; 1872-1942) war von 1926-1933 stellvertretender Direktor des Theaters in der Josefstadt.

Wohlgemuth] Else Wohlgemuth (1881-1972) war 1910-1938 und 1945-1959 Schauspielerin am Burgtheater.

Wessely] Die österr. Schauspielerin Paula Wessely (1907-2000) war 1925-1929 am Deutschen Volkstheater, 1929-1945 am Theater in der Josefstadt, danach am Burgtheater engagiert. Sie wirkte bei der österreichischen Erstaufführung von CZs *Fröhlichem Weinberg* am 16. März 1926 am Raimundtheater mit und war 1938 für die weibliche Hauptrolle bei der dann vom Spielplan wieder abgesetzten Wiener Uraufführung von CZs *Bellman* vorgesehen. In seinem 1943/44 entstandenen *Geheimreport* für das »Office of

Strategic Services« ordnete CZ sie in die »Gruppe 1: Positiv (Vom Nazis-Einfluss unberührt, widerstrebend, zuverlässig)« ein (vgl. Zuckmayer 2002, S. 40) – ein problematisches Urteil (vgl. ebd., S. 216 f.).

Matschackerln] Junge Mädchen, die eine Liaison suchen.

Pantscherln] Junge Mädchen, die sich auf ein Verhältnis eingelassen haben.

Hauptmann] CZ hat Gerhart Hauptmann (1862-1946), den er sehr verehrte, 1926 persönlich kennengelernt und mit ihm auch eine (nicht sehr umfangreiche) Korrespondenz geführt. Bereits 1922 hielt er bei einer Matinee der Vereinigten Städtischen Theater Kiel eine Rede über Hauptmann, deren Anlaß dessen 60. Geburtstag war (abgedruckt in: Zuckmayer, *Ein voller Erdentag*, S. 138-146). Auch zu Hauptmanns 70. Geburtstag 1932 sprach CZ bei einer Festveranstaltung, der offiziellen Geburtstagsfeier der Stadt Berlin (diese Rede ist abgedruckt in: Zuckmayer, *Aufruf zum Leben*, S. 175-181). Eine weitere Festrede hielt CZ aus Anlaß von Hauptmanns 100. Geburtstag (abgedruckt in: Zuckmayer, *Ein voller Erdentag*, S. 147-179). 1951 bearbeitete er dessen fragmentarisch gebliebenes Drama *Herbert Engelmann*, das unter der Regie von Berthold Viertel am 8. März 1952 am Akademietheater in Wien uraufgeführt wurde. Für das Lexikon *Die Großen Deutschen. Deutsche Biographien in vier Bänden*, hrsg. von Hermann Heimpel, Theodor Heuss, Benno Reifenberg, Berlin 1957, Bd. 4, S. 227-244 verfaßte CZ den Hauptmann-Artikel. Zu weiteren Einzelheiten zum Verhältnis zwischen beiden Schriftstellern vgl. Tschörtner 1999.

Werfel und seine Gattin] Trotz seiner im vorliegenden Brief zum Ausdruck gebrachten Abneigung gegen Franz Werfel (1890-1945) und seine Frau Alma Mahler-Werfel (1879-1964) kam es in den folgenden Jahren des öfteren zu Begegnungen, u.a. auch in CZs »Wiesmühl« in Henndorf (vgl. Zuckmayer, *Als wär's ein Stück von mir*, S. 65). Nach ihrer Flucht vor den Nationalsozialisten aus Österreich in die Schweiz erörterten beide Vor- und Nachteile einer Emigration in die USA (vgl. ebd. S. 119 f.). CZ und Werfel waren neben Walter Mehring Grabredner bei der Beerdigung von Ödön von Horváth am 7. Juni 1938 in Paris. Während ihrer amerikanischen Emigrationsjahre blieben sie in einer herzlichen Verbindung, die sich zwischen CZ, seiner Frau und Alma Mahler-Werfel bis in die 1960er Jahre fortsetzte.

Trebitsch] Der österr. Schriftsteller Siegfried Trebitsch (1869-1956) wurde vor allem als Übersetzer der Werke von George Bernard

Shaw bekannt. 1938 verließ er Wien und lebte bis an sein Lebensende in Zürich.

Salten] Felix Salten (1869-1947) war Autor zahlreicher erfolgreicher Tiergeschichten (u.a. *Bambi*, 1923; nach ihr entstand 1941/42 ein Zeichentrickfilm von Walt Disney) und von 1906 an Theaterreferent der *Berliner Morgenpost*, später Chefredakteur des Wiener *Fremdenblatts* und Feuilletonmitarbeiter der *Neuen Freien Presse*. 1925 wurde er Präsident des PEN-Clubs, dem er bis 1934 vorstand. Von 1938 an lebte er in Zürich.

Janningse] Emil Jannings (1884-1950) spielte 1930 die Hauptrolle in dem Film *Der Blaue Engel*, dessen Drehbuch CZ mitverfaßt hat (vgl. Dirscherl/Nickel 2000). Damit begann eine enge Freundschaft zwischen CZ, Jannings und dessen Ehefrau, der Schauspielerin, Chansonniere und Sängerin Gussy Holl (1888-1966). Jannings sollte die Titelrolle in dem von CZ projektierten Drama *Eduard VII.* übernehmen und bat deshalb seinen langjährigen Freund Kurt Tucholsky, in England für CZ zu recherchieren (vgl. Gerold-Tucholsky/Raddatz 1962, S. 216 und 534). Die Arbeiten an diesem Stück hat CZ jedoch im Spätsommer 1932 abgebrochen (vgl. S. 234, Anm. zu *das Stück*). Als CZ nach der »Machtergreifung« Hitlers Aufführungsverbot erhielt, setzte sich Jannings vergeblich für seine Rehabilitierung ein. Zu Jannings' Rolle im nationalsozialistischen Deutschland äußerte sich CZ 1943 ausführlich in seinem *Geheimreport* für den amerikanischen Geheimdienst OSS (Zuckmayer 2002, S. 136-145 und 153-155).

Johanna] Brechts Drama *Die heilige Johanna der Schlachthöfe* ist Ende 1931 als Bühnenmanuskript im Verlag Felix Bloch Erben erschienen.

Aufricht] Der Theaterproduzent und -manager Ernst Josef Aufricht (1898-1971) war von 1928 bis 1931 Pächter des Theaters am Schiffbauerdamm in Berlin, wo er 1928 Brechts *Dreigroschenoper* herausbrachte.

wie Kortner sowas spielt] CZs Bemühungen um eine Inszenierung von Brechts Stück führten nicht zum Erfolg. Am 11. April 1932 kam es lediglich zu einer Radioaufführung in der Berliner Funkstunde, bei der Fritz Kortner den Mauler gesprochen hat. Eine Theateraufführung scheiterte an der »Machtergreifung« der Nationalsozialisten. Sie fand erst am 30. April 1959, drei Jahre nach Brechts Tod, unter der Regie von Gustaf Gründgens am Hamburger Schauspielhaus statt.

»ideologisch falsch«] Kritische Äußerungen dieser Art über Brechts Stück konnten nicht ermittelt werden.

16 Hs. Brief auf Bogen mit gedrucktem Briefkopf: *Carl Zuckmayer | Henndorf bei Salzburg*. Datumsangabe auf der Vorlage: *9.6.33*.

Briefe] Diese Briefe sind verschollen.

›Schelm‹] CZ hat das Stück *Der Schelm von Bergen* am 14. August 1932 begonnen und am 14. November 1933 beendet. Nach vergeblichen Bemühungen von Heinz Hilpert und Käthe Dorsch, es in Berlin inszenieren zu dürfen, fand die Uraufführung am 6. November 1934 am Burgtheater in Wien statt.

Joseph] Albrecht Joseph.

Winnetou] CZs Tochter Maria Winnetou (geb. 1926).

›Wiedertäufern‹] Es handelt sich um ein fragmentarisch gebliebenes Stück, dessen Szenenablaufplan als Faksimile abgedruckt ist in: Nickel/Weiß 1996, S. 57-59. Die weiteren im Nachlaß erhalten gebliebenen Szenen und Szenenentwürfe sind veröffentlicht in: Zuckmayer, *Der fröhliche Weinberg*, S. 145-179.

Salettl] Gartenhaus.

Jobs] Alice Zuckmayer.

Dorsch] Die Schauspielerin Käthe Dorsch (1890-1957) spielte 1927 bei der Uraufführung des *Schinderhannes* das Julchen. Wegen einer Liaison mit ihr hatte CZ, so berichtet es Albrecht Joseph, um 1928 für kurze Zeit seine Ehefrau verlassen und sich eine kleine Wohnung gemietet (vgl. Joseph 1993, S. 101-104). In seinem 1943/44 entstandenen *Geheimreport* für das »Office of Strategic Services« ordnete CZ sie in die »Gruppe 1: Positiv (Vom Nazis-Einfluss unberührt, widerstrebend, zuverlässig)« ein (vgl. Zuckmayer 2002, S.39).

schrieb neulich] Dieser Brief ist verschollen.

Dacqué] Der Paläontologe und Naturphilosoph Edgar Dacqué (1878-1945) wurde durch Bücher wie *Urwelt, Sage und Menschheit* (1924), *Natur und Seele* (1926), *Leben als Symbol* (1928) und *Natur und Erlösung* (1933) bekannt. *Urwelt, Sage und Menschheit. Eine naturhistorisch-metaphysische Studie*, München: Oldenbourg 1924 (1931 in der 6. Aufl.) hat CZ 1933 über den Ullstein-Verlag erworben (Vertragsakte CZ im Ullstein-Verlag).

Bergmann] Gemeint ist das Buch *Erkenntnisgeist und Muttergeist. Eine Soziosophie der Geschlechter* (Breslau: Hirt 1931; 2. Aufl. 1933) von Ernst Bergmann (1881-1945), der von 1916 an als außerordentlicher Professor für Philosophie an der Universität Leipzig lehrte.

Jung] Gemeint ist der Schweizer Psychiater und Psychoanalytiker Carl Gustav Jung (1875-1961). Vermutlich beschäftigte sich CZ mit Jungs Buch *Psychologische Typen* (Zürich: Rascher 1921), das 1930 in einer zweiten Auflage erschienen ist.

les Dieux ont soif] Titel eines 1912 veröffentlichten Romans des französischen Schriftstellers Anatole France (1844-1924), der unter dem Titel *Die Götter dürsten* bereits im Jahr seiner Erscheinens in einer deutschen Übersetzung herauskam.

17 Hs. Brief. Datumsangabe auf der Vorlage: *13. Juli 1934*.

Entlein] Es handelt sich um eine junge Ente, die ihre Mutter verloren hatte und von Alice Zuckmayer aufgezogen wurde. Sie erhielt den Namen Puttiputt (Auskunft von Maria Guttenbrunner). Vgl. auch S. 86.

Roman] Gemeint ist der Roman *Salwàre oder Die Magdalena von Bozen*, dessen Erscheinen bei S. Fischer in Berlin im Dezember 1935 verboten wurde. Das Buch kam daraufhin 1936 im Wiener Exilverlag von Gottfried Bermann Fischer heraus.

Albrecht] Albrecht Joseph.

Lustspiel] Im Nachlaß von Albrecht Joseph (im Deutschen Exilarchiv in der Deutschen Bibliothek, Frankfurt am Main) ist kein Lustspiel überliefert.

›*Du stille See*‹] Dieses Gedicht ist nicht überliefert.

Röhmiade] Am 30. Juni 1934 wurden der SA-Führer Ernst Röhm (geb. 1887) und zahlreiche weitere Mitglieder des SA-Führungsstabs wegen angeblicher Putschpläne verhaftet und erschossen. Hitler entledigte sich damit der parteiinternen Opposition, die eine zweite, sozialistische Revolution nach der »nationalen Revolution« forderte. Zugleich wurde nun klar, welche Rolle die SA, in der man sich Hoffnungen auf eine Vereinigung mit der Reichswehr gemacht hatte, künftig nicht spielen werde. Zu den 150-200 Opfern der »Säuberungsaktionen«, die bis zum 2. Juli 1934 fortgesetzt wurden, gehörten auch der General Kurt von Schleicher, Hitlers Vorgänger im Amt des Reichskanzlers, und Gregor Strasser, der bis Ende 1932 Reichsorganisationsleiter der NSDAP gewesen war. Schleicher hatte während seiner Amtszeit ein »Querfrontbündnis« zwischen Nationalsozialisten um Gregor Strasser, Sozialdemokraten und Gewerkschaftern mit dem Ziel zu initiieren versucht, die NSDAP zu spalten und damit Aussichten Hitlers auf eine Ernennung zum Reichskanzler dauerhaft zu beseitigen. CZ sympathisierte gegen Ende der Weimarer Republik mit Schleichers politischen Zielen (vgl. Zuckmayer, *Als wär's ein Stück von mir*, S. 522).

Verlagszahlungen] CZ erhielt erst Ende Oktober 1933 Besuch von Ullsteins Cheflektor Max Krell (1887-1962), der ihn über die bevorstehende Kürzung der vereinbarten Vorschußzahlungen informierte (vgl. Nickel 2000). – CZ und Krell kannten sich seit 1919, als sie zum Mitarbeiterkreis der von Carlo Mierendorff herausgegebenen Zeitschrift *Das Tribunal* gehörten.

Filmbearbeitung] Wie aus einem Brief an Albrecht Joseph vom 15. Januar 1934 (im DLA, Nachlaß CZ) hervorgeht, konzipierte CZ 1934 ein Treatment für einen Film mit dem Titel *Die letzte Fahrt der Madagaskar*, an dem er 1935 und 1936 weiterarbeitete. Der Film wurde nicht realisiert. Ein Typoskript des Entwurfs ist in CZs Nachlaß überliefert.

Grosses Filmangebot] Es handelt sich um das Angebot, das Drehbuch zum Film *Escape Me Never* zu schreiben, das CZ annahm. Der Regisseur Paul Czinner (1890-1972) drehte den Film 1935 in London mit Elisabeth Bergner, seiner Ehefrau, in der Hauptrolle.

Yvonne] Yvonne Rodd-Marling (1912-1982), Sängerin und Gesangslehrerin.

Babita] Über sie heißt es auf einer Postkarte von CZ an Stefan Zweig: »Die Adresse der schönen Schwedin, die so gern Dein Bild haben möchte, ist: Babita Saurèn, 55 Demgusstreet, Tel: Regent 7101« (DLA, Nachlaß CZ). Weitere Angaben konnten nicht ermittelt werden.

Jobs] Alice Zuckmayer.

18 Masch. Brief mit eigenh. Unterschrift auf Bogen mit gedrucktem Briefkopf: *Carl Zuckmayer | Henndorf bei Salzburg*. Datumsangabe auf der Vorlage: *12.10.34*.

ohne Dich heimzusuchen] Vom 22. September 1934 bis Ende Januar 1935 hielt sich AS in London auf.

Manuskript] Vgl. oben, Anm. zu *Grosses Filmangebot*.

›Schelm‹] Vgl. S. 240, Anm. zu *›Schelm‹*.

Röbbeling] Hermann Röbbeling (1875-1949) war 1932-1938 Direktor des Wiener Burgtheaters. In seinem 1943/44 entstandenen *Geheimreport* für das »Office of Strategic Services« ordnete CZ ihn in die »Gruppe 4: Indifferente, Undurchsichtige, Verschwommene, Fragliche« unter »Positiv oder vermutlich positiv« ein (vgl. Zuckmayer 2002, S. 180-182).

Filmangebot] Nicht ermittelt.

Roman] Vgl. S. 241, Anm. zu *Roman*.

Krauss] Der Schauspieler Werner Krauß (1884-1959) spielte die

Hauptrolle bei der Uraufführung von CZs *Der Hauptmann von Köpenick*. Im März 1933 wurde er stellvertretender Präsident der Reichstheaterkammer, im April 1934 erfolgte seine Ernennung zum preußischen Staatsschauspieler. Krauß wirkte u.a. als Darsteller der jüdischen Episodenrollen und des Rabbi Loew in dem antisemitischen Film *Jud Süß* (1940) mit und mußte sich deshalb nach dem Zweiten Weltkrieg vor einer alliierten Spruchkammer verantworten. Bei der Verhandlung sagte CZ für ihn als Zeuge aus. Bereits 1943/44 beurteilte CZ das Verhalten von Krauß in der NS-Zeit in seinem *Geheimreport* für den amerikanischen Geheimdienst OSS im Abschnitt »Sonderfälle, teils positiv, teils negativ – nicht ohne weiteres einzuordnen« (vgl. Zuckmayer 2002, 146-152). In einer überarbeiteten Fassung wurde dieses Gutachten unter dem Titel *Künstler im Dritten Reich* in der *Neuen Zeitung* (München) am 3. Oktober 1947 veröffentlicht. Vgl. auch: CZ, *Zum Gedenken an Werner Krauss*, in: *Bühnengenossenschaft* (Hamburg) vom 11. Dezember 1959, S. 341 sowie CZ, *Der große Schauspieler Werner Krauß*, in: Werner Krauß, *Das Schauspiel meines Lebens*, Stuttgart: Goverts 1958, S. 7-13.

Göring] Hermann Göring (1893-1946), von 1922 an Mitglied der NSDAP und Führer der SA, 1928 Mitglied des Reichstages, 1932 Reichstagspräsident, von April 1933 an preußischer Innenminister, von Mai 1933 an zugleich Reichsminister der Luftfahrt, von 1934 an Reichsforst- und Reichsjägermeister.

Kasznar] Ferdinand und Franziska Kasznar waren Pächter des Hotels Mirabell in Salzburg, das 1894/95 erbaut wurde. Es unterhielt neben einem Barbetrieb und einer Bierstube auch einen Gastgarten mit Musikpavillon. Dieser Gastgarten befand sich auf der Rückseite des Gebäudes, direkt vor dem Eingang zum Mirabellgarten, einer im altfranzösischen Stil angelegten Gartenanlage am 1606 erbauten, 1710 und 1721-1727 völlig umgestalteten Schloß Mirabell.

Schlattenschammes] Einer, der alle Dreckarbeit machen muß.

Lernet] Mit dem österr. Schriftsteller Alexander Lernet-Holenia (1897-1976) war CZ von der Mitte der 1920er Jahre an befreundet. Vgl. dazu CZs Beiträge *Dem sechzigjährigen Freund. Geburtstagsbrief an Alexander Lernet-Holenia* und das Gedicht *C.Z. für A.L-H* (in: *Forum*, Jg. 4, 1957, H. 47, S. 410), *Alexander Lernet-Holenia. Zum 70. Geburtstag* (in: *Neue Zürcher Zeitung* vom 20. Oktober 1967; auch unter dem Titel *Die Siegel des Dichters* in: *Alexander Lernet-Holenia. Festschrift zum 70. Geburtstag des Dichters*, Wien, Hamburg 1967, S. 7-13), *Für Alexander Lernet-Holenia*

(21. Oktober 1897 – 3. Juli 1976). Zu seinem fünfundsiebzigsten Geburtstag am 21. Oktober 1972 (in: CZ, *Aufruf zum Leben*, S. 182-190) sowie von Lernet-Holenia: *An das Lorbeerlaub. Für Carl Zuckmayer, zum Sechzigsten* (in: *Fülle der Zeit*, S. 116 f.).

Winnetou] Winnetou Zuckmayer.

Jobs] Alice Zuckmayer.

Korn] Nicht ermittelt; es ist unwahrscheinlich, daß es sich um Karl Korn (1908-1991) handelt, der nach seiner Promotion in Frankfurt am Main und einem längeren Aufenthalt in Frankreich 1934-1937 literarischer Redakteur des *Berliner Tageblatts* war, 1938 zum S. Fischer Verlag wechselte, die Redaktion der *Neuen Rundschau* übernahm und 1940/41 als Redakteur für die Wochenzeitung *Das Reich* arbeitete.

Flick] Flick und Flock waren die Namen zweier Springer-Spaniels, die CZ von Stefan Zweig geschenkt bekommen hat, und die alsbald mit Nachwuchs aufwarteten, der den Namen Lexl erhielt.

der Oberst] Gemeint ist Emil Herrmann, der Lebensgefährte von Risa Kattinger, die als Therese in Alice Zuckmayers Buch *Genies sind im Lehrplan nicht vorgesehen* porträtiert wurde und eine Freundin von Claire Liesenberg, Alice Zuckmayers Mutter, war (Auskunft von Maria Guttenbrunner).

19 Hs. Brief auf Bogen mit gedrucktem Briefkopf: *Carl Zuckmayer* | *Henndorf bei Salzburg*. Datumsangabe auf der Vorlage: *24./11.34*.

Café Bazar] Bis heute *der* Künstlertreffpunkt in Salzburg.

Jobs] Alice Zuckmayer.

im traditionellen Nebel] Vgl. S. 242, Anm. zu *ohne Dich heimzusuchen*.

Heygate] Der englische Schriftsteller John Heygate (geb. 1903).

Buch über Berger] Ein solches Buch von John Heygate war nicht zu ermitteln.

Berger] Gemeint ist wahrscheinlich Ludwig Berger (1890-1969), der 1920 als Regisseur am Staatlichen Schauspielhaus Berlin engagiert war und seinen Intendanten Leopold Jessner davon überzeugte, CZs Drama *Kreuzweg* uraufzuführen (vgl. S. 224, Anm. zu *Kreuzwegzeit*). Berger knüpfte für CZ 1920 auch die Verbindung zum Verlag von Kurt Wolff, in dem 1921 eine Buchausgabe des Stücks erschienen ist (vgl. Zeller/Otten 1966, S. 368). 1920 begann Berger, erste Erfahrungen mit dem Film zu sammeln. 1928-1931 arbeitete er in Hollywood für die amerikanische Filmindustrie, kehrte dann aber nach Deutschland zurück. Die »Machtergreifung« Hitlers zwang ihn 1934 zur Emigration in die Niederlande. Er hielt sich aber auch häufig wegen Filmprojekten in London auf. Dort inszenierte er 1934 CZs Bearbeitung des Sanskritdramas *Vasantasenà* unter dem Titel *The Golden Toy* als musikalische Phantasie mit über 200 Mitwirkenden (Premiere am 28. Februar 1934). Nach dem Zweiten Weltkrieg nahmen CZ und Berger wieder Kontakt auf und blieben in freundschaftlicher Verbindung. Vgl. von CZ: *Es gibt keinen Zufall der Geburt. Ludwig Berger zum 70. Geburtstag* (in: *Allgemeine Zeitung* [Mainz] vom 10. Januar 1962) und *Ein Nachruf – wie zu Lebzeiten* (in: CZ, *Aufruf zum Leben*, S. 112-128) sowie von Ludwig Berger: *Gruß aus dem Taunus* (in: *Fülle der Zeit*, S. 85-90).

Nicolson] Der engl. Diplomat und Schriftsteller Harold Nicolson (1886-1968) war 1928/29 Botschaftsrat in Berlin. Daß CZ ihn zu dieser Zeit schon kennengelernt hat, ist wahrscheinlich. Nicolson gehörte zusammen mit seiner Ehefrau Vita Sackville-West zum Umkreis der Bloomsbury-Group. In seinem Nachlaß haben sich keine Dokumente erhalten, die über eine Verbindung mit CZ Auskunft geben (Auskunft von Nigel Nicolson).

Windham] Nicht ermittelt.

Mayor] Nicht ermittelt.

Yvonne] Yvonne Rodd-Marling.

Lord Marling] Sir Charles Murray Marling (1862-1933) wurde 1888 nach einem Studium in Cambridge Diplomat des englischen Außenministeriums. Während seiner Laufbahn, die detailliert ein Nachruf in *The Times* (London) vom 17. Februar 1933 schildert, arbeitete er u.a. in den Botschaften von Athen, Konstantinopel, Rio de Janeiro, Paris, Bukarest, Sofia, Kreta und Teheran. Er war profunder Kenner des Nahen Ostens und hier vor allem Experte für Persien.

Eduardian Periode] Gemeint ist die Regierungszeit des britischen Königs Eduard VII. (1841-1910) von 1901-1910, über den CZ 1931/32 ein Drama plante (vgl. S. 234, Anm. zu *das Stück*).

Mutter] Lucia Marling (gest. 1927).

Verheiratet] Yvonne Rodd-Marling hatte 1932 Gustaf Guthrie Rennell (Taffy) Rodd (geb. 1905), den dritten Sohn von Sir James Rennell Rodd (1858-1941) geheiratet. Gustaf Rodd war von 1928 an Offizier bei der Royal Air Force.

Edschs] Der Schriftsteller und Journalist Kasimir Edschmid (1890-1966) gehörte 1919 zusammen mit CZ zum Mitarbeiterkreis der von Carlo Mierendorff herausgegebenen Zeitschrift *Das Tribunal*. In der Zeit der Weimarer Republik war er freier Schriftsteller.

Nach der »Machtergreifung« Hitlers wurde er mit einem Rede-, 1941 auch mit einem Schreibverbot belegt, weshalb Edschmid während der NS-Zeit überwiegend in Italien lebte. In seinem 1943/44 entstandenen *Geheimreport* für das »Office of Strategic Services« ordnete CZ ihn in die »Gruppe 4: Indifferente, Undurchsichtige, Verschwommene, Fragliche« unter »Positiv oder vermutlich positiv« ein (vgl. Zuckmayer 2002, S. 175 f.). Zu Edschmids 75. Geburtstag verfaßte CZ den Artikel *Der große Bruder*, der von der *Frankfurter Allgemeinen Zeitung* vom 4. Oktober 1965 veröffentlicht wurde.

›Schelm‹] Vgl. S. 240, Anm. zu *›Schelm‹*.

›Schinderhannes‹] CZ bezieht sich auf die Uraufführung am 14. Oktober 1927 am Lessingtheater in Berlin, bei der offiziell Reinhard Bruck Regie führte. Dazu heißt es in einem Brief von AS an ihre Schwester Ina: »Die Premiere von C. ist am 14. und er schrieb mir heute daß ihr 3 Karten zugesandt bekommt. Er ist in einer entsetzlichen Verfassung da er die Proben fast allein leiten muß« (Brief vom 28. Oktober 1927, DLA, Nachlaß Ina Seidel).

Balser] Ewald Balser (1898-1978), Schauspieler.

Reimers] Georg Reimers (1860-1936), Schauspieler.

Wagener] Hilde Wagener (geb. 1904), Schauspielerin.

Roman] Vgl. S. 241, Anm. zu *Roman*.

Ringelnatz] Der Schriftsteller Hans Bötticher (1883-1934), der unter dem Pseudonym Joachim Ringelnatz publizierte, war am 16. November in Berlin gestorben.

Fischer] Samuel Fischer (1859-1934), der Gründer des S. Fischer Verlags, war am 15. Oktober in Berlin gestorben.

Wreedes] Paul Wrede (1892-1934), Schauspieler, Theaterregisseur, Sänger und Intendant.

Rechtsanwalt Berger] Nicht ermittelt.

Hanna] Nicht ermittelt (vgl. auch Brief 23).

20 Hs. Brief auf Bogen mit gedrucktem Briefkopf: *Carl Zuckmayer | Henndorf bei Salzburg*. Datumsangabe auf der Vorlage: *25/11.34*.

Edsch] Kasimir Edschmid.

Schach] Der in Ungarn geborene und in Wien aufgewachsene Max Schach (1886-1957) wurde nach dem Ersten Weltkrieg Filmkritiker des *Berliner Tageblatts* und Dramaturg der Ufa. 1922 gründete er mit Karl Grune die *Stern-Film GmbH* und war Produzent einer Reihe von Grune-Filmen. 1929-1931 leitete er die Bayerische Filmgesellschaft im Emelka-Konzern in München, die 1929 den

Verleih der Verfilmung von CZs *Katharina Knie* übernahm. 1931-1934 arbeitete er in Paris und danach in London, wo er mit Karl Grune die Capitol Filmgesellschaft ins Leben rief. 1937 zog er sich aus dem Filmgeschäft zurück.

Grune] Der österr. Schauspieler, Filmregisseur, -produzent und -autor Karl Grune (1890-1962) führte die Regie bei der 1929 produzierten Verfilmung von CZs Theaterstück *Katharina Knie*.

Goldschmidt] Der in Wien geborene Isadore Goldschmidt (1893-1964) war in den zwanziger und dreißiger Jahren Leiter des *Süd-film-Verleihs* in Berlin. Im englischen Exil gründete er die *Grafton Productions*. 1940-1945 arbeitete er in den USA und kehrte anschließend nach England zurück.

Jessner] Der Theater- und Filmregisseur Leopold Jessner (1878-1945) war 1918-1928 Intendant des Staatlichen Schauspielhauses Berlin und hatte 1920 CZs Stück *Kreuzweg* zur Uraufführung angenommen. Er wurde 1928 Generalintendant der Staatlichen Schauspiele Berlin. Nach seinem Ausscheiden aus diesem Amt 1930 arbeitete er am Berliner Staatstheater als Regisseur. 1933 emigrierte er nach England, 1935 nach Palästina, 1937 in die USA.

Korn] Vgl. S. 244, Anm. zu *Korn*.

Mongelas] Gemeint ist der Journalist Albrecht Graf von Montgelas (1887-1958), der 1923-1933 politischer Korrespondent für die *Vossische Zeitung* in London war, wo er nach der »Machtergreifung« von Hitler als Emigrant weiterlebte.

Neven-DuMont] Mark Neven DuMont (1892-1972) war Schriftsteller, Journalist, Mitbegründer der Deutschen Verlagsgesellschaft für Politik und Geschichte, Redakteur und Mitherausgeber der Zeitschrift *Die Deutsche Nation* sowie in den zwanziger und dreißiger Jahren Mitarbeiter sowohl deutscher als auch englischer Zeitungen und Zeitschriften (u.a. *Kölnische Zeitung*, *Querschnitt*, *Vossische Zeitung*, *Spectator*).

Kärtchen] Dieses Kärtchen ist verschollen.

Walther] Nicht ermittelt.

Bernstorff] Nicht ermittelt.

Ilsenburg] Nicht ermittelt.

Jobs] Alice Zuckmayer.

Michi] Michaela Zuckmayer (geb. 1923), Alice Zuckmayers Tochter aus ihrer ersten Ehe mit dem kommunistischen Funktionär und späteren Linkssozialisten Karl Frank.

Winnetou] Winnetou Zuckmayer.

21 Masch. Brief mit eigenh. Unterschrift auf Bogen mit gedrucktem Briefkopf: *Hotel Imperial Wien*. Datumsangabe auf der Vorlage: *7.1.35*. Dabei: Hs. Postkarte mit der gedruckten Zeichnung *Erstes Frühstück* von Albert Schaefer-Ast.

nach London] Vgl. S. 242, Anm. zu *ohne Dich heimzusuchen*.

M.] München.

Hilpert] CZ und Heinz Hilpert (1890-1967) hatten sich im Januar 1924 bei der deutschen Erstaufführung von Eugène O'Neills Drama *Kaiser Jones* an dem von Berthold Viertel geleiteten Kollektivtheater *Die Truppe* kennengelernt. 1925 führte Hilpert erstmals bei einem Stück von CZ Regie, als er *Pankraz erwacht oder die Hinterwäldler* an der Jungen Bühne des Deutschen Theaters Berlin inszenierte. Damit begann eine lebenslange Freundschaft. Sie bearbeiteten gemeinsam Ernest Hemingways Roman *A Farewell to Arms* (dt.: *In einem anderen Land*) für die Bühne (vgl. S. 235, Anm. zu ›*Kat*‹). Hilpert inszenierte insgesamt neun Uraufführungen von Stücken CZs. Vgl. von CZ: *Festrede zu Heinz Hilperts siebzigstem Geburtstag* (in: Zuckmayer, *Aufruf zum Leben*, S. 145-162), *Heinz Hilpert zum 75. Geburtstag* (in: *Frankfurter Allgemeine Zeitung* vom 1. März 1965), *Heinz Hilpert* (in: *Die Zeit* [Hamburg] vom 1. Dezember 1967) sowie Dillmann 1990.

Mutter] Emmy Seidel, geb. Loesevitz (1861-1945).

Puttiputt] Vgl. S. 241, Anm. zu *Entlein*.

Jobs] Alice Zuckmayer.

Weihnachtsspiel] Dieses Stück von Alice Zuckmayer ist mit dem Datumsvermerk »Henndorf 1936« in ihrem Nachlaß erhalten.

Willys] Willy Seidel (1887-1934), Schriftsteller und Bruder von AS, war am 29. Dezember 1934 gestorben.

Mene Mene Tekel uphansim!] CZ zitiert das biblische Menetekel (korrekt: *Mene, Mene, Tekel upharssin*), das nach Daniel 5,5 während eines Festmahls von König Belsazar, bei dem er aus dem Tempel von Jerusalem geraubte Gefäße mißbrauchte, von unsichtbarer Hand an die Palastwand geschrieben wurde. Nach Daniels Deutung kündigte es die göttlichen Strafe für die Entweihung der Tempelgefäße an, wörtlich etwa: »Gott hat die Tage Deiner Herrschaft gezählt, du bist gewogen und für zu leicht befunden«. Literarisch gestaltet wurde diese Episode in Heinrich Heines Ballade *Belsazar*.

Nazda] Nicht ermittelt.

22 Hs. Brief auf Bogen mit gedrucktem Briefkopf: *Carl Zuckmayer | Henndorf bei Salzburg*. Datumsangabe auf der Vorlage: *12/II.35*.

Willys Tod] Vgl. S. 248, Anm. zu *Willys*.

Mutter] Emmy Seidel.

Film-Magnaten] Ludovico Toeplitz (1893-1958) gehörte bereits zwei Jahrzehnte lang zu den Größen der internationalen Hochfinanz, bevor er sich Ende 1931 dem Film zuwandte und in die italienische Filmproduktionsfirma Cines eintrat. Diese verließ er 1933 und wurde in London Co-Produzent von Alexander Kordas Filmen *The Private Life of Henry VIII.* und *Catherine the Great*.

fuhr ich ... hin] Über diesen Besuch berichtete CZ seinem Freund Albrecht Joseph: »Ich lernte nämlich hier Toeplitzens jr. und sr. [der Bankier Giuseppe Toeplitz (1866-1938)] kennen, Leute von wirklich gutem Stil und *enormem* Vermögen. Der alte ist ein toller Kerl, der junge (42 Jahre), der eigentlich die production leitet, ein sehr besonders netter feiner Bursche, Halbarier, sieht aus wie Henry VIII. persönlich und trägt auch den Bart so, dabei sehr angenehm äusserlich und recht interessant. Er hat eine gute Vergangenheit, vor dem Krieg war er durchgebrannt und ritt hohe Schule bei Cesar Sidoli [nicht ermittelt], im Krieg Kavallerieoffizier, dann tolle Sachen im Alpenkampf, dann Adjutant D'Annunzios und sein ›Aussenminister‹ in Fiume [der ital. Schriftsteller Gabriele D'Annunzio, ein Anhänger Mussolinis, besetzte 1919 im Widerspruch zum Waffenstillstandsabkommen die Stadt Fiume, die er erst nach 16 Monaten wieder räumte], Kommandeur der Verteidigungstruppen, die 800 Tote hatte, machte dann den Marsch auf Rom an der Seite Balbos mit [Balbo war 1922 der militärische Organisator von Mussolinis Marsch auf Rom], der sein besondrer Freund, – hat Bücher übersetzt, Gedichte geschrieben, ist wirklich belesen u. ernstlich gebildet und in den Sprachen zu haus, – und hat solides Geld und den ganz ernsten festen Willen, mit dem Film Geschäfte durch möglichst allerbeste Kunst zu machen. Ich meine – solche Leute darf man nicht abstossen, wenn sie Einem zufliegen: man braucht sie doch. Drum hab ich mich jetzt mit ihm eingelassen, obwohl es sich zunächst um einen Film mit Bernhardt handelt [gemeint ist der Filmregisseur Kurt Bernhardt, der 1926 nach einem gemeinsam mit CZ verfaßten Drehbuch den Film *Qualen der Nacht* drehte und 1928 Regie bei der Verfilmung von CZs *Schinderhannes* führte], dessen schwarze Aura mich ermattet, aber gleichzeitig eine Verbindung mit Toeplitz auf lange Sicht geschlossen, um im nächsten Jahr mit ihm selbst und Dir gemeinsam (er will nämlich auch Regie führen und hat sehr ähnliche Intentionen wie Du) einen eignen Film, lang vorbereitet, zu machen. Ich hätte *jetzt* nicht mitgemacht, wenn sich nicht die günstige Möglichkeit ergeben hätte, für 1000 £ und den Ersatz aller Spesen ein erstes Manuskript – *nicht* Drehbuch! – zu machen, das spätestens Mitte März fertig sein muss und zu dem die stofflichen Grundlagen schon festliegen: *Kean* von Alexandre Dumas père. Das Geld brauche ich, und der Roman wird *doch*. Und auf die deutschen Möglichkeiten und ›Zugelassenheiten‹ verlasse ich mich absolut nicht. Also: druff. | Habe soeben Kontrakt gemacht, unter der Bedingung, dass ich morgen nach Henndorf zurück kann und recht lange (bis 10., bezw. 15. Februar, je nach meinem Wunsch) *allein* arbeiten kann« (Brief vom 26. Januar 1935, DLA, Nachlaß CZ). CZ schrieb daraufhin *Kean auf der Schmiere. Eine Filmnovelle um das Leben des Schauspielers Edmund Kean*, doch zur Grundlage eines Films wurde dieser Text nicht. Daraufhin verkaufte CZ ihn an die Wiener Tageszeitung *Neue Freie Presse*, die ihn in drei Fortsetzungen am 25. und 29. Dezember 1935 und am 1. Januar 1936 abdruckte.

Jobs] Alice Zuckmayer.

Erfolg am Burgtheater] Vgl. S. 240, Anm. zu *›Schelm‹*.

Zürich] Die Premiere einer Inszenierung von CZs *Schelm von Bergen* am Zürcher Schauspielhaus fand am 2. Februar 1935 statt (Regie: Gustav Hartung).

Land der Griechen, das ich mit der Seele suche] Anspielung auf Goethes *Iphigenie auf Tauris*, 1. Auftritt im 1. Aufzug, Vers 12. CZ meint Deutschland.

Nibelheim] »Aus Niebelheims Nacht naht' ich mich gern, neiget ihr euch zu mir« (Richard Wagner, *Das Rheingold*).

Roman] Vgl. S. 241, Anm. zu *Roman*.

»rosigen Bergen«] Nicht ermittelt.

23 Masch. Brief mit eigenh. Unterschrift auf Bogen mit gedrucktem Briefkopf: *Carl Zuckmayer | Henndorf bei Salzburg*. Datumsangabe auf der Vorlage: *22.4.35*.

Toon] Anthony van Hoboken.

Reichsinnenminister] CZs Brief an Reichsinnenminister Wilhelm Frick (1877-1946) hat sich in den fragmentarisch überlieferten Akten des Ministerbüros Frick im Bundesarchiv Berlin nicht erhalten.

Papen] Franz von Papen (1879-1969) wurde 1933 Vizekanzler im Kabinett Hitler. Nach dem sogenannten Röhm-Putsch am 30. Juni 1934 schied er aus diesem Amt aus und wurde Gesandter in Wien. Der von CZ erwähnte Brief ließ sich weder im Politischen Archiv des Auswärtigen Amts in Bonn noch in den Akten der Gesandtschaft Wien auffinden.

Däxe] Kosename für CZs Eltern.

Winnetou] Winnetou Zuckmayer.

Hanna] Nicht ermittelt (vgl. auch Brief 19).

Arntzenius] L.M.G. Arntzenius war Besitzer und Feuilletonchef der in Amsterdam erscheinenden Tageszeitung *Telegraaf*.

Georgi] CZ lernte die Ballettänzerin und -pädagogin Yvonne Georgi (1903-1975) zu Beginn des Jahres 1926 im Reußschen Theater in Gera kennen (vgl. CZs Brief an Yvonne Georgi vom 24. Juli 1963 in: Koegler 1963, S. 16, sowie Zuckmayer, *Als wär's ein Stück von mir*, S. 485). Über weitere Kontakte konnte nichts ermittelt werden.

meine Yvonne] Yvonne Rodd-Marling.

Käthe] Käthe Dorsch.

Liedtke] Harry Liedtke (1882-1945), Schauspieler.

24 Hs. Brief. Datumsangabe auf der Vorlage: *4. Mai 38.*

Kampen] Vgl. S. 232, Anm. zu *Kampen*.

Dein Brief] Dieser Brief, der von CZ vermutlich nach seiner Flucht aus Wien in die Schweiz am 15. März 1938 geschrieben wurde, ist verschollen.

Jobbs] Alice Zuckmayer.

Er war großartig] Während CZ im März 1938 von Wien nach Zürich floh, hielt sich Alice Zuckmayer mit ihrer Tochter Winnetou bei AS und Peter Suhrkamp in Berlin auf.

sonderbare Hund] Der altersblinde Hund Mucki, über den Alice Zuckmayer 1972 im S. Fischer Verlag das Buch *Das Scheusal. Geschichte einer sonderbaren Erbschaft* veröffentlicht hat.

»... wo nicht ... dies Scheiden ...«] William Shakespeare, *Julius Cäsar*, 5. Akt, 1. Szene (Brutus zu Cassius): »Sehn wir uns wieder, nun so lächeln wir gewiß; | Wo nicht, so war dies Scheiden wohlgetan« (Übers. von A.W. Schlegel).

Mama] Emmy Seidel.

25 Masch. Brief mit eigenh. Unterschrift. Datumsangabe auf der Vorlage: *3.8.38.*

Supersaxo] Bei dem Bergführer Alfred Supersaxo (1887-1973) hat CZ 1938/39 und nach dem Zweiten Weltkrieg bis zum Kauf seines Châlets *Vogelweid* stets gewohnt, wenn er sich zum Arbeiten und zur Erholung in das Oberwalliser Bergdorf Saas-Fee zurückzog (vgl. CZ, *Gedenken an Alfred Supersaxo*, in: *Walliser Bote* [Brig] vom 27. September 1973).

Filmarbeit] 1938 arbeitete CZ an dem Manuskript zu *Herr über Leben und Tod* (vgl. unten, Anm. zu *kurzen Roman*) und an zwei nicht realisierten Filmstoffen: zum einen an *Das Kind der Legion*, der Geschichte eines Elefantenwärters im Circus Maximus zur Zeit Neros, zum anderen an einem Indianerfilm *Pocahontas* (vgl. Jacobius 1971, S. 335). Zu beiden Filmprojekten sind im Nachlaß von CZ Entwürfe überliefert.

lass sie betteln gehn wenn sie hungrig sind] CZ zitiert Heinrich Heines Gedicht *Die Grenadiere* aus dem *Buch der Lieder.*

wie die Vögel ... auf dem Felde] Anspielung auf Matthäus 6, 25-28.

Jobs] Alice Zuckmayer.

Chardonne] Nach seiner Flucht aus Österreich im März 1938 fand CZ bei Françoise (1910-1980) und Pierre Pelot (1906-1964) Unterkunft, die im waadtländischen Chardonne das Hotel Bellevue betrieben. Dort wohnte CZ auch öfter nach dem Zweiten Weltkrieg, bis er 1957 beschloß, sich in Saas-Fee niederzulassen.

Denn er nähret sie doch] Erneute Anspielung auf Matthäus 6, 25-28.

kurzen Roman] Gemeint ist die ursprünglich als Filmmanuskript geschriebene Erzählung *Herr über Leben und Tod*, die 1938 in Stockholm im Verlag von Gottfried Bermann Fischer als Buch erschienen ist.

Pro Domo] Der autobiographische Essay *Pro Domo* erschien 1938 im Verlag von Gottfried Bermann Fischer in Stockholm in der Schriftenreihe *Ausblicke* als Doppelband.

neuen Romans] CZ plante den *Roman vom Großen Frauenlob* (vgl. seinen Brief an Gottfried Bermann Fischer vom 7. Mai 1938, in: Stach 1990, S. 303-305, hier S. 304), den er jedoch nicht geschrieben hat und zu dem auch keine Entwürfe erhalten sind.

Stückes] Einen nicht realisierten Plan zu einem Stück skizzierte CZ am 11. Oktober 1938 in einem Brief an Albrecht Joseph: »Wenn ich nicht irre, hast Du einmal – oder war es Mövchen? [d.i. Rudolf Joseph, der Bruder von Albrecht Joseph] – über die Pauline Metternich gearbeitet – oder mindestens einmal davon gesprochen.

Diese Person, von der ich an sich sehr wenig weiss, kaum mehr als den Namen, ist mir jetzt zufällig in einem bestimmten Zusammenhang aufgestossen, der mir für eine Komödie, vor allem aber für einen entzückenden elegant ironischen Film mit leichter Veräppelung der Weltlage ungemein reizvoll erscheint. Der Zusammenhang ist kurz gesagt folgender: | Im Jahre 1867 rüstete Paris für die erste Weltausstellung, und die Metternich, von gesellschaftlichem Ehrgeiz erfüllt, versprach sich davon die glanzvollsten Evenements. Aber plötzlich – oder aber im Zug der gesamten europäischen und besonders französischen Politik – verdüsterte sich der Horizont und man sprach vom unvermeidlichen Krieg. Napoléon trois und Eugénie – drüben Bismarck und die Zollunion – das frisch besiegte Österreich, Dänemark – England abwartend dahinter – das europäische Konzert schien verstimmt und voller Misstöne, die Diplomatie versagte, die Katastrophe hing in der Luft. | Die Metternich fürchtete für ein Débacle ihrer Weltausstellungspläne, oder einen Kladderadatsch, bevor sie überhaupt zustande käme, – und begann in fieberhafter Weise herum zu intriguieren und zu packeln – ihre grosse Idee bestand darin: die führenden Leute oder wenigstens die Vertreter der wichtigsten europäischen Staatsmänner, die entscheidende Diplomatie aller Grossmächte, auf einem Masken- bezw. Kostümfest zusammenzubringen, damit eine allgemeine Aussprache und Verständigung erfolge. | In dieser Zeit tauchte in Paris ein junger Engländer auf, der sich als Damen- und Herrenschneider, Mode-Inventeur grossen Stiles, auftat, und rasch ins Gespräch kam: es war der Begründer der grossen Modefirma Worth. Er erregte zunächst Ärgernis, man konnte sich nicht vorstellen wie ein Engländer es wagen solle, Französinnen anzuziehen. Aber er hatte sensationelle Erfolge, nur fehlte ihm noch der Eingang in die eigentliche Gesellschaft, der Übergang von einem Schneider der eleganten Halbwelt zum Weltschneider. | Diesen Herrn denke ich mir von Leslie Howard gespielt. Das sagt wohl genug (in Frankreich etwa von Fresnay). | Ein Schneider von figarohaftem Format, dabei natürlich mit einem bedeutenden geistigen Hintergrund. Ein Mann der die Leute in Unterhosen kennt, der weiss wo die Bruchbänder sitzen und wo die Schönheit echt oder falsch ist, ein Beherrscher der menschlichen Eitelkeit, es ist wohl ohne viel Worte klar, was für eine köstliche Gestalt man daraus machen könnte und wohinaus das Ganze soll. | Plot: die Metternich lernt ihn kennen und verliebt sich in ihn. Da er für sie nicht standesgemäss ist, bleibt es bei Heimlichkeit und vor allem Indirektheit der Beziehung, aber er nimmt grössten Einfluss auf sie und gibt ihr für ihr Intriguenspiel die entscheidenden Ratschläge. Dafür verschafft sie ihm für ihr geplantes Fest die gesamten Kostümaufträge, und es trifft und begegnet sich nun in seinem Probiersalon die ganze politische und gesellschaftliche Welt, es überkreuzen sich dort ihre Staats- Privat- und Liebesaffairen. Worth (der in der Geschichte wohl anders heissen müsste) wird Mitwisser entscheidender Geheimnisse, etwa einer bestimmten gefährlichen Absicht, die zum Krieg führen könnte. Das ist an Hand zeitpolitischer Vorgänge, die aber doch völlig unhistorisch behandelt werden müssten, zu erfinden. Höhepunkt: um irgendeine drohende Gefahr zu verhindern – bezw. eine bestimmte (zu erfindende) Pression auszuüben – liefert Worth am Tag des Festes die Kostüme nicht – und alles ist in Frage gestellt – im letzten Augenblick werden sie doch geliefert – das Fest kommt zustande – und auf dem Fest erscheint eine unbekannte Maske, von der nur die Metternich weiss dass es Worth ist, der für die Andren bisher stets im Dunkel blieb, ein Schneider und nicht mehr, und dessen geheime Einflüsse usw. ausser Pauline Niemand ahnt, – man hält ihn für irgendeinen grossen Diplomaten, etwa von Amerika, soweit das damals eine Rolle spielte, oder man könnte ihn für den in Wirklichkeit weggebliebenen englischen Gesandten halten, (mit dessen Wegbleiben wiederum die Geschichte von den nichtgelieferten Kostümen zu tun haben könnte), und er renkt durch sein Erscheinen, durch Andeutungen, die man falsch auffasst, weil man glaubt sie kämen von einer hohen Macht statt vom Kostümschneider, durch Kenntnis von Geheimnissen, die, wenn tatsächlich im Besitz eines hohen Diplomaten, vernichtend wären usw. – kurz, durch eine Eulenspiegelei leichter und charmanter Art, den drohenden Zerfall der ganzen Konferenz ein, die von der Metternich gewünschte Neustimmung des ›europäischen Konzerts‹ kommt zustande, der Friede ist gesichert. (Drei Jahre später ist der 70er Krieg, das Ende des Kaiserreichs. Hier aber scheint durch ›direkte Verständigung‹ alle Gefahr vermieden und man ergibt sich vergnügt dem Selbstbetrug.) | Schluss: Triumph des demaskierten Schneiders, dem man die politische, diplomatische Karrière sozusagen offeriert – die Metternich möchte sich nun zu ihm bekennen und ›etwas aus ihm machen‹ usw. – aber er zieht es vor – und begründet das in einem Schluss-Speech, der mir vor allem vorschwebt und um dessentwillen ich das Ganze machen möchte, – Schneider zu bleiben, er hält es für produktiver, wertbeständiger und zukunftsvoller, die Leute gut anzuziehen als ihre politische Verwirrung mitzumachen, – er tritt in sein Handwerk zurück und bittet um freundliche Protektion. Womit auch seine Beziehungen zur Metternich gelöst und ausgeklungen wären und diese Liebesgeschichte ein etwas melancholisches und zartes, dabei völlig befriedigendes und angenehmes Ende gefunden hätte. – | Ich könnte mir eine ganz leicht hingeschriebene, witzige und ironische Komödie um den Schneider und die Politik herum, ganz reizend und ungemein wirksam denken und man hätte in dieser Verkleidung die Chance, der heutigen Welt alles Mögliche zu sagen, was sie sonst ungern hören will. Es wäre eine Art von modernem Figaro.« (DLA, Nachlaß CZ)

Bellman] Zunächst sollte das Stück am Theater in der Josefstadt in Wien unter der Regie von Ernst Lothar mit Attila Hörbiger und Paula Wessely in den Hauptrollen uraufgeführt werden. Nach dem »Anschluß« Österreichs wurde es jedoch wieder vom Spielplan gestrichen. Daraufhin fand die Uraufführung am 17. November 1938 unter der Regie von Leopold Lindtberg am Schauspielhaus Zürich statt. Die Besetzungsliste ist faksimiliert wiedergegeben in: Glauert 1977, S. 197).

Stockholm, Kopenhagen] Diese Aufführungspläne wurden nicht realisiert.

Williamson] Henry Williamson, *Die schönen Jahre. Roman*, Berlin: S. Fischer 1938. Knut Beck vermutete, daß Elsie McCalman das Buch aus dem Englischen ins Deutsche übersetzt hat (vgl. Beck 1986, S. 322).

Salar] Henry Williamson, *Salar der Lachs*, aus dem Englischen von Georg Goyert, Berlin: S. Fischer 1936.

Schaab] Karin von Schab hatte als Übersetzerin an der 1937 bei S. Fischer erschienenen Anthologie *Neu Amerika* mitgewirkt und das im selben Jahr bei S. Fischer veröffentlichte Buch *Alle Hunde meines Lebens* von Elisabeth Russel aus dem Englischen übertragen.

Rundschau] Die 1890 von Samuel Fischer unter dem Titel *Freie Bühne für modernes Leben* gegründete Zeitschrift *Die Neue Rundschau*, wurde vom Jg. 44, 1933, H. 4 bis zum Jg. 47, 1936, H. 12 von Peter Suhrkamp, im Jg. 48, 1937 von Wolfgang von Einsiedel, vom Jg. 49, 1938 bis Jg. 51, 1940, H. 6 von Karl Korn, vom Jg. 51, 1940, H. 7 bis Jg. 52, 1941, H. 1 erneut von Peter Suhrkamp, vom Jg. 52, 1941, H. 2 bis Jg. 55, 1944, H. 2 von Hans Paeschke und im letzten Heft, das während der NS-Zeit ausgeliefert wurde (Jg. 55, 1944, H. 3), von Gerhard Aichinger redaktionell verantwortet. Nach dem Zweiten Weltkrieg erschien die Zeitschrift erneut, nun aber in Gottfried Bermann Fischers Stockholmer Verlag (vgl. S. 295, Anm. zu *Die Herausgeber*).

Hauptmann] Nach verschiedenen Teilvorabdrucken in Zeitungen und Zeitschriften seit 1932 erschien 1937 die erste Buchausgabe von Gerhart Hauptmanns *Das Abenteuer meiner Jugend* im S. Fischer Verlag.

lächeln wir] Vgl. S. 251, Anm. zu »... *wo nicht ... dies Scheiden* ...«.

Peter] Peter (eigentlich: Heinrich) Suhrkamp war Bauernsohn aus Kirchhatten bei Oldenburg. Wie CZ meldete er sich 1914 als Kriegsfreiwilliger und wurde als Soldat an der Westfront für besondere Tapferkeit hoch ausgezeichnet. Nach dem Ersten Weltkrieg studierte er Germanistik in Heidelberg, Frankfurt am Main und München. Nebenbei arbeitete er als Lehrer an der Odenwaldschule und der Freien Schulgemeinde in Wickersdorf. 1921-1925 war er Dramaturg und Regisseur am Landestheater Darmstadt und lernte in dieser Zeit CZ kennen (vgl. Unseld/Ritzerfeld 1991, S. 95), von dem in diesen Jahren in Darmstadt allerdings keine Stücke inszeniert worden sind. 1925-1929 unterrichtete Suhrkamp erneut als Lehrer an der Freien Schulgemeinde in Wickersdorf, gab den Lehrerberuf 1929 aber endgültig auf und übersiedelte nach Berlin, wo er als freier Mitarbeiter des *Berliner Tageblatts* und des bei Ullstein erscheinenden Monatsmagazins *Uhu* tätig war. 1932 wurde er Mitarbeiter des S. Fischer Verlags, zunächst als Herausgeber der Zeitschrift *Die Neue Rundschau*, von 1933 an als Vorstandsmitglied. Daß es zu Beginn der dreißiger Jahre auch Kontakte zu CZ gab, läßt seine Rezension von CZs 1932 erschienener Erzählung *Die Affenhochzeit* vermuten, in der Suhrkamp, wohl zutreffend, »ein Stück Selbstironie« ausmachte (in: *Uhu*, Jg. 8, 1932, H. 10, S. 109). 1935 heiratete Suhrkamp AS. Wenig später wechselt die Anrede in der Korrespondenz mit CZ vom Sie zum Du. 1936 kaufte Suhrkamp den Teil des S. Fischer Verlags, der nicht von Gottfried Bermann Fischer nach Wien transferiert werden konnte, und leitete den Verlag, bis er im April 1944 wegen Hoch- und Landesverrats verhaftet wurde (zu Einzelheiten vgl. die Einleitung; zu Zuckmayers Einschätzung von Suhrkamps Verhalten in der NS-Zeit vgl. Zuckmayer 2002, S. 20-22). Nach der deutschen Kapitulation erhielt er die erste Verlagslizenz von der britischen Militärregierung in Berlin und begann mit dem Neuaufbau des Unternehmens. Er kooperierte mit Gottfried Bermann Fischer, dessen Bücher er zum Teil in deutschen Lizenzausgaben herausbrachte, darunter auch vier Titel von CZ. Als es 1950 statt zur zunächst ins Auge gefaßten Fusion zum Bruch zwischen Bermann Fischer und Suhrkamp und zur Gründung des Suhrkamp- sowie zur Neugründung des S. Fischer Verlags in Frankfurt am Main kam, entschied CZ sich – nicht ohne Zögern und wohl auch, weil er zu den Autoren gehörte, denen von den beiden Verlegern keine Freiheit in Bezug auf die Verlagswahl zugestanden wurde – für die Fortsetzung der Verlagsbeziehung zu Bermann Fischer. Mit Peter Suhrkamp blieb CZ jedoch weiterhin in freundschaftlicher Verbindung.

den Bellman] CZs Stück erschien 1938 nicht in einer Buchausgabe, sondern nur als Bühnenmanuskript in Gottfried Bermann Fischers A.G. für Verlagsrechte in Chur.

26 Masch. Brief mit eigenh. Unterschrift. Datumsangabe auf der Vorlage: *23.10.38*.

Gottfried] Gottfried Bermann Fischer.

Winnetou] Winnetou Zuckmayer.

Bondy] Der Pädagoge Max Bondy (1892-1951) eröffnete 1920 auf dem Sinntalhof bei Bad Brückenau (Rhön) sein erstes Landschulheim. Über seine pädagogischen Leitlinien veröffentlichte er 1922 im Eugen-Diederichs-Verlag in Jena das Buch *Das neue Weltbild in der Erziehung*. 1923 übersiedelte er mit seiner Schule nach Gandersheim im Harz, 1929 auf das ehemalige Gut Marienau in der Gemeinde Dahlem im Kreis Lüneburg. 1937 emigrierte er in die Schweiz, wo von ihm bereits 1936 ein weiteres Landschulheim in Gland am Genfer See gepachtet worden war, 1939 in die USA. Dort gründete er die »Windsor-Mountain-School« zunächst in Windsor, Vermont, dann in Manchester, Vermont. Im amerikanischen Exil haben sich CZ und Bondy über die Konzeption des Literaturunterrichts für Kinder, die mit ihren Eltern aus Deutschland flüchten mußten, ausgetauscht (vgl. dazu CZ, *Vom Lehren und Lernen deutscher Literatur und Dichtung. [Brief an Dr. Bondy vom 12. November 1941]*, in: *Literatur und Kritik*, Nr. 134, April 1979, S. 193-202). 1943 führten sie einen Briefwechsel über die Möglichkeiten der Pädagogik in einem befreiten Deutschland (vgl. Bondy 1998, S. 157-162).

Jobs] Alice Zuckmayer.

Sergej] Sergei Feitelberg.

›Biologie für Kinder‹] Karl F. Sergius [d.s. Karl Hartl und Sergei Feitelberg], *Der Weg des Lebens. Eine Biologie für Kinder*, mit siebzig Bildern von Franz Katzner, Wien, Leipzig: Steyrermühl 1938.

›Abenteuer der modernen Physik‹] Eine Veröffentlichung von Feitelberg mit diesem Titel konnte nicht nachgewiesen werden.

Bellman] Vgl. S. 255, Anm. zu *Bellman*.

Kalser] Der Schauspieler Erwin Kalser (1883-1958) flüchtete 1933 in die Schweiz und war dort am Zürcher Schauspielhaus tätig. 1939 emigrierte er in die USA.

was Du darüber schreibst] Dieser Brief von AS ist verschollen.

Oppenheim] Nicht ermittelt.

Sendung des Hauptmann] Vgl. S. 256, Anm. zu *Hauptmann*.

27 Masch. Brief mit eigenh. Unterschrift. Datumsangabe auf der Vorlage: *24.10*.

unsere Briefe] Brief 26; der Brief von AS ist verschollen.

Hughes] Richard Hughes, *Von Dienstag bis Dienstag. Eine Seegeschichte*, aus dem Englischen übertragen von Richard Möring und Alfred Newman, Berlin: S. Fischer 1938.

Belladonna] Ein Alkaloid, das aus der Tollkirsche gewonnen wird und die Pupillen vergrößert.

Z.] Zürich.

Première] Vgl. S. 255, Anm. zu *Bellman*.

Cousine] Nicht ermittelt; vgl. Brief 26.

Herr über Leben und Tod] Der Filmplan wurde nicht realisiert; vgl. auch S. 252, Anm. zu *kurzen Roman*.

Saltimbanquefilm] Frz. Bezeichnung für das Genre der Gaukler- und Artistenfilme.

Katharina Knie] Der Filmplan wurde nicht realisiert.

Tabarin] Ein 1904 gegründeter Nachtclub, der bis in die 1950er Jahre existierte.

New Yorker Producer] Gemeint ist Howard Dietz (1896-1983), der nach dem Ersten Weltkrieg zunächst als Journalist, dann als Leiter der Öffentlichkeitsarbeit für die Filmproduktionsgesellschaft Goldwyn Pictures (von 1924 an: Metro-Goldwyn-Mayer) tätig war. Daneben schrieb er Texte für Schlager und musikalische Komödien. Dietz übersetzte den *Hauptmann von Köpenick* (ein Typoskript ist in CZs Nachlaß überliefert), zu einer Inszenierung am Broadway kam es indes nicht. Die erste (deutschsprachige) Aufführung des *Hauptmanns von Köpenick* in den USA fand erst am 1. Dezember 1964 im State-Theatre des Lincoln-Centers in New-York als Gastspiel des Schiller-Theaters Berlin statt (in der Hauptrolle: Carl Raddatz, Regie: Boleslav Barlog).

zuletzt gespielt hast] Bei der Uraufführung des *Hauptmanns von Köpenick* am Deutschen Theater Berlin am 5. März 1931 spielte AS die Rolle des kranken Mädchens.

de Müggelberge ... aufjeregt is] Zitat aus dem *Hauptmann von*

Köpenick, 2. Akt, 12. Szene (vgl. Zuckmayer, *Der Hauptmann von Köpenick*, S. 86 f.).

Schauspieler] Nicht ermittelt.

Regisseur] Nicht ermittelt.

Mama] Emmy Seidel.

Dächse] CZs Eltern.

Käthe] Käthe Dorsch.

H.] Nicht ermittelt.

Salwarezeit] Gemeint ist die Entstehungszeit von CZs Roman *Salwàre oder Die Magdalena von Bozen* (vgl. S. 241, Anm. zu *Roman*).

Jobs] Alice Zuckmayer.

28 Masch. Brief mit eigenh. Unterschrift. Datumsangabe auf der Vorlage: *27.11.38*.

Jünger] Ernst Jünger (1895-1998) meldete sich im August 1914 als Kriegsfreiwilliger. Er wurde im Ersten Weltkrieg mehrfach verwundet und u.a. mit dem Orden Pour le mérite ausgezeichnet. Bis 1923 blieb er Soldat und studierte danach bis 1926 Zoologie und Philosophie in Leipzig und Neapel. Seinem Kriegstagebuch *In Stahlgewittern* (1920), mit dem er sich einen Namen als Schriftsteller machte, folgten bald weitere Buch- und Zeitschriftenpublikationen. 1926-1933 lebte er als freier Schriftsteller in Berlin und bewegte sich im nationalrevolutionären Umfeld. Jünger ließ sich nach der »Machtergreifung« Hitlers von den Nationalsozialisten jedoch nicht vereinnahmen und geriet während des Zweiten Weltkriegs u.a. über Hans Speidel, den Chef des Stabes des Militärbefehlshabers in Frankreich, in Kontakt mit Kreisen des militärischen Widerstands. In seinem 1943/44 entstandenen *Geheimreport* für das »Office of Strategic Services« ordnete CZ ihn in die »Gruppe 3: Sonderfälle, teil positiv, teils negativ« ein (vgl. Zuckmayer 2002, S. 102 f.). Nach dem Zweiten Weltkrieg haben Jünger und CZ miteinander korrespondiert. Der Plan eines Treffens konnte jedoch nicht verwirklicht werden. 1970 hat CZ Jünger vergeblich für den Goethepreis der Stadt Frankfurt vorgeschlagen. Zu Einzelheiten vgl. Nickel 1999.

Kriegsbuchs] Ernst Jünger, *In Stahlgewittern. Aus dem Tagebuch eines Stoßtruppführers*, Hannover: Selbstverlag [1920].

›Abenteuerliche Herz‹] Die erste Ausgabe erschien 1929 unter dem Titel, *Das abenteuerliche Herz. Aufzeichnungen bei Tag und Nacht* (Berlin: Frundsberg). AS hat CZ aber wahrscheinlich die

zweite Fassung aus dem Jahr 1938 geschickt (*Das abenteuerliche Herz. Figuren und Capriccios*, Hamburg: Hanseatische Verlagsanstalt).

gemeinsamen Freund] Möglicherweise der Maler Rudolf Schlichter (1890-1955), mit dem CZ zu Beginn der zwanziger Jahre befreundet (vgl. CZ, *Als wär's ein Stück von mir*, S. 344 f.) und der als Illustrator für CZs nicht publizierten Roman *Sitting Bull* vorgesehen war (vgl. S. 228, Anm. zu *Roman*). Ende der zwanziger Jahre wandte sich Schlichter, der sich bis dahin im linksintellektuellen Umfeld bewegt hatte, dem Nationalismus zu und hatte u.a. enge Verbindung mit Ernst Jünger (vgl. dazu Heißerer 1997). Briefe von Schlichter haben sich im Nachlaß CZs nicht erhalten. Umgekehrt sind auch in Schlichters Nachlaß (im DLA) keine Briefe von CZ überliefert.

›Arbeiter‹] Ernst Jünger, *Der Arbeiter. Herrschaft und Gestalt*, Hamburg: Hanseatische Verlags-Anstalt 1932.

›Blätter und Steine‹] Ernst Jünger, *Blätter und Steine*, Hamburg: Hanseatische Verlags-Anstalt 1934.

›Afrikanische Spiele‹] Ernst Jünger, *Afrikanische Spiele*, Hamburg: Hanseatische Verlags-Anstalt 1936.

den Brief] Dieser Brief ist verschollen.

Bellman] Vgl. S. 255, Anm. zu *Bellman*.

Erx] Über seine Verbindung zum katholischen Priester Friedrich Erxleben (1883-1955), der sich während der NS-Zeit der Widerstandsgruppe Solf angeschlossen hat, berichtet CZ ausführlich in seiner Autobiographie (vgl. CZ, *Als wär's ein Stück von mir*, S. 501-503).

Paryla] Der österr. Schauspieler und Filmregisseur Karl Paryla (1905-1996), flüchtete 1938 in die Schweiz und war dort am Zürcher Schauspielhaus tätig. Bei der Zürcher Uraufführung von CZs Drama *Bellman* spielte er die Titelrolle.

Ulla] Die weibliche Hauptrolle in *Bellman*.

Dame, die sie aufsagte] Marion Wünsche, die Ehefrau des Schauspielers Heinrich Gretler.

Gottfried] Gottfried Bermann Fischer.

Winnetou] Winnetou Zuckmayer.

Jobs] Alice Zuckmayer.

Indianerfilm] Gemeint ist *Pocahontas* (vgl. S. 252, Anm. zu *Film arbeit*).

Raleighs] Der Seefahrer, Entdecker und Schriftsteller Sir Walter Raleigh (geb. ca. 1554, 1618 hingerichtet) wurde von 1603-1616 im Tower von London gefangen gehalten, wo er seine 1614 erstmals publizierte *History of the World* schrieb. Bei der Biographie, die CZ gelesen hat, handelt es sich vermutlich um das Buch *Sir Walter Raleigh* (London: Macmillan 1904) von James Rennell Rodd, mit dessen Schwiegertochter Yvonne Rodd-Marling CZ befreundet war. In Frage kommt auch: Edward Thompson, *Sir Walter Raleigh. The Last of the Elizabethans*, London: Macmillan 1935.

Däxe] CZs Eltern.

betr. Schweizerin] Nicht ermittelt.

N.Y. Aufführung] Vgl. S. 258, Anm. zu *New Yorker Producer*.

29 Ms. Brief. Datumsangabe auf der Vorlage: *16.1.39*.

Brief vom 30. Dezember] Dieser Brief ist verschollen.

Clairvoyance] Hellsichtigkeit.

Es war ... einfach da.] CZ bezieht sich auf die Wolfsschluchtszene in der Oper *Der Freischütz* von Carl Maria von Weber (1786-1826).

Gruss nach Kampen] Dieser Gruß ist verschollen.

Film] Gemeint ist *Pocahontas* (vgl. S. 252, Anm. zu *Filmarbeit*).

Jottfried] Gottfried Bermann Fischer.

Winnetou] Winnetou Zuckmayer.

Schönes geschrieben] Alexander Lernet-Holenia, *Ein Traum in Rot. Roman*, Berlin: S. Fischer 1939.

Billinger] CZ war mit dem österr. Schriftsteller Richard Billinger (1893-1965) in den zwanziger Jahren befreundet, beobachtete seine schriftstellerische Entwicklung jedoch mit zunehmender Skepsis. So schrieb er in einem Brief vom 11. Oktober 1932 an Albrecht Joseph über Billingers Drama *Das Verlöbnis*: »Ich hab alle wichtigen Kritiken des ›Verlöbnisses‹ gelesen. Merde du roi. Wie Du immer sagst: das dem Billinger im Vorjahr zu reichlich Gegebene [gemeint ist die Auszeichnung Billingers mit dem Kleist-Preis im Januar 1932], das Über-Lob, wird ihm hier in übertriebener Weise rasch wieder abgenommen. Oder aber, – unter uns, – sollte der Schwindel schon auffliegen? Sollte man schon *merken*, dass man genasführt wird? Ich hab dem Billinger-Rausch noch 2-3 Jahre gegeben! Und er hat, bei all seiner Unfähigkeit, ein Stück zu machen, *Dichterischeres* [*von Alice Zuckmayer gestrichen:* als Horváth, der auch kein Stück machen kann] – wem sage ich das?!« In seinem *Geheimreport* für den amerikanischen Geheimdienst OSS ordnete CZ Billinger 1943 in die »Gruppe 1: Nazis, Anschmeißer, Nutznießer, Kreaturen« ein (vgl. Zuckmayer 2002, S. 69-73). 1976 bekundete er allerdings, Billinger gehöre seiner Ansicht nach als Schriftsteller »zu Unrecht zu den Vergessenen« (vgl. Zuckmayer,

Aufruf zum Leben, S. 107). Vgl. zum Verhältnis der beiden Schriftsteller auch Klaffenböck 2002.

Hughes] Vgl. S. 258, Anm. zu *Hughes.*

eine grössere Novelle] Diesen Plan hat CZ nicht verwirklicht.

Weltgeschichte] Vgl. S. 260, Anm. zu *Raleighs.*

Schule am genfer See] Vgl. S. 257, Anm. zu *Bondy.*

Michi] Michaela Zuckmayer.

Jobs] Alice Zuckmayer.

virtus und fortitudo] Tugend und Tapferkeit.

Negus vom Gendarmenmarkt] Gemeint ist Leopold Jessner, der bis 1930 das Staatliche Schauspielhaus am Gendarmenmarkt in Berlin geleitet hat.

Mamelucken] Militärsklaven, die vom 9. Jahrhundert an in islamischen Ländern den Großteil des Heeres stellten.

Satrapen] Titel der Statthalter in den Provinzen des iranischen Achämenidenreichs.

Stückes] Vgl. S. 258, Anm. zu *zuletzt gespielt hast.*

amerikanische Schauspielerin] Gemeint ist die amerikanische Schauspielerin Peggy Wood (1892-1978). Sie war eine der Mitreisenden auf Zuckmayers Überfahrt von Rotterdam nach New York auf dem Dampfer Zaandam im Sommer 1939. Am Broadway bemühte sie sich um eine Inszenierung von Zuckmayers Drama *Bellman*, das am 17. November 1938 am Zürcher Schauspielhaus uraufgeführt worden war. Sie hatte das Stück übersetzt und wollte bei einer Inszenierung die Rolle der Ulla Winblad spielen. Dazu schrieb Zuckmayer am 20. Juni 1939 an Gottfried Bermann Fischer: »Bellman. Da sind allerhand Klippen zu überwinden. Erstens Peggy Wood, deren Übersetzung wohl nicht genügt, und die ausserdem bei hiesigen Theaterleuten durchweg abgelehnt wird – teils als zu alt, teils als nicht gut. Andrerseits hatte ich eine persönliche und sehr angeregte Begegnung mit Mirjam Hopkins [bekannt vor allem durch ihre Darstellung der Ivy Pearson in dem Film *Dr. Jekyll and Mr. Hyde* (1932)], die nach einer solchen Rolle lechzt. Aber zunächst muss man [...] die Sache mit Peggy sehr taktvoll behandeln. Sie muss selbst zur Einsicht kommen dass es so nicht geht und mich von sich aus freigeben. Dann kann ich mir hier den richtigen Mann für die gemeinsame Bearbeitung suchen und mit der Hopkins den Producer finden. Überlassen Sie das nur mir selbst, mit Frauen bringe ich das ›Binden und Lösen‹, das alte priesterliche Spiel, viel leichter fertig als anderwärts.« (Lilly Library, Manuscript Department, Indiana University, Bloomington, Indiana, USA, Nachlaß Bermann Fischer).

van Loon] Der Schriftsteller Hendrik Willem van Loon (1882-1944) war amerikanisch-niederländischer Herkunft und verfaßte zahlreiche populärwissenschaftliche Monographien. Sein Buch *Der Überwirkliche. Zeitbild um Rembrandt von Rijn* (ins Deutsche übertragen von Gustav Schultze-Buchwald, Berlin: Mosse 1931; später unter dem Titel *Rembrandt, der Überwirkliche. Ein biographischer Roman*) hat CZ 1931 über den Ullstein-Verlag erworben (Ullstein-Verlag, Vertragsakte CZ). Als van Loon, der ein Buch über Carl Michael Bellman (*The Last of the Troubadours*, New York 1939) verfaßt hatte, CZs Drama *Bellman* las und von den Lebensumständen seines Autors erfuhr, schickte er ihm ein Affidavit und übersetzte später das Stück ins Amerikanische (*Northern Light*, unveröffentlicht, Typoskriptdurchschlag im DLA, Nachlaß CZ).

Chile] Am 25. Januar 1939 forderte ein Erdbeben in Chile über 10.000 Todesopfer.

grauen des Pan] Der arkadisch-griechische Wald- und Herdengott Pan, der Schutzgott der Hirten und Wanderer, versetzt in der Mythologie durch sein plötzliches Auftauchen zuweilen einsame Wanderer oder das Vieh in »panischen« Schrecken.

Medusa] In der griechischen Mythologie ein weibliches Ungheuer, dessen Anblick den Betrachter versteinern läßt.

Villons] Der frz. Schriftsteller François Villon (1431-1463) wurde 1662 nach einer Messerstecherei zum Tod durch Erhängen verurteilt, ist aber schließlich aus nicht geklärten Gründen begnadigt worden.

Pantagruel] Eine der beiden Titelfiguren des Romans *Gargantua und Pantagruel* von François Rabelais (um 1494-1553).

Oh quel gaillard!!] Was für ein toller Kerl!

Choral] Diesen Choral spielte die Schiffskapelle beim Untergang der ›Titanic‹ (1912).

Jetzt noch ... Bellman] Bellmans *Soliloquium*; in CZs Übersetzung in: Zuckmayer, *Der Gesang im Feuerofen*, S. 251-253.

Kaisers 80. Geburtstag] Gemeint ist der Geburtstag von Wilhelm II., der am 27. Januar 1859 geboren wurde.

Charlemagne] Frz. Namensform für Karl den Großen.

30 Hs. Brief. Datumsangabe auf der Vorlage: *30. Jan. 39.*

Burbel] Spitzname für CZ, den vor allem sein Bruder Eduard benutzte.

»dann lächeln wir gewiß –«] Vgl. S. 251, Anm. zu *»... wo nicht ... dies Scheiden ...«*.

Kampen] Vgl. S. 232, Anm. zu *Kampen*.

Alexander] Gemeint ist Alexander Lernet-Holenia, der Anfang 1939 zu einer dreimonatigen Kreuzfahrt in die Karibik aufbrach (vgl. Roček 1997, S. 216-224).

seine letzte Sache] Gemeint ist Lernet-Holenias Roman *Ein Traum in Rot* (vgl. S. 261, Anm. zu *Schönes geschrieben*).

Curt] Der Schriftsteller Kurt Heuser (1903-1975) lebte in den 1920er Jahren als Farmer in Afrika und veröffentlichte bis 1933 vier Bücher im S. Fischer Verlag. 1931 hatte CZ ihn als Autor für eine Jugendbuchreihe gewinnen können, die er für den S. Fischer Verlag konzipiert hatte, die dann aber nicht realisiert wurde (vgl. Nickel/Weiß 1996, S. 227). Nach 1933 arbeitete Heuser ausschließlich als Autor für die Filmindustrie (u.a. *Rembrandt* [1942] und *Paracelsus* [1943]). In seinem *Geheimreport* für den amerikanischen Geheimdienst OSS ordnete CZ ihn in die Rubrik »Positiv (vom Nazi-Einfluß unberührt, widerstrebend, zuverlässig)« ein (vgl. Zuckmayer 2002, S. 23 f.).

Pfiff] Ein kleines Glas Bier.

»es am Hals ... bekümmern«] AS zitiert keinen tatsächlich überlieferten Brief von Martin Luther (1483-1546). In Frage kommt allenfalls eine Passage aus Luthers Brief an Martin Bucern vom April oder Mai 1524: »Ich kann kaum alle Briefe bestreiten: so viel Sachen und Fälle liegen mir auf dem Halse, sonderlich der Ehe und des Priesterthums. Zu geschwiegen, was mir vor Zeit drauf geht auf Übersetzung und Auslegung der Bibel ausser andern obliegenden Amtsgeschäften [...]« (*Dr. Martin Luthers Werke. Kritische Gesamtausgabe*, Briefwechsel, Bd. 12: Nachträge, Weimar 1967, S. 59 f.). Dieses Schreiben ist nicht vollständig erhalten und an dieser Stelle lückenhaft. Eine weitere Briefstelle, die eine ähnliche Formulierung wie »um Heinzens Dreck bekümmern« enthält, konnte nicht ermittelt werden. Luther verwendet in seinen Schriften jedoch »Heinz«, vor allem in Komposita, als Bezeichnung für Heinrich VIII.

unser Heinz] Heinz Hilpert.

der derzeitige Heinz] Gemeint ist Heinrich VIII. (1491-1547), von 1509 an König von England. Zwischen ihm und dem Papst Klemens VII. kam es zum Zerwürfnis, als dieser die Annullierung der Ehe mit Katharina von Aragonien, einer Tante Kaiser Karls V., verweigerte. Daraufhin proklamierte Heinrich VIII. sich 1534 zum Oberhaupt der Kirche von England.

Jobs] Alice Zuckmayer.

Mameluken-getue] Vgl. S. 262, Anm. zu *Mamelucken*.

31 Hs. und masch. Brief auf Bogen mit gedrucktem Briefkopf: *N.A.S.M. Holland-America Line*. Datumsangabe auf der Vorlage: *4.6.39*.

R.M.S. Zaandam] Name des Dampfers auf dem CZ nach New York emigrierte.

Briefe an Jobs und mich] Gemeint sind ein verschollener und folgender Brief an Alice Zuckmayer vom 23. April 1939: »Lieber Jobbs. | Hab mich sehr gefreut, daß es nun klar Schiff wird. Gottes Segen. | Seid Ihr nun bis 15. Mai in Chardonne? | Hier ist's unerträglich, zum Zerspringen Frühling wie's nur in Berlin möglich ist. – Hab den Zettel mit allen Deinen Aufträgen ja leider dort liegen lassen. Doch vieles, hoffentlich alles, war mir in Erinnerung. Sisley [nicht ermittelt] habe ich noch nicht erreicht. Heinz [Hilpert] leider auch nicht trotz mehrerer Versuche. Entweder es war irgendein Endsport premierenmäßig oder eine Verreistheit. Gegenwärtig ist er in Salzburg, P[eter] konnte ihm einiges sagen, doch ich fürchte nur telefonisch. | Ich hoffe ich hoffe das ich meine restlichen Devisen schon in der ersten Woche Mai bekomme damit ich Dir und Carlchen Adieu sagen kann. A Dieu auf weil und immer? Aber der ~~Akrophriken Weis~~ Ak(p)op(k)ryghen Weisheit 7 [nicht ermittelt] ist tief in mein Herz gedrungen, sie ist ein Geschenk von Dir, und das »allerbehendenste«. | Grüße das Carlchen sehr von mir. Großen Wert würde ich darauf legen das nutzlose Geschöpf noch einmal zu erblicken und meine Liebe in einem Abschiedsblick zu versammeln, und feierlichen Versen: *Wo nicht* ... o Jobs! So lächeln wir [vgl. S. 251, Anm. zu *»... wo nicht ... dies Scheiden ...«*]. | Deine Mirl« (DLA, Nachlaß Alice Zuckmayer).

Gedicht] Dieses Gedicht ist nicht überliefert.

Schröder] Rudolf Alexander Schröder, *Die Aufsätze und Reden*, 2 Bände, Berlin: S. Fischer 1939 oder Rudolf Alexander Schröder, *Mitte des Lebens. Geistliche Gedichte*, Berlin: S. Fischer 1939.

Conrad] Joseph Conrad, *Spiegel der See. Erinnerungen und Eindrücke*, Deutsch von Görge Spervogel, Berlin: S. Fischer 1939.

Alexander] Alexander Lernet-Holenia.

Strahlenheim] Alexander Lernet-Holenia, *Strahlenheim. Erzählung*, Berlin: S. Fischer 1938.

Traum in Rot] Vgl. S. 261, Anm. zu *Schönes geschrieben*.

Brief von Joseph] Dieser Brief ist verschollen.

letzten Satz] Die Schlußsätze von *Ein Traum in Rot* lauten: »›Ja‹, sagte Akimow, ›vielleicht. Vielleicht setzt Gott den weißen Zaren wieder in den Kreml und gibt ihm die Erde, damit zu spielen. Vielleicht läßt er Rosen aus dem Schnee blühen, vielleicht die Äcker unbesät tragen und Wein in den Strömen fließen. Vielleicht ist es sogar sein Wille, das nie Endende zu enden – das Leid. Wer kann es wissen?‹«

»Die Emigranten … Gemurmel vernehmen] Alexander Lernet-Holenia, *Ein Traum in Rot*, Berlin: S. Fischer 1939, S. 153.

Rehberg-Drama] Gemeint ist *Die Königin Isabella. Tragödie in drei Akten* von Hans Rehberg (1901-1963), das 1939 im S. Fischer Verlag, Berlin, in einer Buchausgabe erschienen ist. Zum Urteil CZs über Rehbergs Verhalten in der NS-Zeit vgl. Zuckmayer 2002, S. 64 f.

Torwaldsen] Der dänische Bildhauer Bertel Thorvaldsen (1768-1844), der bedeutendste Klassizist in der skandinavischen Bildhauerkunst.

Stück von Giraudoux] Das Drama *Ondine* von Jean Giraudoux (1882-1944) entstand 1938 nach der Erzählung *Undine* von Friedrich de la Motte Fouqué. Es wurde am 28. April 1939 am Théâtre de l'Athénée in Paris unter der Regie von Louis Jouvet uraufgeführt.

Jobs] Alice Zuckmayer.

world's fair] Die New Yorker Weltausstellung, auf der über 60 Nationen vertreten waren, wurde am 30. April 1939 eröffnet. Bis zum 31. Oktober besuchten sie 26 Millionen Menschen.

Dorothy Th.] Dorothy Thompson (1894-1961), amerikanische Journalistin, 1924-1934 Deutschlandkorrespondentin amerikanischer Zeitungen. CZ wurde ihr 1925 in einem Berliner Restaurant von AZ, die sie bereits von Wien her kannte, vorgestellt. Anfang der dreißiger Jahre wurde Thompson durch ihre Deutschlandberichte eine der angesehensten Publizistinnen der USA. 1934 wurde sie wegen ihrer nazifeindlichen Artikel und ihres Buches *I Saw Hitler* aus Deutschland ausgewiesen. 1939 ermöglichte sie CZ durch ihre Bürgschaft, das sogen. »affadavit«, die Einreise in die USA, wo sie ihn auch weiterhin finanziell sowie durch ihre Kontakte in der Verlagswelt unterstützte (vgl. CZ, *Die Geschichte von Dorothy Thompson*, in: Zuckmayer, *Aufruf zum Leben*, S. 21-33). Dorothy Thompson war von 1928 bis 1942 mit dem Schriftsteller Sinclair Lewis (1885-1951) verheiratet. Die Zuckmayers wohnten nach ihrer Ankunft in den USA zunächst in Dorothy Thompsons Wohnung in New York, danach in einem Haus, das sie ihnen für ihren Sommeraufenthalt in Barnard, Vermont gemietet hatte. Sie bemühte sich durch ihre Beziehungen vergeblich, CZ eine schriftstellerische Karriere in den USA zu ermöglichen. Sie verhalf ihm jedoch immerhin zur Veröffentlichung einer Reihe von Artikeln im *Ladies Home Journal* und sie verfaßte das Vorwort zu seiner englischen Autobiographie *Second Wind* NewYork: Doubleday Doran, 1940; London: George G. Harrap 1941 (dt.: *Abschied und Wiederkehr*; unveröffentl.).

Horch] Franz Horch (1901-1951) war 1924-1926 Dramaturg und stellv. Direktor an den Kammerspielen Wien, 1926-1932 an den Reinhardt-Bühnen in Wien und Berlin, 1932 Mitarbeiter des Deutschen Lichtspielsyndikats Berlin und von 1932 an Dramaturg und Leiter der Filmabteilung des Zsolnay-Verlags in Wien. Er emigrierte 1933 nach Österreich, 1938 über Zürich in die USA, wo er als Agent für europäische und amerikanische Autoren, unter ihnen CZ, tätig war.

32 Masch. Brief mit eigenh. Unterschrift. Absenderangabe: *25 Chittenden Avenue | Washington Heights | New York City*. Datumsangabe auf der Vorlage: *6.4.1940*.

Däxe] CZs Eltern.

Filmactresse] Nicht ermittelt.

Jobs] Alice Zuckmayer.

Freundin D.] Dorothy Thompson.

Wumbabeziehung] Innerfamiliäre Bezeichnung für Freundschaften von Alice Zuckmayer, bei denen gemeinsamer Alkoholkonsum eine wesentliche Rolle spielte (Auskunft von Maria Guttenbrunner).

Vertrag in Hollywood] CZ erhielt einen Siebenjahresvertrag der Filmgesellschaft Warner Brothers, der ihm 750 Dollar Wochenlohn einbrachte, aber jederzeit gekündigt werden konnte. Er arbeitete zunächst an einem Drehbuch für die Verfilmung von Arnold Zweigs *Der Streit um den Sergeanten Grischa*, sollte dann aber einen in Florenz spielenden Don-Juan-Film für Errol Flynn schreiben. Der Handlungsort und der Plot, der u.a. eine Begegnung zwischen Don Juan und Lucrezia Borgia vorsah, erschienen CZ derart absurd, daß er es vorzog zu kündigen. (vgl. CZ, *Als wär's ein Stück von mir*, S. 565-568 und 572-574).

Professur] 1940 unterrichtete er als Professor für Drama am Dramatic Workshop der New School for Social Research in New York, der von dem 1938 in die USA emigrierten Regisseur Erwin Piscator geleitet wurde.

Winnetou] Winnetou Zuckmayer.

Michi] Michaela Zuckmayer.

Viertel] Mit einer Erinnerung an die Sylvesternacht 1939 und an seine Gastgeberin Salka Viertel (1889-1978), der zweiten Ehefrau des Regisseurs und Schriftstellers Berthold Viertel (1885-1953), beginnt CZs Vorwort zu Salka Viertels Autobiographie *Das unbelehrbare Herz. Ein Leben in der Welt des Theaters, der Literatur und des Films* (Hamburg, Düsseldorf: Claassen 1970, S. 9-13). Ihrem Ehemann ist CZ wahrscheinlich 1923 erstmals begegnet, nachdem dieser in Berlin das revolutionäre Ensembletheater *Die Truppe* gegründet hatte. 1928 ging Viertel für drei Jahre in die USA, um für die Filmindustrie zu arbeiten. Der Arbeitsaufenthalt mündete in die Emigration, die Viertel und CZ erneut zusammenbrachte. Nach dem Zweiten Weltkrieg arbeitete Viertel überwiegend in Wien, wo er 1952 am Akademietheater die Uraufführung von CZs Hauptmann-Bearbeitung *Herbert Engelmann* inszenierte (vgl. S. 238, Anm. zu *Hauptmann*). Vgl. zu den Kontakten zu Viertel auch CZs Feuilletons *Berthold Viertel*, in: *Die Zeit* (Hamburg) vom 25. Juni 1965, *Berthold Viertel. Versuch einer Porträtskizze*, in: *Nachrichten aus dem Kösel-Verlag* (München), *Neuerscheinungen 2. Halbjahr 1969*, Folge 30, Literatur, S. 4 (ebenfalls in: *Die Zeit* [Hamburg] vom 31. Oktober 1969).

Schule bei Bondys] Vgl. S. 257, Anm. zu *Bondy*.

short stories] Nachgewiesen ist bislang nur ein Magazinbeitrag von CZ aus dieser Zeit: *No More Summer in Austria*, in: *Harpers Magazine* (New York), Juli 1940, S. 156-165.

Buch] CZ meint wahrscheinlich seine Autobiographie *Second Wind*, die 1940 in New York im Verlag Doubleday & Doran und 1941 in London im Verlag George G. Harrap herauskam. 1940 schloß Zuckmayer noch Verträge über zwei Bücher, die jedoch nie fertig wurden, mit dem Verleger Alfred Harcourt. Dabei handelte es sich um den nicht beendeten Roman *Das Feuer im Herd* über Helene Demuth, die Haushälterin von Karl Marx, an dem Zuckmayer von September 1941 bis zum Beginn der Arbeit am *Vermonter Roman* im März 1942 gearbeitet hatte, und eine Novellensammlung. Er berichtete er seinem Freund Albrecht Joseph am 3. Januar 1941: »[...] dieser alte Harcourt hat einen Narren an mir gefressen und zahlt mir seit 1. Dezember für 15 Monate eine anständige Rente von der ich leben kann, und sobald ich das Stück [gemeint ist wahrscheinlich das zusammen mit Fritz Kortner verfaßte Drama *Somewhere in France*] fertig habe schreibe ich ein Buch für ihn, das auf Deutsch die ›Sieben Blutstropfen‹ heisst und, in Form einer Rahmengeschichte a la Wirtshaus im Spessart, sieben Geschichten von Frauen enthält die alle wirklich gelebt haben (oder wenigstens behaupte ich es). Jede der Geschichten hat die Chance eines Filmstoffs. Aber ich will sie erst als Novellen schreiben und als Buch publizieren und – sollte das Stück nicht eine überraschende Wendung bringen – die nächsten fünfzehn Monate als bescheidener writer von der Harcourt-Rente leben und streben. So man uns leben und streben lässt.« (Entwürfe unter den Titeln *Blutstropfen* und *Women against Fate* befinden sich im DLA, Nachlaß Carl Zuckmayer).

neues Stück] Gemeint ist wahrscheinlich das Drama *Somewhere in France*, das CZ 1940 nach der Vorlage von Anzengrubers *Viertem Gebot* zusammen mit Fritz Kortner geschrieben hat. Es wurde am 28. April 1941 in Washington D.C. aufgeführt, konnte sich aber gerade eine Woche auf dem Spielplan halten (vgl. Mews 1981 a, S. 78, sowie Mews 1981 b, S. 11 f.). Möglicherweise dachte CZ aber auch an sein Stück *Der liebe Augustin*, das ebenfalls 1940 entstanden und bislang unveröffentlicht ist (vgl. Nickel/Weiß, S. 279 f.).

englisches Gedicht] Dieses Gedicht ist verschollen.

Nun – so lächeln wir] Vgl. S. 251, Anm. zu *»... wo nicht ... dies Scheiden ...«*.

Mucki] Vgl. S. 251, Anm. zu *sonderbare Hund*.

Franks] Bruno Frank (1887-1945) lebte bis 1933 als freier Schriftsteller in München und emigrierte dann über England in die USA.

Sturm im Wasserglas] Die Premiere fand am 13. April 1940 statt. Alice Zuckmayer berichtete darüber in ihrem Buch *Das Scheusal*, Frankfurt am Main 1972, S. 172-174.

33 Masch. Brief mit eigenh. Unterschrift. Datumsangabe auf der Vorlage: *26.9.40*.

Winnetou] Winnetou Zuckmayer.

Edisons] Thomas Alva Edison (1847-1931), der Erfinder u.a. des Phonographen, der Glühlampe und des Kinematographen.

farmer und sin Fru] Ironische Abwandlung des Märchentitels *Von dem Fischer un syner Fru* aus der Sammlung *Kinder- und Hausmärchen* der Brüder Grimm.

Buch] *Second Wind*, with an introduction by Dorothy Thompson, translated by Elizabeth Reynolds Hapgood, New York: Doubleday 1940.

neuen Stück] Vgl. oben, Anm. zu *neues Stück*.

Aufträge für Artikel] Vgl. S. 268, Anm. zu *short stories*.

Lehramt] Vgl. S. 267, Anm. zu *Professur*.

Mäzenin] Dorothy Thompson.
Michi] Michaela Zuckmayer.
Jobs] Alice Zuckmayer.
Anna] Anna Buchendorfer, CZs Köchin in Henndorf.
hurly-burly] Wirrwarr.
Sehn wir uns wieder ... lächeln wir] Vgl. S. 251, Anm. zu »... *wo nicht ... dies Scheiden ...*«.
Heinz] Heinz Hilpert.
Erx] Friedrich Erxleben.
Kurt] Gemeint ist vermutlich CZs Freund Kurt Hirschfeld (1902-1964), der in den 1920er Jahren Mitarbeiter des *Berliner Börsen-Couriers*, von 1929-1933 Dramaturg am Hessischen Landestheater in Darmstadt war. Er emigrierte 1933 in die Schweiz und arbeitete bis 1935 als Dramaturg am Zürcher Schauspielhaus. 1935 ging er als Korrespondent der *Neuen Zürcher Zeitung* nach Moskau, kehrte 1938 in die Schweiz zurück und arbeitete erneut als Dramaturg am Zürcher Schauspielhaus. 1946 wurde er dessen Vizedirektor, 1961 Direktor und künstlerischer Leiter.

34 Hs. Brief. Absenderangabe: Potsdam, Behlerstr. 5. Datumsangabe auf der Vorlage: *10. Aug. 45*.

Dächse] CZs Eltern.
Haubach] Der Journalist Theodor Haubach (1896-1945) gehörte 1919 zusammen mit CZ zum Mitarbeiterkreis der Zeitschrift *Das Tribunal*. 1924 war er Mitbegründer des *Reichsbanners Schwarz-Rot-Gold*. 1930 wurde er Pressechef im Berliner Polizeipräsidium, 1933 ist er aus diesem Amt entlassen und danach mehrfach in Konzentrationslagern inhaftiert worden. 1943 schloß er sich dem Widerstandskampf des Kreisauer Kreises an. Nach dem 20. Juli 1944 wurde er zum Tode verurteilt und am 23. Januar 1945 hingerichtet. CZ widmete ihm, Helmuth von Moltke und Wilhelm Leuschner sein Stück *Des Teufels General* (vgl. auch: Hammer1955).
Mierendorf] Mit Carlo Mierendorff (1897-1943) war CZ von 1918 an eng befreundet. Darüber hat CZ in seiner Autobiographie ausführlich berichtet (vgl. CZ, *Als wär's ein Stück von mir*, S. 319-331). Mierendorff war nach dem Ersten Weltkrieg Mitarbeiter der expressionistischen Zeitschriften *Die weißen Blätter* und *Das junge Deutschland* sowie 1919/20 Herausgeber der Zeitschrift *Das Tribunal*. Nach einem Studium arbeitete er hauptamtlich für die SPD, zu deren Reichstagsfraktion er 1930-1933 gehörte. 1933-

1938 war er in verschiedenen Konzentrationslagern interniert. Nach seiner Entlassung nahm er Verbindung zum Kreisauer Kreis auf. 1945 kam er bei einem Fliegerangriff auf Leipzig ums Leben. Auf einer Veranstaltung zu seinem Gedenken hielt CZ in New York eine Rede, die unter dem Titel *Carlo Mierendorff. Porträt eines deutschen Sozialisten* zuerst in den *Deutschen Blättern* (Santiago de Chile), Jg. 2, 1944, H. 6, S. 3-12 (jetzt in: Zuckmayer, *Aufruf zum Leben*, 39-63) veröffentlicht wurde (vgl. auch von CZ: *Carlo Mierendorff*, in: *Neue Volks-Zeitung* [New York] vom 28. Dezember 1946 und *Dem Gedächtnis Haubachs und Mierendorffs*, in: Paetel 1946, S. 105-107 sowie die Biographie von Richard Albrecht [Albrecht 1987]).

Erksleben ist wieder frei] Friedrich Erxleben war vom 17. Mai 1944 bis 25. April 1945 von der Gestapo inhaftiert worden.

Bürgermeister von Kampen] Nicolaus (»Nice«) Peter Franzen (1884-1963) war 1932-1946 Bürgermeister der Gemeinde Kampen auf Sylt.

Jobbs] Alice Zuckmayer.

35 Masch. Brief. Absenderangabe: *Carl Zuckmayer | Barnard, Vermont, U.S.A.* Adressatenangabe: *Mirl Suhrkamp, Behlerstrasse 5 und Peter Suhrkamp, Suhrkamp-Verlag, Berlin (Verlagsadresse Berlin W35, Woyrschstrasse 13).* Datumsangabe auf der Vorlage: *29. September 1945.*

Vermutlich war es dieser Brief, den Peter Suhrkamp dem Theaterkritiker Herbert Ihering zeigte, der daraufhin am 2. November 1945 an CZ schrieb: »Lieber Herr Zuckmayer! | Peter Suhrkamp zeigte mir Ihren Brief. Ich bin bei Gustav von Wangenheim am Deutschen Theater. Wie schön wäre es, wenn wir ›Des Teufels General‹ in der Schumannstrasse [der Sitz des Deutschen Theaters] spielen könnten. | Seitdem meine Frau [d.i. Li Ihering (1885-1955)] und ich mit Ihrer Frau uns 1938 auf dem Bahnhof in Lausanne trafen und zusammen nach Gland fuhren, haben wir nichts mehr von einander gehört. – Kaspar, mein Sohn [d.i. Kaspar Königshof (geb. 1920), der Pflegesohn von Ihering], der mit Winnetou damals auf die Schule ging, hat mir oft von Ihrer Vorlesung des ›Pro domo‹ erzählt, das ich übrigens auch noch besitze. | Ich würde mich sehr freuen, ein paar Zeilen von Ihnen zu erhalten. – Mit herzlichen Grüssen von uns allen an Sie und Ihre Frau | Ihr Herbert Ihering | Wir wollen bald den ›Hauptmann von Köpenick‹ spielen. Wann kommen Sie nach Berlin?« Zur Erläuterung: *Der*

Hauptmann von Köpenick wurde in der Spielzeit 1947/48 am Deutschen Theater Berlin neuinszeniert (vgl. S. 286, Anm. zu *Deutsches Theater*). – Ihering kannte zu diesem Zeitpunkt den Text von *Des Teufels General* noch nicht; 1948 hat er die Aufführung dieses Stücks abgelehnt (vgl. S. 285, Anm. zu *Jhering*). – CZs Tochter Winnetou besuchte nach der Flucht aus Österreich bis zur Emigration in die USA die reformpädagogische Schule von Max Bondy in Gland am Genfer See.

Abschrift eines Briefes an Gottfried Bermann] Vermutlich ein Brief von AS vom 4. September 1945, den Bermann Fischer in seinem Buch *Wanderer durch ein Jahrhundert* auszugsweise abgedruckt hat: »Liebe Bermanns, soeben kamen in Peters Abwesenheit drei überwältigende Pakete auf einmal, die es mir ermöglichen, ihm in Ihrem Namen einen Weihnachtstisch zu machen, vor dem er ungläubig stehen wird. Ich muß meiner Freude sofort Ausdruck geben, sagen Sie auch der lieben Frau Fischer mein Entzücken und meinen Dank. Von drei Ausbombungen und diversen Unfällen her sind wir derartig abgerissen, daß Peter praktisch nur einen Anzug besitzt, und zwar den, den er monatelang im Gefängnis trug, wenn er nicht die Anstaltstracht tragen mußte. So kommt dieser herrliche Stoff wie gerufen, ebenso die Wollhemden von früher; nein, am liebsten möchte ich jedes einzelne Stück preisen, wie z.B. den kleinen Spirituskocher, der es ihm ermöglicht, das Rasierwasser morgens im Zimmer zu machen, ohne durch das eiskalte Haus in die Küche tappen zu müssen. Ein großer Wunsch von ihm, wenn ich das erwähnen darf, wäre ein ganz simples Feuerzeug mit einigen Reservesteinen, denn in Deutschland gibts keine Streichhölzer [...] wäre vielleicht noch eine Schachtel mit Spiritustabletten möglich [...] Leben Sie wohl. Ihre Mirl Suhrkamp« (Bermann Fischer 1994, S. 198 f.).

Goverts] Henry Goverts (1892-1988) gehörte von 1919 an zu CZs engsten Freunden (vgl. CZ, *Ein junger Mann kommt nach Heidelberg*, in: Goverts 1962, S. 7-9; Goverts 1976). Goverts gründete 1934 zusammen mit Eugen Claassen den H. Goverts Verlag. Wegen seiner Verbindungen zum Kreisauer Kreis floh er im März 1945 nach Vaduz (Liechtenstein), wo er ein Haus besaß und auch nach dem Zweiten Weltkrieg lebte. In seinem 1943/44 entstandenen *Geheimreport* für das »Office of Strategic Services« ordnete CZ ihn in die »Gruppe 1: Positiv (Vom Nazis-Einfluss unberührt, widerstrebend, zuverlässig)« ein (vgl. Zuckmayer 2002, S. 18). – Der erste, im Nachlaß von CZ überlieferte Brief von Goverts aus dem Jahr 1945 datiert vom 12. Oktober. Darin nahm er aber Bezug auf einen vorausgegangenen Brief und teilte mit: »Über den Verbleib von Suhrkamp habe ich in Berlin während meines nur wenige Stunden währenden Aufenthaltes nichts feststellen können. Ich sah ihn zuletzt Ende März, wie ich schrieb, als er noch im Städtischen Krankenhaus Potsdam lag. Wie ich von Kasack [vom Frühjahr 1941 an Lektor, vom 19. Juni 1944 an Prokurist des S. Fischer Verlags] hörte, erholte er sich nach Ostern schnell, und ist in jener Gegend verblieben« (DLA, Nachlaß CZ). Vgl. auch: *Carl Zuckmayer an Henry Goverts. Fünf Briefe* [vom 12. September 1945, 23. Januar 1974, 30. März 1974, 16. Juni 1974 und 10. August 1974], in: *Blätter der Carl-Zuckmayer-Gesellschaft*, Jg. 8, 1982, H. 1, S. 20-22 sowie die *Vita Henry Goverts* in: Tgahrt 1981, S. 87 f.

Dächsen] CZs Eltern.

Brief] Dieser Brief aus Oberstdorf trägt das Datum 22. Juli 1945 und ist in CZs Nachlaß überliefert.

Kampen] Vgl. S. 232, Anm. zu *Kampen*.

Ich schreib ... an Goverts] Dieser Brief ist verschollen.

Katharina-Knie-Film] Nach einem Drehbuch von Albert Jakob Welti, Horst Budjuhn und Max Haufler (der auch Regie führte) wurde in der Schweiz 1942 CZs Stück *Katharina Knie* unter dem Titel *Menschen, die vorüberziehen* ein zweites Mal verfilmt; die erste Verfilmung unter der Regie von Karl Grune entstand 1929 nach einem Drehbuch von Franz Höllering

Dr. Aeschlimann] Der Schweizer Pädagoge Rudolf Aeschlimann-Pahl (1884-1961) beteiligte sich 1906 an der Gründung der »Freien Schulgemeinde« in Wickersdorf und arbeitete von 1925 an gemeinsam mit CZs Bruder Eduard an der »Schule am Meer« auf der ostfriesischen Insel Juist. 1936 kehrte er in die Schweiz zurück und ließ sich in seiner Heimatstadt Burgdorf nieder.

neue Stück] *Des Teufels General* (Stockholm: Bermann Fischer 1946).

Novelle] *Der Seelenbräu* (Stockholm: Bermann Fischer 1945).

englische Prosa-Arbeit] Nicht ermittelt.

Erx] Friedrich Erxleben.

Jobs] Alice Zuckmayer.

Michi] Michaela Zuckmayer.

Winnetou] Winnetou Zuckmayer.

»Sehn wir ... Lächeln wir gewiss!«] Vgl. S. 251, Anm. zu *»... wo nicht ... dies Scheiden ...«*.

36 Masch. Brief. Absenderangabe: *Suhrkamp. Berlin Zehlendorf West, Forstst. 28.* Adressatenangabe: *Carl Zuckmayer | Barnard. Vermont.* Datumsangabe auf der Vorlage: *15. Okt. 45.*

Ries] Curt Riess (1902-1993) war von 1927 bis 1933 Reise- und Sportreporter sowie Theaterkritiker (u.a. für die *B.Z. am Mittag*, das *Berliner Tageblatt*, das *12 Uhr Blatt*). Er emigrierte 1933 über Prag und Wien nach Paris, 1934 in die USA, wo er u.a. Mitarbeiter der *Saturday Evening Post* und der deutschsprachigen Exilzeitung *Aufbau* war. 1943 kehrte er als Kriegsberichterstatter erstmals nach Europa zurück. 1954 übersiedelte er in die Schweiz.

Prof. Löwenstein] Der Politikwissenschaftler Karl Löwenstein (1891-1973) emigrierte 1933 in die USA, wo er u.a. an der Yale University lehrte. 1945/46 war er Mitarbeiter des Office of Military Government for Germany, United States (OMGUS), der amerikanischen Militärregierung für Deutschland.

Mama] Emmy Seidel.

Dächse] CZs Eltern.

Wiesmühl] Vgl. S. 228, Anm. zu *Henndorf*.

Erksleben] Gemeint ist Friedrich Erxleben.

Klöpfer] Eugen Klöpfer (1886-1950), von 1920 an Schauspieler am Deutschen Theater Berlin, spielte 1927 die Hauptrolle bei der Uraufführung von CZs *Schinderhannes*, 1929 in Karl Grunes Verfilmung von CZs *Katharina Knie*. 1934 zum Staatsschauspieler ernannt, wirkte er in der NS-Zeit u.a. an Veit Harlans antisemitischem Film *Jud Süss* (1940) mit und wurde deshalb 1945 zeitweise inhaftiert und anschließend mit Auftrittsverbot belegt. CZ ordnete ihn in seinem *Geheimreport* für den amerikanischen Geheimdienst OSS in die »Gruppe 1: Nazis, Anschmeißer, Nutznießer, Kreaturen« ein (vgl. Zuckmayer 2002, S. 96 f.). Die Mitteilung von AS, Klöpfer sei in den letzten Kriegsjahren umgekommen, beruhte auf einem Irrtum.

Kayssler] Der Schauspieler und Schriftsteller Friedrich Kayssler (1874-1945) förderte 1918-1923 als Intendant der Neuen Freien Volksbühne in Berlin besonders die Nachwuchsregisseure Jürgen Fehling und Heinz Hilpert, mit denen CZ befreundet war. Als Schauspieler wirkte er u.a. in Richard Oswalds Verfilmung von CZs *Der Hauptmann von Köpenick* (1931) mit. CZ ordnete ihn in seinem *Geheimreport* für den amerikanischen Geheimdienst OSS in die »Gruppe 4: Indifferente, Undurchsichtige, Verschwommene, Fragliche« unter »Positiv oder vermutlich positiv« ein (vgl. Zuckmayer 2002, S. 197 f.). Am 29. April 1945 kam Kayssler in

Kleinmachnow bei den Kampfhandlungen während des Einmarschs sowjetischer Truppen ums Leben.

Brausewetter] Der Schauspieler Hans Brausewetter (1899-1945) kam am 29. April 1945 in Berlin-Charlottenburg ums Leben.

Elsa] CZ lernte die Schauspielerin Elsa Wagner (1881-1975) zu Beginn der zwanziger Jahre (wahrscheinlich durch AS, mit der sie eng befreundet war) in Berlin kennen und bat sie – das schrieb er Ina Seidel, der Schwester von AS, in einem undatierten Brief aus dieser Zeit – um Vermittlung zu den Größen der deutschen Filmindustrie, als er den Roman *Zanoni* von Edward Bulwer Lytton zum Drehbuch für einen Stummfilm umarbeiten wollte (vgl. Nikkel/Weiß 1996, S. 63 f.). 1935 war Elsa Wagner Trauzeugin bei der Hochzeit von AS und Peter Suhrkamp.

37 Masch. Brief mit eigenh. Unterschrift. Absenderangabe: *Carl Zuckmayer | Barnard, Vermont, USA.* Adressatenangabe: *An Mirl und Peter Suhrkamp | Berlin Zehlendorf West, Forststr. 27.* Datumsangabe auf der Vorlage: 31. Oktober 1945.

Gottfried] Gottfried Bermann Fischer.

Lochner] Louis Lochner (1887-1975) war von 1919 bis 1941 Berliner Korrespondent der amerikanischen Nachrichtenagentur Associated Press. 1945 kehrte er als Kriegsberichterstatter nach Deutschland zurück.

Dächse] CZs Eltern.

vom 2. Oktober] Dieser Brief ist verschollen.

Evchen] Eva Noack-Mosse.

das letzte Stück] *Des Teufels General.*

Berlin] Am Berliner Hebbel-Theater wurde *Der fröhliche Weinberg* von Ernst Stahl-Nachbaur mit Walter Grosz (Knuzius), Franz Nicklisch (Jochen Most), Ernst Sattler (Gunderloch) und Charlotte Radspieler (Klärchen) in den Hauptrollen im August 1945 neuinszeniert. In der Rezension der Berliner Tageszeitung *Das Volk* vom 24. August 1945 hieß es: »Es ist beglückend: Die fast naive, aber eminente Aufnahmebereitschaft des neuen deutschen Theaterpublikums, besonders der Jugend! Und dann die Spielleidenschaft auf der Bühne. [...] Zustimmung, ja Mitspiel und Beifall des Publikums waren so stark, daß die Schlußvorhänge sich zu einer Serie häuften. [...] Es wurde auch nach Zuckmayer gerufen.«

München] Auch an den Münchener Kammerspielen ist der *Fröhliche Weinberg* neuinszeniert worden, allerdings erst am 19. November 1945. Regie führte Jochen Hauer, der selbst den Gunderloch spielte. Die weiteren Hauptrollen waren mit Elfie Beyer (Klärchen), Hans Richter (Knuzius) und Benno Sterzenbach (Jochen Most) besetzt. Gunter Groll rezensierte die Aufführung in der *Süddeutschen Zeitung* vom 23. November 1945: »Zuckmayers Zugstück, das sich vor strotzender Lebenskraft schier nicht lassen kann, in dem die Weinberge so in der poetischen Sonne dampfen wie im alkoholischen Morgennebel, in dem grundsätzlich nur über Pralles geredet wird, vom Lebensgefühl der Weingärtner bis zu Babettchens Popo, wurde dieserhalb schon zu seinen Erfolgszeiten ab und zu gerne ironisiert; heute, zwölf Jahre später, wirkt es weniger befreiend. Nicht nur der Neidgefühle wegen, die der viele Wein beim Publikum einer notgeborenen Prohibitionsepoche erwecken muß, und gewiß nicht infolge Mangel an Humor, der diesem Münchner Publikum noch niemals völlig geraubt werden konnte. Doch Dinge wie etwa der schäkernde Antisemitismus, auf den die beiden komischen Juden des Stückes stoßen, ruft heute Erinnerungen an viel Grauenvolles und Humorloses wach, und das Lachen über diese an sich vergnüglichen Stellen bleibt gequält. Aber auch Kriegsveteranen und Invaliden sind heute keine komischen Dinge mehr, wiewohl die drei Veteranen des Stückes als prächtige Parodie des militanten Kleinbürgertums ihren berechtigten Beifall fanden. Die Dramatik hat auf den neuen Bühnen der neubeginnenden Zeit nur dann ihren Platz, wenn sie entweder noch immer aktuell sein sollte, was man hier gewiß nicht sagen kann, oder wenn ihr dichterischer Rang sie über den Wandel der Welt und den Wechsel der Zeiten erhebt.« Zur Aufführung weiterer CZ-Stücke kam es in München erst wieder in der Spielzeit 1947/48: *Des Teufels General* wurde am 26. Februar 1948 an den Kammerspielen im Schauspielhaus unter der Regie von Harry Buckwitz mit Paul Dahlke in der Titelrolle inszeniert, *Der Hauptmann von Köpenick* am 28. Mai 1948 am Bayerischen Staatsschauspiel (zu dieser Zeit im Theater am Brunnenhof) unter der Regie von Otto Wernicke und mit Erich Ponto in der Titelrolle.

Stuttgart] Am Staatstheater Stuttgart hatte eine Neuinszenierung von *Katharina Knie* am 8. September 1945 Premiere. Die Regie führte Helmuth Henrichs, die Hauptrollen spielten Albert Florath (Vater Knie) und Anne Andresen (Katharina). H.O. Roecker besprach die Aufführung in der *Stuttgarter Zeitung* vom 22. September 1945: »Dem Stück Zuckmayers fehlt es zwar an echtem dramaturgischen Impuls, es trägt mehr den Stempel der erzählenden Anekdote, aber es hat, wie der ›Fröhliche Weinberg‹, Atmosphäre [...]. Daß es der Aufführung, deren Rummelplatz-Romantik durch die Mitwirkung echter Zirkusleute (Zirkus Schulte, Bad Cannstatt) erhöht wurde, nicht an Beifall fehlte, braucht kaum betont zu werden.«

Hamburg] Zur ersten CZ-Inszenierung in Hamburg nach dem Zweiten Weltkrieg kam es erst am 23. März 1946 als am Kleinen Haus *Katharina Knie* unter der Regie von Robert Michels mit Hans Mahnke und Elisabeth Lennartz in den Hauptrollen Premiere hatte. Die nächste Aufführung eines CZ-Stückes erfolgte in Hamburg in der Spielzeit 1947/48: Am Thalia-Theater hatte der *Hauptmann von Köpenick* in der Gastregie von Hans Tügel am 19. Februar 1948 Premiere. Die Hauptrolle spielte Willy Maertens.

Moltke] Wann und bei welcher Gelegenheit CZ den Juristen Helmuth James Graf von Moltke (1907-1945) kennenlernte, konnte nicht ermittelt werden. In seiner Autobiographie erwähnt CZ ein gemeinsames Treffen mit Josef Halperin, Theodor Haubach und Carlo Mierendorff, das im Sommer 1927 in CZs »Wiesmühl« stattgefunden hat, wodurch sich immerhin ein terminus post quem ergibt (vgl. Zuckmayer, *Als wär's ein Stück von mir*, S. 73 f.). – 1939-1944 war Moltke Sachverständiger für Kriegs- und Völkerrecht beim Oberkommando der Wehrmacht. Er wurde als Mitinitiator des Kreisauer Kreises nach dem 20. Juli 1944 zum Tode verurteilt und am 23. Januar 1945 hingerichtet.

Peter] Peter Suhrkamp hatte Gottfried Bermann Fischer mit Datum vom 3. September 1945 durch Louis Lochner darüber benachrichtigt, »daß wir, meine Frau und ich, den Krieg lebend überstanden, dabei alles persönlich verloren haben. Nicht weniger als drei Wohnungen sind uns bei Bombenangriffen total zerstört worden. Ich selbst war im April 1944 unter Hoch- und Landesverratsverdacht in verschiedenen Gefängnissen und dann im Konzentrationslager Sachsenhausen. Von dort bin ich im Frühjahr dieses Jahres mit einer doppelseitigen Lungenentzündung und Rippenfellentzündung entlassen worden. Von den Folgen dieser schweren Erkrankung bin ich noch immer nicht ganz wieder erholt. Bei meiner Frau hatte der Arzt inzwischen eine T.B. festgestellt. Herr Dr. Bermann Fischer möchte diese Nachricht an unsere übrigen Freunde in Amerika weitergeben, vor allem Carl Zuckmayer und Annette Kolb« (zitiert nach: Bermann Fischer 1967, S. 265).

Mein Bruder] Eduard Zuckmayer (1890-1972) studierte 1908/09 Jura an den Universitäten München, Berlin und Bonn, dann Musik und Musikwissenschaft in München, Berlin und Köln. 1914/15 war er Kapellmeister in Mainz. Nach dem Kriegsdienst 1915-1918 lebte er als freier Pianist und Komponist in Frankfurt am Main. 1924 übernahm er die Leitung einer Klavierklasse an der Musikschule in Mainz und gründete die »Gesellschaft für Neue Musik«, der er bis 1925 vorstand. Danach wurde er Lehrer an der Freien Schulgemeinde »Schule am Meer« auf der ostfriesischen Insel Juist. Nach deren Auflösung durch die Nationalsozialisten 1934 wechselte er an die Odenwaldschule bei Heppenheim. Durch Vermittlung von Paul Hindemith emigrierte er 1936 nach Ankara, wo er bis 1938 als Musiklehrer tätig war. 1938 ist er mit der Leitung einer dem türkischen Staatskonservatorium »Gazi Egitim Enstütüsü« in Ankara angegliederten Schule zur Ausbildung von Musiklehrern für die türkischen Mittelschulen beauftragt worden. Ende August 1944 wurde er in Kirsehir interniert. Zu CZs Bemühungen um seine Freilassung vgl. Zuckmayer/Hindemith 1998. Nach dem Zweiten Weltkrieg nahm Eduard Zuckmayer seine Lehrtätigkeit in Ankara wieder auf und kehrte nur zu gelegentlichen Besuchen nach Deutschland zurück.

Henndorf] Vgl. S. 228, Anm. zu *Henndorf*.

Winnetou] Winnetou Zuckmayer.

Broadway] Aus CZs *Tagebuch 1942-1946* (im DLA, Nachlaß CZ) geht hervor, daß er am 27. November 1944 mit dem österr.-amerik. Filmregisseur und -produzenten Jed Harris (1900-1979) einen Aufführungsvertrag für *Des Teufels General* abgeschlossen hat. Harris konnte seine Pläne jedoch nicht realisieren. Zur amerikanischen Erstaufführung des Stücks kam es erst 1970 in Sarasota, Florida (vgl. Mews 1981 b, S. 15).

Jobs] Alice Zuckmayer.

38 Masch. Brief mit eigenh. Unterschrift. Absenderangabe: *Annemarie Suhrkamp | Berlin Zehlendorf West | Forststr. 27*. Adressatenangabe: *Carl Zuckmayer | Barnard, Vermont, USA*. Datumsangabe auf der Vorlage: *21 November 45*.

Gottfried] Gottfried Bermann Fischer.

Jobbs] Alice Zuckmayer.

Kampen] Vgl. S. 232, Anm. zu *Kampen*.

dem Fröhlichen Weinberg] Vgl. S. 275, Anm. zu *Berlin*.

3 Groschenoper] Mit einer Inszenierung von Brechts *Dreigroschenoper*, bei der Hubert von Meyerinck die Rolle des Mackie Messer spielte, eröffnete Karl Heinz Martin am 15. August 1945 das Hebbel-Theater in Berlin.

Seidenen Schuh] Das am 27. November 1934 in Paris uraufgeführte Drama *Der seidene Schuh* des frz. Schriftstellers Paul Claudel (1868-1955) erschien 1939 in der deutschen Übersetzung von Hans Urs von Balthasar im Verlag Otto Müller, Salzburg. Zur deutschen Erstaufführung gelangte es 1948 an den Bühnen der Stadt Köln.
Winnetou] Winnetou Zuckmayer.
Brief] Dieser Brief ist verschollen.
Evchen] Eva Noack-Mosse.
Dächse] CZs Eltern.

39 Masch. Brief mit eigenh. Unterschrift. Absenderangabe: *Annemarie Suhrkamp | Berlin Zehlendorf West | Forststr. 27*. Adressatenangabe: *Carl Zuckmayer | Barnard | Vermont USA*. Datumsangabe auf der Vorlage: *5. Dez. 45*.

Wiesmühl] Vgl. S. 228, Anm. zu *Henndorf*.
Mama] Emmy Seidel.
Ina] Ina Seidel (1885-1974), die Schwester von AS.
ihren Mann] Der Schriftsteller und Pfarrer Heinrich Wolfgang Seidel (geb. 1876) war am 22. September 1945 gestorben.
Mutter Wolfen] Protagonistin in dem Drama *Der Biberpelz* von Gerhart Hauptmann.
Kampen] Vgl. S. 232, Anm. zu *Kampen*.
Jobbs] Alice Zuckmayer.
Dein Buch] Vgl. S. 268, Anm. zu *Buch*.

40 Masch. Brief mit eigenh. Unterschrift. Absenderangabe: *Carl Zuckmayer Barnard, Vermont, USA*. Adressatenangabe: *Mrs. Annemarie Suhrkamp | Berlin Zehlendorf West | Forststrasse 27*. Datumsangabe auf der Vorlage: *December 12th, 1945*.

Jobs] Alice Zuckmayer.
Nachricht von Peter an Gottfried] Gemeint ist vermutlich ein Brief an Gottfried Bermann Fischer vom 9. November 1945, in dem Peter Suhrkamp ausführlich über die wichtigsten Neuigkeiten im Zusammenhang mit der Wiederaufnahme der Verlagsgeschäfte in Deutschland informierte. Das Original befindet sich im DLA, Teilnachlaß Bermann Fischer.
Brief] Dieser Brief ist in CZs Nachlaß überliefert.
Evchen] Eva Noack-Mosse.
Moritz] Moritz Noack.

Dächse] CZs Eltern.

OSS] Das Office of Strategic Services (OSS) wurde 1941 mit dem Auftrag gegründet, nachrichtendienstliche Ermittlungen und subversive Maßnahmen gegen Deutschland durchzuführen. Die Maßnahmen reichten von Erhebungen bis hin zu Kampfeinsätzen in Frankreich und Jugoslawien. CZ verfaßte 1943/44 für das OSS einen *Geheimreport* mit 150 biographischen Porträts über Exponenten des Kulturlebens im NS-Staat (vgl. Zuckmayer 2002).

Hogan] Edward Hogan war Referent für Theaterfragen der amerik. Militärregierung für Deutschland.

geschrieben] Dieser Brief ist verschollen.

Fabrikpension] CZs Vater besaß bis Ende der zwanziger Jahre eine Fabrik für Weinflaschenkapseln in Nackenheim, die von der Familie Opel nach dem Verkauf ihres Automobilwerks an General Motors erworben wurde.

Fit] Kosename für CZs Vater.

Uraufführungsvertrag] Vgl. S. 278, Anm. zu *Broadway*.

Novelle als Filmstoff ... verkauft] 1938 hatte CZ für Alexander Korda die Filmnovelle *Herr über Leben und Tod* geschrieben, Korda konnte den Film aber wegen finanzieller Schwierigkeiten nicht produzieren. Gottfried Bermann Fischer verlegte daraufhin den Text als Buchausgabe (Stockholm 1938). Paul Kohner, CZs Agent in den USA, gelang es 1946, eine umgearbeitete Fassung, die CZ zusammen mit Fritz Kortner geschrieben hatte, nach Mexiko zu verkaufen (vgl. dazu CZs Brief an Kortner vom 2. Mai 1946 in: Völker 1987, S. 148). Bei der Bearbeitung wurde die Kritik berücksichtigt, die Elisabeth Bergner in einem Brief vom 9. August 1938 an CZ formuliert hat (abgedruckt in Völker 1990, S. 320).

del Rio] Dolores del Rio (1904-1983), mexikan. Schauspielerin.

Auftrags-Geschichte] Wahrscheinlich die Kurzgeschichte *Minky or a Delightful Episode*, auf die schon Henry Glade aufmerksam machte (vgl. Glade 1983, S. 116). Sie gelangte nicht über ein Entwurfstadium hinaus und ist in CZs Nachlaß als unvollständiges Typoskript erhalten.

Neue Rundschau] Vgl. S. 255, Anm. zu *Rundschau* und S. 295, Anm. zu *Die Herausgeber*.

Dritten Akt] CZ, *Des Teufels General* [Schlußakt], in: *Die Neue Rundschau*, Jg. 56/57, 1945/46, H. 1, Oktober 1945, S. 85-108.

Horcher] Weinrestaurant ersten Ranges in Berlin, Lutherstraße 21.

als Buch] *Des Teufels General* (Stockholm: Bermann Fischer 1946).

Novelle] *Der Seelenbräu* (Stockholm: Bermann Fischer 1945).

Zürich] Die New Yorker Aufführungspläne zerschlugen sich; die Uraufführung fand am 14. Dezember 1946 am Schauspielhaus Zürich unter der Regie von Heinz Hilpert mit Gustav Knuth in der Titelrolle statt.

Aufführung des Weinberg] Vgl. S. 275, Anm. zu *Berlin*.

Stahl-Nachbaur] Ernst Stahl-Nachbaur (1886-1960), 1918-1932 Schauspieler (jugendlicher Liebhaber) und Regisseur an allen bedeutenden Bühnen in Berlin, daneben von 1917 an Arbeit für den Film. 1933/1934 arbeitete er als Schauspieler und Spielleiter am Neuen Theater in Frankfurt. 1939 fiel er wegen seiner Inszenierung des *Kaisers von Portugallien* (eine Dramatisierung des gleichnamigen Romans von Selma Lagerlöf von S. und P. Knudsen [Premiere am 22. Februar 1939]) am Schiller-Theater bei Goebbels in Ungnade. Im *Deutschen Bühnen-Jahrbuch* (Jg. 63, 1955, S. 60) heißt es dazu: »Sein [Goebbels] Beauftragter, Reichskulturkammer-Hinkel, sprach das Urteil über Stahl-Nachbaur mit den ebenso grotesken wie zynischen Worten: ›Ein Mann in Ihrer Situation hätte sich klar darüber sein müssen, daß er sich einen solchen Erfolg nicht gestatten kann.‹« Stahl-Nachbaur erhielt daraufhin Berufsverbot. 1945 inszenierte er CZs *Fröhlichen Weinberg* am Hebbel-Theater in Berlin (vgl. S. 275, Anm. zu *Berlin*). Von 1946 an arbeitete er am Renaissance-Theater und an der Tribüne in Berlin. 1948 spielte er den Präsidenten in Boleslav Barlogs Berliner Erstaufführung von *Des Teufels General* am Schloßparktheater (Premiere am 14. Juli 1948), 1958 wirkte er bei Helmut Käutners Verfilmung des *Schinderhannes* mit.

Schröder-Schromm] Franz Schröder-Schrom (1879-1956), Bühnen- und Filmschauspieler, der zumeist in Lustspielen die Rolle des »liebenswürdigen Schwerenöters« (*Deutsches Bühnenjahrbuch*, Jg. 65, 1957, S. 89) übernahm.

Werner-Kahle] Der Bühnen- und Filmschauspieler Hugo Werner-Kahle (1882-1961) wirkte 1927 bei der Uraufführung von CZs *Schinderhannes* mit. Er war 1936-1945 Leiter der Schauspielschule am Deutschen Theater Berlin.

Peltzer] Berliner Gourmet-Restaurant in der Neuen Wilhelmstraße 5.

Winnetou] Winnetou Zuckmayer.

Michi] Michaela Zuckmayer.

Hast ein … munter] Beide Verse finden sich in dem Gedicht *Zwielicht* von Joseph Freiherr von Eichendorff (1788-1857).

Tausend Grüsse … für Peter] Statt dessen heißt es auf dem überlieferten zweiten Durchschlag: »Tausend Grüsse, allerbeste Wünsche für Peter!«

Mayer] Gustl Adele Mayer (1898-1983) war langjährige künstlerische Mitarbeiterin und persönliche Referentin von Max Reinhardt, 1932-1937 künstlerisches Direktionsmitglied am Deutschen Theater Berlin unter der Intendanz von Heinz Hilpert, 1938-1945 persönliche Referentin von Gustaf Gründgens am Staatstheater Berlin, 1946-1954 Beraterin des Chefs der Theater- und Musikabteilung der amerikanischen Botschaft in Wien, 1954-1955 persönliche Referentin von Gründgens und Mitglied des künstlerischen Beirats des Düsseldorfer Schauspielhauses, von 1955 an Schauspieldirektorin am Deutschen Schauspielhaus in Hamburg unter der Intendanz von Gründgens (bis 1963).

41 Masch. Brief mit eigenh. Unterschrift. Absenderangabe: *Carl Zuckmayer | Barnard, Vermont.* Adressatenangabe: *Annemarie Suhrkamp | Berlin-Zehlendorf-West | Forststrasse 27.* Datumsangabe auf der Vorlage: *16. Dezember 1945.*

Jessner] Jessner war am 13. Dezember 1945 in Hollywood gestorben.

Robert] Der Theatermanager und Regisseur Eugen Robert (geb. 1877) war am 21. Dezember 1944 in London gestorben.

Festrede] Max Reinhardt (geb. 1873) starb am 30. Oktober 1943. CZs *Tischrede zu Max Reinhardts siebzigstem Geburtstag*, die er am 10. September 1943 in New York gehalten hat, ist mit einer Einleitung von CZ abgedruckt in: Zuckmayer, *Aufruf zum Leben*, S. 139-144.

Barnowski] Victor Barnowsky (1875-1952), deutscher Schauspieler, Filmproduzent, Theaterregisseur und -direktor. Erwin Piscator hatte 1929 an Barnowskys Theater in der Königgrätzer Straße in Berlin CZs Bearbeitung des Schauspiels *What Price Glory* von Maxwell Anderson und Lawrence Stallings inszeniert. 1933 emigrierte er nach Frankreich, 1937 in die USA. Dort arbeitete er als Drehbuchautor und Dramaturg in Hollywood.

sodass es ihm nicht so schlecht geht] Offenbar ging CZ davon aus, daß Victor Barnowsky von Elisabeth Bergner unterstützt wurde; es konnte nicht ermittelt werden, aus welchen Gründen.

Reisser] Es handelt sich um den englischen Boulevardkrimi *The Two Mrs. Carrolls* von Martin Vale, ein Pseudonym von Margaret (auch Marguerite) De Wolfe (geb. 1884), die unter dem Namen Margarete Wycherly auch als Schauspielerin bekannt wurde und mit dem amerikanischen Dramatiker Bayard Veiller (1869-1943) verheiratet war. Die Uraufführung ihres Kriminalstücks fand am 12. Juni 1935 in London statt, die Erstaufführung in den USA am

28. Dezember 1936 in Washington. Eine überarbeitete Version hatte am 3. August 1943 am Booth Theatre in New York Premiere. Dort wurde das Stück, in dem Elisabeth Bergner die Hauptrolle spielte, fast 400 Mal aufgeführt bis man im Herbst 1945 mit ihm auf Tournee ging (Start am 1. Oktober 1945 im *Schubert Great Northern Theatre* von Chicago). – Zum biographischen Kontext: Elisabeth Bergner und ihr Ehemann Paul Czinner hatten sich im Sommer 1945 in ein von CZ beschafftes Ferienhaus in Vermont zurückgezogen. Von Juni bis Mitte Juli 1945 hielt sich hier auch Bertolt Brecht auf, um mit der Bergner die Rohfassung einer Bearbeitung des elisabethanischen Schauspiels *Die Herzogin von Malfi* (Uraufführung am 16. November 1946 im Ethel Barrimore Theatre Chicago) zu beenden (vgl. auch S. 242, Anm. zu *Grosses Filmangebot* und Völker 1990, S. 327).

Seidenen Schuh] Vgl. S. 279, Anm. zu *Seidenen Schuh*.

Silk Slipper] Englische und amerikanische Ausgaben der Übersetzung von John O'Connor erschienen bereits 1931 unter dem Titel *The Satin Slipper or The Worst is not the Sarest* (London: Sheed & Word und New York: Yale University Press).

Bernadette] Franz Werfels 1941 bei Bermann Fischer in Stockholm erstmals veröffentlichter Roman *Das Lied von Bernadette* erschien 1945 in Washington als Band 5 der Bücherreihe *Neue Welt*, die für Deutsche in amerikanischen Kriegsgefangenenlagern konzipiert worden war. Der Roman wurde 1943 mit Jennifer Jones in der Hauptrolle in den USA verfilmt. Eine amerikanische Buchausgabe aus diesen Jahren konnte nicht ermittelt werden.

Stalin] Jossif Wissarionowitsch Stalin war von 1927 an unumschränkter Diktator der UdSSR, seit 1943 auch Marschall, seit 1955 Generalissimus der Roten Armee.

Zhukow] Georgij Konstantinowitsch Shukow (1896-1974) war von 1943 an Marschall der Roten Armee und 1945/46 Oberkommandierender der sowjet. Streitkräfte in Deutschland.

aus einer Zeitung] In CZs Nachlaß nicht überliefert.

Tochter] Die Pianistin Lella Simon.

Saenger] Samuel Saenger (1864-1944) war 1919-1929 im diplomatischen Dienst tätig und 1908-1933 Redakteur im S. Fischer Verlag für die Zeitschrift *Die Neue Rundschau*. Er emigrierte 1939 nach Paris, 1941 in die USA.

42 Masch. Brief mit eigenh. Unterschrift. Absenderangabe: *Annemarie Suhrkamp | Berlin Zehlendorf | Forststr. 27.* Adressatenangabe: *Carl Zuckmayer | Barnard | Vermont USA.* Datumsangabe auf der Vorlage: *19. Dezember 45.*

Jobs] Alice Zuckmayer.
Evchen] Eva Noack-Mosse.
Däxe] CZs Eltern.

43 Masch. Brief mit eigenh. Unterschrift. Absenderangabe: *Annemarie Suhrkamp | Berlin Zehlendorf West | Forststr. 27.* Adressatenangabe: *Carl Zuckmayer | Barnard | Vermont USA.* Datumsangabe auf der Vorlage: 12. Januar 1946.

Jobs] Alice Zuckmayer.
Bildchen] Diese Photographien sind verschollen.
Zwergenkönigin] Nicht ermittelt.
1 Lard] Speck.
Olsen] Nicht ermittelt.
Saroyan] Der amerik. Schriftsteller William Saroyan (1908-1981) wurde vor allem durch seine Erzählung *My Name is Adam* (1940; dt. 1946: *Ich heiße Adam*), dann auch als Dramatiker bekannt. Nach dem Zweiten Weltkrieg sind von ihm in Deutschland 13 Stücke gespielt worden, die es auf insgesamt 970 Aufführungen brachten (vgl. Hadamczik/Schmidt/Schulze-Reimpell 1978, S. 51).
The beautiful People] Das Stück erschien 1941 zusammen mit Saroyans Dramen *Sweeney in the Trees* und *Across the Board on Tomorrow Morning* in dem Band *Three Plays by William Saroyan* (New York: Harcourt, Brace and Company 1941). Es wurde am 21. April 1941 am Lyceum Theatre in New York uraufgeführt und nach 120 Vorstellungen im August des Jahres abgesetzt. Saroyan hat diese Produktion finanziert und auch selbst Regie geführt. Es erschien 1942 außerdem in England (*The Beautiful People and Other Plays*, London: Faber and Faber 1942). Eine deutsche Übersetzung und Aufführung konnte nicht ermittelt werden.
Agnes the saint of the mice] So wird in Saroyans *The Beautiful People* eine der beiden weiblichen Rollen von ihrem jüngeren Bruder genannt.
East Coker] Bei diesem 1940 entstandenen Gedicht des engl.-amerik. Schriftstellers Thomas Stearns Eliot (1888-1965) handelt es sich um das zweite im Zyklus *Vier Quartette*, der 1948 in der Übersetzung von Nora Wydenbruck im Amandus Verlag Wien er-

schienen ist. 1951 verlegte Peter Suhrkamp eine zweisprachige Ausgabe mit Eliots *Ausgewählten Gedichten*, in der auch die *Vier Quartette* enthalten sind.

Kampen] Vgl. S. 232, Anm. zu *Kampen*.

Mama] Emmy Seidel.

Jhering] Herbert Ihering (1888-1977), Theaterkritiker und Publizist, begann 1909 seine Karriere als Mitarbeiter von Siegfried Jacobsohns Theaterzeitschrift *Die Schaubühne*. 1918-1933 war er Redakteur des *Berliner Börsen-Couriers*. CZ lernte Ihering, der sein 1920 uraufgeführtes Stück *Kreuzweg* im Gegensatz zu Alfred Kerr lobend besprochen hat, Anfang der zwanziger Jahre in Berlin kennen. CZ nutzte diese Verbindung 1923, als er Dramaturg in Kiel war, und erbat von Ihering Schützenhilfe bei den Auseinandersetzungen um seine Komödie *Der Eunuch* (vgl. Nickel 1997 b). Bis 1933 begleitete Ihering, der zu den entschiedenen Förderern Brechts gehörte, CZs Entwicklung zunehmend ablehnend. In seinem 1943/44 entstandenen *Geheimreport* für das »Office of Strategic Services« ordnete CZ sie in die »Gruppe 3: Sonderfälle, teil positiv, teils negativ« ein (vgl. Zuckmayer 2002, S. 118-121). Nach der NS-Zeit empfahl Ihering den Theaterintendanten der Sowjetischen Besatzungszone, *Des Teufels General* nicht zu inszenieren. CZ reagierte darauf am 12. August 1948 mit einem in der Wochenzeitung *Sonntag* veröffentlichten Brief (vgl. Nickel/Weiß 1996, S. 341-344). Bis in die siebziger Jahre standen sie dennoch in freundschaftlicher Verbindung, auch wenn Iherings Rezensionen von CZs Uraufführungen zuweilen sehr kritisch ausfielen.

Florath] Der dt. Bühnen- und Filmschauspieler Albert Florath (1888-1957) wirkte u.a. 1928 in Kurt Bernhardts Verfilmung des *Schinderhannes*, 1931 in Richard Oswalds Verfilmung des *Hauptmanns von Köpenick* und 1945 in der Stuttgarter Neuinszenierung von *Katharina Knie* (vgl. S. 276, Anm. zu *Stuttgart*) mit.

Radow] Emmy Rado (1900-1961) leitete 1943/44 das New Yorker Büro des OSS, für das Zuckmayer seinen *Geheimreport* verfaßte (vgl. Zuckmayer 2002).

Erzählung] Gerhart Hauptmanns Erzählung *Das Meerwunder. Eine unwahrscheinliche Geschichte* wurde in der *Neuen Rundschau*, Jg. 45, 1934, H. 8, S. 167-195 und H. 9, 226-254 erstmals veröffentlicht und erschien noch im selben Jahr als Buchausgabe bei S. Fischer.

44 Masch. Brief mit eigenh. Unterschrift. Datumsangabe auf der Vorlage: *9. April 1946.*

»Wir heissen euch hoffen.«] Das Drama von Fred Denger (geb. 1920) wurde an der Studiobühne des Deutschen Theaters Berlin uraufgeführt (Premiere am 3. April 1946). Die Regie führte Gustav von Wangenheim.

»Krankheit der Jugend«] Das Drama von Ferdinand Bruckner (d.i. Theodor Tagger, 1891-1958) wurde am 16. Oktober 1926 in Breslau uraufgeführt. Eine Buchausgabe erschien 1928 im S. Fischer Verlag.

Aufführung in New York] Vgl. S. 278, Anm. zu *Broadway*.

Deutsches Theater] CZs *Der Hauptmann von Köpenick* wurde in der Spielzeit 1947/48 am Deutschen Theater Berlin neuinszeniert (Premiere am 2. September 1947, Regie: Ernst Legal, Hauptrolle: Paul Bildt).

Stuttgart] In Stuttgart wurde der *Hauptmann von Köpenick* Ende April 1947 am *Theater der Jugend* neuinszeniert (Regie: Peter Hamel, Hauptrolle: Erich Ponto).

Schelm] Zu einer Aufführung in München kam es nicht. Die deutsche Erstaufführung von CZs *Schelm von Bergen* fand erst 1950 am Württembergischen Staatstheater in Stuttgart statt (Premiere am 4. Juni 1950).

Brecht] Brecht und Peter Suhrkamp haben sich 1919 oder 1920 kennengelernt und Freundschaft geschlossen. 1930 veröffentlichten sie gemeinsam eine der bedeutendsten dramentheoretischen Arbeiten des 20. Jahrhunderts, die *Anmerkungen zur Oper ›Aufstieg und Fall der Stadt Mahagonny‹*. Auf einen nicht überlieferten Brief von Suhrkamp antwortete Brecht im Oktober 1945: »Ihr Brief ist der erste, der mich aus D. erreicht, und Sie waren einer der letzten, die ich in D. sah – ging ich doch von Ihrer Wohnung an die Bahn am Tage nach dem Reichstagsbrand; ich habe Ihnen Ihre Hilfe bei meiner Flucht nicht vergessen« (Hecht/Knopf/Mittenzwei/Müller 1988-2000, Bd. 29, S. 365). 1949 veröffentlichte Suhrkamp mit den *Versuchen 20-21* (darin: *Mutter Courage und ihre Kinder* und *Fünf Schwierigkeiten beim Schreiben der Wahrheit*) die ersten Arbeiten, die von Brecht nach dem Zweiten Weltkrieg in Deutschland erschienen sind. Nach der Entzweiung von Suhrkamp und Bermann Fischer stand es für Brecht außer Frage, in den Verlag zu wechseln, der von Suhrkamp geleitet wurde.

Murder in the cathedral] Eliots 1935 uraufgeführtes Drama erschien in der Übersetzung von Rudolf Alexander Schröder unter dem

Titel *Mord im Dom* 1946 im Suhrkamp Verlag als Buchausgabe. Die deutschsprachige Erstaufführung fand am 28. Juni 1947 am Schauspielhaus Zürich statt.

Familiendrama] Gemeint ist Eliots Versdrama *The Family Reunion* (dt.: *Der Familientag*). Es wurde am 21. März 1939 am Westminster Theatre in London uraufgeführt. Die deutschsprachige Erstaufführung fand am 21. Juni 1945 am Schauspielhaus Zürich statt. Eine Buchausgabe der Übersetzung von Rudolf Alexander Schröder und Peter Suhrkamp erschien 1949 unter dem Titel *Der Familientag. Dramatische Dichtung* im Suhrkamp Verlag.

This Way to the Tomb] Peter Suhrkamp nahm das Buch in sein Verlagsprogramm auf. Es erschien 1947 unter dem Titel *Hier ist der Weg zum Grab* in der Übersetzung von Rudolf Alexander Schröder.

Wurzen] Inszenierungsdaten konnte nicht ermittelt werden.

Guben] Zu der beabsichtigten Inszenierung kam es nicht.

Zittau] Die Premiere einer Inszenierung von *Katharina Knie* am Stadttheater Zittau fand am 15. Mai 1947 statt. Regie führte Hans Müller, die Hauptrollen spielten Ulrich von der Trenck (Vater Knie) und Helga Raumer (Katharina).

Güstrow] Die Premiere einer Inszenierung von *Katharina Knie* am Stadttheater Güstrow fand am 10. Februar 1947 statt. Regie führte Arthur von Klein, die Hauptrollen spielten Hermann Götze (Vater Knie) und Gerda Hubrig (Katharina). »Das Publikum«, so hieß es am Ende des Aufführungsberichts in der Güstrower *Landes-Zeitung* vom 25. Februar 1947, »stand bis zum Schluß im Banne des mit echtem Humor gewürzten, lebensernsten Stückes.«

Steglitz] Zu einer Inszenierung von *Katharina Knie* am Schloßparktheater, das sich im Berliner Stadtteil Steglitz befindet, ist es nicht gekommen. Die erste und einzige Inszenierung eines Stücks von CZ an diesem Theater war die Berliner Erstaufführung von *Des Teufels General* unter der Regie des Intendanten Boleslav Barlog (Premiere am 14. Juli 1948, in der Hauptrolle: O.E. Hasse). Zum 50jährigen Jubiläum des Schloßparktheaters hat CZ den Beitrag *Metamorphosen des Steglitzer Schloßparktheaters* geschrieben in dem er am Ende feststellte: »Man schaue sich die Spielpläne des Schloßpark-Theaters [...] unter Barlogs Leitung vorurteilslos an, – und jene fadenscheinige Insinuation, daß Barlog ein biederer Rampenvogt war, der hauptsächlich altmodischen Plunder, etwa Zuckmayer, Opas Theater also, gegeben habe, (manchmal durch einen knüppelversl ich-ideologischen Peter Weiss verfremdet), wird zu nichts zerfallen« (in: *Biografie eines Theaters. Ein halbes Jahr-*

hundert Schloßparktheater Berlin, Berlin: Rembrandt Verlag 1972, S. 14). Von 1951 an leitete Barlog auch das Schiller-Theater in Berlin, wo er eine Reihe von Stücken CZs inszeniert hat bzw. inszenieren ließ.

Garmisch Partenkirchen] Zu der beabsichtigten Inszenierung kam es nicht.

Düsseldorf] Zu der beabsichtigten Inszenierung kam es nicht. Erst 1953 wurde mit *Katharina Knie* wieder ein Stück von CZ in Düsseldorf inszeniert (Premiere am 16. September 1953, Regie: Ernst Legal).

Löwenbein] Gemeint ist Karl Löwenstein.

Tutti] Brigitte Bermann Fischer.

Norden] Ruth Norden (1906-1977) emigrierte 1934 in die USA.

Jobs] Alice Zuckmayer.

45 Masch. Brief mit eigenh. Unterschrift. Datumsangabe auf der Vorlage: *30. April 46.*

Albers] Der Schauspieler Hans Albers (1891-1960) spielte 1929 bei der Uraufführung von CZs Bearbeitung des Theaterstücks *Rivalen* von Maxwell Anderson und Lawrence Stallings am Theater in der Königgrätzer Straße in Berlin (Regie: Erwin Piscator) und nochmals 1934 bei der Berliner Neuinszenierung des Stücks am Admiralspalast den Sergeanten Quirt. 1930 gehörte er zum Ensemble des Films *Der Blaue Engel*, dessen Drehbuch von CZ mitverfaßt wurde. In seinem *Geheimreport* für den amerikanischen Geheimdienst OSS ordnete CZ Albers in die »Gruppe 1: Positiv (Vom Nazi-Einfluss unberührt, widerstrebend, zuverlässig)« ein (vgl. Zuckmayer 2002, S. 47 f.) Nach dem Zweiten Weltkrieg spielte Albers zweimal die Rolle des Zirkusdirektors Knie in Mischa Spolianskys und Robert Gilberts Musical-Fassung von CZs *Katharina Knie*: 1957 bei einer Inszenierung am Theater am Gärtnerplatz in München und 1960 bei einer Inszenierung am Raimund-Thater in Wien.

Liliom] Das 1909 verfaßte Drama von Franz Molnár (1878-1952) hat CZ während seiner Dramaturgenzeit in Kiel 1922/23 inszeniert (Premiere am 21. Januar 1923). 1931 und 1932 spielte Hans Albers bei Neuinszenierungen an der Volksbühne in Berlin, am Thalia-Theater in Hamburg, am Admiralspalast in Berlin und am Deutschen Volkstheater in Wien mit großem Erfolg die Hauptrolle. Während der NS-Zeit durfte das Stück nicht mehr aufgeführt werden, weil Molnár jüdischer Herkunft war. Die Premiere der ersten

Neuinszenierung nach dem Zweiten Weltkrieg, in der Albers erneut die Hauptrolle spielte, fand am Berliner Hebbel-Theater am 8. April 1946 statt. Regie führte Karl Heinz Martin.

Onkel Wanja] Das Drama von Anton Tschechow (1860-1904) aus dem Jahr 1897 wurde 1945 von Ernst Legal am Deutschen Theater Berlin neuinszeniert (Premiere am 20. Dezember 1945). Gerda Müller spielte die Rolle der Marina.

Elsa] Elsa Wagner.

Jonny] Nicht ermittelt.

»Snob«] Das 1914 uraufgeführte Drama *Der Snob* von Carl Sternheim (1878-1942) wurde von Fritz Wisten am Deutschen Theater Berlin mit Gustaf Gründgens in der Rolle des Christian Maske neuinszeniert (Premiere am 3. Mai 1946).

Riebieseln] Johannisbeeren.

Jobs] Alice Zuckmayer.

Winnetou] Winnetou Zuckmayer.

Michi] Michaela Zuckmayer.

Kleinstadtbriefe] Die *Neue Zeitung* (Frankfurt am Main/Berlin) veröffentlichte am 12. April 1946 unter der Überschrift *Amerikanische Kleinstadtidylle. Aus einem Brief von Alice Zuckmayer* eine Schilderung des Lebens in Vermont, die – so heißt es in der redaktionellen Vorbemerkung – einem Brief von ihr an CZs Eltern entnommen worden sei.

Gottfried] Gottfried Bermann Fischer.

Löwenbein] Gemeint ist Karl Löwenstein.

staatspolitische Buch] Gemeint ist vermutlich: Karl Löwenstein, *Political Reconstruction*, New York: Macmillan 1946. Weder dieses noch andere Bücher von Löwenstein wurden von Suhrkamp verlegt.

46 Masch. Brief mit eigenh. Unterschrift. Absenderangabe: *Barnard, Vermont, USA*. Datumsangabe auf der Vorlage: *10. Mai 1946*.

Löwenbein] Gemeint ist Karl Löwenstein.

Jobs] Vgl. Alice Zuckmayer.

Kampen] Vgl. S. 232, Anm. zu *Kampen*.

Dächse] CZs Eltern.

Gottfried] Gottfried Bermann Fischer.

›Des Teufels General‹] Die österreichische Erstaufführung fand unter der Regie von Max Paulsen mit Ewald Balser in der Hauptrolle erst am 12. September 1948 am Akademietheater in Wien statt.

Hilpert, Lernet-Holenia … mir schreiben] Von Heinz Hilpert ist in CZs Nachlaß nur ein Brief überliefert, der zeitlich in Frage kommt und in dem er sich auch über *Des Teufels General* äußert (er datiert vom 9. April 1946). Diesen Brief dürfte CZ aber nicht gemeint haben, denn Hilpert schreibt darin lediglich: »Auch im nächsten Jahr werd ich ungefähr drei Inszenierungen in Zürich machen, wenn Gott das Leben schenkt. – Die erste wird im September aller Voraussicht nach des ›Teufels General‹ mit Ewald Balser in der Titelrolle sein« (DLA, Nachlaß CZ). Auch in Hilperts Nachlaß (in der Akademie der Künste, Berlin) ist kein Entwurf oder Durchschlag eines Briefes überliefert, auf den sich CZ hier bezogen haben könnte. – Der Brief von Alexander Lernet-Holenia, den CZ erwähnt, ist dagegen erhalten. Er datiert vom 25. März 1946, und es heißt in ihm u.a.: »Ich erinnere mich noch gut, liebster Zuck, dass die ›Weissagung des Teiresias‹ auf Dich Eindruck gemacht hat, jenes Gedicht, das von der Heimkehr (oder dem Nicht-Heimkehren-Können) des Odysseus handelt, – nun, Du Lieber und Guter: wenn überhaupt jemand zurückkehren kann, ja wenn er, im Geiste, nie fortgewesen ist, so bist Du's! ›Des Teufels General‹ ist das Stück eines wahren Deutschen, *für* Deutschland geschrieben, *in* Deutschland geschrieben … Lass Dich auf den Broadway nicht (oder nur sehr bedingt) ein, lass Dich auf die Emigration nicht ein, ändere nichts (oder doch nur Technisches und Einzelheiten). Die Sache *ist* richtig, – lass Dich nicht verwirren! Ich will Dich – wenn Du herüben bist – gern auf ein paar Details aufmerksam machen, die Du nicht wissen konntest, – aber das ist unwesentlich. Ich bin sehr glücklich, dass Du dieses Stück geschrieben hast. Lass den ›Hauptmann von Köpenick‹ *jetzt* in Deutschland so wenig wie möglich laufen. Komm mit dem ›General‹ heraus. Du hast gefühlt, was wir alle fühlen und was drüben niemand versteht, niemand verstehen will« (Zuckmayer/Lernet-Holenia 2005/06, S. 33).

ein neues] Gemeint ist das Stück *Barbara Blomberg*, das CZ am 22. Februar 1945 zu schreiben begonnen hat.

Büchlein] *Der Seelenbräu* (Stockholm: Bermann Fischer 1945).

anerkennende Kritiken] Nicht ermittelt.

Holland, sogar hier] Übersetzungen des *Seelenbräus* ins Niederländische und Amerikanische sind nicht erschienen.

Thomas Mann Bücher] Gemeint sind *Lotte in Weimar* (Berlin: Suhrkamp 1946) sowie in der Reihe *Beiträge zur Humanität* der Essay *Vom kommenden Sieg der Demokratie* (Berlin: Suhrkamp 1946).

story] Nicht ermittelt

Winnetou] Winnetou Zuckmayer.
besucht] Vgl. Zuckmayer, *Als wär's ein Stück von mir*, S. 626.

47 Masch. Brief mit eigenh. Unterschrift. Absenderangabe: *Annemarie Suhrkamp | Forststr. 27 | Zehlendorf West*. Adressatenangabe: *Carl Zuckmayer | Barnard | Vermont USA*. Datumsangabe auf der Vorlage: *18. Mai 46*.

Evchen] Eva Noack-Mosse.
Kampen] Vgl. S. 232, Anm. zu *Kampen*.
Schadewald] Der Altphilologe Wolfgang Schadewald (1900-1974) war von 1950 an Professor für klassische Philologie an der Universität Tübingen. Für das von Peter Suhrkamp 1946 herausgegebene *Taschenbuch für junge Menschen* steuerte er den Beitrag *Die Heimkehr des Odysseus* bei.
Kückelhaus] Gemeint ist der Innenarchitekt, Bildhauer und Schriftsteller Hugo Kükelhaus (1900-1984), der sich in seinen zivilisationskritischen Veröffentlichungen (u.a. *Urzahl und Gebärde*, 1934) für einen »organgesetzlichen« (der menschlichen »Natur« gemäßen) Einsatz der Technik aussprach. An dem von Peter Suhrkamp 1946 herausgegebenen *Taschenbuch für junge Menschen* beteiligte er sich mit dem Beitrag *Die Meister*.
Käthchen D.] Käthe Dorsch.
Kurt R...!!] Curt Riess.
Jobs] Alice Zuckmayer.
Löwenbein] Gemeint ist Karl Löwenstein.
Brautmuttersorgen] Michaela Zuckmayer, Alice Zuckmayers Tochter aus ihrer ersten Ehe mit Karl Frank, heiratete im Sommer 1946 Peyton St. Clair. Dazu heißt es in einem Brief von CZ an Peter Suhrkamp vom 27. Juni 1946: »Michi, unser glamour girl, hat einen Stockamerikaner aus dem Süden geheiratet, dessen Familienname, St. Claire, schon in Onkel Toms Hütte vorkommt. Sie eignet sich sehr gut zum Sklavenhalten, wenn es auch keine Neger sind. Wir erwarten den Besuch des jungen Paares irgendwann in Juley, und ich hamstere schon Bourbon-Whiskey, von dem er pro Abend eine Flasche trinken soll« (DLA, S. Fischer-Verlagsarchiv).

48 Masch. Brief mit eigenh. Unterschrift. Absenderangabe: *Annemarie Suhrkamp | Berlin Zehlendorf West | Forststr. 27*. Datumsangabe auf der Vorlage: *1. Juni 46*.

Albrecht] Albrecht Joseph.
Käthe] Käthe Dorsch.

Curt R.] Curt Riess.
Jobs] Alice Zuckmayer.
Viertel] Salka Steuermann (1889-1978), eigentlich Salomea Steuermann, die Schwester des Pianisten und Komponisten Eduard Steuermann (1892-1964), war von 1918 an mit Berthold Viertel (1885-1953) verheiratet. Vgl. auch S. 268, Anm. zu *Viertel.*
Übersetzung des Seidenschuhs] Eine solche Übersetzung ist im Nachlaß von AJ nicht überliefert.

49 Masch. Brief mit eigenh. Unterschrift. Absenderangabe: *Annemarie Suhrkamp | Berlin Zehlendorf West | Forststr. 27.* Datumsangabe auf der Vorlage: *13. Juni 46.*

Evchen] Eva Noack-Mosse.
Jobs] Alice Zuckmayer; der erwähnte Brief ist verschollen.
Kampen] Vgl. S. 232, Anm. zu *Kampen.*
dritten Akt] Vgl. S. 280, Anm. zu *Dritten Akt.*
Seelenbräu] Vgl. S. 273, Anm. zu *Novelle.*
Gottfrieds] Gottfried Bermann Fischer.
unter den Ruinen wieder aufblühen] Anspielung auf Schillers *Wilhelm Tell*, 4. Akt, 2. Szene.
Tode des alten Hauptmann] Gerhart Hauptmann war am 6. Juni 1946 in Agnetendorf gestorben.
Weissen Hirsch] Ein hochgelegener Stadtteil von Dresden. Dort hielt sich Hauptmann vom 5. Februar bis 21. März 1945 im Sanatorium Weidner auf und erlebte am 13. und 14. Februar die alliierten Luftangriffe, die zur fast vollständigen Zerstörung der Stadt führten. Dazu heißt es in einem Bericht von Hauptmanns zweiter Ehefrau Margarete: »Am Vormittag des 14. Februar explodierte etwa 15 Meter vor unseren Fenstern eine schwere Bombe. Mauerwerk, Staub und Glassplitter flogen im ganzen Zimmer umher. Gerhart Hauptmann saß im Paletot in einem Sessel. Er schlug seinen Mantelkragen hoch, drückte seinen Hut in die Stirn und erwartete, wie er mir erzählte, den Stoß, der ihn erledigen würde« (zitiert nach Behl/Voigt 1993, S. 126).
Rundschau] Vgl. S. 255, Anm. zu *Rundschau* und S. 295, Anm. zu *Die Herausgeber.*
schöne Gedichte von Dir] In der *Neuen Rundschau* waren folgende Gedichte von CZ erschienen: *Kleine Sprüche aus der Sprachverbannung* (Jg. 56, 1945, H. 6, S. 192-193), *Irrende Ritter, Vergängliche Liebe, Elegie von Abschied und Wiederkehr* (Jg. 57, 1946, H. 3, S. 349-351).

Beiträge in Tagebuchform] Sie erschienen unter der Überschrift *Tagebuch des Zuschauers* und wurden wiederabgedruckt in Suhrkamp 1956.

Rosenbergstelle] Gemeint ist das Amt Rosenberg, benannt nach seinem Leiter Alfred Rosenberg (1893-1946), das während der NS-Zeit u.a. für die »Überwachung des gesamten geistigen und weltanschaulichen Schrifttums« zuständig war.

Lernet] Das erste Buch von Alexander Lernet-Holenia im S. Fischer Verlag war 1926 *Demetrius*, der letzte neue Titel von ihm während des Zweiten Weltkriegs 1942 der Roman *Beide Sizilien*. 1943 folgte noch die Neuauflage des Romans *Ein Traum in Rot* (1939).

Hausmann] Das erste Buch von Manfred Hausmann (1898-1986) im S. Fischer Verlag war 1929 der Roman *Salut gen Himmel*, der letzte neue Titel von Hausmann während des Zweiten Weltkriegs 1942 der Gedichtband *Alte Musik*. 1943 folgte noch eine Neuauflage der Romane *Abel mit Mundharmonika* (1932) und *Salut gen Himmel* (1929).

Flake] Das erste Buch von Otto Flake (1890-1963) im S. Fischer Verlag war 1913 der Roman *Freitagskind*, der letzte neue Titel während des Zweiten Weltkriegs 1943 der Roman *Das Quintett*. 1943 erschien auch eine Neuauflage des Romans *Hortense oder Die Rückkehr nach Baden-Baden* (1933).

Kellermann] Der erste Buch von Bernhard Kellermann (1879-1951) im S. Fischer Verlag war 1906 der Roman *Ingeborg*, der letzte neue Titel während des Zweiten Weltkriegs 1941 der Roman *Georg Wendtlands Umkehr*. 1943 folgte noch eine Neuauflage von Kellermanns Buch *Meine Reisen in Asien* (1940).

Tutti und Gottfried] Gottfried und Brigitte Bermann Fischer.

Schwiegermutter] Vgl. S. 291, Anm. zu *Brautmuttersorgen*.

Winnetou] Winnetou Zuckmayer.

Slater] Nicht ermittelt.

R.N.] Vermutlich Ruth Norden.

50 Masch. Brief mit eigenh. Unterschrift Absenderangabe: *Carl Zuckmayer | Barnard, Vermont*. Datumsangabe auf der Vorlage: *27. Juni 1946*.

Holstein] Hans Holstein (1909-1994) wurde in Gumbinnen (Ostpreußen) geboren. Er studierte Mathematik und Theologie (u.a. bei Karl Barth). Ohne verfolgt zu sein, emigrierte er in die USA, war dort zunächst bei der Armee, dann Mitarbeiter des 1941 gegründeten Geheimdienstes OSS. Er kehrte nach dem Zweiten

Weltkrieg nicht nach Europa zurück, sondern lebte als Mathematiklehrer in den Vereinigten Staaten.

Jobs] Alice Zuckmayer.

Lothar] Ernst Lothar.

Gessner] Die österr. Schauspielerin Adrienne Gessner (1896-1987) spielte 1933 in CZs Kinderstück *Kakadu Kakada* die Frau Katzenellenbogen (Premiere am 20. September 1933 am Theater in der Josefstadt in Wien). Sie emigrierte 1938 mit ihrem Ehemann Ernst Lothar in die Schweiz, dann nach Paris, 1939 in die USA. 1945 kehrte sie nach Wien zurück. 1947 wirkte sie nochmals an der Aufführung eines Stücks von CZ mit: In seiner Bearbeitung von John van Drutens *I Remember Mama* (dt.: *Die Unvergeßliche*) spielte sie die Aunt Trina (Premiere am 18. September 1947 am Schauspielhaus Zürich, Regie: Wilfried Seyferth).

Filmgeschichte] Nicht ermittelt.

mache grad eine zweite] Nicht ermittelt.

›Der Seelenbräu‹] Vgl. S. 273, Anm. zu *Novelle*.

›Des Teufels General‹] Vgl. S. 273, Anm. zu *neue Stück*.

License] Lizenzausgaben von *Des Teufels General. Drama in drei Akten* und *Der Seelenbräu* erschienen in Berlin und Frankfurt am Main bei Suhrkamp vorm. S. Fischer 1947.

neuen Stück] Gemeint ist *Barbara Blomberg*.

Roman] Gemeint ist wahrscheinlich der nicht beendete *Vermonter Roman*, der 1996 aus dem Nachlaß bei S. Fischer veröffentlicht wurde.

henndorfer Hauses] Vgl. S. 228, Anm. zu *Henndorf*.

mein Eder] Josef Eder war Totengräber und Schützenmeister in Henndorf und wurde von CZ bis 1938 als Hausmeister beschäftigt.

Kurtchen und Kätchen] Curt Riess und Käthe Dorsch.

O Jahrhundert, o Wissenschaft] Sprichwörtlich nach einem Brief von Ulrich von Hutten an Willibald Pirckheymer vom 25. Dezember 1518, in dem es heißt »O saeculum, o literae, juvat vivere!« (»O Jahrhundert! O Wissenschaften: es ist eine Lust zu leben.«).

51 Masch. Brief mit eigenh. Unterschrift. Absenderangabe: *Carl Zuckmayer | Barnard, Vt. (Z Zt New York)*. Datumsangabe auf der Vorlage: 21. Juli 1946.

Jobs] Alice Zuckmayer.

persönlicher Freund] Gemeint ist der Dokumentarfilmautor und Filmregisseur Pare Lorentz (1905-1992).

Care] Abkürzung für »Cooperative for American Remittances to Europe«, eine vor allem von privater Seite getragene Hilfsorganisation zur Milderung der wirtschaftlichen Not in Europa nach dem Zweiten Weltkrieg.

Däxen] CZs Eltern.

Fit] Kosename für CZs Vater.

Schlabrendorff] Fabian von Schlabrendorff, *Offiziere gegen Hitler*, Zürich: Europa-Verlag 1946.

Emmy] Emmy Rado.

ein ganz anderes] Gemeint ist das Drama *Barbara Blomberg*, das am 30. April 1949 unter der Regie von Heinz Hilpert am Deutschen Theater Konstanz uraufgeführt wurde.

etwas für die Rundschau schreiben] CZ hat Schlabrendorffs Buch nicht rezensiert, weder für die *Neue Rundschau*, noch für eine andere Zeitschrift oder Zeitung.

Die Herausgeber] Von Oktober 1945 an kam die *Neue Rundschau* als Vierteljahresschrift unter der Herausgeberschaft von Gottfried Bermann Fischer in Stockholm heraus. Redakteure der ersten elf Hefte waren Walter Singer, Richard Friedenthal und Joachim Maass.

politischen Haltung] Vgl. dazu Barbian 1996. Bermann Fischer hat vor allem das persönliche Verhalten von Hauptmann nach dem »Anschluß« Österreichs 1938 zutiefst gekränkt. In seinem Erinnerungsbuch *Bedroht – bewahrt* (Bermann Fischer 1967, S. 147 f.) heißt es über das erste Treffen nach seiner Flucht aus Wien vor den Nationalsozialisten: »In Rapallo im Hotel Excelsior kam uns auf dem Weg zu unserem Zimmer Gerhart Hauptmann entgegen. Wir eilten auf ihn zu, er aber, strahlend, beide Arme erhoben, rief uns entgegen: ›Der Traum von Heinrich Heine ist in Erfüllung gegangen.‹ Er hätte uns genauso gut einen Eimer kalten Wassers über den Kopf gießen können – die Wirkung wäre nicht viel anders gewesen. In seinem patriotischen Hochgefühl war ihm wohl nicht bewußt, woher wir gerade mit Mühe und Not entkommen waren. Aber wie kam er nur auf die vertrackte Idee, gerade in diesem Augenblick den Juden Heinrich Heine zu zitieren und ihm Anschlußträume zu unterschieben? Er war jedenfalls sehr glücklich über die neueste politische Tat Hitlers, und als wir uns wenige Tage später von ihm verabschiedeten – ich hatte eine neuerliche Begegnung vermieden – sprach er die unvergeßlichen Worte: ›Mein liiiiiiber Bermann – Sie werden sehen ..., Wien wird die Hauptstadt Europas.‹ Danach habe ich ihn nicht mehr wiedergesehen.«

abgelehnt] In CZs Brief an Bermann Fischer vom 8. Juli 1946 heißt es: »Ad Gerhart Hauptmann: habe ich mich entschlossen vorläufig zu schweigen. Die – vermutlich notwendige – kritische Beleuchtung seines persönlichen Verhaltens während des letzten Jahrzehntes liegt mir nicht. Ich sehe aber ein dass man nicht einfach Verehrung aussprechen kann ohne darauf einzugehen. Das Eingehen darauf scheue ich keineswegs, ich könnte es aber nicht tun ohne eine viel weitergehende und allgemeinere Betrachtung der Beziehungen zwischen dichterischem Schaffen und Zeitgeschehen, zwischen Politik und Charakter, zwischen der individuellen Verantwortung und dem Wahnbegriff der ›kollektiven‹ Verantwortlichkeit, – und dazu ist noch nicht die Zeit. Auch scheint es mir wichtig erst das uns unbekannte Spätwerk Hauptmanns – das während des Kriegs entstandene – kennen zu lernen, ehe man auf seine Stellung in dieser Zeit eingeht, und es ist wohl überhaupt richtiger, auf seinen zehnten Todestag zu warten, um die heute so verschlungenen Fäden zwischen ihm und uns wieder zu entwirren und neu zu knüpfen. –« (Lilly Library, Manuscript Department, Indiana University, Bloomington, Indiana, USA, Nachlaß Bermann Fischer). CZ schrieb einen kurzen Gedenkartikel, in dem er auf Hauptmanns Rolle in der NS-Zeit nicht einging: *Gerhart Hauptmann* (Nachruf), in: *Die Neue Rundschau* (Stockholm), Jg. 57, 1947, H. 1, S. 1.

Peters Brief an Gottfried] Es handelt sich um Peter Suhrkamps Brief an Gottfried Bermann Fischer vom 17. Juni 1946, dem er als Postscriptum hinzufügte: »Fast hätte ich vergessen, Ihnen noch über Gerhart Hauptmann zu schreiben. Sie wird auch dort die Nachricht erreicht haben, dass er am Sonnabend vor Pfingsten in Agnetendorf starb. Seitdem versuche ich in irgendeiner Form eine Verbindung nach Agnetendorf zu bekommen. Bis jetzt scheint das aber selbst Johannes R. Becher nicht gelungen zu sein. Im Krankenhaus in Potsdam hatte ich von ihm noch ein Telegramm. Das war die letzte direkte Verbindung. Ende Juni 1945 machte ich einen Versuch, mit einem amerikanischen Wagen nach Agnetendorf zu kommen, der nicht glückte. Dann erfuhr ich durch Johannes R. Becher, der mit einem russischen Wagen hingekommen war, dass Hauptmann im Frühjahr 1945 eine Lungenentzündung und einen Rückfall hatte, Becher traf ihn als Rekonvaleszenten an. Die Bilder, die er mitbrachte, waren schrecklich. Es wurde eine zweite Fahrt dahin vorbereitet, auf der ich dann mit sollte, diese war aber undurchführbar. Zum 83. Geburtstag im November 1945 habe ich von Berlin aus Hauptmann über den Rundfunk angesprochen. Ich erfuhr später, dass er diese Sendung gehört hat. – Zwischen Ostern und Pfingsten war hier ein Bote aus Agnetendorf, ein junger Häuslersbursche, mit Botschaften, die er nur mündlich überbringen konnte. Da war zwischen den Polen und den Russen schon ein Abkommen getroffen worden, nach dem Hauptmann von den Russen aus Agnetendorf weggeholt und nach dem Schloss Carolinenhof hier bei Köpenick kommen sollte. Es war vorbereitet, dass der wesentlichste Besitz aus dem Wiesenstein mitgenommen werden konnte. Jedenfalls war eine ganze Anzahl von Waggons dafür bereit. Aus den Erzählungen des Boten konnte ich schon entnehmen, dass bei Hauptmann sehr starke Widerstände vorhanden waren, Agnetendorf noch zu verlassen. Hauptmann selbst war wieder auf dem Wege der Erholung, aber er konnte nicht gehen. Er war nicht etwa gelähmt, aber seine Füsse trugen ihn buchstäblich nicht mehr. Das nächste, was ich hörte, war dann die Todesnachricht. Ich nehme an, er hat aus Agnetendorf nicht mehr wegwollen und hat sich lieber zum Sterben hingelegt. Das klingt freilich sentimental, aber so war es doch. In dieser Beziehung habe ich mit ihm erschütternde Dinge erlebt. | Die Todesnachricht ist mir sehr nahe gegangen. Wegen des Persönlichen, aber auch wegen des Allgemeinen. Ich weiss, sein persönliches Bild schwankt in der Zeitengeschichte. Das wird wahrscheinlich in Amerika besonders deutlich geäussert werden. In seinem Tiefsten war er sich aber des rechten Weges wohl bewusst. Das habe ich immer wieder erfahren, wenn wir ein ernstes Gespräch allein miteinander hatten. Das ist einige Male gewesen. Ich weiss, wie entsetzlich er unter dem Niedergang Deutschlands gelitten hat. Auch zu Zeiten, als dieser Niedergang für die meisten keineswegs sichtbar war. Er hat auch entsetzlich gelitten unter der Entzweiung von alten Freunden. Das war bei ihm der empfindlichste Nerv. Ich habe mich nicht gescheut, ihn verschiedentlich zu berühren und habe Hauptmanns Reaktion bei solchen Berührungen erlebt. Das war unter vier Augen. Sobald ein Kreis um ihn war, war es nicht er selbst, der sprach, wenn gewisse Dinge berührt wurden. Meine Beobachtungen lassen sich auch aus den Werken der letzten Jahre, vor allem aus der Griechen-Trilogie vielfach bestätigen und belegen. Sie werden gewiss davon gehört haben und wahrscheinlich auch nicht anders als von einer Renaissance seines Schöpfertums. Er war in den letzten Jahren persönlich eine überwältigende Erscheinung. Der Zivilisationsmensch war ganz abgefallen. Man konnte bei seinem Gesicht an einen alten Fischer oder an einen alten Schäfer denken. Wenn ich sage, dass der Kopf etwas

Homerisches hatte, schwärme ich nicht. Ich greife einen so hohen Vergleich, um auszudrücken, dass es ein Eindruck war, den ich sonst nie gehabt habe. Gewiss war Hauptmann nicht Homer, aber ganz gewiss war er einer von den echten urtümlichen Dichtern. | [...] Oben sagte ich, dass mich Hauptmanns Tod auch hinsichtlich des Allgemeinen erschüttert hat. Damit meinte ich, dass auffällig viele schöpferische Geister aus unserem Volk gerade jetzt sterben. Sie können sich denken, wie sehr mich in diesem Zusammenhang auch die Nachricht von der schweren Erkrankung Thomas Manns vor einigen Wochen traf. Es ist das Gefühl, dass wir jetzt von allen Geistern verlassen werden. Sie werden das verstehen. | Stets Ihr Peter Suhrkamp« (DLA, Teilnachlaß Bermann Fischer).

Die »Rundschau«] Vgl. S. 255, Anm. zu *Rundschau* und S. 295, Anm zu *Die Herausgeber.*

52 Masch. Brief mit eigenh. Unterschrift. Absenderangabe: *Carl Zuckmayer | New York City | (Privatadresse: 425 East / 51st Street, Apt. 5F.).* Datumsangabe auf der Vorlage: 7. September 1946.

lange Briefe] Bei dem Brief vom Juli 1946 handelt es sich vermutlich um Brief 50 (vgl. aber das Postscriptum zu Brief 52 [S. 189]). Der Brief vom August 1946 ist – sofern es sich nicht um den in der folgenden Anmerkung nachgewiesenen handelt – verschollen.

›offiziell‹ geschrieben] Wahrscheinlich ein Brief vom 29. August 1946, der sich im DLA im S. Fischer Verlagsarchiv mit der Absenderangabe: *Carl Zuckmayer | Chief of the European Unit | Film and Theatre Section | Reorientation Branch | War Department | Civil Affairs Division | 292 Madison Avenue | 7th floor | New York, N.Y.* erhalten hat.

›Chef‹] Pare Lorentz.

Film] Dazu heißt es in einem Brief von CZ an Henry Goverts vom 19. August 1946: »Seit dem 15. August habe ich hier im War Department meinen job übernommen, in dem ich hinübergehen soll, ich bin zunächst damit beschäftigt das ganze Material durchzuarbeiten und eine Übersicht zu gewinnen was in Beziehung auf Theater, Film, Bücher usw. bisher in der amerikanischen Zone geschehen ist und was nicht – momentan bin ich mit der Ausarbeitung eines Planes für eine Serie von Filmen betraut, die wir vermutlich teils hier teils drüben für den Gebrauch in Deutschland herstellen werden, das Ganze ist noch mehr Theorie und Paperwork, alles geht langsam und braucht eine Menge umständlicher Formalitäten, aber mit der Zeit wird es doch dazu kommen, daß ich drüben erscheine und anfangen kann, etwas Praktisches zu tun oder zu unterstützen« (DLA, Nachlaß CZ). Einzelheiten zu diesen offenbar nicht, jedenfalls nicht unter Beteiligung von CZ realisierten Filmplänen konnten nicht ermittelt werden.

Pommer] Der Filmregisseur und -produzent Erich Pommer (1889-1966) gründete 1915 die Decla-Film-Gesellschaft, die dann in der 1917 von General Erich Ludendorff initiierte Universum Film AG (Ufa) aufging. Nach dem Erfolg mit *Das Cabinet des Dr. Caligari* avancierte Pommer zum maßgeblichen Produzenten der deutschen Filmindustrie. 1926 wechselte er zur Paramount nach Hollywood, kehrte aber 1928 wieder zur Ufa zurück. Im Herbst 1929 und Frühjahr 1930 entstand unter seiner Leitung Josef von Sternbergs Verfilmung des Romans *Professor Unrat* von Heinrich Mann, die unter dem Titel *Der blaue Engel* am 1. April 1930 in Berlin uraufgeführt wurde. Die beiden ersten Fassungen des Drehbuchs hatte CZ nach konzeptionellen Vorbesprechungen, an denen u.a. Emil Jannings und Heinrich Mann beteiligt waren, geschrieben. Danach ist es von Robert Liebmann und Karl Vollmoeller bearbeitet und mitverantwortet worden (vgl. Sudendorf 1996, S. 94-128 und Nickel/Weiß 1976, S. 167-180). Pommer entschied sich 1933 dafür, Deutschland zu verlassen und emigrierte zunächst nach Paris, 1934 nach Hollywood, 1935 nach England und 1940 erneut in die USA. Nach dem Zweiten Weltkrieg kehrte er nach Deutschland zurück und organisierte im Auftrag der amerikanischen Militärregierung den Wiederaufbau der deutschen Filmindustrie. Zur Biographie vgl. Jacobsen 1989.

Däxe] CZs Eltern.

Jobs] Alice Zuckmayer.

»Leb wohl ... Ihr Brüder!] Ungenaues Zitat des *Abschiedsworts der ›Neuen Rheinischen Zeitung‹. 19. Mai 1849* von Ferdinand Freiligrath (1810-1876): »Nun doch ade – doch nicht für immer ade! | Denn sie töten den Geist nicht, ihr Brüder!« (*Freiligraths Werke in sechs Teilen*, hrsg. von Julius Schwering, Berlin, Leipzig, Wien, Stuttgart o.J., zweiter Teil: Neuere politische und soziale Gedichte, S. 141).

längst überholter Brief] Dieser Brief ist verschollen.

53 Masch. Brief mit eigenh. Unterschrift. Ohne Absender- und Datumsangabe.

12 Tage unterwegs] CZ notierte dazu hs. »Bezieht sich auf dicken 30 Cents Luftpostbrief!«.

Kampen] Vgl. S. 232, Anm. zu *Kampen*.
Evchen] Eva Noack-Mosse.
Dächsen] CZs Eltern.
offiziellen Briefe] Vgl. S. 298, Anm. zu *lange Briefe* und Anm. zu *›offiziell‹ geschrieben*.

54 Hs. Gedicht.

55 Hs. Brief. Ohne Absenderangabe. Datumsangabe auf der Vorlage: *32. Okt. 47*.

3wöchentlicher Aufenthalt] Im Oktober 1947 hielt sich Peter Suhrkamp drei Wochen in Stockholm auf.
»Stern der Ungeborenen«] Franz Werfel, *Stern der Ungeborenen. Ein Reiseroman*, Stockholm: Bermann Fischer 1946.
Caspari] Georg Caspari (1879-1930) war Inhaber einer 1913 gegründeten Kunsthandlung im »Eichtal-Palais« in der Briennerstraße in München.
»Äserweg«] Es handelt sich nicht um Werfels Gedicht *Jesus und der Äser-Weg*, das in der *Neuen Rundschau*, Jg. 24, 1913, S. 1303 f. erstmals veröffentlicht worden ist. Ein anderes Gedicht von ihm mit dem Wort »Äserweg« im Titel ist nicht überliefert, auch keines, in dem sich der von AS zitierte Vers findet. Von Werfel wurde – das berichtet Adolf D. Klarmann in dem von ihm herausgegebenen Band *Das lyrische Werk* im Rahmen einer vierbändigen Werfel-Werkausgabe (Frankfurt am Main 1967, S. 5) – »mit wenigen Ausnahmen [...] all das verbrannt, was der Forderung künstlerischen Wertes und dringender Botschaft nicht standhielt«. Dazu gehörte wohl auch das Gedicht, an das AS sich erinnert hat.
Köpenick] Zu einer Aufführung kam es nicht (vgl. S. 258, Anm. zu *New Yorker Producer*).
Evchen] Eva Noack-Mosse.
Première] Gemeint ist die Premiere der Inszenierung von *Des Teufels General* am 25. November 1947 in Frankfurt (Regie: Heinz Hilpert).
Fränger] CZ gehörte mit seinen Freunden Carlo Mierendorff und Theodor Haubach zu Beginn der zwanziger Jahre zur »Gemeinschaft«, einem Kreis von Studenten, die den in Heidelberg lehrenden Kunst- und Kulturhistoriker, Schriftsteller und Volkskundler Wilhelm Fraenger (1890-1964) bei der Organisation und Durchführung von Dichterlesungen oder Aufführungen alter und neuer

Theaterstücke unterstützten. Von 1927 an war Fraenger Direktor der Schloß- und Handelshochschulbibliothek in Mannheim, wurde dort aber 1933 aus politischen Gründen entlassen. Danach war er zunächst freier Mitarbeiter des Frankfurter Rundfunks. Dann berief ihn Heinrich George – nicht zuletzt, um ihn vor politischer Verfolgung zu schützen – in den künstlerischen Beirat des von ihm geleiteten Schillertheaters in Berlin. Nach dem Zweiten Weltkrieg war Fraenger Mitarbeiter der Akademie der Wissenschaften der DDR, wo er am Aufbau des Instituts für Volkskunde mitwirkte. Kontakte zwischen ihm und CZ bestanden nach dem Zweiten Weltkrieg nicht mehr. Erst nach Fraengers Tod begann CZ rege Korrespondenzen mit dessen Witwe und Tochter, die bis ins Jahr 1976 reichten. Zur Biographie vgl. Weckel 2001.

meine Geschichte] AS, *Der Gärtner und die Katze*, in: *Merkur*, Jg. 1, 1947, H. 6, S. 876-887.

Roman] Einen Roman hat CZ nach dem Zweiten Weltkrieg nicht veröffentlicht. Es sind auch keine Vorarbeiten zu einem Roman aus dieser Zeit überliefert.

56 Hs. Brief. Datumsangabe auf der Vorlage: *21. Februar 48.*

Gedicht über das Trinken] Vgl. Zuckmayer, *Abschied und Wiederkehr*, S. 137 f.

Gedichtband] CZ, *Gedichte 1916-1948*, Amsterdam: Bermann Fischer 1948 sowie – als Lizenzausgabe – Berlin und Frankfurt am Main: Suhrkamp vorm. S. Fischer 1948.

B.B.] *Barbara Blomberg.*

Venezianisches Credo] Das *Venezianische Credo* von Rudolf Hagelstange (1912-1984) erschien zuerst 1945 als Privatdruck in den Editiones Officinae Bodoni in Verona, dann 1946 im Wiesbadener Insel-Verlag.

Kindergeschichte] Gemeint ist die Erzählung *Der Weichselzopf*, die später ein Kapitel in Alice Zuckmayers Buch *Das Kästchen* über ihre Wiener Kindheitserlebnisse wurde (Frankfurt am Main: S. Fischer 1962).

57 Masch. Brief mit eigenhändiger Unterschrift auf Bogen mit gedrucktem Briefkopf: *Suhrkamp Verlag vorm. S. Fischer Verlag | Frankfurt am Main | Falkensteinerstrasse 24.* Ohne Datumsangabe.

L. v. Sch.] Nicht ermittelt.

58 Hs. Brief. Datumsangabe auf der Vorlage: *25. Dezember 48.*

Quetsch] Slivovitz.

Bosch] In Frage kommen u.a.: Ludwig von Baldaas, *Hieronymus Bosch*, Wien 1943; Jacques Combe, *Hieronymus Bosch*, Paris 1946; Hieronymus Bosch, *Die Anbetung des Kindes*, Berlin 1948.

Fraenger] Wilhelm Fraenger, *Hieronymus Bosch: Das Tausendjährige Reich. Grundzüge einer Auslegung*, Coburg: Winkler 1947.

Jedlicka] Paul Cézanne, *Briefe*, aus dem Französischen übertragen von Jakob Vontobel, mit einer Einleitung von Gotthard Jedlicka, Erlenbach-Zürich: Rentsch 1939.

Rundschau] *Neue Schweizer Rundschau, N.F.*, Jg. 16, 1948, H. 8, S. 451-474.

150 Briefe bekommen] CZ feierte am 27. Dezember 1948 seinen 52. Geburtstag.

Pagan] Raymond Pagan war von September 1948 bis September 1949 im Office of Military Government für Hessen Leiter der Abteilung für Publikationsfragen.

neuen Abschnitt] Im Herbst 1947 eröffnete Peter Suhrkamp unter dem Namen *Suhrkamp Verlag vorm. S. Fischer* in Frankfurt am Main ein Verlagsbüro.

»Die Geschwister von Neapel«] Franz Werfels Roman *Die Geschwister von Neapel* erschien in der Erstausgabe 1931 bei Paul Zsolnay in Wien. Bermann Fischer brachte 1946 in Stockholm die erste Neuausgabe nach dem Zweiten Weltkrieg heraus.

59 Hs. Brief. Datumsangabe auf der Vorlage: *8/I.49.*

Konstanz] CZ besuchte wahrscheinlich Heinz Hilpert, der zu dieser Zeit Intendant am Deutschen Theater Konstanz war.

»Man soll ... sonst niest er.«] *Der Hauptmann von Köpenick*, 6. Szene (vgl. CZ, *Der Hauptmann von Köpenick*, S. 51).

König] Robert König (1894-1954), Kinobesitzer in Konstanz.

Heliogabal] Marcus Aurelius Antonius Heliogabalus (204-222), von 217 an Priester des Gottes Elagabal, den er nach seiner gewaltsamen Inthronisation als röm. Kaiser 219 zur Reichsgottheit erhob.

Tochter] Ursula König, über die biogr. Angaben nicht ermittelt werden konnten.

Schatzhauser, der sich nur Sonntagskindern sehen lässt] CZ spielt auf die Verse an, mit denen in Wilhelm Hauffs Märchen *Das kalte Herz* der Waldgeist Schatzhauser zum Erscheinen gebracht wird: »Schatzhauser im grünen Tannenwald | Bist schon viel' hundert

Jahre alt, | Dein ist all' Land wo Tannen stehn, | Läßt dich nur Sonntagskindern sehn« (vgl. Wilhelm Hauff, *Sämtliche Werke in drei Bänden*, München [1970], Bd. 2, S. 229).

slush] Schneematsch.

Rinser] Luise Rinser (geb. 1911) lebt seit 1939 als freie Schriftstellerin in Bayern. 1945-1953 war sie Mitarbeiterin der *Neuen Zeitung*. Für den Band *Fülle der Zeit*, S. 13-30) verfaßte sie den Beitrag *Porträtskizze*, der wiederabgedruckt worden ist in: Rinser 1960, S. 47-70.

Reiff] Die Pianistin (Liszt-Schülerin) Lilly Reiff (1866-1958) veranstaltete zusammen mit ihrem Ehemann, dem Seidenindustriellen, Kunstliebhaber und Mäzen Hermann Reiff (1856-1938) in ihrem Zürcher Wohnhaus häufig Konzerte, Vorträge und Dichterlesungen. Aus der Perspektive der Kunstfigur Serenus Zeitblom schildert Thomas Mann die Atmosphäre bei solchen Soiréen im 39. Kapitel seines Romans *Doktor Faustus*. CZ war mit Lilly Reiff befreundet.

Winnetou] Winnetou Zuckmayer.

Däxchen] CZs Eltern.

Blombergaufführung] Vgl. S. 295, Anm. zu *ein ganz anderes*.

60 Hs. Brief. Datumsangabe auf der Vorlage: *10/II.49*.

Chardonne] Vgl. Anm. zu 25,22.

Jobs] Alice Zuckmayer.

Erzählung] Vgl. S. 301, Anm. zu *Kindergeschichte*.

Verschen] CZ, *Freundlicher Dichter. Für Emanuel Reindl zu seinem 50. Geburtstag*, abgedruckt in: Zuckmayer, *Abschied und Wiederkehr*, S. 145-147.

Reindls] Ludwig Emanuel Reindl (1899-1983) war von 1928-1933 Redakteur der *Magdeburgischen Zeitung*, 1933-1935 der *Vossischen Zeitung*, 1935-1943 der Zeitschrift *Die Dame*. 1945 und 1949-1964 arbeitete er als Feuilletonredakteur der in Konstanz erscheinenden Tageszeitung *Südkurier*, 1946-1948 der Zeitschrift *Das Kunstwerk* (Baden-Baden). 1947-1950 war er auch Herausgeber und Chefredakteur der Zeitschrift *Die Erzählung*. In dieser Funktion ergab sich die Verbindung zu CZ, die bald zur Freundschaft wurde. Für den Münchener Kindler-Verlag verfaßte Reindl eine 1962 veröffentlichte Bildbiographie über CZ.

61 Hs. Brief. Datumsangabe auf der Vorlage: *2.II.1950.*

Oberstdorf] Hier lebten von August 1942 an CZs Eltern (vgl. Anm. zu 9,106).
Hella] Hella Jacobowski (1908-1998) war 1949-1961 CZs Sekretärin.
Hobby] Spitzname von Albert Jacobowski (geb. 1911), des Ehemanns von Hella Jacobowski.
Weizsäcker] Wahrscheinlich: Carl Friedrich Freiherr von Weizsäcker, *Zum Weltbild der Physik*, Stuttgart: Hirzel 1949; möglicherweise auch: Viktor von Weizsäcker, *Begegnungen und Entscheidungen*, Stuttgart: Koehler 1949.
dem Stück] Gemeint ist das Drama *Der Gesang im Feuerofen*, das am 3. November 1950 unter der Regie von Heinz Hilpert am Deutschen Theater Göttingen uraufgeführt wurde.
Baldner] Gabriele Bermann Fischer (1926-1972), Tochter von Brigitte (1905-1991) und Gottfried Bermann Fischer (1897-1995), heiratete 1950 den Dirigenten Thomas Baldner (geb. 1928).

62 Masch. Brief mit eigenh. Unterschrift. Datumsangabe auf der Vorlage: *10.2.50.*

Gottfried und Tutti] Gottfried und Brigitte Bermann Fischer.
die ganze Sache] Die nicht überbrückbaren Meinungsverschiedenheiten zwischen den beiden Verlegern führten im April 1950 zur Trennung und zur Neugründung des Suhrkamp Verlags zunächst in Berlin, dann in Frankfurt am Main, und zur Wiedergründung des S. Fischer Verlags in Frankfurt am Main (vgl. Pfäfflin/Kussmaul 1986, S. 690-698).

63 Hs. Brief auf Bogen mit gedrucktem Briefkopf: *Annemarie Suhrkamp | Frankfurt am Main | Falkensteiner Strasse 24 | Ruf 5 27 76.* Ohne Datumsangabe.

zusammen gerufen] Am 8. Februar 1950 verbot Bermann Fischer Peter Suhrkamp, der an diesem Tag mit Gustaf Gründgens in Düsseldorf über eine Eliot-Inszenierung verhandelte, das Betreten der Verlagsräume und reichte in Frankfurt eine Klage vor der Wiedergutmachungskammer ein.
Tutti, Gottfried] Brigitte und Gottfried Bermann Fischer.
Anwalt] Gemeint ist der Stuttgarter Rechtsanwalt Ferdinand Sieger (1912-1996), der sich auf nationales und internationales Verlags- und Urheberrecht spezialisiert hatte und sich um alle juristischen Angelegenheiten von Gottfried Bermann Fischer kümmerte.

Podszus] Der Schriftsteller und Publizist Friedrich Podszus (1899-1971) war bis 1950 Redakteur der bei Bermann Fischer erscheinenden Zeitschrift *Die Neue Rundschau* und 1950-1956 Lektor im SuhrkampVerlag. Er pflegte AS in ihren letzten Lebensjahren.

Landshoff] Von 1938 an kooperierte Bermann Fischer mit dem Verlagsbuchhändler Fritz H. Landshoff (1901-1988), der 1933 vor den Nationalsozialisten nach Amsterdam flüchtete und dort die deutschsprachige Abteilung des Querido-Verlags leitete. Nach der Okkupation der Niederlande im Mai 1940 mußte das Unternehmen seine Arbeit einstellen. Landshoff flüchtete über England und Mexiko in die USA, wo er gemeinsam mit Bermann Fischer 1941 die L.B. Fischer Corp. in New York gründete, die englischsprachige Titel verlegte und im Januar 1946 wieder verkauft wurde. Zum Jahresende 1946 nahm der Querido-Verlag in Amsterdam unter der Leitung von Landshoff seine Tätigkeit wieder auf. 1948 wurde der Bermann Fischer-Verlag von Stockholm nach Amsterdam verlegt und mit dem Querido-Verlag vereinigt. Landshoff übernahm die Geschäftsführung des Gemeinschaftsverlags, der 1952 seine Tätigkeit einstellte. Zur Biographie vgl. Walter 1997.

Ich sehe Dich ja auch bald] »Da am 24. Februar«, so Peter Suhrkamp am 18. Februar 1950 in einem Brief an Hermann Hesse, »Zuckmayer nach Frankfurt kommt und seine Stellung in den ganzen Dingen für mich nicht ohne Bedeutung ist, werde ich aber auf jeden Fall, und sei es nur vorübergehend, am 23. nach Frankfurt zurückkehren müssen« (Hesse/Suhrkamp 1969, S. 129 f.).

64 Telegramm. Datumsangabe auf der Vorlage: *27.II.50*. Adressatenangabe: *Karl Zuckmayer | Schauspielhaus Zürich*.

peter fliegt sonntag] Aus welchem Grund sich CZ Ende Februar 1950 in Heidelberg aufhielt, konnte nicht ermittelt werden. Unklar bleibt auch, ob es zu einem Treffen mit Peter Suhrkamp kam.

65 Masch. Brief. Datumsangabe auf der Vorlage: *2.3.1950*.

Schneider] Möglicherweise der Schriftsteller Franz Joseph Schneider (1912-1984), der in Bergen bei Frankfurt am Main lebte. Der erwähnte Brief ist verschollen.

66 Masch. Brief auf Bogen mit gedrucktem Briefkopf: *Suhrkamp Verlag vorm. S. Fischer Verlag | Frankfurt am Main · Falkensteinerstrasse 24*. Datumsangabe auf der Vorlage: *8. Juni 50*.

Stuttgart] Hier hat am 4. Juni 1950 die deutsche Erstaufführung von CZs *Der Schelm von Bergen* stattgefunden.
Tutti] Brigitte Bermann Fischer.
Eugen] Der Buch- und Zeitschriftenverleger Fred von Eugen (1897-1989), der sich während der deutschen Besetzung dem niederländischen Widerstand angeschlossen hatte, war nach dem Zweiten Weltkrieg Vertriebsleiter im Amsterdamer Querido-Verlag.
Hirsch] Der Kunsthistoriker Rudolf Hirsch (1905-1996) war 1950-1963 Verlagsleiter des S. Fischer Verlags und Herausgeber der Zeitschrift *Die Neue Rundschau*.
Kampen] Vgl. S. 232, Anm. zu *Kampen*.

67 Hs. Brief. Datumsangabe auf der Vorlage: *28/12.50*.

Deine Erzählung] AS, *Aufzeichnungen der Madame Avantgarde*, veröffentlicht in: *Akzente*, Jg. 1, 1954, H. 5, S. 390-406.
Chardonne] Vgl. S. 252, Anm. zu *Chardonne*.
Pension René] Pension in Frankfurt am Main, Hansaallee 7.

68 Hs. Brief. Datumsangabe auf der Vorlage: 23.2.52.

»Milch und Wasser ... nicht auf.«] Nicht ermittelt.
Puma] Lotte Pritzel; vgl. S. 225, Anm. zu *Puma*.
Pagi] Vermutlich der Arzt Gerhard Pagel (1886-1954), mit dem Lotte Pritzel von 1921 an verheiratet war.
Jobs] Alice Zuckmayer.

69 Masch. Brief. Datumsangabe auf der Vorlage: 4. September 52.

Eggebrecht] Axel Eggebrecht (1899-1991) war 1945-1949 Redakteur beim Nordwestdeutschen Rundfunk, 1947 Mitbegründer des Deutschen PEN-Zentrums, 1949-1963 freier Schriftsteller und danach Leiter des Nachwuchsstudios beim Norddeutschen Rundfunk. Vgl. Axel Eggebrecht, *Carl Zuckmayer*, in: *Nordwestdeutsche Hefte*, Jg. 2, 1947, Nr. 1, S. 39-41, nachgedruckt in: *Blätter der Carl-Zuckmayer-Gesellschaft*, Jg. 11, 1985, H. 4, S. 210-212.
Geschichte] Vermutlich handelt es sich um die Erzählung *Die Beerdigung mit der Kleinbahn* von Margarete Franck-Severin (1904-1981), die in CZs Nachlaß überliefert ist, allerdings nicht als Beilage zum Brief von AS aufbewahrt wurde. Margarete Franck-Severin war von 1950 an Mitarbeiterin in der Berliner Geschäftsstelle des SuhrkampVerlags und eine Freundin von AS.

Frisch] CZ und der Schweizer Schriftsteller Max Frisch (1911-1991) lernten sich wahrscheinlich nach der Zürcher Uraufführung von *Des Teufels General* am 14. Dezember 1946 kennen. Über dieses Stück vermerkte Frisch kritisch, daß es »so viele Menschen erleichtert habe«, Brechts *Furcht und Elend des Dritten Reiches* gebe dagegen »diese Erleichterung nicht« (*Schweizer Annalen* [Aarau] vom 8. Februar 1947). Um seinen Eindruck von *Des Teufels General* zu kontrollieren, besuchte Frisch, dazu angeregt von Kurt Hirschfeld, auch die Premiere der von Heinz Hilpert inszenierten Frankfurter Aufführung am 25. November 1947. Bei dieser Gelegenheit lernten sich Frisch und sein künftiger Verleger Peter Suhrkamp kennen (vgl. Unseld/Ritzerfeld 1991, S. 126). Zuvor, am 9. November 1947, hatten sich CZ und Frisch in der Wohnung von Kurt Hirschfeld getroffen. Anwesend waren auch Horst Lange, Erich Kästner, Alexander Lernet-Holenia und Werner Bergengruen. Gemeinsam verfaßten sie einen Aufruf gegen den Krieg (abgedruckt in: Hecht/Knopf/Mittenzwei/Müller 1988-2000, Bd. 23, S. 62), dessen Entstehung Frisch geschildert hat (Frisch 1966, S. 54 f.; vgl. auch Frisch 1950, S. 204 f.) und der Lernet-Holenias Angaben zufolge eine »Erklärung gegen die Atombombe« sein sollte (Lernet-Holenia 1956, S. 321-323). Wie einige überlieferte Briefe zeigen, bestand zwischen CZ und Frisch eine lockere, sehr herzliche Verbindung bis in die 1960er Jahre (vgl. Zuckmayer/Frisch 2000).

Schimmel] Spitzname von Margarete Franck-Severin.

Götz] Curt Goetz (1888-1960) war Autor vor allem von Boulevardkomödien, aber auch als Schauspieler und Regisseur tätig.

Paulskirche] CZ war am 18. August 1952 in der Paulskirche mit dem Goethe-Preis der Stadt Frankfurt ausgezeichnet worden.

70 Hs. Brief auf Bogen mit gedrucktem Briefkopf: *Annemarie Suhrkamp-Seidel | Frankfurt am Main | Freiherr-vom-Stein-Strasse 21 | Telefon 7 92 47.* Datumsangabe auf der Vorlage: *7. Dez. 52.*

Festschrift] CZs Goethe-Preisrede *Die langen Wege. Ein Stück Rechenschaft*, Frankfurt am Main: S. Fischer 1952; jetzt in: Zuckmayer, *Die langen Wege*, S. 257-330.

Kampen] Vgl. S. 232, Anm. zu *Kampen*.

Herzogin Sophieen Ausgabe] Die erste umfassende wissenschaftliche Goethe-Edition (Weimar 1887-1919), die im Auftrag der Großherzogin Sophie von Sachsen entstand.

Königin von Saba] Nicht ermittelt.

Eppels] Hanns W. Eppelsheimer (1890-1972), wie CZ ein Schüler des humanistischen Gymnasiums in Mainz (heute: Rhabanus-Maurus-Schule), war in seiner Jugend für CZ eine Art Vorbild. Persönlichen Umgang hatten sie in dieser Zeit – Eppelsheimer war sechs Jahre älter als CZ – jedoch nicht. Dazu kam es, so CZ, »erst in den letzten Jahren des Krieges 1914-1918 [...]. Da waren wir nun auf einmal fast auf gleich; denn auch von mir war inzwischen in Franz Pfemferts ›Aktion‹, Gedrucktes erschienen. In unsren Gesprächen gab es sofort ein geheimes Einverständnis, wie man es damals nur mit wenigen teilte« (CZ, *Der Eppels. Zum 75. Geburtstag von Professor Hanns W. Eppelsheimer*, in: *Die Zeit* [Hamburg] vom 15. Oktober 1965; wiederabgedruckt unter dem Titel *Der Eppels. Prof. Hanns W. Eppelsheimer, dem Schöpfer der Deutschen Bibliothek in Frankfurt zum 80. Geburtstag* in: *Frankfurter Neue Presse* vom 17. Oktober 1970). 1919-1929 war Eppelsheimer Bibliothekar an der Stadtbibliothek Mainz, 1929-1933 Direktor der Hessischen Landesbibliothek in Darmstadt. Er wurde nach Inkrafttreten des Gesetzes über die Wiederherstellung des Berufsbeamtentums am 7. April 1933 in den Ruhestand versetzt. 1937 veröffentlichte er das *Handbuch der Weltliteratur*, das 1947 und 1950 in zwei Bänden wiederaufgelegt wurde und 1960 in einer 3., neubearbeiteten und ergänzten Auflage erschien. 1945 wurde er wieder in das Amt des Direktors der Hessischen Landesbibliothek eingesetzt. 1946-1958 war er Direktor der Stadt- und Universitätsbibliothek Frankfurt am Main, 1947-1959 zugleich Direktor der Deutschen Bibliothek (vgl. Kieser 1990). CZ nahm nach seiner Rückkehr aus der Emigration wieder Kontakt mit Eppelsheimer auf. Als Peter Suhrkamp 1950 in Frankfurt am Main seinen Verlag gründete, wurde er von Eppelsheimer beraten. Vgl. auch von Eppelsheimer: *Gruß an einen Rheinhessen, der sechzig wird*, in: *Fülle der Zeit*, S. 98-100.

Benvenuto ... Margarethe] Im Auftrag von Margarete Hauptmann (1875-1957), der zweiten Ehefrau von Gerhart Hauptmann, übergab ihr jüngster Sohn Benvenuto (1900-1965) CZ das nachgelassene Drama *Herbert Engelmann*, das im wesentlichen 1924 entstanden war, mit der Bitte um eine Bühnenbearbeitung (vgl. dazu S. 238, Anm. zu *Hauptmann*).

Jobs] Alice Zuckmayer.

71 Hs. Brief. Datumsangabe auf der Vorlage: *30. August 53.*

Grasharfe] AS hat den Roman *Die Grasharfe* von Truman Capote (1924-1984) gemeinsam mit Friedrich Podszus ins Deutsche übertragen. Die Übersetzung ist 1952 im SuhrkampVerlag veröffentlicht worden.

Mr. Kinsey] CZ bezieht sich auf zwei von der Rockefeller Foundation finanzierte Studien, die in einem Zeitraum von 15 Jahren entstanden: Alfred C. Kinsey, Wardell B. Pomeroy, Clyde E. Martin, *Sexual Behavior in the Human Male*, Philadelphia: Saunders 1948; Alfred C. Kinsey, Wardell B. Pomeroy, Clyde E. Martin, Paul H. Gebhard, *Sexual Behavior in the Human Female*, Philadelphia: Saunders 1953. Beide Untersuchungen sind 1954 (*Das sexuelle Verhalten der Frau*) und 1955 (*Das sexuelle Verhalten des Mannes*) in einer deutschen Übersetzung im Verlag G.B. Fischer, Berlin und Frankfurt am Main, erschienen.

72 Hs Brief. Datumsangabe auf der Vorlage: *1. Januar 1954.*

Woodstock] 1952 hat CZ in Woodstock ein Haus erworben, in das er sich hin und wieder für einige Wochen zurückzog, um ungestört arbeiten zu können. Er verkaufte es 1957, als er sich dazu entschied, seine amerikanische Staatsbürgerschaft aufzugeben und sich in der Schweiz niederzulassen.

Fiduz] Mut.

»Ulla«] *Ulla Winblad oder Musik und Leben des Carl Michael Bellman* lautete der Titel von CZs Neufassung seines Stücks *Bellman* aus dem Jahr 1938 (vgl. S. 255, Anm. zu *Bellman*). Sie war am 17. Oktober 1953 unter der Regie von Heinz Hilpert am Deutschen Theater Göttingen uraufgeführt worden.

Roman] Vgl. S. 301, Anm. zu *Roman.*

Züricher Glückwunsch] Nicht überliefert.

vieillesse verte] Wörtlich: das grüne Alter.

hibernieren] überwintern.

Jobs] Alice Zuckmayer.

Buch] Vgl. S. 301, Anm. zu *Kindergeschichte.*

Däxjens] Kosename für CZs Mutter.

73 Ms. Brief mit eigenh. Unterschrift. Datumsangabe auf der Vorlage: *4. Juli 1954.*

Chardonne] Vgl. S. 252, Anm. zu *Chardonne.*

Jobs] Alice Zuckmayer.

Saas-Fee] Gebirgsort in der Schweiz (Oberwallis), in dem Zuckmayer 1957 das Châlet »Vogelweid« kaufte und sich niederließ. In den Jahren davor, erstmals 1938, zog er sich des öfteren zum Wandern und zum Arbeiten nach Saas-Fee zurück und wohnte dann stets bei dem Bergführer Alfred Supersaxo (vgl. S. 252, Anm. zu *Supersaxo*).

Bernoullis] Christoph Bernoulli (1897-1981) war Schweizer Innenarchitekt, Kunsthändler und mit CZ befreundet.

›*Tron der Venus*‹] AS hat CZ offenbar eine (nicht erhaltene) Ansichtskarte geschickt, auf der die Vorderseite des sogenannten Ludovisischen Throns (großgriechisch, um 460 v. Chr.) abgebildet war. Dieser wurde 1887 in der Villa Ludovisi gefunden und ist heute im Museo Nazionale in Rom zu sehen. Das Werk wurde aus einem einzigen Marmorblock hufeisenförmig gehauen und bestand aus einer nicht mehr erhaltenen längeren Hauptseite, die oben giebelförmig abgeschlossen war, und zwei im rechten Winkel anschließenden, oben abgeschrägten Nebenseiten. Die Vorderseite zeigt zwei Frauen (Moiren oder Horen), die auf Kieseln am Strand stehen und sich zu der aus dem Meer auftauchenden Aphrodite herabbücken. Die Reliefs der Nebenseiten zeigen zwei auf Kissen sitzende Frauen (wohl Dienerinnen oder Priesterinnen der Aphrodite): eine nackte junge Flötenspielerin und eine in Chiton und Mantel gehüllte Frau.

Eppels] Hanns W. Eppelsheimer.

Däxgen-Feste] CZs Mutter, das »Däxgen«, feierte am 6. Juni 1954 ihren 85. Geburtstag.

Walterspiel] Alfred Walterspiel (1881-1960) war von 1926 an Inhaber des Hotels »Vier-Jahreszeiten« in München.

›*Molloy*‹] Der Roman von Samuel Beckett ist 1954 in der Übersetzung von Erich Franzen im SuhrkampVerlag erschienen.

›*Godot*‹] Samuel Becketts Drama *En attendent Godot* (dt.: *Warten auf Godot*) wurde am 5. Januar 1953 am Pariser Théâtre de Babylone unter der Regie von Roger Blin mit großem Erfolg uraufgeführt. Noch im selben Jahr erschien die deutsche Übersetzung von Elmar Tophoven als Buchausgabe im SuhrkampVerlag. Die deutsche Erstaufführung fand am 8. September 1953 am Schloßparktheater Berlin unter der Regie von Karlheinz Stroux statt.

74 Hs. Postkarte. Absenderangabe: *Zuckmayer | Chardonne sur Vevey | Schweiz*. Adressatenangabe: *Annemarie Seidel-Suhrkamp | Frankfurt am Main | Freiherr vom Stein-Str. 21*. Datumsangabe auf der Vorlage: *4. Juli 54*.

Jobs] Alice Zuckmayer.

75 Hs. Photopostkarte (Abb.: Franz Marc, Gelbe Pferde). Datumsangabe auf der Vorlage: *1. Juli 56.*

Jobs] Alice Zuckmayer.
über Berger im Merkur] Gemeint ist CZs Besprechung von Ludwig Bergers Autobiographie *Wir sind vom gleichen Stoff, aus dem Träume sind* unter dem Titel *Bekenntnis zu einem Buch*, in: *Merkur* (Stuttgart) Jg. 8, H. 7, 1954, S. 691-697, jetzt in: Zuckmayer, *Ein voller Erdentag*, S. 180-190.

76 Hs. Photopostkarte (Abb.: Franz Marc, Gelbe Pferde). Datumsangabe auf der Vorlage: *1. Juli 56.*

Percheron] Kaltblutpferd.
Doktorhut] 1956 wurde CZ der Ehrendoktor des Dartmouth College in Hanover N.H., USA verliehen.
Morgen, d.h. am 15. Juli] Die Unstimmigkeit, die sich durch die Datierung der Karte ergibt, ließ sich nicht auflösen.

77 Hs. Postkarte (Abb.: Altbayrisches Christkindel aus dem 18. Jahrhundert). Absenderangabe: *München Ohmstr. 12/IV.* Datumsangabe auf der Vorlage: *21.12.56.*

Rom] CZ hielt sich Mitte November 1956 für wenige Tage in Rom auf und las am 16. November bei einer Veranstaltung im Österreichischen Kulturinstitut aus seiner damals noch unveröffentlichen Autobiographie. Über einen Italienaufenthalt von CZ Ende Dezember 1956 oder im Januar 1957 konnte nichts ermittelt werden.
Jobs] Alice Zuckmayer.

78 Hs. Postkarte (Abb.: Christkindl aus dem 18. Jahrhundert). Datumsangabe auf der Vorlage: *22.12.56.*

79 Hs. Brief auf Bogen mit gedrucktem Briefkopf: *Carl Zuckmayer | Chardonne sur Vevey | Schweiz.* Datumsangabe auf der Vorlage: *23. August 1957.*

nach München geschrieben] Dieser Brief ist verschollen.
Brief vom 10. August] Dieser Brief ist verschollen.
Saas-Fee] Vgl. S. 309, Anm. zu *Saas-Fee.*
Katzenknöchlein] Vgl. S. 223, Anm. zu *Dein Kollege, der Bär.*

80 Hs. Photopostkarte (Abb.: Panorama Leukerbad). Datumsangabe auf der Vorlage: *24.8.57*.

81 Hs. Zusatz auf einem masch. Brief von CZs Sekretärin Brigitte Schröder auf Bogen mit gedrucktem Briefkopf: *Carl Zuckmayer* | *Chardonne sur Vevey* | *Schweiz*. Adressatenangabe: *Annemarie Suhrkamp* | *Ohmstr. 12/IV* | *München 23*. Datumsangabe auf der Vorlage: *31. August 1958*.

Saas-Fee] Vgl. S. 309, Anm. zu *Saas-Fee*.

sekretarialen Schrieb] »Sehr geehrte Frau Suhrkamp! | Der Kindlerverlag in München bereitet in seiner Serie von Bildbiographien bedeutender Persönlichkeiten einen solchen Band über Leben und Werk Carl Zuckmayers vor. Den verbindlichen Text wird der Schriftsteller Ludwig Emanuel Reindl verfassen. Natürlich soll in besonderer Weise das dramatische Werk Carl Zuckmayers und die verschiedenen Aufführungen seiner Stücke berücksichtigt werden. | Da infolge der Zeitumstände des Krieges und der verschiedenen Übersiedlungen fast kein Bildmaterial aus den früheren Jahren mehr im Besitz von Herrn Zuckmayer ist, wären wir Ihnen herzlich dankbar, wenn Sie die Freundlichkeit hätten, solche Bilder, die vielleicht in Ihrem Besitz sind, zur Reproduktion in dem geplanten Werk zur Verfügung zu stellen. Besonders interessieren Bilder von der Uraufführung des Erstlings ›Kreuzweg‹ 1920, sowie von der Uraufführung des ›Fröhlichen Weinberg‹ 1925. Es sind aber auch alle anderen eventuell in Ihrem Besitz befindlichen Bilder von Aufführungen oder aus dem Privatleben Carl Zuckmayers, besonders soweit Mitarbeiter und Freunde darauf von ihm vertreten sind, höchst willkommen. | Die zur Verfügung gestellten Photographien werden Ihnen zuverlässig nach Gebrauch durch Herrn Reindl oder den Kindler-Verlag zurückgesandt. Dürfte ich Sie bitten, eventuell in Ihrem Besitz befindliche Bilder an die Adresse Carl Zuckmayer, Saas-Fee, Schweiz, senden zu wollen. | Ich darf Sie im Namen von Herrn Carl Zuckmayer aufs Verbindlichste begrüssen. | Mit vorzüglicher Hochachtung | Brigitte Schröder | Sekretärin«.

»Der trunkene Herkules«] Das Stück blieb Fragment (vgl. Nickel/Weiß 1996, S. 401).

Prinzenbild] In Leopold Jessners Inszenierung von Shakespeares *Richard III.* am Staatlichen Schauspielhaus Berlin (Premiere am 5. November 1920) spielte AS die Rolle Edwards, des Prinzen von Wales. Ein Rollenphoto ist nicht überliefert.

Literaturverzeichnis

Albrecht 1987: Richard Albrecht, *Der militante Sozialdemokrat Carlo Mierendorff 1897 bis 1943*, Bonn 1987.

Barbian 1996: Jan-Pieter Barbian, *»Fehlbesetzung«: Zur Rolle von Gerhart Hauptmann im »Dritten Reich«*, in: *Buchhandelsgeschichte* 1996, H. 4, S. B153-B169.

Beck 1986: Knut Beck, *100 Jahre S. Fischer Verlag 1886-1986. Eine Bibliographie*, Frankfurt am Main 1986.

Behl/Voigt 1993: C.F.W. Behl / Felix A. Voigt, *Chronik von Gerhart Hauptmanns Leben und Schaffen*, Neuausgabe, bearbeitet von Mechthild Pfeiffer-Voigt, Würzburg 1993.

Berger 1984: Friedemann Berger, *Thema · Stil · Gestalt 1917-1932. 15 Jahre Literatur und Kunst im Spiegel eines Verlages. Katalog zur Ausstellung anläßlich des 75jährigen Bestehens des Gustav Kiepenheuer Verlages*, Leipzig, Weimar 1984.

Bermann Fischer 1967: Gottfried Bermann Fischer, *Bedroht – Bewahrt. Weg eines Verlegers*, Frankfurt am Main 1967.

Bermann Fischer 1994: Gottfried Bermann Fischer, *Wanderer durch ein Jahrhundert*, Frankfurt am Main 1994.

Bertram/Maack/Schottes 1994: Carl von Ossietzky, *Sämtliche Schriften*, Bd. 1, hrsg. von Mathias Bertram, Ute Maack und Christoph Schottes, Reinbek 1994.

Bondy 1998: Max Bondy, *»Ich muß mich dann immer damit beschäftigen, bis ich es Euch gesagt habe.« Reden an junge Deutsche [1926-1947]*, hrsg. von Schülern der Schule Marienau, Dahlem-Marienau 1998.

Breuer/Witte 1994: Walter Hasenclever, *Sämtliche Werke*, Bd. 1, in Zusammenarbeit mit der Akademie der Wissenschaften und der Literatur, Mainz, hrsg. von Dieter Breuer und Bernd Witte, Mainz 1994.

Dillmann 1990: Michael Dillmann: *Heinz Hilpert. Leben und Werk*, Berlin 1990.

Dirscherl/Nickel 2000: Luise Dirscherl / Gunther Nickel (Hrsg.), *Der blaue Engel. Die Drehbuchentwürfe*, St. Ingbert 2000.

Ehrke-Rotermund 2002: Heidrun Ehrke-Rotermund, *»Ein Vertreter hohen Geistes«, moralisch disqualifiziert? Gottfried Benn im Urteil Carl Zuckmayers*, in: *Zuckmayer-Jahrbuch*, Bd. 5, 2002, S. 389-401.

Falckenberg 1944: Otto Falckenberg, *Mein Leben – Mein Theater*, aufgezeichnet von Wolfgang Petzet, München, Wien, Leipzig 1944.

Ferber 1999: Christian Ferber [d.i. Georg Seidel], *Die Seidels. Geschichte einer bürgerlichen Familie*, Stuttgart 1979.

Freyburg/Wallenberg 1977: W. Joachim Freyburg / Hans Wallenberg (Hrsg.), *Hundert Jahre Ullstein*, Berlin 1977.

Frisch 1950: Max Frisch, *Tagebuch 1946-1949*, Frankfurt am Main 1950.

Frisch 1966: Max Frisch, *Erinnerungen an Brecht*, in: *Kursbuch*, Jg. 2, 1966, H. 7, S. 54-79.

Fülle der Zeit. Carl Zuckmayer und sein Werk, Frankfurt am Main 1956.

Gerold-Tucholsky/Raddatz 1962: Kurt Tucholsky, *Ausgewählte Briefe 1913-1935*, hrsg. von Mary Gerold-Tucholsky und Fritz J. Raddatz, Reinbek 1962.

Glade 1983: Henry Glade unter Mitarbeit von Andreas Strenger, *Carl Zuckmayer im Exil in Vermont*, in: *Blätter der Carl-Zuckmayer-Gesellschaft*, Jg. 9, 1983, H. 3, S. 112-124.

Glauert 1977: Barbara Glauert (Hrsg.), *Carl Zuckmayer. Das Bühnenwerk im Spiegel der Kritik*, Frankfurt am Main 1977.

Glauert 1978: Barbara Glauert (Red.), *Carl Zuckmayer. Ein Jahrbuch '78*, Frankfurt am Main 1978.

Goertz 1959: Hartmann Goertz, *Ernst ach, Ernst, was du mir alles lernst. Berliner Lieder durch ein Jahrhundert*, München 1959.

Goverts 1962: Henry Goverts, *Gedichte aus frühen Jahren*, Stuttgart 1962.

Goverts 1976: Henry Goverts, *Unsere Heidelberger Jahre*, in: *Festschrift für Carl Zuckmayer zu seinem 80. Geburtstag am 27. Dezember 1976*, hrsg. von der Landeshauptstadt Mainz und der Carl-Zuckmayer-Gesellschaft e.V., Mainz [1976], S. 34-42.

Grathoff 1991: Dirk Grathoff (Hrsg.), *Peter Suhrkamp (1891-1959). Vom Bauernsohn aus Kirchhatten zum Frankfurter Verleger*, Katalog einer Ausstellung zum 100. Geburtstag mit dem Essay *Die verschiedenen Figuren eines Lebens* von Dirk Grathoff und einer Bibliographie der Schriften Peter Suhrkamps von Dirk Grathoff und Eva Schreiber, Oldenburg 1991.

Hadamczik/Schmidt/Schulze-Reimpell 1978: Dieter Hadamczik / Jochen Schmidt / Werner Schulze-Reimpell, *Was spielten die Theater? Bilanz der Spielpläne in der Bundesrepublik Deutschland 1947-1975*, Remagen-Rolandseck 1978.

Hammer 1955: Walter Hammer (Hrsg.), *Theodor Haubach zum Gedächtnis*, zweite, verbesserte und ergänzte Auflage, Frankfurt am Main 1955.

Hanauer 1997: Josef Hanauer, *»Konnersreuth« oder Ein Fall von Volksverdummung*, Aachen 1997.

Hecht/Knopf/Mittenzwei/Müller 1988-2000: Bertolt Brecht, *Werke. Große kommentierte Berliner und Frankfurter Ausgabe*, hrsg. von Werner Hecht, Jan Knopf, Werner Mittenzwei und Klaus-Detlef Müller, Berlin, Weimar, Frankfurt am Main 1988-2000.

Heißerer 1997: Ernst Jünger / Rudolf Schlichter, Briefe 1935-1955, hrsg., kommentiert und mit einem Nachwort von Dirk Heißerer, Stuttgart 1997.

Hesse/Suhrkamp 1969: Hermann Hesse / Peter Suhrkamp, *Briefwechsel*, Frankfurt am Main 1969.

Hey'l 1994: Bettina Hey'l, *Geschichtsdenken und literarische Moderne. Zum historischen Roman in der Zeit der Weimarer Republik*, Tübingen 1994.

Hübel 1990: Marlene Hübel, *Der Karmeliterplatz als literarischer Ort. Oder einiges über Georg Forster, Ina Seidel, Carl Zuckmayer und Anna Seghers*, in: *Mainz. Vierteljahreshefte für Kultur · Politik · Geschichte*, Jg. 10, 1990, H. 4, S. 87-95.

Jacobius 1971: Arnold John Jacobius, *Carl Zuckmayer. Eine Bibliographie 1917-1971*, ab 1955 fortgeführt und auf den jüngsten Stand gebracht von Harro Kieser, Frankfurt am Main 1971.

Jacobsen 1989: Wolfgang Jacobsen, *Erich Pommer*, Berlin 1989.

Joseph 1991: Albrecht Joseph, *Ein Tisch bei Romanoff's. Vom expressionistischen Theater zur Westernserie*, Mönchengladbach 1991.

Joseph 1993: Albrecht Joseph, *Portraits I. Carl Zuckmayer. Bruno Frank*, Aachen 1993.

Kieser 1990: Harro Kieser (Red.), *Hanns W. Eppelsheimer. Eine Ausstellung der Deutschen Bibliothek und der Stadt- und Universitätsbibliothek Frankfurt*, Frankfurt am Main 1990.

Klaffenböck 2002: Arnold Klaffenböck, *»Wie ein solcher Gesinnungswandel beurteilt werden müßte, geht aus dem Gesagten deutlich genug hervor«. Überlegungen zum Dossier Zuckmayers über Richard Billinger*, in: *Zuckmayer-Jahrbuch*, Bd. 5, 2002, S. 339-384.

Koegler 1963: Horst Koegler, *Yvonne Georgi*, Velber 1963.

Kortner 1959: Fritz Kortner, *Aller Tage Abend*, München 1959.

Lernet-Holenia 1956: Alexander Lernet-Holenia, *Zwei deutsche Dichter. Aus Anlaß des Hinscheidens von Gottfried Benn und Bertolt Brecht*, in: *Forum*, Jg. 3, 1956, H. 33, S. 321-323.

Mews 1981 a: Siegfried Mews, *Carl Zuckmayer*, Boston 1981, S. 78.

Mews 1981 b: Siegfried Mews, *»Who is Carl Zuckmayer?« Zur Rezeption Zuckmayers in den Vereinigten Staaten*, in: *Blätter der Carl-Zuckmayer-Gesellschaft*, Jg. 7, 1981, H. 1, S. 3-22.

Nickel 1997 a: Gunther Nickel, *Zuckmayer und Brecht*, in: *Jahrbuch der Deutschen Schillergesellschaft*, Jg. 41, 1997, S. 428-459.

Nickel 1997 b: Gunther Nickel, *Geht ihr denn hin und schwängert eure Weiber*, in: *Jahrbuch zur Literatur der Weimarer Republik*, Bd. 3, 1997, S. 101-122.

Nickel 1999: Gunther Nickel, *»Ihnen bisher nicht begegnet zu sein, empfinde ich als einen der grössten Mängel in meinem Leben«. Der Briefwechsel zwischen Ernst Jünger und Carl Zuckmayer*, in: *Zuckmayer-Jahrbuch*, Bd. 2, 1999, S. 515-547.

Nickel 2000: Gunther Nickel, *Carl Zuckmayer und seine Verleger. Von 1920 bis zur Rückkehr aus dem Exil*, in: *Zuckmayer-Jahrbuch*, Bd. 3, 2000, S. 361-375.

Nickel/Weiß 1996: Gunther Nickel / Ulrike Weiß, *Carl Zuckmayer 1896-1977. »Ich wollte nur Theater machen«*, Marbach 1996 (Marbacher Kataloge 49).

Otto 1998: Viktor Otto, *Mit Karl May und Brecht wider die Moderne. Zuckmayers Amerika-Bild im Kontext der Amerikanismus-Debatte in der Weimarer Republik*, in: *Zuckmayer-Jahrbuch*, Bd. 2, 1999, S. 361-411.

Paetel 1946: Karl Otto Paetel (Hrsg.), *Deutsche Innere Emigration. Antinationalsozialistische Zeugnisse aus Deutschland*, New York 1946.

Petzet 1973: Wolfgang Petzet, *Theater. Die Münchner Kammerspiele 1911-1972*, München 1973.

Pfäfflin/Kussmaul 1986: Friedrich Pfäfflin / Ingrid Kussmaul, *S. Fischer, Verlag. Von der Gründung bis zur Rückkehr aus dem Exil*, Marbach 1986 (Marbacher Kataloge 40).

Plessner 1995: Monika Plessner, *Die Argonauten auf Long Island. Begegnungen mit Hannah Arendt, Theodor W. Adorno, Gershom Scholem und anderen*, Berlin 1995.

Rinser 1960: Luise Rinser, *Der Schwerpunkt*, Frankfurt am Main 1960.

Roček 1997: Roman Roček, *Die neun Leben des Alexander Lernet-Holenia. Eine Biographie*, Wien, Köln, Weimar 1997.

Schlösser 1967: Hans Schiebelhuth, *Prosa, Briefe, Theaterkritiken*, hrsg. von Manfred Schlösser, Darmstadt, Zürich 1967.

Schorlies 1971: Walter Jürgen Schorlies, *Der Schauspieler, Regisseur, szenische Bühnenbauer Karl Heinz Martin. Versuch einer Biographie*, Köln 1971.

Seidel 1970: Ina Seidel, *Lebensbericht 1885-1923*, Stuttgart 1970.

Seidel 1985: Ina Seidel, *Das Wunschkind*, Neuausgabe zum 100. Geburtstag von Ina Seidel, Stuttgart 1985.

Sinsheimer 1953: Hermann Sinsheimer, *Gelebt im Paradies. Erinnerungen und Begegnungen*, München 1953.

Sudendorf 1996: Werner Sudendorf, *Üb immer Treu und Redlichkeit. Zum ›Blauen Engel‹ von Josef von Sternberg*, in: Hans Wißkirchen [Hrsg.], *Mein Kopf und die Beine von Marlene Dietrich*, Lübeck 1996.

Suhrkamp 1956: Peter Suhrkamp, *Ausgewählte Schriften zur Zeit- und Geistesgeschichte II*, Privatdruck zum 65. Geburtstag, Frankfurt am Main 1956.

Stach 1990: Gottfried Bermann Fischer / Brigitte Bermann Fischer, *Briefwechsel mit Autoren*, hrsg. von Reiner Stach unter redaktioneller Mitarbeit von Karin Schlapp, Frankfurt am Main 1990.

Tgahrt 1981: Reinhard Tgahrt, *Eugen Claassen. Von der Arbeit eines Verlegers*, Marbach 1981 (Marbacher Magazin 19).

Tschörtner 1999: Heinz Dieter Tschörtner, *Ein voller Erdentag. Carl Zuckmayer und Gerhart Hauptmann (mit Briefwechsel)*, in: *Zuckmayer-Jahrbuch*, Bd. 2, 1999, S. 461-491.

Unseld/Ritzerfeld 1991: Siegfried Unseld / Helene Ritzerfeld, *Peter Suhrkamp. Zur Biographie eines Verlegers in Daten, Dokumenten und Bildern*, Frankfurt am Main 1991.

Völker 1987: Klaus Völker, *Fritz Kortner. Schauspieler und Regisseur*, Berlin 1987.

Völker 1990: Klaus Völker, *Elisabeth Bergner. Das Leben einer Schauspielerin*, Berlin 1990.

Voit 1975: Friedrich Voit, *Der Verleger Peter Suhrkamp und seine Autoren. Seine Zusammenarbeit mit Hermann Hesse, Rudolf Alexander Schröder, Ernst Penzoldt und Bertolt Brecht*, Kronberg/Ts. 1975.

Walter 1997: Hans-Albert Walter, *Fritz H. Landshoff und der Querido Verlag 1933-1950*, Marbach 1997 (Marbacher Magazin 78).

Weckel 2001: Petra Weckel, *Wilhelm Fraenger (1890-1964)*, Berlin 2001.

Zeller/Otten 1966: Kurt Wolff, *Briefwechsel eines Verlegers 1911-1963*, hrsg. von Bernhard Zeller und Ellen Otten, Frankfurt am Main 1966.

Zuckmayer, *Abschied und Wiederkehr*: Carl Zuckmayer, *Abschied und Wiederkehr. Gedichte*, Frankfurt am Main 1997.

Zuckmayer, *Als wär's ein Stück von mir*: Carl Zuckmayer, *Als wär's ein Stück von mir. Horen der Freundschaft*, Frankfurt am Main 1997.

Zuckmayer, *Aufruf zum Leben*: Carl Zuckmayer, *Aufruf zum Leben. Porträts und Zeugnisse aus bewegten Zeiten*, Frankfurt am Main 1995.

Zuckmayer, *Ein Bauer aus dem Taunus*: Carl Zuckmayer, *Ein Bauer aus dem Taunus. Erzählungen 1914-1930*, Frankfurt am Main 1995.

Zuckmayer, *Der fröhliche Weinberg*: Carl Zuckmayer, *Der fröhliche Weinberg. Theaterstücke 1917-1925*, Frankfurt am Main 1995.
Zuckmayer, *Der Gesang im Feuerofen*: Carl Zuckmayer, *Der Gesang im Feuerofen. Theaterstücke 1950-1953*, Frankfurt am Main 1996.
Zuckmayer, *Der Hauptmann von Köpenick*: Carl Zuckmayer, *Der Hauptmann von Köpenick. Theaterstücke* 1929-1937, Frankfurt am Main 1995.
Zuckmayer, *Die langen Wege*: Carl Zuckmayer, *Die langen Wege. Betrachtungen*, Frankfurt am Main 1996.
Zuckmayer, *Eine Liebesgeschichte*: Carl Zuckmayer, *Eine Liebesgeschichte Erzählungen 1931-1938*, Frankfurt am Main 1995.
Zuckmayer, *Ein voller Erdentag*: Carl Zuckmayer, *Ein voller Erdentag. Betrachtungen*, Frankfurt am Main 1997.
Zuckmayer 2002: Carl Zuckmayer, *Geheimreport*, hrsg. von Gunther Nickel und Johanna Schrön, Göttingen 2002.
Zuckmayer 2004: Carl Zuckmayer, *Deutschlandbericht für das Kriegsministerium der Vereinigten Staaten von Amerika*, hrsg. von Gunther Nickel, Johanna Schrön und Hans Wagener, Göttingen 2004.
Zuckmayer/Frisch 2000: Carl Zuckmayer / Max Frisch, *Briefwechsel*, ediert, eingeleitet und kommentiert von Walter Obschlager, in: *Zuckmayer-Jahrbuch*, Bd. 3, 2000, S. 247-279.
Zuckmayer/Hindemith 1998: Paul Hindemith / Carl Zuckmayer, *Briefwechsel*, ediert, eingeleitet und kommentiert von Gunther Nickel und Giselher Schubert, in: *Zuckmayer-Jahrbuch*, Bd. 1, 1998, S. 9-118.
Zuckmayer/Lernet-Holenia 2005/06: Carl Zuckmayer / Alexander Lernet-Holenia, *Briefwechsel*, ediert, eingeleitet und kommentiert von Gunther Nickel, in: *Zuckmayer-Jahrbuch*, Bd. 8, S. 9-185.
Zuckmayer/Schiebelhuth 2003: Carl Zuckmayer, *Briefe an Hans Schiebelhuth 1921-1936*, in: *Zuckmayer-Jahrbuch*, Bd. 6, 2003, S. 9-85.

Personenregister

Indirekte Erwähnungen wurden berücksichtigt. Halbfett gesetzte Seitenangaben verweisen auf biographische Angaben zu Personen im Kommentar.

Carl Zuckmayer
Gesammelte Werke in Einzelbänden
Herausgegeben von Knut Beck
und Maria Guttenbrunner-Zuckmayer

Abschied und Wiederkehr
Gedichte
Band 12714

Ein Bauer aus dem Taunus
Erzählungen 1914-1930
Band 12702

Der fröhliche Weinberg
Theaterstücke 1917-1925
Band 12703

Das kalte Licht
Theaterstücke 1955-1961
Band 12711

Katharina Knie
Theaterstücke 1927-1929
Band 12705

Fischer Taschenbuch Verlag

fi 555 026 / 5 / a

Carl Zuckmayer
Gesammelte Werke in Einzelbänden
Herausgegeben von Knut Beck
und Maria Guttenbrunner-Zuckmayer

Die langen Wege
Betrachtungen
Band 12712

Eine Liebesgeschichte
Erzählungen 1931-1938
Band 12706

Der Rattenfänger
Theaterstücke 1961-1975
Band 12716

Des Teufels General
Theaterstücke 1947-1949
Band 12707

Ein voller Erdentag
Betrachtungen
Band 12715

Fischer Taschenbuch Verlag

fi 555 026 / 5 / b

Carl Zuckmayer

Als wär's ein Stück von mir
Horen der Freundschaft
Band 21049

Die Fastnachtsbeichte
Erzählung
Band 15010

Der fröhliche Weinberg
Schinderhannes
Zwei Stücke
Band 27007

Der Hauptmann von Köpenick
Ein deutsches Märchen
Band 27002

Der Rattenfänger
Eine Fabel
Band 27114

Des Teufels General
Drama in drei Akten
Band 27019

Fischer Taschenbuch Verlag

fi 555 026 / 1 / c

Virginia Woolf

Briefe 1

1888 – 1927

564 Seiten. Leinen

Briefe 2

1928 – 1941

528 Seiten. Leinen

Herausgegeben von Klaus Reichert
Deutsch von Brigitte Walitzek

Virginia Woolf ist neu zu entdecken: als brillante Briefschreiberin. Mit Witz, Charme, Ironie und unverhohlener Freude an Klatsch korrespondierte sie mit ihrem großen Freundeskreis aus Künstlern und Literaten. Sind ihre Tagebücher eher der Selbstbetrachtung gewidmet, so zeigen die Briefe ihre Bereitschaft, intensiv und mit Wärme und Anteilnahme auf ihr Gegenüber einzugehen. Wichtige Lebensfreundschaften und Beziehungen, etwa die zu der Schriftstellerin Vita Sackville-West, erscheinen in hellerem Licht. Der Ton vieler Briefe lässt ahnen, wie anregend und schlagfertig Virginia Woolf im Gespräch gewesen sein muss.

S. Fischer

fi 555 081 / 1

Stefan Zweig

Briefe 1932 – 1942

Herausgegeben von Knut Beck und Jeffrey B. Berlin

815 Seiten. Leinen

Der abschließende vierte Band der Ausgabe versammelt Briefe aus Zweigs letzten zehn Lebensjahren. Nicht nur die politischen Verhältnisse verdüstern sich. Seine Bücher werden verbrannt, sein Haus in Salzburg wird ihm verleidet. Trennungen, Scheidungen, Entfremdungen: von Romain Rolland, dem langjährigen Adressaten vieler Briefe, von seiner Ehefrau Friderike, die gleichwohl weiter zu seinen wichtigsten Vertrauten gehört – neben Korrespondenzpartnern wie Felix Braun und Ben Huebsch. Neue Wohnung in England, neue Ehe. Freunde sterben: Toller, Roth, Herrmann-Neiße. Den überlebenden versucht er zu helfen, bis an die Grenze der Erschöpfung. Vortragsreisen, Übersiedlung nach New York, später nach Brasilien. Dort das Ende.

Dennoch entstehen in diesen Jahren Werke wie die Biographien »Marie Antoinette« und »Maria Stuart«, das Libretto zu »Die schweigsame Frau«, der Roman »Ungeduld des Herzens« und schließlich, im letzten Jahr, die »Schachnovelle« und der Abgesang auf eine europäische Epoche: seine Erinnerungen »Die Welt von Gestern«.

S. Fischer

fi 1-097093 / 1

Carl Zuckmayer
Der Hauptmann
von Köpenick
Die Drehbücher
aus den Jahren 1931 und 1956
Hg. von Helmut G. Asper

Zuckmayer-Jahrbuch, Bd. 9, 2007/2008. Im Auftrag der Carl-Zuckmayer-Gesellschaft hrsg. von Gunther Nickel, Erwin Rotermund

ca. 384 S., ca. 300 Abb., brosch.
ca. € 32,– (D); € 32,90 (A); SFr 54,–
ISBN 3-8353-0234-1

Carl Zuckmayer gehörte zu den erfolgreichsten Autoren der Literatur-, Theater und Filmgeschichte des 20. Jahrhunderts. Das 1998 gegründete »Zuckmayer-Jahrbuch« dient zur Dokumentation bislang unveröffentlichter Quellen und als Forum für wissenschaftliche Studien zu seinem Leben und seinem Werk. Der neunte Band enthält die Edition zweier Drehbücher zu Verfilmungen des »Hauptmanns von Köpenick«.

Wallstein

e-mail: info@wallstein-verlag.de • Internet: www.wallstein-verlag.de